Rudolf Ströbinger

Schicksalsjahre an der Moldau

Die Tschechoslowakei
Siebzig Jahre einer Republik

Rudolf Ströbinger

Schicksalsjahre an der Moldau

Die Tschechoslowakei
Siebzig Jahre einer Republik

Casimir Katz Verlag

Satz: Casimir Katz Verlag, Gernsbach
Druck: Kösel GmbH & Co., Kempten/Allgäu
Umschlaggestaltung: Zembsch' Werkstatt, München
ISBN: 3-925825-12-6

INHALT

I.

Der Triumph

„Ist es ein Märchen?"

Der schlanke, hochgewachsene Mann, der im offenen Wagen saß, blickte verträumt um sich.
Vor ihm die Statue. Der heilige Wenzel, Schutzpatron seines Landes.
Der graue Block des Nationalmuseums mit der mächtigen, gewölbten Kuppel.
Der breite, monumentale Wenzelsplatz...
Und überall Fahnen – rot-weiß-blau.
Französische, englische, die der Vereinigten Staaten von Amerika.
Tausende und aber Tausende Menschen, die ihm zujubelten.
„Ist es ein Märchen?" wiederholte kaum hörbar der Mann, der jetzt etwas unbeholfen die Hand hob, um sich bei der Menge zu bedanken...
Nach vier Jahren und drei Tagen ist er wieder zu Hause. Die Stadt hat sich kaum verändert. So, wie er ihr heute begegnete, sah er sie immer vor seinen Augen. Als er, weit in der Ferne, davon träumte, heimzukehren.
Nichts hatte sich verändert...
Und doch war alles anders.
Immer wieder hörte er seinen Namen.
„Masaryk – Masaryk – Masaryk!"
Professor Tomáš Garrigue Masaryk kehrte zurück.
Nach Hause, nach Prag.
Tomáš Garrigue Masaryk, Präsident der Tschechoslowakischen Republik...
Es war Samstag, der 21. Dezember 1918, am frühen Nachmittag, als Prag das Oberhaupt des neuen unabhängigen Staates so stürmisch und feierlich begrüßte.
Auf dem Hradschin, der Burg der böhmischen Könige, hoch über der Moldau, wehte die Flagge der Tschechoslowakei!

Daß er zum Präsidenten der Tschechoslowakischen Republik gewählt wurde, erfuhr Masaryk in New York am Samstag, dem 16. November 1918, während eines Mittagessens im Juristenklub. Der Postbote brachte das Telegramm, als der 68jährige Universitätsprofessor seine Suppe aß. Er legte es ungelesen zur Seite. Erst einige Minuten später überflog er die Nachricht und – als wäre es eigentlich völlig unwichtig – sagte, daß er zum Präsidenten der Tschechoslowakei gewählt wurde. Seine Freunde hatten erfolglos versucht, ihn zu einem „historischen" Ausspruch zu bewegen. Masaryk sagte nur – zum Kellner gewandt –, daß er Kaffee schwarz und ohne Zucker trinkt.

Um die Mittagszeit des 20. November 1918 lief aus dem Hafen von New York das Passagierschiff „Carmania" aus.
An Bord war auch ein hochrangiger Gast. Als er zum Kai angefahren kam, wurde er dort von einer Ehrenformation amerikanischer Marinesoldaten erwartet.
Die Journalisten, die neugierig die Abfahrt des neugewählten, der Welt bisher völlig unbekannten Staatsoberhauptes beobachteten, berichteten, daß er einen grauen Trenchcoat, einen weichen, breiten Hut und einen Anzug in der Farbe „Pfeffer und Salz" getragen hätte. Begleitet wurde er von seiner Tochter Olga und seinem Privatsekretär Jan Císař...
Vor Monaten, als Masaryk in die Vereinigten Staaten gekommen war, hatte die Öffentlichkeit davon kaum Kenntnis genommen. Heute war es anders. Damals war er ein unbekannter Universitätsprofessor. Heute fuhr er als Präsident einer Republik ab...

Wer war dieser Mann, der in Prag mit einem so unbeschreiblichen Jubel der tschechischen Bevölkerung empfangen wurde? Seine Biographie war in der Tat ungewöhnlich...
Geboren wurde er am 7. März 1850 in einem südmährischen Dorf unweit von Göding. Sein Vater Josef war Kutscher auf einem kaiserlichen Gut, seine Mutter Tereza, mit dem tschechischen Mädchennamen Kropáčková, kam aus einer deutschstämmigen Familie und beherrschte – als sie heiratete – kaum tschechisch. Auch Sohn Tomáš sprach in seiner Jugend besser deutsch als tschechisch. Er besuchte die deut-

sche Realschule, machte zuerst in Wien eine Schlosserlehre, dann arbeitete er im südmährischen Čejč als Schmied.

Der junge Tomáš Masaryk überragte alle seine Jugendfreunde mit seinem Wissen und an Intelligenz.

Nachdem er einige Zeit Lehrerpraktikant an einer Dorfschule war, ging er nach Brünn aufs deutsche Gymnasium. Von da nach Wien, wo er mit 22 Jahren das Abitur machte. An der Wiener Universität studierte Masaryk Philosophie, nach vier Jahren – 1876 – war er Doktor.

In Italien und in Leipzig bereitete sich Tomáš Masaryk auf die Laufbahn eines Universitätslehrers vor. In Leipzig lernte er die amerikanische Studentin Charlotte Garrigue kennen. Im Frühjahr 1878 heiratete er sie in New York und nahm – wie in den Vereinigten Staaten üblich – auch ihren Namen an. Im gleichen Jahr schloß Tomáš Garrigue Masaryk seine Habilitationsarbeit ab, 1879 wurde er Dozent an der Wiener Universität, zwei Jahre später kam seine Habilitationsschrift „Der Selbstmord als soziale Massenerscheinung der modernen Zivilisation" heraus.

In Wien blieb Masaryk allerdings nicht lange – schon 1882 wurde er zum außerordentlichen Professor der Tschechischen Universität in Prag ernannt. Die Folge: Masaryk mußte sein Tschechisch vervollständigen, und er nahm auch politisch und kulturell immer mehr an der Entwicklung der böhmischen Länder teil.

Der Name Masaryk wurde bald ein Begriff. Masaryk stellte sich an die Seite der jungen, progressiven nationalistisch gefärbten Politiker, versuchte aber „unromantisch" die politische und wirtschaftliche Lage in Böhmen und Mähren zu sehen.

Einerseits brachte ihm das immer mehr Ärger mit konservativen Kräften und der katholischen Hierarchie ein, andererseits die Sympathien der jungen Intelligenz und der Studenten. Schon 1891 wurde Masaryk zum Abgeordneten des Wiener Reichsrates gewählt, aber schon zwei Jahre später gab er sein Mandat ab. Erst 1901 kehrte er nach Wien in den Reichsrat zu-

rück. Als Abgeordneter der von ihm 1900 gegründeten Tschechischen Volkspartei – Realisten.
Realistisch waren seine Forderungen damals scheinbar aber nicht. Er forderte die Gleichstellung der Deutschen und Tschechen. Tschechisch sollte in den tschechisch bewohnten Gebieten als Amtssprache gelten, ein gerechtes Wahlsystem das Mitspracherecht aller Bürger sichern. Kein Wunder, daß er bei der nächsten Wahl im Jahre 1907 als einziger Abgeordneter seiner Partei nach Wien gehen konnte. Die Zeit war für die Verwirklichung seiner Ansichten noch nicht reif...

Sommer 1914...
Man ahnte, daß Europa vor einer Explosion steht...
Die tschechischen politischen Parteien – ob Sozialdemokraten, die bürgerlichen Nationalsozialisten, deren Name übrigens im benachbarten Deutschland später von der zukünftigen Hitler-Bewegung übernommen wurde, bis zu den katholischen Parteien – hatten mehr oder weniger den Standpunkt vertreten, daß man eine größere Souveränität des tschechischen Volkes nur im Rahmen der österreichisch-ungarischen Monarchie erreichen könne. Auch Masaryk war sich noch nicht klar, wie man im Kampf um nationale Rechte vorgehen solle. Nur wenige tschechische Politiker, darunter Dr. Karel Kramář, dachten damals über einen eigenen tschechischen Staat nach.
Und wenn überhaupt – wie Kramář –, dann als Bestandteil eines starken slawischen Reiches mit dem russischen Zaren an der Spitze.
Am 28. Juni 1914 fielen die Schüsse von Sarajevo.
Serbische Nationalisten verübten ein Attentat auf den Thronfolger Franz Ferdinand und seine Frau Sophie. Einen Monat später erklärte Österreich-Ungarn Serbien, das es hinter dem Mord von Sarajevo vermutete, den Krieg.

Für den Abgeordneten des Wiener Reichsrates und Professor der Universität in Prag, Tomáš Garrigue Masaryk, entstand eine neue Situation. Er war überzeugt, daß der Krieg mit einer

Niederlage der Monarchie enden würde. Dies würde aber auch die Freiheit der Tschechen bedeuten. Nach 300 Jahren Zugehörigkeit zum Reich der Habsburger könnten sie wieder ihren eigenen Staat errichten...

Tomáš Garrigue Masaryk wählte das Exil – und den Kampf um die Unabhängigkeit.
„...Ich reiste von Prag am 17. Dezember über Wien ab. Ich hegte gewisse Befürchtungen, man werde mir auf der Polizei in Prag oder an der Grenze Schwierigkeiten bereiten; zufällig besaß ich einen für alle Länder gültigen Reisepaß auf drei Jahre, der mir vor dem Kriege ausgestellt worden war, und dadurch war die Polizei gewissermaßen gebunden. In den Zeitungen tauchte die Nachricht von der Erkrankung meiner Tochter Olga auf; sie nahm ich mit, und so ging die Sache ziemlich glatt.
An der Grenze machte der Beamte Schwierigkeiten, telegrafierte nach Prag, ob er mich durchlassen solle; bevor die Antwort eintraf, wäre der Zug nach Venedig abgefahren, und darum betonte ich (zum erstenmal) meine Eigenschaft als Abgeordneter, setzte mich in das Abteil und fuhr ab..."
Mit leeren Händen kam Tomáš Garrigue Masaryk allerdings nicht ins Ausland. Er selbst deutet es in seinem Buch „Die Weltrevolution – Erinnerungen und Betrachtungen 1914 bis 1918 –" an: „Für das, was ich schon getan hatte, war mir der Galgen gewiß, aber nach allem zu schließen, wußte man von mir nicht viel..." Was man von ihm wissen sollte, deutete der Präsident der Tschechoslowakei nur an. Er schreibt von Informationen, die er vor allem den Engländern übergab. Erst Jahre später – 1986 – fand man in britischen und amerikanischen Archiven unbekannte Dokumente, die eine langjährige Verbindung Masaryks mit dem britischen Geheimdienst bestätigen. Auch bei seiner Ausreise aus Österreich Mitte Dezember 1914 hatte Masaryk offensichtlich österreichisch-ungarische Aufmarschpläne, Angaben über Kapazitäten der Rüstungsindustrie und Berichte von Agenten des Evidenzbüros, des Wiener militärischen Geheimdienstes, bei sich.

Masaryks Zusammenarbeit mit dem englischen Secret Service kann man bis in das Jahr 1907 zurückverfolgen. Damals war Masaryk zum erstenmal mit dem britischen Journalisten R.W. Seton-Watson zusammengetroffen. Über Seton-Watson lernte Masaryk einen zweiten wichtigen Mitarbeiter des britischen Geheimdienstes kennen – den außenpolitischen Redakteur der angesehenen Londoner „Times", Wickham Steed. Über Steed liefen in den ersten Jahren auch Masaryks Kontakte zu den britischen Geheimdienstlern.

Aber nicht nur das: Masaryk gründete 1914 mit Hilfe des Tschechoamerikaners Emanuel V. Voska einen eigenen Geheimdienst, der über 80 Mitglieder zählte. Dieser „Privatgeheimdienst" Masaryks arbeitete praktisch während des ganzen Ersten Weltkrieges, wobei er seine Informanten nicht nur in Prag, sondern auch in einigen Ministerien in Wien sitzen hatte. So lieferte dem von Masaryk initiierten Geheimdienst der Tscheche František Kopecký, der bis zum Kriegseintritt der Vereinigten Staaten im New Yorker österreich-ungarischen Konsulat tätig war, wichtige politische Informationen. Als Agent mit dem Decknamen „Zeno" wurde er nicht nur von Masaryk und Voska, sondern auch vom Chef des britischen Secret Service, Sir Mansfield Cummings, hoch geschätzt.

Genf, 6. Juli 1915.
Vor 500 Jahren fand in Konstanz Jan Hus den Tod auf dem Scheiterhaufen.
Anläßlich des Todes des tschechischen Reformators spricht Professor Tomáš Garrigue Masaryk vor mehr als 1 300 Zuhörern. Vor wenigen Wochen, im April, hatte er in dem geheimen Memorandum „Independent Bohemia", das er dem britischen Außenminister Grey übersandte, die territorialen Forderungen eines künftigen unabhängigen Staates im Herzen Europas dargelegt. Jetzt, in Genf, sagt er zum erstenmal öffentlich, um was es geht: um die Errichtung eines Staates, um die Loslösung von der österreichisch-ungarischen Monarchie!
In Wien, wo man schon seit längerer Zeit die Aktivitäten des

geflüchteten Abgeordneten beobachtete, wurde ein Haftbefehl gegen Masaryk ausgestellt...

Die Lawine hat sich aber bereits in Bewegung gesetzt. Die Gruppe der Tschechen und Slowaken, die sich im Exil um Masaryk schart, wird immer größer. Im September 1915 flüchtete in die Schweiz Dr. Edvard Beneš, ein Dozent der Soziologie, der sich ihm sofort zur Verfügung stellte. Enge Kontakte nahm Masaryk mit dem slowakischen Astronomen und Flieger Milan Rastislav Štefánik auf; in Frankreich, Großbritannien, aber auch in den Vereinigten Staaten mit einigen 100 000 emigrierten Tschechen und Slowaken. Später in Italien und Rußland gewinnt Masaryk seine dort lebenden Landsleute für seine Ideen.
In einem am 14. November 1915 in Paris von tschechischen und slowakischen Auslandsgesellschaften unterzeichneten Manifest gab Masaryk die Gründung eines ausländischen Aktionskomitees zur Errichtung eines unabhängigen tschechisch-slowakischen Staates bekannt.
Am 3. Februar 1916 hatte Masaryk eine lange Unterredung mit dem französischen Ministerpräsidenten Briand.
Geschickt nützt er das französische Interesse an einer Schwächung Deutschlands durch die Aufsplitterung Österreichs aus und erreicht die Zustimmung Frankreichs zur Konstituierung eines Nationalrates, der sich als eine provisorische Regierung im Ausland betrachtet. Generalsekretär des Rates wird Dr. Edvard Beneš, der so seine Position als unentbehrlicher Politiker immer mehr ausbaut.
Aber nicht nur politisch kann Masaryk auf Erfolge zurückblikken. In fast allen mit den Zentralmächten – Deutschland und Österreich-Ungarn – kriegführenden Staaten werden bewaffnete tschechoslowakische Einheiten gegründet.

Die tschechoslowakische Legion entsteht.
Bereits im August 1914 wurden von der russischen Heeresführung an der Ostfront die ersten 800 Männer der tschechoslowakischen Legion eingesetzt. In der französischen Stadt

Bayonne konstituierte sich am 1. September 1914 die erste Einheit der Legion „Nazdar" mit 343 Angehörigen. Auch in den Vereinigten Staaten – die sich allerdings noch nicht im Kriegszustand befanden – wurde im Herbst 1914 auf Initiative des slowakischen Politikers Štefan Osuský eine Organisation gegründet, die nicht nur politisch die Selbständigkeit des Landes propagierte, sondern auch Freiwillige für die Legion warb. Nachdem Italien an dem Krieg teilnahm, entstand auch dort eine 11 500 Mann starke Legion.
Die Voraussetzungen für die Zustimmung der Alliierten zur Gründung eines tschechoslowakischen Staates waren geschaffen...

Washington, 8. Januar 1918.
Der Präsident der Vereinigten Staaten von Amerika, Woodrow Wilson, sendet dem Kongreß eine Botschaft. In 14 Punkten sind die Kriegsziele seiner Regierung genannt. Eines davon ist das Selbstbestimmungsrecht der Völker der österreichisch-ungarischen Monarchie.
Der Weltkrieg naht sich seinem Ende. Die tschechischen und slowakischen Politiker im Exil wissen, daß sie die Gunst der Stunde für ihre Ziele nutzen und handeln müssen. Schnell handeln. Am 3. Juni 1918 erkennt die britische Regierung den Nationalrat als „verantwortliches Organ der tschechoslowakischen Regierung" an.

Am 29. Juni 1918 schickt der französische Außenminister Pichon Dr. Edvard Beneš einen Brief, in dem er versichert, daß Frankreich den Nationalrat als „das oberste Gremium... und als die Grundlage einer kommenden tschechoslowakischen Regierung" anerkennt. Gleichzeitig sagte er dem Nationalrat zu, daß Frankreich Masaryks Konzeption über die Erlangung der Unabhängigkeit in den historischen Grenzen vorbehaltlos unterstützen wolle.
Am 11. August 1918 räumte London dem Nationalrat das Recht zur Teilnahme an Konferenzen der Alliierten ein.
Am 3. September 1918 – nach persönlicher Intervention

Masaryks – erkennt Präsident Wilson den Nationalrat als kriegführende Macht und De-facto-Regierung an und stimmt der Einbeziehung der Slowakei in die neue Republik zu. Jetzt war die Zeit gekommen, wo sich aus dem Nationalrat eine Regierung bilden konnte. Am 14. Oktober 1918 entstand die Provisorische Tschechoslowakische Regierung mit dem vorläufigen Sitz in Paris. Das Präsidium und die Finanzverwaltung erhielt Masaryk. Beneš übernahm die Ressorts des Äußeren und des Inneren, Štefánik das Kriegsministerium. Innerhalb einer Woche haben Frankreich, Rußland, die Vereinigten Staaten, Italien und Großbritannien die neue Regierung formell anerkannt.
„Der Kampf der tschechoslowakischen Nation um ihren selbständigen Staat ist siegreich beendet", notiert Dr. Edvard Beneš. Tomáš Garrigue Masaryk hat sein Ziel erreicht...

Und in Prag?
Lange Zeit wollten viele der in der Heimat verbliebenen Politiker nichts von den Bemühungen Masaryks wissen.
Erst Anfang 1918 begann sich etwas zu ändern.
Man spürte, daß sich das Glück von Wien und Berlin abwendet. Man wollte jetzt nicht abseits stehen.
Aber es waren nicht politische Führer, die als erste für den neuen Staat eintraten.

Prag, Gemeindehaus, 13. April 1918.
Im großen Saal, geschmückt mit zahlreichen Wandgemälden, versammelten sich einige hundert Menschen. Schriftsteller, Journalisten, Schauspieler, Professoren...
Eine Auslese des tschechischen Kulturlebens.
Die Zusammenkunft rief der tschechische Verband zusammen. Vor elf Tagen, am 11. April 1918, sprach vor dem Stadtrat in Wien Außenminister Graf Otakar Czernin. Der Graf richtete scharfe Angriffe gegen Tomáš Garrigue Masaryk. Dessen Tätigkeit im Ausland, so der Politiker, schade der Monarchie, zerstöre das Glück und die Zukunft des tschechischen Volkes. Masaryk, so Graf Czernin, begehe Verrat an seinem Vaterland.

Noch vor wenigen Monaten hätten Czernins Attacken keinen Widerstand erweckt. Aber die Situation hat sich geändert. An den Fronten hat sich das Glück schon längst zuungunsten Österreich-Ungarns gewendet. Die tschechischen Abgeordneten des Reichsrates und des Böhmischen Landtages haben bereits begriffen, daß die Zukunft an der Seite der nationalgesinnten Tschechen mit Masaryk an der Spitze ist. Der Führer der tschechischen Sozialdemokratie Bohumír Šmeral, der noch immer für den Verbleib der böhmischen Länder in der Monarchie eintrat, gab jetzt seinen Rücktritt und Vorsitzender der Partei und als verantwortlicher Redakteur des Parteiblattes „Právo Lidu" bekannt.
Jetzt, da auch die Sozialdemokratie von Funktionären geführt wurde, die die Autonomie, einen selbständigen Staat, forderten, gab es keinen mehr, der noch auf die Karte Kaiser Karl setzen wollte.

Graf Czernin sollte eine Antwort bekommen. Frauen und Männer, die sich als Gewissen der Nation fühlten, hatten sich zusammengefunden, um zu bekennen, auf welcher Seite sie standen.
An den Rednerpult trat unter stürmischem Beifall ein alter, grauhaariger Mann. Alois Jirásek, einer der bekanntesten Schriftsteller des Landes. In seinen Werken verherrlichte er die Vergangenheit des tschechischen Volkes, seinen Kampf gegen die fremde Herrschaft. Schon einmal hatte er sich als Sprecher der Nation berufen gesehen. Im Mai 1917, als er im Namen von 222 tschechischen Schriftstellern gegen die rückgratlose Haltung und Feigheit vieler tschechischer Abgeordneter in Wien wetterte:
„...Wir wenden uns an euch, ihr Herren, in einer großen Epoche unseres nationalen Lebens, für die wir uns vor der Geschichte verantworten werden müssen. ...Also, ihr Herren... seid wahrhaftige Sprecher des eigenen Volkes... sagt dem Staat und der Welt, was die Nation verlangt und worauf sie besteht... Die Sehnsucht und das Recht der tschechoslowakischen Nation erfahren neue Bestärkung durch den Verlauf

des Weltkrieges..., falls ihr nicht fähig seid, all dem nachzukommen, was die Nation von euch verlangt und womit sie euch beauftragt, leget lieber eure Mandate nieder... und berufet euch zur höchsten Instanz: zu eurem Volk."

Jetzt, fast ein Jahr später, wollte er den Machthabern in Wien eine Antwort geben.
Alois Jirásek las den Text eines „Nationalen Eides" vor. Eines Eides, in dem man die Freiheit des Volkes und den Ruf nach eigener Souveränität beschwor.
Und alle erhoben sich. Und alle schworen, sich für die Ideale der Selbständigkeit einzusetzen.
Und alle dankten Alois Jirásek für seine mutigen Worte. Nur wenige wußten, daß nicht der berühmte Romancier, sondern der sozialdemokratische Politiker František Soukup der Autor des „Nationalen Eides" war...

Es war ein offenes Geheimnis. Nicht in Prag würde die Zukunft entschieden werden. Die Aktivität der Männer des nationalen Widerstandes um Masaryk ist für die Entwicklung im Herzen Europas entscheidend.
Aber trotzdem – ganz wollten die tschechischen Politiker, die nicht ins Exil gingen – und dies war die Mehrheit –, „nicht abseits des Geschehens stehen".
Am 13. Juli 1918 konstituierte sich in Prag der tschechoslowakische Nationalausschuß. Vertreten waren in ihm alle tschechischen politischen Parteien. Die Zahl der Mitglieder wurde nach den Ergebnissen der Wahlen in den Reichsrat von 1911 bestimmt: zehn Sozialdemokraten, neun Agrarier, neun staatsrechtliche Demokraten, vier tschechische Sozialisten, vier Volksparteiangehörige und je ein Realist und ein „Alttscheche". Vorsitzender wurde Karel Kramář, seine Stellvertreter der Agrarier Švehla und der Sozialist Klofáč, Geschäftsführer der Sozialdemokrat Soukup.
Eine der ersten Entscheidungen des neuen Gremiums war, daß es sofort mit dem von Masaryk und Beneš geleiteten Nationalrat in Paris Kontakte aufnahm...

Die Sitze waren verteilt, die Rollen bestimmt.
Jetzt war man also auch in der Heimat auf die Errichtung eines selbständigen Staates vorbereitet...
Aber noch war es nicht soweit...

Die Ehrenkompanie trat in Paradeuniform an.
Die Atmosphäre war kühl...
Eisige Mienen, kein vertrauter Blick, kein Lächeln...
Der österreichisch-ungarische Kaiser Karl I. tat sich mit der Reise zu seinem Verbündeten, dem deutschen Kaiser Wilhelm II., in dessen Hauptquartier in Spaa schwer.
Karl wußte, daß seine Reise nach Spaa ein „Kanossagang" war. Und alles war ihm schrecklich unangenehm.
Begonnen hatte es, als in die Öffentlichkeit die Absicht Österreich-Ungarns durchsickerte, mit Frankreich einen Separatfrieden abschließen zu wollen. Im Frühjahr 1918 ließ der Wiener Außenminister Graf Czernin verbreiten, daß Frankreichs Ministerpräsident George Clemenceau der Monarchie Friedensverhandlungen anbot.
Ziel des ungewöhnlichen Angebots sollte die Lösung Österreich-Ungarns vom Bündnis mit dem Deutschen Reich gewesen sein. Paris war über die Wiener Indiskretion empört. Nicht Frankreich, sondern Wien, der Kaiser selbst, seien an einem Separatfrieden interessiert gewesen, beteuerte der Ministerpräsident. Als Beweis ließ er einen Brief Kaiser Karls veröffentlichen, den dieser bereits im März 1917 an seinen Schwager Sixtus von Bourbon schrieb. Im Schreiben, das eigentlich für die Augen französischer Staatsmänner bestimmt war, sprach Karl I. von „berechtigten Ansprüchen Frankreichs auf Rückgabe von Elsaß-Lothringen".
In Wien brach nach der Bloßstellung Österreich-Ungarns durch Clemenceau eine Krise aus. Sogar von einem Rücktritt des Kaisers sprach man. Aber dann sprang Karl I. über seinen Schatten. Er entließ am 14. April 1918 Außenminister Graf Czernin. Am gleichen Tag schickte er ein Telegramm an Wilhelm. Er bekannte sich darin zur „ewigen Freundschaft" mit dem deutschen Kaiserreich.

Knapp einen Monat später, am 12. Mai 1918, traf Kaiser Karl in Spaa ein, um mit Wilhelm über eine weitere enge Zusammenarbeit beider Staaten zu verhandeln. Er und sein Deutschland freundlich gesinnter neuer Außenminister Graf Burian wußten, daß sie nicht nur treue Freundschaft und Verbundenheit manifestieren, sondern auch militärische und politische Zugeständnisse machen mußten.
Ein Wiedergutmachen, das – wie sich zeigte – auf die zukünftigen Beziehungen der westlichen Alliierten und der Vereinigten Staaten zu Wien schlimme Auswirkungen haben sollte.
Bis zu der sogenannten „Sixtus-Affäre" hatten die Alliierten gegenüber Deutschland und Österreich-Ungarn eine differenzierte Politik verfolgt. Sie schlossen bis Frühjahr 1918 nicht aus, daß Wien einer Autonomie der Völker der Monarchie zustimmen würde und daß damit eine neue Staatenordnung in Mittel- und Südeuropa geschaffen werden könnte. Jetzt, nachdem sich Kaiser Karl I. in Spaa die Kriegsziele des Deutschen Reiches zu eigen machte, wurde diese Politik als gescheitert angesehen. Und auch diese Erkenntnis trug dazu bei, daß Masaryk für die Gründung eines selbständigen tschechoslowakischen Staates Zustimmung bei Staatsmännern und Politikern des Westens fand. Spaa – das war der Anfang vom Ende der österreichisch-ungarischen Monarchie...
Und die Ereignisse nahmen ihren dramatischen Lauf...
Der militärische Zusammenbruch der Habsburgermonarchie war nicht mehr abzuwenden.
Kaiser Karl I. versuchte zu retten, was noch zu retten war. Am 12. Oktober 1918 scheiterte sein Versuch, zwischen der Regierung des Ministerpräsidenten Hussarek und dem tschechischen Nationalausschuß zu vermitteln. Hussarek, der Ende September den Tschechen eine Autonomie im Rahmen des Reiches anbot, bekam eine Abfuhr.
Die tschechischen politischen Parteien forderten die sofortige Einsetzung einer nationalen Regierung und ihre Hinzuziehung zu Friedensverhandlungen. Alle tschechischen Militäreinheiten sollten in böhmische Länder zurückbeordert werden.

Fünf Tage später – am 17. Oktober 1918 – erließ Kaiser Karl I. ein Manifest an seine „getreuen österreichischen Völker". Der Kaiser kündigte die Umwandlung Österreichs in eine Föderation an.
Das Manifest wurde vier Tage nach der Bildung der provisorischen Regierung Masaryks in Paris verkündet.
Die Zeit der Monarchie war abgelaufen...

Prag, 28. Oktober 1918. Ein Montag.
Für den tschechischen Nationalausschuß ein Tag wie jeder andere. Besondere Pläne hatte man nicht. Nur die Zentrale der Produktionsversorgung sollte – so wie es schon vor zwei Tagen mit Wien abgesprochen worden war – vom Ausschuß übernommen werden.
Aber dann – dann geschah etwas, was die Politiker nicht erwartet hatten. Der Wenzelsplatz füllte sich mit Menschen, man stimmte Lieder an. Die holprigen Straßenbahnen blieben in der Menge stecken. An den Häusern entrollte man rotweiße Fahnen, verteilte Armbinden in den Landesfarben.
Die roten Garibaldi-Hemden unter den grauen Tschamaras der Mitglieder des Tschechischen Nationalen Turnverbandes „Sokol", die Uniformen der Soldaten und Offiziere verliehen dem Menschenmeer eine organisierte Kraft, die nicht vorhanden war.
Zur Mittagszeit erschienen auf den Straßen die politischen Führer. Es gab für sie aber kaum etwas zu tun. Das Volk hatte auch ohne ihre Anweisungen und ihren Rat das Ende der Monarchie und die Gründung eines selbständigen Staates verkündet...
Was machten aber die Köpfe des Nationalausschusses Rašín, Švehla, Soukup und Stříbrný, nachdem die Zentrale der Produktionsversorgung übernommen worden war.
Der Historiker Christian Willars verfolgte ihre Schritte: „...Sie gingen... zur Statthalterei. Es war um die Mittagszeit, und der Statthalter, Graf Max Coudenhove, war nicht anwesend. Er war am frühen Morgen nach Wien abgereist, und sein Stellvertreter Kosina empfing die Besucher. Die Unterredung ver-

lief nicht feindselig, sondern äußerst konziliant, und das offizielle Gespräch zwischen Prag und Wien erreichte auch in seinem Finale keine melodramatischen Höhepunkte. Die Besucher erkundigten sich zuerst, ob vielleicht irgendwelche Instruktionen aus Wien vorlägen. Kosina mußte verneinen: Er hatte keine neuen Instruktionen.
Ob also der Herr Vizepräsident heute schon die Zeitungen gelesen habe?... Doch der Zerfall des Reiches vollzog sich so gemütlich, daß Kosina es an jenem Morgen noch nicht für notwendig befunden hatte, in die Tagesblätter zu schauen... Da ergriff Švehla die Initiative und erklärte, man sei gekommen, um im Interesse der Ordnung die Verwaltung des Landes als eines Teiles des neuen tschechoslowakischen Staates zu übernehmen. Dagegen hatte der Vizepräsident nichts einzuwenden, denn schließlich erfolge ja die Bildung nationaler Regierungen im Sinne des kaiserlichen Manifests. Man einigte sich, daß die Statthalterei Wien informieren und Instruktionen anfordern werde. Kosinas Telephonogramm nach Wien berichtete über den Besuch wie auch über den Mangel an Direktiven und schloß mit dem pessimistischen Urteil eines Beamten, der schon seit einiger Zeit das Ende kommen sah: ...mit Rücksicht auf die Lage sei jeder Widerstand ohne Aussicht auf Erfolg.
Die vier tschechischen Politiker gingen weiter zur Landesverwaltungskommission. Der Vorsitzende, Graf Schönborn, erklärte, er stelle sich dem neuen Staat zur Verfügung.
Inzwischen erhielt jedoch das Prager k.u.k. Garnisonskommando laufend beunruhigende Nachrichten von der Straße: Offizieren riß man die Rangabzeichen ab, andere entledigten sich ihrer selbst, unter dem Gejohle der Zuschauer stürzte man die kaiserlichen Doppeladler von den Fassaden der Ämter. In Prag, Beneschau, Beraun und Budweis begannen tschechische Soldaten ihre Einheiten und Kasernen zu verlassen.
Im Gegensatz zu den Beamten hatten die Militärs Befehle, welche besagten, man solle sich mit den Repräsentanten der Nationalausschüsse in Verbindung setzen, um Ordnung, Ruhe und Versorgung sicherzustellen. Auch die Armee dachte nichts anderes, als daß es sich um den von Wien angekündig-

ten Übergang zu nationalen Föderalstaaten handle: Sicherheitshalber besetzte man einerseits den Wenzelsplatz und den Altstädter Ring mit ungarischen und rumänischen Truppen, andererseits verhandelte man mit dem Nationalausschuß. Als die Soldaten ausrückten, spanische Reiter aufstellten und ihre Maschinengewehre auf die Prager Plätze einschwenkten, wurde sich das Volk seiner Schwäche bewußt. Doch nach Verhandlungen war das Gleichgewicht zwischen den zögernden Machthabern und vorsichtigen Revolutionären wiederhergestellt: Die Tschechen verpflichteten sich, die Verunglimpfungen von Militärpersonen einzustellen und die Militärmacht unangetastet zu lassen. Die Armee übergab dem Sokol die Bewachung der Fabriken, duldete eine Sokolwache im Gebäude des Garnisonskommandos, akzeptierte Verbindungsoffiziere des Nationalausschusses, versprach, die ungarischen Truppen aus Prag abzutransportieren, da sie für die Aufstellung eines tschechischen Heeres nicht in Frage kämen, und verkündete eine Amnestie für Militärsträflinge tschechischer Nationalität. Tatsächlich bedeutete es die Kapitulation Österreich-Ungarns.
Um 6.00 Uhr abends – zwei Wochen nach Bildung der tschechoslowakischen Regierung im Ausland, zehn Tage nach dem Manifest Kaiser Karls – proklamierte der tschechische Nationalausschuß die Unabhängigkeit des tschechoslowakischen Staates..."

Es ging alles in Eile...
Am 13. November 1918 hat der tschechische Nationalausschuß die provisorische Verfassung der Republik verabschiedet. Einen Tag später – am 14. November – trat das Parlament, das sich zahlenmäßig so zusammensetzte, wie einzelne Parteien im Nationalausschuß vertreten waren, zusammen. Nach dem Vorbild Frankreichs wurde für das Parlament der Name „Nationalversammlung" angenommen.
Auf der ersten Sitzung der Nationalversammlung, die Karel Kramář leitete, wurden einstimmig zwei Beschlüsse gefaßt: Die Habsburger wurden als böhmische Könige abgesetzt. Der

neue Staat sollte eine Republik sein! Zum Ministerpräsidenten wurde Karel Kramář gewählt.
Außenminister wurde Dr. Edvard Beneš, Kriegsminister General Milan Rastislav Štefáník.
Präsident der Tschechoslowakischen Republik wurde mit allen Stimmen der Abgeordneten Professor Tomáš Garrigue Masaryk. Ein neuer Staat im Herzen Europas war geboren...
„Ist es ein Märchen?" sagte der Mann und sah die Fahnen und hörte die Jubelrufe.
Ein Märchen?
Nein – auf Tomáš Garrigue Masaryk warteten Probleme. Viele Probleme, die gelöst werden mußten.

Die Tschechoslowakische Republik – ein geographisch merkwürdig geformter Staat. Vom Westen zum Osten war die Grenze 950 Kilometer lang, etwa 1 000 Kilometer mit Deutschland. Nach dem Anschluß Österreichs 1938 kamen weitere 500 Kilometer dazu. Adolf Hitler nannte die Republik gehässig einen „Blinddarm am Körper Europas".
Die Tschechoslowakei umfaßte nur ein Fünftel der Landfläche der habsburgischen Monarchie mit einem Viertel der Bevölkerung. Auf ihrem Boden hatten sich aber drei Viertel der Industrie der alten Donaumonarchie entwickelt. In ihrem Bereich wurden 1914 75 Prozent der Steinkohle gefördert, lagen 60 Prozent der Eisenindustrie, 64 Prozent der Maschinenbauindustrie, ja fast 100 Prozent der Glas- und Porzellanindustrie. Als sie entstand, hatte sie etwas mehr als 13 Millionen Einwohner. Davon waren über drei Millionen Deutsche.
Seit der Gründung der Tschechoslowakischen Republik war das Verhältnis der Tschechen und Deutschen voller Konflikte und Kontroversen.
Am 28. Oktober 1918 hat sich etwas Grundlegendes in den böhmischen Ländern geändert. Wenn bis dahin die Deutschen das entscheidende Staatselement waren und die Tschechen sich den Entscheidungen Wiens beugen mußten, nutzten die Tschechen die Situation jetzt für sich aus. Die Rollen wurden getauscht. Nicht mehr die Deutschen, sondern die Tschechen

bestimmten im neuen Staat – und der Nationalismus, oft bis zum gehässigen Chauvinismus ausartend, trug giftige Früchte.
Der Sprengsatz für die zukünftigen Auseinandersetzungen wurde bereits am 28. Oktober 1918 gelegt.
Bereits einen Tag nach der Ausrufung der Tschechoslowakischen Republik am 29. Oktober 1918 erklärten die deutschen Abgeordneten der Sudetenländer in Wien Deutsch-Böhmen zur „eigenberechtigten Provinz des Staates Deutsch-Österreich". Es wurde eine Landesregierung mit Dr. Rudolf Lodgmann von Auen als Vorsitzendem und dem Sozialdemokraten Josef Seliger als seinem Stellvertreter gebildet. Am 30. Oktober riefen die Abgeordneten Nordmährens und Schlesiens die „österreichische Provinz Sudetenland" aus, am 3. November konstituierten sich die Bezirke Deutsch-Südmährens als ein Teil Niederösterreichs und die des Böhmerwaldgaus als ein Bestandteil Österreichs. Obwohl Deutsch-Böhmen und das Sudetenland keine gemeinsame Grenze mit Österreich hatten, hoffte man, daß bereits in naher Zukunft ein deutscher Staat, in den auch Österreich einbezogen wäre, entsteht.
Dann stünde der Eingliederung der böhmischen und mährischen Grenzgebiete in den neuen Staat nichts im Wege.
In Prag reagierte man auf den Schritt der deutschen Abgeordneten empört. Noch vor kurzem hatte der erste tschechoslowakische Ministerpräsident Karel Kramář den Deutschen einen Sitz in der Regierung angeboten. In der Nationalversammlung sprach er versöhnliche Worte an die Adresse deutscher Politiker: „Vergeltung ist kein Programm... Wir haben unseren Deutschen versprochen, daß wir sie alle weder national noch kulturell oder wirtschaftlich unterdrücken werden, und das müssen wir auch einhalten. Ich bitte, daß es nirgends zu Gewalttaten kommt, und ich schäme mich bis in die Tiefe meiner Seele, wenn man deutsche Anschriften beseitigt oder verbietet, deutsch zu sprechen..."
Aber andere Töne überwogen. Dr. Ladislav Rašín, ein anderer „Mann des 28. Oktober", war über die Absicht deutscher Ab-

geordneter, sich von der Tschechoslowakei zu trennen, erbost. „Mit Rebellen verhandelt man nicht!" rief er empört aus. Im November rückten tschechische Armee-Einheiten in das Grenzgebiet ein. Es gab keinen Widerstand. Am 14. Dezember wurde die größte deutsche Stadt, Reichenberg, besetzt. Vier Tage später marschierten tschechische Truppen in Troppau ein. Die Regierung Lodgmann von Auen flüchtete nach Wien.

Selbst Präsident Masaryk ließ sich kritisch gegenüber den Deutschen in böhmischen Ländern aus. Der stets besonnene Universitätsprofessor erklärte nach seinem triumphalen Einzug in Prag: „Wir haben unseren Staat geschaffen. Dadurch wird die staatsrechtliche Stellung unserer Deutschen bestimmt, die ursprünglich als Immigranten und Kolonisten ins Land kamen..."

Aber Masaryk wurde sich bald bewußt, daß dieser „Ausrutscher" dem künftigen Zusammenleben beider Völker nicht dienlich sein würde. Bereits kurz danach korrigierte er diese Aussage. In seinem Buch „Die Weltrevolution" ging er noch einmal auf die Deutschen als „Kolonisten" der böhmischen Länder ein:

„Die Deutschen sind als Kolonisten nicht Staatsbürger zweiten Ranges, denn sie wurden von unseren Königen in unser Land geladen, und diese verbürgten ihnen alle Rechte, die nötig sind, um sich kulturell und national voll auszuleben. Ich bekenne mich ganz bewußt zur Nationalitätspolitik der Premysliden, von denen die Deutschen national geschützt wurden... Die Beseitigung des Streits zwischen uns und unseren Deutschen wird eine große politische Tat sein."

Die Spannungen wurden größer.

Die Sudetendeutschen wandten sich an die Sieger des Krieges mit dem Vorschlag, im Grenzgebiet eine Volksabstimmung über die Zugehörigkeit des Sudetenlandes durchzuführen. Am 13. Dezember 1918 hat Frankreich diesen Vorschlag abgelehnt, Anfang 1919 vertraten Großbritannien und Italien die gleiche Ansicht. Die in Weimar tagende Nationalversamm-

lung sprach den Deutschen in den benachbarten Ländern zwar wortreich ihre Sympathien aus, aber konkret wurde von deutscher Seite zu deren Unterstützung nichts unternommen. Und man hatte – ehrlich gesagt – auch an einer Eingliederung des Sudetenlandes mit der entwickelten, modernen Industrie kein großes Interesse.
Man befürchtete die Konkurrenz, die Absatzmärkte waren schon jetzt geschrumpft, die Krise drohte. Berlin ging sogar so weit, daß es den sudetendeutschen Abgeordneten den Rat gab, nichts zu unternehmen, was die Stellung Deutschlands bei den Friedensverhandlungen schwächen könnte...

Am 4. März 1919 sollte in Wien die neugewählte Nationalversammlung Deutsch-Österreichs zum erstenmal zusammenkommen. Für die deutsche Bevölkerung in sudetendeutschen Gebieten, der die Teilnahme an den Wahlen verboten war, ein Anlaß, für ihre Forderungen auf die Straßen zu gehen und für ihr Selbstbestimmungsrecht zu demonstrieren. Die Atmosphäre war gespannt.
Auf den Marktplätzen sudetendeutscher Städte versammelten sich Tausende von Menschen.
In Kasernen und Polizeistationen bereiteten sich tschechische Soldaten und Gendarmen vor, um Ausschreitungen zu verhindern. Und dann – dann fielen die ersten Schüsse.
Am Abend zog man eine blutige Bilanz:
54 Deutsche kamen ums Leben. Es gab zahlreiche Verwundete. Vor allem in Kaaden und Sternberg. Aber auch in Karlsbad und Eger und Mies.
Auf tschechischer Seite gab es zwei Tote.

Prag, 7. November 1919.
Es sollte ein großer Tag für die junge Republik werden.
Auf die Rednertribüne trat der Minister für auswärtige Angelegenheiten, Dr. Edvard Beneš. Mit bewegter Stimme legte er den Abgeordneten die in St. Germain ausgehandelten Friedensverträge vor.
Die Tschechoslowakei – so Dr. Beneš stolz – hatte ihr Ziel er-

reicht. Das tschechoslowakische Volk war zum erstenmal in seiner Geschichte in einem unabhängigen Staat vereint. Bestrebungen nach einer Wiedergeburt der österreichisch-ungarischen Monarchie würden am Widerstand der Tschechoslowakei scheitern. Dann kam es zur Abstimmung.
Das gesamte Vertragswerk wurde einstimmig gebilligt...
Der greise, fast 70jährige Präsident der Republik, Tomáš Garrigue Masaryk blickte auf das Staatswappen mit der Aufschrift „Die Wahrheit siegt".
Worte, die auch sein Leben geprägt hatten.

Die Zeit heilt Wunden.
Wunden der Menschen, Wunden der Völker...
Im April 1920 wurde in der Tschechoslowakei ein neues Parlament gewählt. Zum erstenmal seit 1918 nahmen an den Wahlen auch deutsche politische Parteien teil.
Spät... Zu spät...
Inzwischen wurden Gesetze über die Bodenreform, über das Schulwesen, das Sprachenrecht, die Wahlordnung – ja sogar eine neue Verfassung nach französischem Vorbild ausgearbeitet. Von Tschechen und Slowaken – ohne Beteiligung deutscher Politiker, die es immer noch ablehnten, am politischen Leben des Landes teilzunehmen.
Jetzt, als 31 sudetendeutsche sozialdemokratische Abgeordnete und 41 Parlamentarier der bürgerlichen Parteien in die Nationalversammlung einzogen, waren die Fundamente des neuen Staates bereits gelegt. Ohne die Mitwirkung der deutschen Politiker.
Ohne ihre Zustimmung, ohne ihr Wissen...
Und weitere sechs Jahre mußten vergehen, bevor in Prag die ersten deutschen Minister vereidigt wurden: Dr. Franz Spina vom Bund der Landwirte übernahm das Ressort der öffentlichen Arbeit, der Vorsitzende der Christlich-Sozialen Partei, Professor Dr. Robert Mayr-Harting, wurde Justizminister im Kabinett des Vorsitzenden der tschechischen Agrarier, Antonín Švehla.
Es schien, als würde eine neue Ära in den Beziehungen zwi-

schen Deutschen und Tschechen beginnen. Eine Ära der Verständigung... Aber schon brauten sich am Horizont dunkle Wolken zusammen... Im benachbarten Deutschland drängte Adolf Hitler an die Macht. Und das braune Krebsgeschwür des Nationalismus griff bald auch auf die Tschechoslowakei über. Dem Herzen Europas drohte der Tod!

II.

Die Agonie

Nein, das wird kein gutes Jahr werden. Das Jahr, in dem die Republik 20 Jahre jung werden sollte.

Am Horizont braute sich ein Sturm zusammen.

Wie gebannt starrte die Welt auf Berlin. Für den 20. Februar 1938 war eine Rede Adolf Hitlers im Reichstag angekündigt. Diplomaten und Journalisten spekulierten, warum Hitler die längst fällige Ansprache zum fünften Jahrestag seiner Machtergreifung am 30. Januar so lange hinauszögerte. Es mußte einen Grund haben. Einen Grund, der sicher für die Nachbarn Deutschlands nichts Gutes bedeuten konnte.

Daß etwas in der Luft lag, zeichnete sich schon Anfang des Monats an.

Am 4. Februar wurde die Welt von der Nachricht überrascht, daß der bisherige Botschafter in London, Joachim von Ribbentrop zum Reichsaußenminister ernannt worden war. Eine Entscheidung, die auch für von Ribbentrops Vorgänger Konstantin von Neurath, einen Diplomaten alter Schule, völlig unerwartet kam. Als „Präsident des Geheimen Kabinettsrats", einer Institution, die nur auf dem Papier bestand, wurde er eine bedeutungslose Repräsentationsfigur. Auch Staatssekretär Ernst von Weizsäcker war vom Wechsel an der Spitze des Ministeriums tief beunruhigt: „Moralische Bedenken schien dieser Mann nicht zu kennen", schrieb er später in seinen Erinnerungen.

Aber Adolf Hitler wußte, was er tat, als er den ihm ergebenen Parteigenossen von Ribbentrop von der Themse nach Berlin berief. Jetzt brauchte er einen Mann, der ihm, ohne Skrupel zu haben, bedingungslos gehorchte.

An diesem kalten Sonntag im Februar 1938 sollte nun die Welt erfahren, was der Führer und Reichskanzler im Sinn hatte.

Und die Welt horchte auf...

„... Allein zwei an unseren Grenzen liegende Staaten umschließen eine Masse von über zehn Millionen Deutschen. Sie sind gegen ihren eigenen Willen durch die Friedensverträge an einer Vereinigung mit dem Reich gehindert worden. Es ist auf die Dauer für eine Weltmacht mit Selbstbewußtsein unerträglich, an ihrer Seite Volksgenossen zu wissen, denen aus

ihrer Sympathie oder Verbundenheit mit dem Gesamtvolk, seinem Schicksal und seiner Weltauffassung fortgesetzt schwerstes Leid zugefügt wird. Wir wissen genau, daß es eine alle befriedigende Grenzziehung in Europa kaum gibt..."
Hitlers Rede wurde von den Reichstagsabgeordneten vielfach mit langanhaltendem Applaus unterbrochen.
Und dann brach ein Sturm los. Ein Sturm der Zustimmung als Hitler seine unverhohlene Drohung an die Nachbarn im Osten des Reiches aussprach:
„...zu den Interessen des Deutschen Reiches gehört auch der Schutz jener deutschen Volksgenossen, die aus eigener Kraft nicht in der Lage sind, sich an unseren Grenzen das Recht einer allgemeinen menschlichen, politischen und weltanschaulichen Freiheit zu sichern."
In Prag und Wien wußte man, daß Hitler nun bereit war, nicht nur zu sprechen und zu drohen. Es ging um die Freiheit der Menschen an Donau und Moldau.
Das Herz Europas spürte den kalten Griff des Diktators...
Zwanzig Tage nach Hitlers Rede vom 20. Februar 1938 gab es kein Österreich mehr.
Der letzte österreichische Bundeskanzler vor dem Anschluß, Kurt Schuschnigg, berichtet:
„Der Kommandierende General des Gruppenkommandos III in Dresden, General von Bock, war der vorgesehene Kommandant der zum Einsatz gegen Österreich bestimmten 8. Armee. Gegen 16.30 Uhr am 10. März wurde er vom Entschluß des Führers verständigt, 'zur Wiederherstellung geordneter Zustände voraussichtlich um die Mittagszeit des 12. März in Österreich einzurücken'. Gegen 18.55 Uhr des 10. März wurde die Mobilmachung der 8. Armee angeordnet...
Außerdem gehörten zur 8. Armee die SS-Standarten Germania, Deutschland, die Leibstandarte Adolf Hitler und die Totenkopfstandarte Oberbayern-Dachau... Am 12. März 1938 um 8.00 Uhr trat die Masse der 8. Armee auf der ganzen Linie zwischen Schärding und Bregenz zum Einmarsch in Österreich an... Am selben Tag um 9.15 Uhr landeten Einheiten der Luftwaffe in Wien..."

Während sich an der deutsch-österreichischen Grenze Einheiten der 8. Armee zum Einmarsch vorbereiteten, fand in der Reichshauptstadt im „Haus der Flieger" ein festlicher Empfang statt. Der Gastgeber zahlreicher Diplomaten aus aller Welt war Generalfeldmarschall Hermann Göring.
Unter den Gästen war auch der tschechoslowakische Gesandte in Berlin, Vojtěch Mastný. Aufgeregt über die bevorstehende Konfrontation des Reiches mit seinem Nachbarn, suchte Mastný ein Gespräch mit Göring, der in Berlin den abwesenden Adolf Hitler vertrat.
Göring, in einer seiner vielen Paradeuniformen, benahm sich betont jovial. Damit der Gesandte auch ruhig schlafen könne, gibt er ihm sein „Ehrenwort", daß es sich beim Einmarsch deutscher Truppen in Österreich um nichts anderes als um eine Familienangelegenheit handele. Die Politik der Verbesserung der gegenseitigen Beziehungen zwischen Deutschland und der Tschechoslowakei solle fortgesetzt werden.

Mastný war so erfreut über diese Erklärung, daß er den Empfang für einige Minuten verließ, um nach Prag zu telefonieren. Er bat den Inhalt seiner Unterredung mit dem Reichsmarschall sofort nicht nur an Außenminister Dr. Kamil Krofta, sondern auch an den Staatspräsidenten Edvard Beneš weiterzuleiten.
Aber die mögliche zukünftige Haltung Deutschlands gegenüber der Tschechoslowakei gab dem Gesandten immer noch keine Ruhe. Nach seiner Rückkehr versuchte er noch ein Gespräch mit Göring zu führen.
Der Marschall, in ausgezeichneter Stimmung, nahm Mastný unter den Arm: „Ja, ich habe Ihnen bereits das Wort gegeben; ich wiederhole es und gebe Ihnen noch das Wort des Staatsoberhauptes. Ich kann es Ihnen geben und kann Ihnen eine ganz offizielle Erklärung abgeben, weil mich der Führer zur Führung der obersten Staatsgeschäfte ermächtigt hat."
Jetzt hatte Vojtěch Mastný keine Zweifel mehr. Ruhig und gelassen ging er vom Empfang im „Haus der Flieger" in seine Residenz. Nach vielen aufregenden Tagen konnte er wieder unbeschwert schlafen.

Acht Jahre später – vor dem Nürnberger Tribunal – hat Hermann Göring versucht, sein damaliges Ehrenwort zu erklären. Es galt – so der Angeklagte – nicht für „Zeit und Ewigkeit", sondern nur für den Zeitpunkt des Anschlusses...

Mittwoch, 17. März 1938.
Der Wagen, der gerade die tschechoslowakisch-deutsche Grenze passierte, fuhr in Richtung Hof.
Konrad Henlein, Vorsitzender der Sudetendeutschen Partei und Abgeordneter des tschechoslowakischen Parlaments, hatte nur einen Grund nach Deutschland zu kommen. Er wollte von Hof aus einen Brief an Reichsaußenminister Joachim von Ribbentrop abschicken. Der sollte ihn an Adolf Hitler leiten. Sein Schreiben sollte sicher und von Fremden ungelesen den Empfänger erreichen.
Henlein dankte Hitler für die „glückliche Wendung in Österreich" und versprach „verdoppelten Einsatz im Dienste der großdeutschen Politik". Und dann: „Die neue Lage erfordert eine Überprüfung der sudetendeutschen Politik. Zu diesem Zwecke erlaube ich mir, Sie um die Gelegenheit einer recht baldigen persönlichen Aussprache zu bitten..." Am späten Abend des gleichen Tages kehrte Konrad Henlein zurück nach Eger. In guter Laune und in der Hoffnung, daß er bald nach Berlin eingeladen würde.
Eingeladen – oder zum Befehlsempfang?

Wer war dieser Mann, der – wie er glaubte – bald den Höhepunkt seiner Karriere erreichen sollte?
Wer war dieser Konrad Ernst Eduard Henlein?
Sein Vater Konrad hatte eine Beamtenlaufbahn eingeschlagen. Seine Lehrjahre verbrachte er in Linz, Wien und im südmährischen Znaim, bevor er in seine nordböhmische Heimat, nach Reichenau, zurückkehrte. Da war er schon verheiratet. Die Hochzeit war im Sommer 1895. Konrads Auserwählte war Tochter des Buchhalters Eduard Dvořáček, der einem uralten Geschlecht tschechischer Bauern entstammte, dessen Frau Augusta aber eine Deutsche war.

Die tschechische Abstammung der Mutter, die Tatsache, daß er aus einer „gemischten" Ehe hervorging, machte Jahre später dem erstgeborenen Sohn Konrad Ernst Eduard, der am 6. Mai 1898 in Maffersdorf zur Welt kam, Sorgen. Erst 1941 hat der Regierungspräsident von Aussig, Hans Krebs, Henleins Intimfeind, nach mehreren Interventionen zugestimmt, daß die tschechische Schreibweise „Dvořáček" ins deutsche „Dworaschek" geändert werden durfte.
Aber noch hatte der junge Konrad alles andere als die tschechische Abstammung seiner Mutter im Kopf.
Sein Vater, inzwischen Mitglied des Stadtrates von Reichenau und seit Frühjahr 1912 sogar Bürgermeister der Stadt, entschied, daß auch sein Sohn Beamter werden sollte. Im gleichen Jahr, in dem der Vater zum Bürgermeister gewählt wurde, ließ er Konrad für die erste Klasse der deutschen Handelsakademie in Gablonz einschreiben.
Im Gegensatz zu seinem Vater war Konrad in der Schule eher mittelmäßig. Aber der junge Henlein hatte sowieso vorerst andere Pläne, als sich einem langweiligen Beruf zu widmen. Kaum hatte er die Handelsakademie abgeschlossen, da meldete sich der 18Jährige im Mai 1916 freiwillig zur Armee. Im Sommer 1917 wurde er an die italienische Front geschickt, Mitte November geriet er in den Dolomiten in Gefangenschaft. Für Konrad Henlein war der Krieg zu Ende...
Erst fast zwei Jahre später kehrte er aus der Gefangenschaft heim. Die Heimat war verändert. Reichenau war jetzt eine Stadt der neuen Tschechoslowakischen Republik. Sein Vater hatte aus Protest gegen die neuen Machthaber schon einige Wochen nach der Ausrufung des selbständigen Staates das Bürgermeisteramt niedergelegt.
Und Konrad? Zuerst dachte er an eine Stelle in einer der zahlreichen Gablonzer Glasexportfirmen. Aber dann wurde er Hilfsbuchhalter der Tschechischen Handelsbank. Erst später faßte er festen Fuß bei der Kreditanstalt der Deutschen in Gablonz. Zufrieden war er allerdings mit seinem Leben noch lange nicht...
Nur gut, daß es einen Ausgleich in der Freiheit gab.

Nur wenige Wochen nach seiner Rückkehr trat Konrad Henlein in den Deutschen Turnverband ein. Und bald hatte er die erste Funktion: Er wurde Leiter der Jugendabteilung.
Konrad Henlein hatte seine „Berufung" gefunden: den Deutschen Turnverband!
Im September 1925 las er die Ausschreibung des Turnverbands in Asch, das nur wenige hundert Meter von der Grenze zu Deutschland in Westböhmen lag. Man suchte einen Turnlehrer. Nicht nur sportlichen Anforderungen, sondern auch hohen moralischen und erzieherischen Ansprüchen sollte er gerecht werden. Zwei Kandidaten kamen in die engere Auswahl: Rudolf Witlatschil, Hochschüler aus Leitmeritz und – Konrad Henlein aus Reichenau.
Am 10. Oktober 1925 wurde über die Kandidaten abgestimmt. Das Ergebnis: Die Stelle des Turnlehrers in Asch erhielt Konrad Henlein!
Ein neues Kapitel im Leben des 27 Jahre alten jungen Mannes begann...

Der Aufstieg kam.
Der Höhepunkt. Das Saatzer Turnfest Mitte Juli 1933.
Walter Brand, damals einer der engsten Vertrauten Konrad Henleins, erinnert sich Jahre später:
„...Dieses Saatzer Turnfest, durchgeführt in einer politisch zum Bersten angespannten Atmosphäre, beengt durch eine Unzahl von Verboten, Auflagen, Vorschriften, überwacht von 500 tschechischen Gendarmen, war eine Meisterleistung und offenbarte eindrucksvoll die in den letzten Jahren geleistete Erziehungs- und Schulungsarbeit. Der Eindruck nicht nur im sudetendeutschen, sondern vor allem auch im tschechischen Lager, darüber hinaus in Deutschland, Österreich und auch in der weiteren Welt, war überwältigend. Ich kann es heute ruhig aussprechen: Ohne dieses Saatzer Turnfest hätte es wahrscheinlich keine Sudetendeutsche Heimatfront und keine Sudetendeutsche Partei gegeben, und Konrad Henlein hätte nie in die Rolle hineinwachsen können, zu der er sich wenige Monate später entschloß..."

Brand irrte sich nicht. Die Atmosphäre war seit Wochen, ja seit Monaten gespannt.
Im September 1932 kam es vor dem Kreisgericht der mährischen Landeshauptstadt Brünn zum Prozeß gegen führende Funktionäre des „Volkssports", einer rechtsnationalistischen Organisation. Der im Mai 1929 gegründete „Volkssport" hatte – so, wie seit 1920 die sudetendeutsche Deutsche Nationalsozialistische Arbeiterpartei DNSAP – enge Kontakte zur Hitler-Bewegung in Deutschland. Nach dem Vorbild der SA trugen Angehörige der Organisation Braunhemden, nahmen regelmäßig an Veranstaltungen der Nationalsozialisten in Deutschland teil. Ihr politisches Ziel: Kampf gegen den tschechoslowakischen Staat.
Im Frühjahr 1932 wurde der „Volkssport" – inzwischen auf rund 50 000 Mitglieder angewachsen – verboten und aufgelöst. Bei dem Prozeß in Brünn wurden nicht nur einige führende Funktionäre zu Gefängnisstrafen verurteilt, sondern auch die, die enge Zusammenarbeit der aufgelösten Organisation mit der DNSAP und der Deutschen Nationalen Partei DNP betrieben. Es war nur noch eine Frage der Zeit, bis die Regierung in Prag zum Schlag gegen diese Parteien ausholen und sie verbieten würde. Alles deutete darauf hin, daß bald – nur einige Wochen nach der Machtergreifung Hitlers in Berlin – die sudetendeutschen rechtsnationalen Kräfte ohne politische Organisation sein würden.
Es gab aber in der Tschechoslowakei eine Bewegung, die Tausende, vorwiegend junge Sudetendeutsche vereinigte. Den Deutschen Turnverband und seinen inzwischen – nach dem Erfolg des Saatzer Turnfestes unbestrittenen – fast legendären Führer Konrad Henlein. Einen zwar politisch bisher nicht aktiv gewordenen jungen Mann, der aber nach Meinung vieler ein breites Spektrum sudetendeutscher politisch interessierter Frauen und Männer integrieren könnte.
Ein Zeitzeuge – Walter Brand – berichtet:
„...Da der Druck der Tschechen gegen die Sudetendeutschen immer stärker... wurde, tauchte bei den sudetendeutschen Parlamentariern der Gedanke auf, dem tschechischen Natio-

nalismus eine geschlossene sudetendeutsche Abwehrfront entgegenzustellen.
Ich weiß nicht, in welchem Kopf dieser Gedanke zuerst entstanden ist. Aber ich möchte auf den sudetendeutschen Nationalsozialisten Hans Krebs tippen, der sich später als ein besonders gefährlicher Gegner von Konrad Henlein... entpuppen sollte...".
Aber der Plan hatte einen Schönheitsfehler. Nicht nur die sudetendeutschen Sozialdemokraten, auch die anderen demokratischen Parteien – die Deutsche Christlich-Soziale Volkspartei und der Bund der Landwirte, waren nicht bereit, ihre Eigenständigkeit aufzugeben.
Walter Brand: „Nachdem alle Versuche, eine einheitliche Parteienfront... der Sudetendeutschen zustande zu bringen, gescheitert waren, versuchten die beiden Vorsitzenden der DNSAP und der DNP Henlein zu überreden, zur nationalen Sammlung aufzurufen..."
Am 12. September 1933 trafen sich Konrad Henlein und Hans Krebs zu einem vertraulichen Gespräch in Komotau.
Die Weichen wurden gestellt...
Die Arbeit an der Gründung der neuen Bewegung begann.
Walter Brand wurde von Henlein gebeten, einen Aufruf der neuen Bewegung, die in Eger geboren werden sollte, zu schreiben. Am kommenden Tag, am Sonntag, dem 1. Oktober 1933, sollte sie der Öffentlichkeit vorgestellt werden.
„Am nächsten Tag... trafen sich dann in einer dunklen Stube des Gasthauses 'Zum ewigen Licht' etwa zwölf bis 15 Männer, die Henlein zusammengerufen hatte", schreibt Walter Brand, „...es waren vor allem Personen aus der DNSAP und der DNP... Bei dieser Sitzung, bei der sich alle Teilnehmer zustimmend zu dem Entschluß Henleins, eine neue selbständige Bewegung zu gründen, geäußert hatten... wurde der vorgelegte Entwurf... durchgesprochen und beraten..."
Am 1. Oktober 1933 erschien dann der Gründungsaufruf in der deutschsprachigen Prager Tageszeitung „Bohemia".
Der Name der neuen Bewegung: Sudetendeutsche Heimatfront. Daß er nicht von Konrad Henlein, sondern vom Par-

lamentsabgeordneten der Deutschen Nationalen Partei, Othmar Kallina, stammte, weiß heute kaum jemand mehr...
Am 21. Juni 1936 wurde am Gebäude des Gasthofs „Zum ewigen Licht" am Franziskaner Platz in Eger eine Gedenktafel angebracht. Sie verkündete, daß dort die Geburtsstätte der „Sudetendeutschen Heimatfront" war.

In Berlin beobachtete man die Gründung der Sudetendeutschen Heimatfront mit großem Interesse.
Zwei Tage nach der Veröffentlichung des Gründungsaufrufs am 2. Oktober 1933 tauchte in der Reichshauptstadt eine der führenden Persönlichkeiten der sudetendeutschen DNSAP, Hans Krebs, auf. An den Gründungsberatungen im „Roten Salon" des Gasthauses „Zum ewigen Licht" in Eger nahm Krebs nicht teil. Jetzt, da ihm die Aufhebung der Abgeordnetenimmunität und ein Prozeß drohten, suchte er mit Frau und Sohn Exil in Berlin. Von hier aus, unmittelbar an der Quelle, hoffte er die führenden Männer um Hitler für sich und gegen Konrad Henlein zu gewinnen.
Krebs wurde einige Male von Hitler empfangen. Aber eines Tages war auch der Führer der ewigen Intrigen überdrüssig. Für ihn war – wenigstens zur Zeit – der Mann seines Vertrauens Konrad Henlein.
Und Konrad Henlein, als Politiker zwar noch etwas unbeholfen, sammelte erste Erfahrungen. Er wußte, daß er ohne Hilfe – politische, aber auch materielle – aus Berlin keine Erfolge erreichen würde. Und so geriet er immer mehr in den Bann der braunen Macht. Der Turnlehrer, der national fühlte, dem aber der Nationalsozialismus und sein Ideengut – noch – fremd waren.
Lassen wir noch einmal Walter Brand zu Wort kommen: „...ein Ereignis ist mir in Erinnerung. Es dürfte dies wohl eine der ersten, wenn nicht die erste Begegnung Henleins mit maßgeblichen Leuten von drüben gewesen sein. Es war wohl im späten Frühjahr 1934, als Henlein... ins Riesengebirge fuhr. Es war schon etwas sonderbar, mit welcher Geheimnistuerei Henlein sich diesmal umgab. Als wir eine Berghütte erreichten..., be-

fahl mir Henlein, in der Nähe der Hütte Posten zu beziehen und sofort Alarm zu schlagen, falls sich irgend jemand der Hütte nähern sollte. Daß... hier Konrad Henlein mit Rudolf Heß zusammengebracht wurde, erfuhr ich erst viel später...". Und zur finanziellen Unterstützung aus Berlin: „...daß... erhebliche Mittel aus dem Reich geflossen sind, ist heute aktenkundig. Diese Frage wurde streng geheim nur vom kleinen Kreis bearbeitet. ...Nur ein einziges Mal kam ich damit in Berührung. Nach einer Sitzung in Prag, spät in der Nacht..., drückte mir völlig unerwartet Karl Hermann Frank eine dicke Aktentasche in die Hand: 'Ich muß jetzt noch in der Nacht wegfahren. Du mußt diese Tasche heute in der Nacht in Deiner Wohnung verwahren.' Es waren über 100 000 Kronen darin..."

Erfolge... Erfolge... Erfolge...
Die Sudetendeutsche Heimatfront und Konrad Henlein badeten buchstäblich in Erfolgen.
Der Zulauf zur neuen Bewegung schreckte die anderen auf. Man begann, sich Gedanken über die Ziele der Heimatfront zu machen. Und auch der stetig wachsende Einfluß Berlins auf die Heimatfront nährte Befürchtungen.
Dr. Edvard Beneš, seit Gründung der Republik im Jahre 1918 Außenminister und von vielen als Nachfolger des greisen Präsidenten Masaryk im Amt angesehen, ließ sich hören: „Gegen Henlein und seine Umgebung sind keine Einwände. Aber das Ganze ist hakenkreuzlerisch. Aus außenpolitischen Gründen ist es unmöglich, daß sich in der Tschechoslowakei Hakenkreuzler ausbreiten..."
In den tschechischen politischen Parteien – den Sozialdemokraten, der christlich orientierten Tschechoslowakischen Volkspartei sowie den tschechischen bürgerlichen Nationalsozialisten – wurden Stimmen laut, daß die Sudetendeutsche Heimatfront verboten werden sollte. Aber auch deutsche Politiker – so der Vorsitzende des Bundes der Landwirte, Minister Spina – sprachen sich für die Auflösung aus. Anfang April 1935 schien das Ende der Sudetendeutschen Heimatfront nur noch eine Frage der Zeit zu sein.

Die unerwartete Rettung kam von einem Mann, von dem man sie niemals erwartet hätte – vom Präsidenten der Republik Tomáš Masaryk.
Der kranke, 84jährige Präsident befand sich auf seinem Landsitz auf Schloß Lana bei Prag. Dort empfing er am 4. April 1935 den Ministerpräsidenten Malypetr und den Außenminister Dr. Beneš. Beide versuchten, Masaryks Zustimmung zur Auflösung der Sudetendeutschen Heimatfront zu erhalten. Der Präsident lehnte ab.
Knapp eine Woche später, am 10. April 1935, sandte Konrad Henlein dem Präsidenten ein Telegramm. Er dankte dem „Gründer unseres Staates", daß er im „kritischen Augenblick der tschechoslowakischen innenpolitischen Entwicklung" sich als „Garant" der „feierlich zugesagten Rechte" erwiesen hätte.

Parlamentswahlen!
Am 19. Mai 1935 sollte ein neues tschechoslowakisches Parlament gewählt werden.
Aber nach dem Gesetz durften an den Wahlen nur politische Parteien teilnehmen. Und die Sudetendeutsche Heimatfront betrachtete sich als ein Sammelbecken der sudetendeutschen Bevölkerung. Politische Partei wollte sich nicht sein. Das sollte allerdings schnell anders werden. Am 30. April 1935 stellte sie den Antrag auf Änderung ihres Namens. Nicht mehr Heimatfront wollte sie sein, sondern eine politische Gruppierung. Der Name: Sudetendeutsche Partei!
Die Wahl wurde zum Triumph.
Fast 70 Prozent aller deutschen Stimmen vereinigte die Sudetendeutsche Partei auf ihrer Liste – 1 249 497 Wähler hatten für sie gestimmt. In das Parlament zog sie mit 44 Abgeordneten ein – nur einer weniger als die größte tschechische politische Partei, die Agrarier. Im Senat, der zweiten Kammer, war sie mit 26 Senatoren vertreten.
Die demokratischen sudetendeutschen Parteien erlitten erhebliche Stimmenverluste. Der Bund der Landwirte mußte auf zwei Drittel seiner bisherigen Anhänger verzichten, die

Christlich-Soziale Volkspartei verlor über die Hälfte ihrer Stimmen. Für die deutschen Sozialdemokraten votierten mehr als 200 000 Wähler weniger.

Es gab viele Gründe für den erdrutschartigen Sieg der Partei Konrad Henleins bei den Parlamentswahlen im Mai 1935. Selbstverständlich spielte die Entwicklung im benachbarten Deutschland eine große Rolle. Die Machtergreifung Adolf Hitlers, die nationalsozialistische chauvinistische Propaganda, „Erfolge" des Führers bei der Bekämpfung der Millionenarbeitslosigkeit – wobei in der Tschechoslowakei und gerade im Sudetenland die Zahl der Erwerbslosen sehr hoch war. Von 850 010 Arbeitslosen im Januar 1936 entfielen auf die sudetendeutschen Gebiete fast 300 000; beim Rückgang der Arbeitslosigkeit, wie auch durch das Vergeben von Staats- und Rüstungsaufträgen, änderte sich das Verhältnis noch ausgeprägter zugunsten der Deutschen, so daß im Juli 1936 von insgesamt 504 750 Arbeitslosen die deutschsprachigen Gebiete 224 168 Nichtbeschäftigte zählten. Kein Wunder, daß die Demagogie und Phrasen vieler Funktionäre der Sudetendeutschen Partei einen fruchtbaren Boden fanden. Geschickt wurden die Fehler und das Unverständnis tschechischer Politiker, die nicht verstanden hatten oder verstehen wollten, daß nur bei Verwirklichung der demokratischen Rechte aller nationalen Minderheiten der neue Staat feste Wurzeln schlagen konnte, ausgenutzt.
F.G. Heymann, Korrespondent der liberalen „Frankfurter Zeitung", der nach Hitlers Machtergreifung im tschechoslowakischen Exil blieb und 1939 mit tschechischer Hilfe in den Westen fliehen konnte, bemerkte kritisch: „Besonders erfreuen sich viele der regierenden tschechischen Bürokraten der neugewonnenen Macht und mißbrauchen sie gelegentlich in der administrativen Praxis, und namentlich bei der Anwendung der Sprachenverordnungen mündete eine Politik der Nadelstiche oft in den Antagonismus, den eine weise Politik besser vermieden hätte..."
So kam es zu Massenentlassungen deutscher Beamter des

Staatsdienstes. Teils ohne Begründung, teils durch sprachliche Eignungsprüfungen wurden 33 000 Deutsche und einige Tausend deutsche Eisenbahner entlassen. Negativ wirkte sich die Benachteiligung der verbliebenen deutschen Beamten bei Beförderungen und Höherstufungen aus. So sank der Anteil der Deutschen im Staatsdienst um rund 40 Prozent, in der Armee sogar um mehr als zwei Drittel.

Verbitterung weckte auch die Prager Schulpolitik mit der Schließung einer großen Zahl deutscher Zwergschulen, andererseits der Errichtung tschechischer Minderheitenschulen im deutschen Sprachgebiet.

Jetzt – 17 Jahre nach der Gründung der Tschechoslowakischen Republik – sollte diese Politik giftige Früchte tragen.

Früchte, die für beide – Sudetendeutsche und Tschechen – tragische Folgen haben sollten.

Aber noch ließen sich Konrad Henlein und seine Freunde von den Wogen der Euphorie tragen.

Noch schien die Zukunft voll rosiger Erwartungen zu sein...

Jetzt kannte Europa Konrad Henlein.

Und Konrad Henlein lernte Europa kennen.

Seine erste Auslandsreise nach dem Sieg seiner Partei bei den Parlamentswahlen führte ihn im Juli 1935 in die Schweiz, nach Genf. Und bald erschienen in der „Neuen Züricher Zeitung", im „Luzerner Tagblatt", in der „Gazette de Lausanne et Journal de Genève" Berichte und Artikel über das sudetendeutsche Problem in der Tschechoslowakei und über die Henlein-Bewegung. Kaum zurückgekehrt, unternahm Henlein eine Geheimreise nach Deutschland. An der Ost- und an der Nordseeküste wollte er sich ausruhen. Sein wichtigster Gesprächspartner war dort ein Engländer: Oberst Malcolm Graham Christie, ehemaliger britischer Luftwaffenattaché in Berlin, einer der führenden Experten des britischen Geheimdienstes für Mitteleuropa, vor allem Deutschland.

Seit 1933 hatte Christie eine enge Verbindung zu einigen sudetendeutschen Adeligen und Industriellen. Die machten ihn auf Henlein aufmerksam. Nun hatte er die Möglichkeit, des-

sen Ansichten kennenzulernen. Die Folge: eine Einladung Henleins nach London zu einem Vortrag am 9. Dezember 1935 im exklusiven „Royal Institute for International Affairs".
Es war der erste Auftritt Konrad Henleins vor ausländischen Zuhörern, unter ihnen wieder Oberst Christie. Und er wurde ein Erfolg. Die Londoner Presse widmete seinen Ausführungen lange Spalten. Der „Daily Telegraph", der Konservativen Partei nahestehend, brachte den Bericht über seine Rede unter dem Titel „Czech 'Hitler' in London". Die Zeitung zitierte Henlein: „Ich kann erklären, daß ich niemals in irgendwelchen Beziehungen zu der gegenwärtigen deutschen Regierung gestanden bin, ich habe Hitler nie gesehen, nie mit ihm gesprochen, ich habe nie mit ihm korrespondiert und nie mit ihm irgendwie verhandelt. Wenn behauptet wird, daß meine Bewegung eine getarnte Nazibewegung war, so wird das aus Gründen getan, meiner Partei die Sympathie zu entfremden, meiner Partei, die für die deutsche Minorität nur die einfachen Rechte verlangt, die dieser unter der tschechoslowakischen Verfassung zustehen...".
Er versicherte laut „Daily Telegraph", daß es unmöglich sei, die deutschsprachigen Teile der Tschechoslowakei von der Republik loszulösen. Gleichzeitig erteilte er dem Pangermanismus eine Abfuhr. Denn dieser sei „als europäische Politik genauso verhängnisvoll wie der Panslawismus" und müsse zur Katastrophe führen. Eine Meinung, die ihm einige Tage später die Kritik des Zentralorgans der NSDAP, des „Völkischen Beobachters", einbrachte.
Als Henlein seinen Vortrag beendet hatte, trat ein Zuhörer zum Rednerpult und beglückwünschte den Gast aus der Tschechoslowakei zu seinen Ausführungen: der bekannte britische Publizist R.W. Seton Watson, ein enger Freund des tschechoslowakischen Außenministers Dr. Edvard Beneš!

Erfolg in London – Niederlage in Prag...
Seit Herbst 1935 war es in Prag kein Geheimnis mehr. Präsident Masaryk – 85 Jahre alt – wollte im Dezember sein Amt zur Verfügung stellen.

Wer wird der neue, zweite Präsident der Tschechoslowakischen Republik?
Das liberale und bürgerliche Lager unterstützte die Kandidatur des Außenministers Dr. Edvard Beneš, der geschickt zu verbreiten wußte, daß er auch Wunschkandidat Masaryks sei. Sein Gegenkandidat, den die konservativen Kräfte gerne auf der Prager Burg gesehen hätten, war der Universitätsprofessor und Naturwissenschaftler Bohumil Němec, ein politisch unbeschriebenes Blatt.
Und die Sudetendeutsche Partei Konrad Henleins?
Walter Brand – immer noch ein Intimus des Parteichefs – erinnert sich:
„Dann tauchte... Professor Bohumil Němec auf, der vor allem von den tschechischen Agrariern forciert wurde. In endlosen Verhandlungen schien sich hier eine Mehrheit gegen Beneš aus Agrariern, der Slowakischen Volkspartei... und der SdP herauszubilden, und zwei bis drei Tage vor der Wahl schien dieses Bündnis perfekt zu sein, bis plötzlich etwas Unerwartetes geschah, als die Slowakische Volkspartei plötzlich ausscherte und sich für die Wahl von Beneš erklärte.
Damit war dessen Wahl gesichert, da die tschechischen Agrarier sich nun mit ihrem Kandidaten nicht mehr durchsetzen konnten... Innerhalb der Führung der SdP hatte sich verständlicherweise Niedergeschlagenheit und Resignation breitgemacht... So kam der Tag der Wahl heran... ein trüber, nebelverhangener Tag..."

Es war der 18. Dezember 1935. Ein Mittwoch...
Brand weiter: „Die Wahl fand auf dem Hradschin, in dem herrlichen gotischen Wladislaw-Saal statt. Sie ging in guter Form und ziemlich rasch vor sich. Der Gegenkandidat Němec stand nicht mehr zur Wahl, er hatte die Kandidatur zurückgezogen. Beneš wurde gewählt..."
Das Wahlergebnis war eindeutig:
Dr. Edvard Beneš erhielt 340 Stimmen – einschließlich der Stimmen der Agrarier.
Professor Bohumil Němec – der offiziell nicht kandidierte –

bekam 24 Stimmen. 76 Stimmzettel blieben leer – die Stimmkarten der Sudetendeutschen Partei!

Eine merkwürdige Zeit – die zweite Hälfte der dreißiger Jahre... Aus der Ferne hörte man schon die schrillen Todesglocken. Todesglocken für Europa...
Italienische Truppen marschierten in Abessinien ein...
General Franco, unterstützt von Hitler und Mussolini, blies zum Sturm auf die spanische Republik...
Stalins Todesmaschinerie der politischen Schauprozesse lief auf Hochtouren...
Die Geier begannen über Europa zu kreisen!

Am 24. Juni 1937 erhielten die Oberbefehlshaber der drei Wehrmachtsteile eine streng geheime Weisung des Reichskriegsministers Generalfeldmarschall Werner von Blomberg. Der Kriegsminister sprach darin über zwei wahrscheinliche Kriegsfälle, die aufmarschmäßig bedacht werden müßten: Zweifrontenkrieg mit Schwerpunkt West (Aufmarsch „Rot") und Zweifrontenkrieg mit Schwerpunkt Südost (Aufmarsch „Grün"). In den Ausführungen zum Aufmarsch „Grün" schrieb von Blomberg: „Um den bevorstehenden Angriff einer überlegenen feindlichen Koalition abzuwehren, kann der Krieg im Osten mit einer überraschenden Operation gegen die Tschechoslowakei beginnen. Die politischen und völkerrechtlichen Voraussetzungen für ein derartiges Vorgehen müssen vorher geschaffen sein..."
Die Tschechoslowakei begann eine wichtige Rolle in Hitlers Zukunftsplänen zu spielen. Der Führer selbst bestätigte es nur wenige Monate nach der von Blomberg erlassenen Weisung.

Am Nachmittag des 5. November 1937 um 16.15 Uhr begann in der Reichskanzlei in Berlin eine Besprechung, zu der Adolf Hitler fünf Männer eingeladen hatte: den Reichskriegsminister, Generalfeldmarschall von Blomberg, den Oberbefehlshaber des Heeres, Generaloberst Freiherr von Fritsch, den Oberbefehlshaber der Kriegsmarine, Generaladmiral Raeder,

den Oberbefehlshaber der Luftwaffe, Generaloberst Göring, und den Reichsaußenminister, Freiherr von Neurath.
Als die Teilnehmer der Beratung um 20.30 Uhr die Reichskanzlei verließen, war ihnen klar, daß sich Adolf Hitler für den Krieg entschieden hatte. Einen Krieg, der Deutschlands Vormachtstellung in Europa, ja in der Welt sichern sollte. Daß dabei die im Herzen Europas liegende Tschechoslowakei der Verwirklichung der Pläne des Führers im Weg stand, war unübersehbar. Hitler hatte keinen Hehl daraus gemacht, daß dieser Staat niedergewalzt werden mußte.
„Der Zeitpunkt unseres Angriffs auf die Tschechei und Österreich müsse abhängig von dem Verlauf des italienisch-englisch-französischen Krieges gemacht werden. ...Der Führer... wolle... unter Ausnutzung jeder sich nur bietenden Gelegenheit den Feldzug gegen die Tschechei beginnen..., wobei der Überfall auf die Tschechei 'blitzartig schnell' erfolgen müsse...", hieß es im Protokoll der Beratung.
14 Tage nach der Besprechung in der Reichskanzlei – am 19. November 1937 – schrieb Konrad Henlein einen „Bericht für den Führer und Reichskanzler". Selbstverständlich konnte er nicht ahnen, daß Adolf Hitler bereits über das Schicksal der Tschechoslowakei entschieden hatte. Was er aber wußte war, daß seine Zukunft in den Händen Hitlers lag.
Die Versicherungen, daß er nichts mit Berlin und Hitler gemeinsam habe, die Henlein bei seinem ersten Besuch in London machte, gehörten längst der Vergangenheit an. Jetzt war Adolf Hitler für Konrad Henlein das große Vorbild.
„Das Sudetendeutschtum", hieß es in dem Bericht für Hitler, „ist heute nationalsozialistisch ausgerichtet."
Eine offene Auseinandersetzung mit Prag wollte Henlein aber noch nicht wagen. Der deutsche Gesandte in Prag, Eisenlohr, hat es in seinem Bericht an das Auswärtige Amt in Berlin klar ausgedrückt: „Konrad Henlein ist offensichtlich zu der Erkenntnis gelangt, daß die Zeit für den entscheidenden Machtkampf noch nicht gekommen ist und daß eine allzu stark betonte, auf das Reich abgestellte Aggressivität die Partei und besonders ihre Führung in Gefahren bringen kann, denen sie

sich zur Zeit noch nicht gewachsen fühlt...". Aber die Zeiten ändern sich...
Nur vier Monate später, war die Situation anders.
Österreich gab es nicht mehr...
Jetzt war die Tschechoslowakei an der Reihe.
Und Konrad Henlein und seine Sudetendeutsche Partei fühlten sich stark.
Der Kampf konnte beginnen...
Aber der Führer mußte entscheiden!
Darum schrieb Konrad Henlein den Brief an Joachim von Ribbentrop, in dem er um ein Gespräch mit Adolf Hitler bat.
Wie hatte es in dem Schreiben geheißen?
„Die neue Lage erfordert eine Überprüfung der sudetendeutschen Politik..."
Der Führer und Reichskanzler Adolf Hitler war der gleichen Meinung...

Berlin, Reichskanzlei, der 28. März 1938.
Fast drei Stunden hatte sich Adolf Hitler Zeit genommen, um mit Konrad Henlein und seinem Stellvertreter Karl Hermann Frank zu konferieren. Anwesend waren noch der Stellvertreter des Führers, Reichsminister Rudolf Heß, der Außenminister von Ribbentrop und Obergruppenführer Lorenz, Chef der volksdeutschen Mittelstelle.
Das Protokoll der Besprechung ist aufschlußreich.
„Die Tendenz der Anweisungen, die der Führer Henlein gegeben hat, geht dahin, daß von seiten der Sudetendeutschen Partei Forderungen gestellt werden sollen, die für die tschechische Regierung unannehmbar sind. ...Henlein hat dem Führer gegenüber seine Auffassung folgendermaßen zusammengefaßt: 'Wir müssen also immer so viel fordern, daß wir nicht zufriedengestellt werden können'. Diese Auffassung bejahte der Führer."
Am gleichen Tag, an dem Konrad Henlein in Berlin mit Adolf Hitler über das weitere Vorgehen der Sudetendeutschen Partei in der Tschechoslowakei konferierte, hielt der tschechoslowakische Ministerpräsident Dr. Hodža eine Rundfunkanspra-

che, in der er den Vorschlag der Regierung für ein neues Minderheitenstatus bekanntgab, der den alten von 1919 ersetzen sollte.
Auf dem Boden der Verfassung sollten die Sonderrechte der deutschen und der anderen nationalen Minderheiten in einem einheitlichen Gesetz verankert werden. Dr. Hodža beabsichtigte, im Hinblick auf das Beamten- und Schulwesen die sudetendeutschen Ansprüche voll zu erfüllen.
Jetzt war also Konrad Henlein am Zug.
Wie würde er auf die neuen Vorschläge reagieren?

So viel fordern, daß wir nicht zufriedengestellt werden...
Konrad Henlein hat auch diesen Befehl Adolf Hitlers nicht vergessen.
Am 24. April 1938 sprach Konrad Henlein in Karlsbad. Er lehnte die Vorschläge der tschechoslowakischen Regierung für einen Minderheitenstatus ab und verkündete ein acht Punkte umfassendes Programm der Sudetendeutschen Partei. Der unklarste Punkt schien der sechste des „Karlsbader Programms" zu sein. Darin wurde die „Beseitigung des dem Sudetendeutschtums seit 1918 zugefügten Unrechts und die Wiedergutmachung der ihm durch dieses Unrecht entstandenen Schäden" verlangt.
Hinter dieser – wie der deutsche Publizist Joachim G. Leihäuser festgestellt hatte – „kautschukartigen" Forderung verbarg sich alles und nichts. Hier konnte man immer, wenn es politisch gebraucht wurde, ansetzen und immer neue Ansprüche stellen.

Der Graben zwischen der Sudetendeutschen Partei und der tschechoslowakischen Regierung schien immer tiefer zu werden. Und ein Kompromiß war in weite Ferne gerückt... Aber in Prag reagierte man vorsichtig auf kritische Stimmen, die immer öfter aus Paris und vor allem aus London zu hören waren. Die tschechoslowakische Regierung erklärte sich am 13. Mai bereit, die unterbrochenen Verhandlungen mit der Partei Henleins wiederaufzunehmen. Die für den 22. und 29. Mai an-

gesetzten Gemeindewahlen sollten möglichst ungestört und ruhig verlaufen. Aber alles kam anders...
Begonnen hatte er vor zwei Jahren, im Frühjahr 1936. Der tschechoslowakische militärische Nachrichtendienst, die zweite Abteilung des Generalstabes, bekam einen Brief, der aus Weipert, einem Städtchen unweit der tschechoslowakisch-deutschen Grenze, abgeschickt worden war. Das Angebot des Unbekannten war verlockend. Er bot dem tschechoslowakischen Militärgeheimdienst Informationen über Aktivitäten der deutschen Spionage gegen die Tschechoslowakei für Zahlung von 15 000 Mark an.
In Prag hatte man nicht lange über das Angebot nachgedacht. Die „Kostproben", die der Unbekannte seinem Brief beilegte, hatten auch die Pessimisten überzeugt. Der Mann mußte gut über geheimste Vorgänge in Deutschland informiert sein.
Nach dem ersten Treffen, das unweit der Grenze auf tschechoslowakischem Gebiet stattfand, bekam der Agent, der auf völliger Anonymität bestand, die Bezeichnung A-54, unter der er Jahre später in die Geschichte der Weltspionage einging.

Im Frühjahr 1938 berichtete A-54 vorwiegend über die Aktivitäten der Sudetendeutschen Partei gegen die Tschechoslowakei und über deutsche militärische Pläne, die Prag betrafen.
Um den 20. Mai 1938 erhielt der tschechoslowakische Militärgeheimdienst in Prag Berichte von A-54, daß an der deutsch-tschechoslowakische Grenze deutsche Militäreinheiten zusammengezogen werden sollten. Auch aus dem bayerischen Grenzgebiet, aus dem Raum Weiden und Waldmünchen – Hocha, trafen ähnliche Meldungen ein.
Der Leiter des tschechoslowakischen Militärgeheimdienstes, Oberst František Moravec, informierte über die Berichte, die er vorwiegend von A-54 erhielt, ausführlich den Chef des tschechoslowakischen Generalstabes General Ludvík Krejčí. Der General fand die Lage so ernst, daß er von der Regierung die Zustimmung zu militärischen Gegenmaßnahmen verlangte. Am Freitag, dem 20. Mai 1938, trat das tschechoslowakische Kabinett zu einer Sondersitzung zusammen und kon-

ferierte über die neueste Entwicklung. Man beschloß, daß das Militär über weitere notwendige Schritte selbst entscheiden sollte.

Und die Generale blieben nicht untätig.

Am 20. Mai um 19.15 Uhr rief der Generalstab die Alarmbereitschaft aller Armeekommandostellen aus. Zwei Stunden später wurde der Befehl zur Schließung der Staatsgrenze ausgegeben und ein Jahrgang der Reserve in die Kasernen einberufen. Am folgenden Tag, Samstag, den 21. Mai 1938, standen Einheiten der Staatsverteidigung in ihren Kampfstellungen. Gegen Mittag wurden die Befestigungsanlagen an der Grenze von Infanterieeinheiten besetzt, am Nachmittag folgte die Artillerie. Am Montag, dem 23. Mai, waren alle Regimenter, soweit sie der Operationsplan für die Verstärkung der Abwehrkraft des Befestigungsgürtels vorsah, einsatzbereit.

In Berlin war man von der Reaktion Prags überrascht. Schon am 21. Mai lag Hitler eine ausführliche Meldung über die Ereignisse an der Grenze vor: „... In der Tschechoslowakei angeordnete Maßnahmen zur Mobilmachung schreiten fort. Einberufen wurden die Jahrgänge 1913 und 1914 vollständig, Spezialisten nur aus den Jahrgängen 1894 bis 1911 mit Ausnahme der Jahrgänge 04, 06, 09..."

Hitler tobte, reagierte mehr als gereizt. Es scheint, daß ihn die Maßnahmen Prags an einer empfindlichen Stelle getroffen haben. Nein, mit dieser Reaktion hatte er nicht gerechnet.

Für den 28. Mai rief er eine neue Besprechung der höchsten Militärs und des Außenministers ein. Wütend verkündete er, daß es sein „unerschütterlicher Wille" sei, „die Tschechoslowakei von der Landkarte auszulöschen".

Zwei Tage später, am 30. Mai, unterschrieb er das Dokument OKW Nr. 42/38 g. kds. Chefsache L Ia „Zweifrontenkrieg mit Schwerpunkt Südost" (Aufmarsch „Grün"). Darin erklärte er eindeutig: „Es ist mein unabänderlicher Entschluß, die Tschechoslowakei in absehbarer Zeit durch militärische Aktion zu zerschlagen. Den politisch und militärisch geeigneten Zeitpunkt abzuwarten oder herbeizuführen, ist Sache der politischen Führung. Eine unabwendbare Entwicklung der Zustände innerhalb der Tschechoslowakei oder sonstige politische Ereignisse in Europa, die eine überraschend günstige, vielleicht nie wiederkehrende Gelegenheit schaffen, können mich zu frühzeitigem Handeln veranlassen. Die richtige Wahl ist die sicherste Gewähr für den Erfolg. Dementsprechend sind die Vorbereitungen unverzüglich zu treffen..."

Am 18. Juni 1938 war der Entwurf für eine neue strategische Weisung Hitlers fertiggestellt: „Als Nahziel steht die Lösung der tschechischen Frage aus eigenem freien Entschluß im Vordergrund meiner Absichten. Ich bin entschlossen, ab 1. Oktober 1938 jede günstige Gelegenheit zur Verwirklichung dieses Zieles auszunutzen..." Die Zeichen im Herzen Europas standen auf Sturm.

Die Menschen ahnten es – die Politiker versuchten noch immer die Augen vor den Tatsachen zu schließen.

Blätter aus dem Kalender des Sommers 1938:

Samstag, 4. Juni 1938. Prag.

Der Oberste Rat der Verteidigung der Republik trat zusammen. Es wurde beschlossen, die Befestigungen entlang der Grenze in vier Etappen so schnell wie möglich fertigzubauen. Bis Ende 1938 sollten 2 700 Millionen der insgesamt zehn Milliarden Kronen, die für die Befestigungsbauten vorgesehen waren, zur Verfügung gestellt werden. Ein Jahr nach der Machtergreifung Hitlers in Berlin hatte man mit dem Bau des Befestigungsgürtels entlang der tschechoslowakisch-deutschen Grenze in Nordmähren begonnen. Böhmen, Mähren und Schlesien sollten mit modernsten Festungswerken gesichert werden. Der Schwerpunkt der Anlagen, die durch ihre Modernität in mancher Beziehung die französische Maginot-Linie noch übertrafen, lag im Norden, wo es galt, die auf eine Spaltung des tschechoslowakischen Territoriums in einen westlichen und einen östlichen Teil abzielende deutsche Zangenbewegung abzufangen. In Böhmen erhöhte ein dreifacher konzentrischer Festungsgürtel die Verteidigungsmöglichkeiten der natürlichen Grenze. Dieser sollte im Falle eines Über-

raschungsangriffs die Durchführung der Mobilisation, die Evakuierung der Industrien und gegebenenfalls einen geordneten Rückzug in östlicher Richtung bis zu der böhmisch-mährischen Anhöhe sichern. Die technische Ausrüstung der Armee war sehr gut.
Den traditionellen Industrien des Landes verdankte das Heer eine erstklassige Bewaffnung. Besonders auf dem Gebiet der mittleren, schweren und überschweren Artillerie, der panzerbrechenden Begleitwaffen der Infanterie, der Fliegerabwehr und auch der Panzertruppe verfügte die Armee über hervorragendes Material. Die Munitionsvorräte übertrafen die der deutschen Wehrmacht.

Dienstag, 26. Juli 1938. London.
In der britischen Hauptstadt kam das Unterhaus zusammen. Premierminister Sir Neville Chamberlain gab eine Regierungserklärung zur tschechoslowakischen Frage ab: „England hat im engsten Einvernehmen mit Frankreich alles getan, um eine friedliche Lösung des Streites zu erleichtern. Es wurde behauptet, daß die britische Regierung die tschechoslowakische Regierung zur Eile drängt; das Gegenteil ist richtig. ...Falls eine Vereinbarung zwischen Herrn Henlein und der tschechoslowakischen Regierung zustande käme, bevor der Nationalitätenstatut dem Parlament vorgelegt wird, so wäre das die beste Lösung. Da es zweifelhaft erschien, ob eine einvernehmliche Regelung ohne irgendeine Hilfe von außen zustande kommen wird, untersuchte die britische Regierung die Frage, wie sie ihre Hilfe anbieten könne. Die britische Regierung hat daher der Bitte der tschechoslowakischen Regierung zugestimmt, daß eine Persönlichkeit mit entsprechenden Erfahrungen als Untersucher und Mittler in voller Unabhängigkeit von der britischen Regierung und allen anderen Regierungen die Angelegenheit prüft.
Lord Runciman hat bereits zugesagt, die Mission zu übernehmen. Er ist kein Schiedsrichter und kein Berater..., er wirkt als unabhängige und unparteiliche Persönlichkeit."
Lord Walter Runciman kommt in die Tschechoslowakei. Die

meiste Zeit verbringt er mit Besuchen und Empfängen auf Schlössern und Landsitzen des deutschen Adels. So auch beim Grafen Eugen Czernin auf Schloß Petersburg bei Karlsbad. Vor das Schloß kamen 700 Anhänger Konrad Henleins, sangen das Deutschland- und das Horst-Wessel-Lied und riefen dem Lord zu:
„Lieber Runciman, mach uns frei von der Tschechoslowakei!"

Freitag, 19. August 1938. Berlin.
Aufzeichnung des Leiters der Politischen Abteilung des Auswärtigen Amtes. Geheim!
„Die Sudetendeutsche Partei wird seit dem Jahr 1935 laufend durch gewisse Beträge vom A.A. unterstützt, und zwar durch eine Zahlung von monatlich 15 000 Reichsmark, von denen die Gesandtschaft Prag 12 000 Reichsmark zur Auszahlung überwiesen werden und 3 000 Reichsmark nach Berlin an die Vertretung der Partei (Büro Bürger) zur Zahlung gelangen. Im Laufe der letzten Monate sind die Aufgaben, die dem Büro Bürger zufallen, infolge der laufenden Verhandlungen mit der tschechoslowakischen Regierung stark gewachsen. Die Zahl der Broschüren und Landkarten, die von dem Büro hergestellt und vertrieben werden, ist gestiegen, die pressepolitische Tätigkeit hat sich gewaltig vermehrt, insbesondere auch ist der Ausgabeetat dadurch gestiegen, daß bei der Notwendigkeit, stets gut orientiert zu sein, die Ausgaben für Reisen nach Prag, London und Paris (auch Finanzierung der Reisen sudetendeutscher Abgeordneter und Mittelsmänner) stark vergrößert worden sind... Herr Bürger ist daher beim Amt vorstellig geworden, eine Erhöhung dieser Summe vorzunehmen..." Der Bitte wurde entsprochen. Die Zahlungen wurden auf 5 500 Reichsmark monatlich angehoben.

Dienstag, 30. August 1938. Prag.
Bericht von Lord Runciman an das Londoner Auswärtige Amt:
„Die Schritte, die im und wegen diesem verfluchten Land unternommen werden, betreffen Berlin nun ebensowohl als die ČSR, und es ist noch ungewiß, ob wir auf irgendeinen Frie-

denswillen dort bauen können... Die Lage ist überaus schwierig. Beneš hat seinen Beitrag in einem langen Memorandum von neun Seiten gegeben, das mit Fuchslöchern und Einschränkungen besät ist – für die Veröffentlichung ist es nichts nutze. Was ich brauche, ist eine konzentrierte Zusammenfassung der Karlsbader Punkte der Sudetendeutschen Partei, verschmolzen mit den sieben Punkten, denen Beneš bereits zugestimmt hat... Wenn wir nur Beneš dazu bringen könnten, zu erkennen, wie nahe er dem Abgrund ist, würden wir einigen Fortschritt machen. Aber er ist zu gescheit... Der Schrekken des Krieges und der Zerstörung lastet auf den Seelen von allen und doch treibt Europa in einer gefährlichen Weise weiter. Ich kann das Verfahren nicht beschleunigen... Ich muß gestehen, daß ich selber nahezu erschöpft bin..."
Postskriptum: „Ich habe noch nicht die Möglichkeit gefunden, einen einzigen Tag auf die wundervolle Rebhuhnjagd zu gehen."

Samstag, 3. September 1938. Berlin.
Adolf Hitler unterzeichnet eine neue Anweisung, die die Kriegsvorbereitung gegen die Tschechoslowakei betrifft.
„Die Truppen sind zwei Tagesmärsche von der Grenze entfernt zu versammeln... Den Tag X werde ich dem OKW am 27. September mittags mitteilen..."
Die Würfel waren gefallen...

Montag, 12. September 1938. Nürnberg.
Adolf Hitler spricht auf dem Reichsparteitag der NSDAP.
„Dieses Elend der Sudetendeutschen ist ein namenloses. Man will sie vernichten. Menschlich werden sie in unerträglicher Weise unterdrückt und entwürdigt behandelt... Die Rechtlosmachung dieser Menschen muß ein Ende nehmen..."

Die Presse des Dritten Reiches verbreitet Schreckensnachrichten aus dem Sudetenland.
„Prager Demokratie versinkt in Blut und Grauen"
„30 neue Mordopfer tschechischer Mordschützen"

„Blutige Metzelei"
„Beispielloses Greuel tschechischer Mordbanditen"
„Unglaubliche Bestialitäten"
„Frauen und Kinder von tschechischen Panzern niedergemäht – Erneut Deutsche von Tschechen ermordet"
Und – Bericht des deutschen Geschäftsträgers aus Prag: „Nach Meldungen unserer Dienststellen Eger, Reichenberg, Brünn und Kaschau herrscht dort völlige Ruhe."
„Völkischer Beobachter": „Mindestens 50 bis 60 Tote in Eger."

Mittwoch, 14. September 1938. London.
Der britische Premierminister Sir Neville Chamberlain schreibt an Adolf Hitler:
„Im Hinblick auf die zunehmend kritische Lage schlage ich vor, sofort zu Ihnen herüberzukommen, um zu versuchen, eine friedliche Lösung zu finden..."

Donnerstag, 15. September 1938. Obersalzberg.
Drei Stunden berieten Chamberlain und Hitler über die Entwicklung der sudetendeutschen Frage. Hitler gelang es schließlich, den unerfahrenen Premierminister von der Notwendigkeit der Eingliederung des Sudetenlandes in das Deutsche Reich zu überzeugen. Als Gegenleistung versprach er, bis zu den von Chamberlain gewünschten britisch-französischen Konsultationen „stillhalten zu wollen". Er sagt zu, „in den nächsten Tagen, wenn irgend möglich, den Befehl zur Ingangsetzung des militärischen Apparats nicht zu geben, außer wenn sich eine völlig unmögliche Situation ergeben würde".

Donnerstag, 15. September 1938. Prag.
Geheime Anweisung des Präsidenten Beneš an Sozialfürsorgeminister Nečas vor seiner Reise nach Paris zu politischen Verhandlungen:
„Niemals zugeben... dieser Plan stamme von den Tschechoslowaken... Der... Plan ist als unsere letzte Konzession anzuse-

hen und muß Hitler notfalls aufgezwungen werden... Der Plan würde bedeuten, daß Deutschland so und so viele Quadratkilometer (wie viele, weiß ich nicht genau – es dürften 4 - 6 000 sein. Insoweit darf man sich nicht festlegen) unter der Bedingung erhält, daß es wenigstens 1 1/2 - 2 Millionen der deutschen Bevölkerung übernimmt. Dies würde eine Ortsverlagerung der Bevölkerung bedeuten, wobei Demokraten, Sozialisten und Juden bei uns bleiben würden..."
Also eine Abtretung tschechoslowakischen Gebietes. Aber handschriftlich fügte Beneš hinzu: „Nicht sagen, daß das von mir stammt. – Dieses Papier vernichten."
Es wurde nicht vernichtet. Gefunden wurde es erst nach dem Zweiten Weltkrieg...

Donnerstag, 15. September 1938. Eger.
Aufruf Konrad Henleins an die sudetendeutsche Bevölkerung: „... alle Bemühungen, das tschechische Volk und seine Verantwortungsträger zu einem ehrlichen und gerechten Ausgleich zu bewegen, sind in ihrem unversöhnlichen Vernichtungswillen gescheitert. ...Wir wollen als freie deutsche Menschen leben! Wir wollen wieder Friede und Arbeit in unserer Heimat! Wir wollen heim ins Reich!"
Wenige Stunden nach Veröffentlichung dieses Aufrufes sind Konrad Henlein, Karl Hermann Frank und weitere führende Politiker der Sudetendeutschen Partei über die Grenze nach Deutschland geflüchtet.

Sonntag, 18. September 1938. London.
In der britischen Hauptstadt finden auf Einladung der britischen Regierung Gespräche zwischen Premierminister Chamberlain und dem französischen Ministerpräsidenten Edouard Daladier statt. Die französischen Teilnehmer geben nach längerer Diskussion dem Drängen Chamberlains und seines Außenministers Lord Halifax nach. Großbritannien und Frankreich wollen der Tschechoslowakei und Hitler folgende Lösungsvorschläge unterbreiten:

1. Abtretung der Gebiete, die mehr als 50 Prozent deutsche Bevölkerung zählen, der Tschechoslowakei ohne Volksabstimmung. Grenzfestsetzung durch eine internationale Kommission auf Grund der Ergebnisse der letzten Gemeindewahlen und Möglichkeit eines Bevölkerungsaustausches.
2. Weitgehende Autonomie nach den letzten Vorschlägen der Prager Regierung für gemischtsprachige Gebiete.
3. Neutralisierung der Tschechoslowakei. Aufgabe der Hilfeleistungspakte mit Frankreich und der Sowjetunion.
4. Garantien für die Tschechoslowakei durch die Nachbarstaaten sowie England, Frankreich und Italien.

Dienstag, 20. September 1938. Prag.
Note der tschechoslowakischen Regierung an die Regierungen Großbritanniens und Frankreichs:
„...Diese Vorschläge wurden ohne Befragung der tschechoslowakischen Vertreter getätigt, und es wurde gegen die Tschechoslowakei, die nicht einmal angehört wurde, gehandelt... Die tschechoslowakische Regierung ist sich dessen bewußt, daß die britische und französische Regierung sich in ihren Bestrebungen von wahrem Interesse leiten lassen... Aus den angeführten Beweggründen heraus wendet sie sich trotzdem erneut an sie mit dem letzten Appell und dem Ersuchen, ihren Standpunkt zu revidieren... In dieser Entscheidungsstunde geht es nicht nur um das Schicksal der Tschechoslowakei, sondern um das Schicksal anderer Länder und insbesondere Frankreichs."

Donnerstag, 23. September 1938. Bad Godesberg.
Der britische Premierminister Chamberlain fliegt wieder zu Gesprächen mit Hitler. Hitler überreicht ein deutsches Memorandum, in dem die endgültige Abtretung der sudetendeutschen Gebiete bis zum 1. Oktober gefordert wird. Er droht mit dem Einmarsch der Wehrmacht in die Tschechoslowakei.

Sonntag, 26. September 1938. Berlin.
Adolf Hitler spricht im Sportpalast:
„...nun steht vor uns das letzte Problem, das gelöst werden muß und gelöst werden wird. Es ist die letzte territoriale Forderung, die ich in Europa zu stellen habe, aber es ist die Forderung, von der ich nicht abgehe und die ich, so Gott will, erfüllen werde... Ebenso will ich nun dem deutschen Volk erklären, daß in bezug auf das sudetendeutsche Problem meine Geduld jetzt zu Ende ist! Ich habe Herrn Beneš ein Angebot gemacht, das nichts anderes ist als die Realisierung dessen, was er selbst schon zugesichert hat. Er hat jetzt die Entscheidung in der Hand! Frieden oder Krieg!"

Das, was Adolf Hitler so zum Rasen brachte, war die Entwicklung in der Tschechoslowakei.
Am Mittwoch, dem 22. September, fand in Prag vor dem Parlament eine riesige Volksversammlung statt. Es demonstrierten unübersehbare Massen.
Und nicht nur in Prag. Auch in Brünn, Pilsen, Mährisch Ostrau. Eine Delegation, in der Vertreter fast aller tschechischen politischen Parteien waren, wurde auf der Prager Burg von Präsident Beneš empfangen. Ihre Forderung: Unverzüglich soll eine Regierung zum Schutz der Republik gebildet werden. Zum neuen Ministerpräsidenten ernannte Beneš den legendären, einäugigen Armeegeneral Jan Syrový. Der ehemalige Förster, der zum General eigentlich nur wegen seiner Teilnahme an den Kämpfen der tschechischen Legion im Ersten Weltkrieg in Rußland avancierte, war der schwierigen Situation kaum gewachsen.
Nach einer mehrstündigen Beratung hat die Regierung Syrový – in Unkenntnis der internationalen Lage und vielleicht auch in der naiven Hoffnung, daß Frankreich und die Sowjetunion, die durch den Beistands- und Freundschaftsvertrag von 1935 mit der Tschechoslowakei verbunden waren, an der Seite der tschechoslowakischen Armee Krieg gegen Deutschland führen würden – die allgemeine Mobilmachung der Armee beschlossen.

Nach fünf Tagen standen 1 500 000 tschechoslowakische Soldaten unter Waffen.
Hitler hatte zwar in seiner Rede im Berliner Sportpalast von der Alternative Krieg oder Frieden gesprochen, aber ganz wohl war ihm dabei nicht. Denn von einem Sieg war er sich bei einer militärischen Auseinandersetzung auch nicht überzeugt. Die Stimmung der Bevölkerung machte ihm Sorgen. Der Reichspropagandaminister und Gauleiter von Berlin, Joseph Goebbels, hatte ihm kleinlaut berichtet: „Den Berlinern sind die gequälten sudetendeutschen Volksgenossen gleichgültig. Sie wollen Frieden."
Aber gerade den wollte Adolf Hitler nicht...

Krieg... Wird es wirklich einen Krieg geben?
England mobilisierte seine Flotte...
In Frankreich wurde die Teilmobilisierung ausgerufen...
Der deutsche Militärattaché in Paris informierte das Oberkommando der Wehrmacht, daß mit der „Einsatzbereitschaft von 65 französischen Divisionen am sechsten Tag nach der Teilmobilisierung zu rechnen sei".
Der tschechoslowakische Gesandte in Moskau Zdeněk Fierlinger drahtete nach Prag: „... entsprechende sowjetische Luftstreitkräfte startbereit, wenn nötig sofort in die Tschechoslowakei abzufliegen... Union hat an Westgrenze 30 kriegsstarke Divisionen zum augenblicklichen Eingreifen marschbereit." Oberst Rudolf Toussaint, der deutsche Militärattaché in Prag, kabelte nach Berlin: „In Prag herrscht Ruhe..., die letzten Mobilisationsbefehle sind ausgeführt worden... geschätzte Zahl der Einberufenen 1 000 000, Feldarmee 800 000..." Die zahlenmäßige Überlegenheit der tschechoslowakischen und der französischen Armee gegenüber dem deutschen Heer erreichte das Verhältnis von mehr als 2:1.

Dann – dann wurde doch alles ganz anders...
Der 28. September 1938 war ein Dienstag.
Eine Stunde vor Mittag rief der Duce Benito Mussolini seinen Gesandten in Berlin, Bernardo Attolico, an.

Mussolini: Hier der Duce. Verstehen Sie mich?
Attolico: Ja, ich verstehe.
Mussolini: Melden Sie sich sofort beim Kanzler, und sagen Sie ihm: Die britische Regierung hat mich durch Lord Perth ersucht, in der sudetendeutschen Frage zu vermitteln. Die Differenzen sind geringfügig. Sagen Sie dem Kanzler, daß ich und das faschistische Italien ihm zur Seite stehen. Er muß sich entscheiden. Aber sagen Sie ihm, ich bin dafür, daß er den Vorschlag annimmt. Hören Sie?
Attolico: Ja, ich höre.
Mussolini: Beeilen Sie sich!
Am Nachmittag brachten Presseagenturen die sensationelle Meldung: Am Mittwoch, dem 29. September 1938, kommt es zu einer Konferenz zwischen dem Führer und Reichskanzler Adolf Hitler, dem italienischen Ministerpräsidenten Benito Mussolini, dem britischen Premierminister Sir Neville Chamberlain und dem französischen Ministerpräsidenten Edouard Daladier.
Die Gespräche finden in München statt...

Der entscheidende Tag der tschechoslowakisch-deutschen Krise.
Mittwoch, der 29. September 1938.
Es war genau 13.45 Uhr, als sich Hitler, Mussolini, Chamberlain und Daladier im „Braunen Haus" am Königsplatz an einen niedrigen runden Tisch setzten.
Es begann die Beratung über die Tschechoslowakei – ohne tschechoslowakische Vertreter.
Hitler erklärte weitschweifig, er sei nicht gewillt, länger zu warten. In Deutschland befänden sich 240 000 Flüchtlinge aus dem Sudetenland. Die Tschechoslowakei bedrohe den Frieden Europas.
Noch weiter zu zögern, wäre ein Verbrechen.
Benito Mussolini nickte und fuhr sich verlegen über den kahlen Kopf.
Daladier und Chamberlain dankten Hitler für die Einladung zur Konferenz. Dann erklärten sie einmütig, sie würden gerne

die Vertreter der tschechoslowakischen Regierung empfangen. Hitler und Mussolini lehnten entschieden ab. Sie waren sich einig, daß dies nicht nötig wäre.
Um 15.00 Uhr gingen alle zum Mittagessen. Während der Mahlzeit tauschten Hitler und Daladier Erfahrungen aus dem Ersten Weltkrieg aus. Chamberlain unterhielt sich gequält mit Mussolini. Dann setzten sie die Gespräche fort...
Nach einigen Stunden zog Mussolini den in voraus schon fertigen Text der Übereinkunft heraus. Er las ihn vor und ließ ihn verdolmetschen.
Punkt eins wurde einstimmig angenommen.
Bei den weiteren Punkten machte man einige stilistische Verbesserungen, die nichts am Sinn der Übereinkunft änderten, den westlichen Politikern aber das zufriedene Gefühl gaben, daß sie sich doch ein wenig mit ihren Ansichten durchgesetzt hatten. Eine halbe Stunde nach Mitternacht waren die Übersetzungen des Münchner Abkommens fertiggestellt.
Vier Unterschriften.
Hitler... Mussolini... Chamberlain... Daladier...
Adolf Hitler bekam alles, was er in seiner Rede im Berliner Sportpalast gefordert hatte.
Die militärische Besetzung des überwiegend von Deutschen besiedelten Sudetenlandes sollte am 1. Oktober beginnen und in drei Etappen bis zum 7. Oktober beendet werden. Der verbleibende Teil des Sudetenlandes, den eine „internationale Kommission" festlegen würde, sollte bis zum 10. Oktober besetzt werden.

Adolf Hitler erzählte gerade beim Nachtisch dem aufmerksam zuhörenden französischen Ministerpräsidenten Daladier seine Erlebnisse an der Westfront, als in Prag das Flugzeug mit der zweiköpfigen tschechoslowakischen Delegation – dem Gesandten in Berlin, Dr. Vojtěch Mastný, und dem Sektionschef im Ministerium für Auswärtige Angelegenheiten, Dr. Hubert Masařík – nach München startete. Kurz vor 16.30 Uhr landete es. Am Münchner Flughafen erwartete die Delegation ein Polizeiauto und einige Beamte der Gestapo. Masařík hatte

das Gefühl, daß man sie als „polizeilich gesuchte Verbrecher" behandelte und schrieb später in sein Tagebuch:
„Man brachte uns... ins Hotel Regina, wo die britische Delegation logierte. Wir durften unsere Räume, die von Polizeibeamten bewacht wurden, nicht verlassen..."

Edouard Daladier war unruhig und hatte ein schlechtes Gefühl. Er war sicher, daß er die Nacht nicht gut schlafen würde. Sir Neville Chamberlain wirkte dagegen äußerst gelassen. Nur müde, schläfrig war er.
Aber etwas mußten sie – ungern zwar, aber es mußte sein – noch erledigen: den beiden tschechoslowakischen Diplomaten das „Urteil" verkünden.
Mastný und Masařík warteten bereits ungeduldig. Dann – es war bereits 2.00 Uhr morgens – war es soweit. Chamberlain und Daladier machten ihnen klar, daß es sinnlos sei, Einwände zu erheben, und daß sie den Forderungen, deren Annahme Hitler den britischen und französischen Staatsmännern aufgezwungen hatte, unverzüglich zustimmen mußten.
Die Atmosphäre war niedergedrückt wie bei einer Urteilsverkündung.

In seinen bisher unveröffentlichten Aufzeichnungen schildert Dr. Hubert Masařík die Begegnung mit Daladier und Chamberlain: „Dem Franzosen war es offensichtlich peinlich, und er schien sich über die Konsequenzen ihrer Handlungsweise für den Ruf Frankreichs bewußt zu sein. Mr. Chamberlain bezog sich in einer kurzen Einführung auf das Abkommen und übergab dann Dr. Mastný den Text zum Vorlesen... Mr. Chamberlain gähnte unaufhörlich, ohne das im geringsten zu verbergen. Ich fragte die Herren..., ob sie eine Erklärung zum Abkommen oder eine Antwort unserer Regierung darauf erwarteten. Daladier, dem das Ganze offensichtlich peinlich war, sagte nichts dazu... Mr. Chamberlain verbarg den Überdruß nicht, den er empfand. Man gab uns eine zweite, gegenüber der ersten leicht korrigierte Karte. Dann konnten wir gehen. Die Tschechoslowakische Republik in den

Grenzen des Jahres 1918 existierte nicht mehr..." Es war ein Schock. Ein Schock, der noch heute, Jahrzehnte danach, Nachwirkungen zeigt.
Eine Welt brach für Millionen tschechischer Frauen und Männer zusammen. Sie alle glaubten den Beteuerungen der politischen, militärischen und geistigen Elite, daß die Republik bis zum Äußersten verteidigt werde. Aber die Elite kapitulierte, und die Verbündeten hatten das Land im Stich gelassen.

Besonders betroffen war die tschechoslowakische Armee. Die Soldaten waren bereit, ihre Republik zu verteidigen, die größten Opfer zu bringen.
Und jetzt – jetzt mußten sie die Befestigungen, an denen sich die Wehrmacht die Zähne ausgebrochen hätte, ohne Kampf räumen.
Oberst František Hájek notierte unter dem 30. September 1938 in seinem Tagebuch: „Die Nachricht von der Kapitulation wurde blitzschnell bekannt. Die Menschen gingen ratlos und wie ohne Geist herum... Viele Offiziere weinten, andere haben geflucht... Die Kritik galt vor allem der Regierung, die kapituliert hatte, aber auch den militärischen Führern..."
Und Oberst Emil Straknmüller, der Chef der Offensivabteilung des tschechoslowakischen Militärnachrichtendienstes, berichtet: „Die meisten Offiziere haben geweint. Wir haben uns geschämt, endlos geschämt..."

Die Tschechoslowakei wurde ein Torso.
Sie verlor rund 70 Prozent der Elektrizitätserzeugung...
80 Prozent der Textilindustrie... 70 Prozent der Schwerindustrie... 66 Prozent des Kohlevorkommens... 40 Prozent des Nationaleinkommens.
Die wichtigsten Verkehrswege von Westen nach Osten, von Böhmen über Mähren in die Slowakei, wurden unterbrochen. Oft völlig planmäßig. Man besetzte einfach auch rein tschechische Gebiete – so etwa in Nordmähren oder bei dem wichtigen südmährischen Eisenbahnknotenpunkt Lundenburg.

Auf den 28 679 Quadratkilometern der abgetretenen Gebiete lebten 2,59 Millionen Deutsche und 727 224 Tschechen. Davon mußten rund 150 000 Tschechen innerhalb weniger Tage das Grenzgebiet verlassen. Unter denen, die aus dem Sudetenland flüchteten, waren auch 30 000 deutsche Sozialdemokraten und Kommunisten, einschließlich ihrer Familienangehörigen; etwa die gleiche Zahl jüdischer Bürger – von 120 000 Juden im Sudetenland – entschied sich ebenfalls für die Flucht.
Mit sofortiger Wirkung wurden alle tschechischen Kulturinstitutionen im Sudetenland beseitigt, die tschechischen Schulen, einschließlich der Schulen, die bereits während der österreichisch-ungarischen Monarchie errichtet wurden – wie etwa in Troppau –, geschlossen. Im sudetendeutschen Grenzgebiet blieben 152 103 tschechische Schüler ohne Unterricht in ihrer Muttersprache.
Das, was sudetendeutsche Politiker – zu Recht – vom tschechoslowakischen Staat forderten – Selbstbestimmung und freie nationale, wirtschaftliche und kulturelle Entwicklung der Sudetendeutschen –, wurde nach dem Münchner Abkommen im Grenzgebiet der dortigen tschechischen Bevölkerung verweigert. Der verstümmelte Staat wurde zur leichten Beute der polnischen und ungarischen Nachbarn, die sich die Gunst der Stunde nicht entgehen ließen.
Schon am 20. September meldete sich Polen mit seinen Ansprüchen. Ultimativ forderte die Regierung in Warschau die Abtretung des Teschener Gebietes im Norden Mährens an Polen. Demnach war der Bezirk der Grenzstadt Teschen, die von der Grenze durchschnitten wurde, bis zum 2. Oktober um 14.00 Uhr der polnischen Heeresverwaltung zu übergeben. Die Räumung und Übereignung der Kreisbezirke Teschen und Freistadt an die polnische Heeresverwaltung hatte innerhalb von zehn Tagen zu erfolgen. Nach dem Vorbild Adolf Hitlers, der in das Sudetenland kam, um sich von der Bevölkerung stürmisch feiern zu lassen, machte der polnische Außenminister Oberst Jozef Beck am 9. Oktober 1938 eine Rundfahrt durch das „wiedergewonnene Olsa-Gebiet".

Aber nicht nur gegen die Tschechen richtete sich der polnische Druck. Innerhalb weniger Tage wurden die zweisprachigen tschechisch-deutschen Straßenbezeichnungen durch rein polnische ersetzt. Ebenso verfuhren die neuen polnischen Machthaber mit deutschen und tschechischen Firmennamen und Firmenschildern. Alle deutschen und tschechischen Schulen wurden geschlossen und die Kinder ohne Unterricht gelassen. In den größeren Betrieben veranlaßten die eingesetzten polnischen Zwangsverwalter die Entlassung der tschechischen Gewerbetreibenden, und Geschäftsleuten wurden die Gewerbescheine entzogen und damit die wirtschaftliche Grundlage genommen. Die Polonisierung begann...

Die Ungarn stellten zwar ebenfalls Gebietsforderungen – aber Mut zum militärischen Eingreifen hatten sie nicht.

Nach dem von ihnen verursachten Abbruch der Verhandlungen in Komorn am 13. Oktober 1938 einigten sich Prag und Budapest, eine deutsch-italienische Arbitrage anzurufen.

Am 2. November 1938 kamen in Wien der deutsche Außenminister Joachim von Ribbentrop und sein italienischer Amtskollege Graf Ciano zusammen, um im „Ersten Wiener Schiedsspruch" Ungarn großzügig die Südslowakei und Teile der Karpatoukraine zuzusprechen.

Die Slowakei verlor 10 423 Quadratkilometer mit 859 885 Einwohnern, von denen über 276 000 Slowaken waren. Auch die zweitgrößte slowakische Stadt, Kaschau im Osten des Landes, wurde Ungarn zugesprochen.

Mitte November 1938 gab es die Tschechoslowakische Republik, so, wie sie am 28. Oktober 1918 ausgerufen worden war, nicht mehr. Die „zweite" Tschecho-Slowakische Republik – jetzt mit einem Bindestrich geschrieben – hatte 4,75 Millionen Einwohner verloren, rund ein Drittel der Gesamtbevölkerung hatte sie eingebüßt...

Das politische und moralische Erdbeben als Folge der Vereinbarungen von München blieb nicht ohne Nachwirkungen. Krebszellen mit Hunderten von Metastasen bildeten sich am

Körper des Volkes, das die Zuversicht in die Zukunft verlor. Wie ein gespenstisches Kaleidoskop spiegelten sich in den Köpfen der Menschen täglich neue Ereignisse, die Illusionen und Hoffnungen zerbrechen ließen.

Am 5. Oktober teilte Präsident Dr. Edvard Beneš in einer Rundfunkansprache mit, daß er sich zum Rücktritt entschlossen habe und das Land verlassen werde. Sein Ziel: die Vereinigten Staaten, wo ihm eine Professur an der Universität in Chicago angeboten worden war.

Auch die Regierung der Kapitulation, wie die „Mannschaft" von General Jan Syrový jetzt genannt wurde, dankte ab.

Die Suche nach einem neuen Staatsoberhaupt begann.

Hinter den Kulissen bot man das Amt dem Bankier Preis an – der lehnte ab. Dann nahm man Kontakte mit dem bekannten Industriellen Baťa auf. Aber auch der hatte kein Interesse, das Steuer des leckgeschlagenen Schiffes zu übernehmen.

Schließlich hatte man einen Kandidaten gefunden: Den 66 Jahre alten Präsidenten des Obersten Verwaltungsgerichtshofes Dr. Emil Hácha.

Der politisch neutrale Jurist Hácha, der seine berufliche Laufbahn noch während der österreichisch-ungarischen Monarchie in Wien begonnen hatte, sollte jetzt nur repräsentative Aufgaben erfüllen, die politische Macht riß mehr und mehr der rechte Flügel der Agrarier an sich. Einen Tag nach der Wahl Háchas, am 30. November 1938, wurde der Vorsitzende dieser größten tschechischen Partei, Rudolf Beran, als neuer Ministerpräsident vereidigt.

Und der Zerfall setzte sich auch im Inneren fort.

Die Ruthenen und Slowaken forderten immer lautstarker ihre Autonomie. Bereits am 8. Oktober erhielt Ruthenien eine autonome Landesregierung.

Mehr Sorge als Ruthenien bereiteten Prag Nachrichten aus der Slowakei. Führende Repräsentanten der Slowakischen Volkspartei – ihr Vorsitzender Tiso, junge, politisch ehrgeizige Politiker wie Alexander Mach, Ferdinand Ďurčanský, Karol Sidor und der am äußersten rechten Flügel angesiedelte

katholische Geistliche Vojtěch Tuka – versuchten die Regierung in Prag mit der Drohung, sich um Hilfe bei der Verwirklichung ihrer Politik an Berlin zu wenden, zur Nachgiebigkeit zu zwingen.
Prag war sich dessen bewußt, daß man für politische Fehler gegenüber der Slowakei und den Slowaken in den vergangenen 20 Jahren der Existenz des gemeinsamen Staates Zugeständnisse machen mußte – gab nach.
Und Berlin?
In Berlin war Adolf Hitler äußerst zufrieden.
Denn das, was in der Tschechoslowakei vor sich ging, hatte ihn seinem Ziel näher gebracht. Dem Ziel der Zerschlagung des tschechoslowakischen Reststaates im Herzen Europas.

Zehn Tage waren seit der Unterzeichnung des Münchner Vertrages vergangen, als Adolf Hitler dem Chef des Oberkommandos der Wehrmacht, Generaloberst Wilhelm Keitel, in einer streng geheimen und dringenden Mitteilung, vier Fragen stellte. Die erste betraf direkt die Tschechoslowakei.
„Welche Verstärkungen", fragte der Führer, „sind notwendig, um aus jetziger Lage heraus jeden tschechischen Widerstand in Böhmen und Mähren zu brechen?"
Keitel antwortete unverzüglich bereits am 11. Oktober. Es waren weder große Verstärkungen noch viel Zeit erforderlich. Im Sudetenland stünden bereits 24 Divisionen, darunter drei Panzer- und vier motorisierte Divisionen.
Und Hitler, der in München seinen britischen und französischen Gesprächspartnern gewisse Garantien für die Tschechoslowakei versprochen hatte und in seiner Rede im Berliner Sportpalast am 26. September die Abtretung des Sudetenlandes als seine letzte territoriale Forderung bezeichnet hatte, dachte schon wieder an Krieg. An Krieg gegen die verstümmelte Tschechoslowakei. Am 21. Oktober 1938 – in Prag suchte man noch immer verzweifelt nach einem neuen Staatsoberhaupt – gab Hitler den Oberbefehlshabern der Wehrmachtsteile seine Überlegungen für die nächste Zeit bekannt.
Punkt zwei: Erledigung der Rest-Tschechoslowakei!

Und weiter: „Es muß möglich sein, die Rest-Tschechoslowakei jederzeit zerschlagen zu können..."

Das Drehbuch war nicht neu. Nicht ganz neu.
Man arbeitete nach ihm im Sommer und Herbst 1938, als die Tschechoslowakei gezwungen werden sollte, die Grenzgebiete abzutreten.
Der Unterschied war, daß die Rest-Tschechei, wie sich Adolf Hitler auszudrücken pflegte, keine Verbündeten mehr hatte – auch solche nicht, die sie verraten könnten –, aber auch das politische und moralische Rückgrat des Volkes gebrochen war. Unter dem Druck des Dritten Reiches hat die Regierung in Prag immer schneller und immer mehr alles, was man von ihr forderte, durchgeführt.
Man erlaubte den Bau der Autobahn über Böhmen und Mähren in die „Ostmark".
Man verbot jüdischen Bürgern das Studium an den Universitäten und begann sie aus dem Staatsdienst zu entfernen. Politische Parteien lösten sich auf. Es entstanden zwei politische Blöcke – ein schwächerer, linksorientierter und einer, der das Sagen hatte, von rechtsgesinnten Politikern angeführt wurde. Die kommunistische Partei wurde verboten.
Die Prager Regierung erklärte alle Bündnisverträge für unwirksam. Man war bereit, mit den braunen Wölfen zu heulen. Aber diese waren immer noch nicht zufrieden. Denn immer noch gab es die Tschechoslowakei, wenngleich nur noch auf dem Papier, als einen selbständigen Staat. Und den wollte Adolf Hitler nicht dulden.
Wieder berichtete der „Völkische Beobachter" über die Unterdrückung der deutschen Minderheit in Böhmen und Mähren. Und man hetzte deutsche Studenten auf die Straßen, damit sie sich mit der Polizei prügelten. Mit Genuß wurden dann Bilder verwundeter „Opfer" der tschechischen Barbarei veröffentlicht. Aber diesmal hatte man zwei Eisen im Feuer.
Nicht nur die Unterdrückung und Demütigung der Deutschen sollte den von Hitler als Möglichkeit in Betracht gezogenen militärischen Eingriff rechtfertigen. Auch das slowakische

Streben nach dem Selbstbestimmungsrecht sollte jetzt für die Ziele des Diktators ausgenutzt werden...

Samstag, 12. März 1939.
Preßburg – Landeshauptstadt der Slowakei.
Die Lage war kritisch. Die Zentralregierung in Prag hatte zwei Tage vorher die autonome Regierung des Ministerpräsidenten Dr. Jozef Tiso aufgelöst.
In der Nacht darauf explodierten in den Straßen der Stadt an der Donau einige Bomben. Erst Jahre später erfuhr man, daß sie von aus Deutschland eingeschleusten Agenten des Sicherheitsdienstes gelegt worden waren. Die Hlinka-Garde, die uniformierte Einsatzgruppe der Slowakischen Volkspartei, war in Alarmbereitschaft. So übrigens, wie die tschechoslowakische Armee und Gendarmerie.
In Berlin war man von der Entwicklung überrascht. Hitler, der zwar das „tschechische Problem" schon in Kürze lösen wollte, bereitete sich zu einer Reise nach Wien vor. Er wollte den ersten Jahrestag der „Heimholung" Österreichs feiern. Der zweite Mann des Dritten Reiches, Generalfeldmarschall Hermann Göring, weilte sogar im Ausland, im italienischen Rimini.
Adolf Hitler reagierte auf die Nachrichten aus der Slowakei sofort.
Ein Telegramm, das er dem katholischen Geistlichen Tiso zuschicken ließ, forderte, daß Tiso unverzüglich nach Berlin käme. Falls er der Einladung nicht folgen würde, stünden zwei deutsche Divisionen zum Einmarsch in die Slowakei bereit.

Sonntag, 13. März 1939. Wien.
In der ehemaligen österreichischen Hauptstadt traf am Vormittag der von Prag abgesetzte Ministerpräsident der slowakischen autonomen Regierung Dr. Jozef Tiso ein. Kaum hatte er den Reichsstatthalter Seyß-Inquart und Gauleiter Bürkner begrüßt, wurde er zum Flughafen gebracht und in ein Flugzeug nach Berlin gesetzt.
Am Abend empfing Adolf Hitler Dr. Tiso und den ihn beglei-

tenden Ferdinand Ďurčanský in der Reichskanzlei. An dem Gespräch nahmen auch Außenminister Joachim von Ribbentrop und als Vertreter des Oberkommandos der Wehrmacht die Generale Keitel und von Brauchitsch teil.

Das, was der Führer und Reichskanzler von den etwas verstörten Slowaken verlangte, war eindeutig: Wenn sich die Slowakei selbständig machen wolle, würde er das unterstützen, den neuen Staat sogar garantieren. Würden sie aber zögern oder sich nicht von Prag lösen wollen, so überließ er das Schicksal der Slowakei dem Lauf der Ereignisse, für die er nicht mehr verantwortlich sei.

Dr. Tiso und Ďurčanský hatten verstanden, was Hitler unter den „Ereignissen", für die er nicht verantwortlich sein wollte, meinte: die Besetzung und Eingliederung der Slowakei durch Ungarn.

Die Situation, daß Hitler Tiso und Ďurčanský das Messer an die Kehle setzte, kam den beiden nicht ganz ungelegen. Allerdings hatten sie sich das Erringen der slowakischen Selbständigkeit etwas anders vorgestellt, aber...

Nach kurzer Bedenkpause willigten sie ein.

Die Slowakei würde sich als selbständiger Staat proklamieren und das Deutsche Reich um Schutz bitten...

Hitler war zufrieden...

In der Nacht zum 14. März verfaßte Reichsaußenminister Joachim von Ribbentrop mit einigen seiner Experten die „Unabhängigkeitserklärung" des slowakischen Staates. Jozef Tiso nahm sie am kommenden Morgen, als er Berlin in Richtung Preßburg verließ, mit.

Nur wenige Stunden später hatte das slowakische Parlament einstimmig die Unabhängigkeit des Landes beschlossen.

Jetzt war es also soweit.

Jetzt kam Emil Hácha, der Präsident ohne Staat, an die Reihe...

Der Kreis hatte sich geschlossen...

Die Fahrt nach Berlin begann mit einem Schreiben des tschechoslowakischen Außenministers Dr. František Chvalkovský

an den Geschäftsträger des Deutschen Reiches in Prag, Andor Hencke.
„Sehr geehrter Herr Geschäftsträger, bezugnehmend auf unser gestriges telefonisches Gespräch beehre ich mich, durch ihre gütige Vermittlung anzufragen, ob seine Exzellenz, der Reichskanzler, dem Herrn Präsidenten Dr. Emil Hácha Gelegenheit zu einer persönlichen Unterredung gewähren würde..."
Der Brief, am frühen Morgen des 14. März 1939 der Gesandtschaft des Deutschen Reiches in Prag übergeben, wurde von Hencke sofort nach Berlin weitergeleitet.
Die Antwort ließ nicht lange auf sich warten. Der Reichskanzler erklärte sich bereit, den tschechoslowakischen Staatspräsidenten gegen 18.00 Uhr in Berlin zu empfangen.
Als Hencke dies dem Außenminister kurz nach 12.00 Uhr mitteilte, war die minutiöse Planung Berlins zum erstenmal nicht aufgegangen. Minister Chvalkovský zweifelte, ob Dr. Hácha den Termin, schon um 18.00 Uhr in der Reichskanzlei zu sein, einhalten könne.
In den 67 Jahren seines Lebens sei der Präsident noch nie geflogen, notierte Andor Hencke in seinen Memoiren. „Er habe ein schlechtes Herz, und man müsse deshalb abwarten, was der Arzt sagen werde. Der Minister wollte sich sofort erkundigen. Knapp eine halbe Stunde später teilte er mir mit, dem Präsidenten sei ein Flug nicht erlaubt worden. Er werde nunmehr um 15.00 Uhr mit einem Sonderzug nach Berlin abreisen, und zwar in Begleitung des Außenministers, des Kabinettschefs des Präsidenten, Dr. Havelka, und seiner Tochter, Fräulein Hácha, der noch Frau Havelka zur Seite stehen solle. Mit der Ankunft des Zuges in Berlin sei gegen 21.00 Uhr zu rechnen..." Und Hencke fügte lapidar hinzu: „Berlin erklärte sofort sein Einverständnis."

Der Sonderzug fuhr die Elbe entlang. Den Fluß konnte man in der Dunkelheit nur ahnen. Dort, wo ab und zu im Wasser die Lichter glänzten.
An der Staatsgrenze war nur ein kurzer Aufenthalt. Einige hö-

here Beamte des Außenministeriums begrüßten den Präsidenten und seine Begleitung. Der Präsident nahm von ihnen nicht viel Notiz. Ihm war kalt, und er rieb sich die weißblauen Hände. Berlin. Anhalter Bahnhof.
Die Gäste aus Prag wurden vom Chef der Präsidialkanzlei, Staatsminister Meissner, begrüßt.
Der Präsident stand neben seinem Außenminister und sah sich nach seiner Tochter um. So als ob er bei ihr Hilfe suchen würde.
Dann fuhren sie zum Hotel Adlon. Fräulein Hácha wurde ein Blumenstrauß übergeben. Eine Geste des Reichskanzlers Adolf Hitler. Neben tschechoslowakischen Staatsfahnen wehten Hakenkreuzfahnen vom Hotelgebäude. Auch eine Geste...
Gegen Mitternacht kam Reichsaußenminister Joachim von Ribbentrop in das Hotel.
Händedrücken.
Eine Stunde nach Mitternacht fuhr die Wagenkolonne zur Reichskanzlei. Eine Kolonne schwarzer Autos, einem Geisterzug ähnlich, der durch die stillen, fast menschenleeren Straßen der Reichshauptstadt fuhr.
Vor der Reichskanzlei stand eine Ehrenkompanie. Die Kapelle spielte einen Militärmarsch. Jetzt, tief in der Nacht. Der kleine, geduckte Präsident mit dem Hut in der zittrigen Hand ging an den strammstehenden Soldaten mit der SS-Rune vorbei. Dann wurden die Gäste von der Moldau zum Führer und Reichskanzler geführt. Von Ribbentrop stellte sie Hitler und Göring vor.
„Ich bin glücklich, daß ich die Ehre habe, den mächtigsten Staatsmann Europas kennenzulernen..."
Hácha sprach leise, etwas heiser. Im kalten Salon des Sonderzuges hatte er sich ein wenig erkältet.
„Immer habe ich mich danach gesehnt. Mit Bewunderung habe ich Ihre Gedanken gelesen..."
Hitler hatte den Präsidenten neben sich auf das geblümte Sofa gebeten. Und dann begann er zu sprechen. Die deutschen Gesprächspartner waren ein wenig überrascht. Er sprach ruhig,

nur ab und zu, wenn er einem seiner Worte Nachdruck verleihen wollte, hob er die Stimme. „Heute morgen um 6.00 Uhr überschreitet die deutsche Wehrmacht die tschechoslowakische Staatsgrenze. Wenn sie dabei auf Widerstand stößt, wird dieser rücksichtslos gebrochen. Meine Entscheidung ist endgültig..."
Hácha und sein Außenminister Chvalkovský wurden bleich. Sie versuchten einzuwenden, daß sie in einer so kurzen Zeit der Regierung in Prag keine Instruktionen geben könnten. Von Ribbentrop drängte Hácha zu einem Telefongespräch mit Ministerpräsident Rudolf Beran. Die Leitung war aber irgendwo gestört. Die tschechoslowakische Hauptstadt war für fast eine Stunde unerreichbar.
Und die Zeit drängte...
Hácha wurde plötzlich totenblaß. In letzter Sekunde hielt ihn Staatsminister Meissner, als der Präsident – halb ohnmächtig – vom Stuhl zu fallen drohte, fest. Hitlers Leibarzt, Professor Morell, wurde herbeigerufen. Eine Spritze. Zur Stärkung der Nerven und des Kreislaufs.
Als Hácha zu sich kam, stand Göring neben ihm.
Lächelte.
„Ich habe es schwer", beschwor er den Präsidenten.
„Es würde mir schrecklich leid tun, wenn ich meiner Luftwaffe den Befehl zur Bombardierung von Prag geben müßte. Eine so schöne Stadt..."
Der Präsident wurde schon wieder fast ohnmächtig. Man hatte ihm wegen seines Herzleidens das Fliegen verboten. Das, was er hier in der Reichskanzlei zu Berlin in der Nacht vom 14. zum 15. März 1939 erleben mußte, war schlimmer als ein stundenlanger Flug.
Professor Morell war wieder zur Stelle.
Dann waren die Dokumente vorbereitet.
Vier Unterschriften.
Der Führer und Reichskanzler Adolf Hitler hatte Böhmen und Mähren unter seinen Schutz genommen! Dem alten Präsidenten Dr. Emil Hácha war es kalt.
So kalt!

Die Ereignisse überschlugen sich!
Eine Woche nach dem Einmarsch der deutschen Wehrmacht in Prag wurde Litauen unter Druck gesetzt. Memel und Umgebung dem Deutschen Reich einverleibt.
Am 21. März 1939 empfing Reichsaußenminister Joachim von Ribbentrop den polnischen Botschafter in Berlin, Józef Lipski. Von Ribbentrop versprach Garantie für das gesamte Territorium, Verlängerung des deutsch-polnischen Nichtangriffspaktes um 25 Jahre, Aufnahme Polens in die Antikominternmächte, deutsch-polnische Herrschaft über die zu erobernde Sowjetukraine, gleiche Beteiligung Polens bei der Kontrolle der „unabhängigen" Slowakei.
Dies sollte allerdings nicht ohne Gegenleistung der polnischen Seite geschehen. Der Reichsaußenminister verlangte den Bau eines exterritorialen Verkehrsweges durch Pommerellen und die Zustimmung, daß die vom Völkerbund verwaltete Freie Stadt Danzig Bestandteil des Deutschen Reichs werde.
Der polnische Außenminister Oberst Józef Beck, der sich noch vor einem halben Jahr ohne Zögern mit Hitler über die Besetzung des polnisch-tschechoslowakischen Grenzgebietes im Raum Mährisch-Ostrau verständigt hatte, fühlte sich unter Druck gesetzt. Polen – zwischen Hitler-Deutschland und Stalins Sowjetunion eingeklemmt – konnte es sich seiner Meinung nach kaum leisten, mit Hitler gegen andere zu konspirieren. Beck, ein überzeugter Antikommunist, konnte sich aber in dieser Situation nicht um Hilfe an Stalin wenden.
Als Garantiemacht kam also nur Großbritannien in Frage.
Die Stimmung dafür war aber in England nicht gerade günstig. Zwar hatte die Zerschlagung der Rest-Tschechoslowakei am 15. März 1939, deren Existenz Frankreich und Großbritannien garantiert hatten, eine antideutsche Stimmung hervorgerufen, aber Polens wegen wollten sich die maßgebenden britischen Politiker auch wieder nicht exponieren.
Um die Stimmung in London für sich zu gewinnen, mußte Beck eine Krise hervorrufen. Von Ribbentrops Vorschläge, die Botschafter Lipski zwar als empfehlenswert bezeichnete, wer-

tete Beck – nicht ganz zu Unrecht – als eine Kriegsdrohung gegen Polen. Die Souveränität seines Staates sollte angetastet werden, meinte der Oberst.
Zwei Tage nach der Unterredung zwischen Lipski und von Ribbentrop erließ die Regierung in Warschau die Teilmobilmachung der polnischen Streitkräfte!
Für London und Paris entstand eine prekäre Situation. Die Presse drängte die Ministerpräsidenten Chamberlain und Daladier zur Unterstützung des bedrohten Polen. Jetzt, nachdem die westeuropäischen Demokratien in München und am 15. März 1939 vor Hitler kapituliert hätten, könne man nicht auch noch Polen im Stich lassen.
Am 30. März 1939 entwarf der britische Premierminister Sir Neville Chamberlain eine Erklärung zum Schutze Polens. „Für den Fall irgendeiner Aktion, die die polnische Unabhängigkeit bedroht und daher von der polnischen Regierung für so lebenswichtig angesehen wird, daß sie mit ihren nationalen Streitkräften Widerstand leistet", hieß es darin, „würde die Regierung Seiner Majestät sich verpflichtet fühlen, der polnischen Regierung alle in ihrer Macht stehende Hilfe sofort zu gewähren..."
Als Chamberlain die Abgeordneten im Unterhaus mit der Erklärung vertraut machte, wurde er stürmisch gefeiert. Frankreich schloß sich einen Tag nach Chamberlains Unterhausrede dem englischen Standpunkt an.

Es schien, als würden es London und Paris diesmal mit ihrem Vertragsbündnis ernst meinen.
Am 3. April 1939 unterschrieb Adolf Hitler die Weisung „Fall Weiß".
„Die gegenwärtige Haltung Polens erfordert es, über die bearbeitete Grenzsicherung Ost hinaus die militärischen Vorbereitungen zu treffen, um nötigenfalls jede Bedrohung von dieser Seite für alle Zukunft auszuschließen... Das deutsche Verhältnis zu Polen bleibt weiterhin von dem Grundsatz bestimmt, Störungen zu vermeiden. Sollte Polen seine bisher auf dem gleichen Grundsatz beruhende Politik gegenüber Deutsch-

land umstellen und eine das Reich bedrohende Haltung einnehmen, so kann eine endgültige Abrechnung erforderlich werden. Das Ziel ist dann, die polnische Wehrkraft zu zerschlagen und eine den Bedürfnissen der Landesverteidigung entsprechende Lage im Osten zu schaffen. Der Freistaat Danzig wird spätestens mit Beginn des Konflikts als deutsches Reichsgebiet erklärt..." Damit unter den deutschen Generälen nicht der Eindruck entstand, daß der Krieg nur auf Polen beschränkt bleiben würde, erwähnte er noch einmal sein großes Ziel: die Ausschaltung des Machtfaktors England und Frankreich.

„Der Fall Weiß", so Hitler wörtlich in seiner Weisung, „bildet lediglich eine vorsorgliche Ergänzung der Vorbereitungen, ist aber keineswegs als die Vorbedingung einer militärischen Auseinandersetzung mit den Westgegnern anzusehen..."

In der Anlage der Hitler-Weisung befindet sich auch das Dokument „Termin für die Vorarbeiten". Auf Seite 24 heißt es dann: „Nach der Weisung des Führers hat die Bearbeitung des 'Falles Weiß' so zu erfolgen, daß die Durchführung ab 1. September 1939 jederzeit möglich ist!"

Die Welt spielte verrückt!

Am 6. April 1939 unterzeichneten Großbritannien und Polen einen Beistandspakt.

Am 7. April marschierten italienische Truppen in Albanien ein und zwangen König Zogu und seine Familie zur Flucht über die Berge nach Griechenland.

Eine Woche später – am 13. April 1939 – garantierten Frankreich und Großbritannien die Unabhängigkeit Griechenlands und Rumäniens. Am 17. April 1939 begannen in Moskau Verhandlungen zwischen den beiden Westmächten und der Sowjetunion über einen gemeinsamen Freundschaftspakt.

Adolf Hitler verstärkte den Druck auf Polen.

Bisher hatte sich diese Methode immer als erfolgreich erwiesen. Beim Anschluß Österreichs, in der Sudetenkrise im Herbst 1938 und auch bei der Zerschlagung der Rest-Tschechoslowakei im März 1939.

Oberst Józef Beck, sein Warschauer Gegenspieler, blieb aber unnachgiebig. Er hatte keine Möglichkeit auszuweichen wie 1938 der tschechoslowakische Staatspräsident Dr. Beneš. Die Falle war für ihn schon seit Jahren geschlossen: Im Westen Hitler – im Osten Stalin! Für die Polen gab es da nur ein Entkommen: hart bleiben und im Falle des Krieges auf die Hilfe der Westmächte zurückgreifen.
Am 5. Mai 1939 lehnte Beck offiziell die Danzig-Vorschläge Adolf Hitlers wiederum ab.
In Berlin – wo die Annäherungsversuche Großbritanniens und Frankreichs an die Sowjetunion mit Sorge beobachtet wurden – wußte man jetzt, daß der Schlüssel zur Lösung der Polen-Frage in Moskau lag. Der Wettlauf um die Gunst Stalins begann! Am 24. Juli 1939 meldeten die Presseagenturen aus der sowjetischen Hauptstadt, daß sich die Sowjetunion und die Westmächte nähergekommen waren. Jetzt sollten Fragen der militärischen Zusammenarbeit besprochen werden.
Die Zeit eilte!
Hitler mußte handeln, wenn er den Wettlauf gewinnen wollte! Und er mußte ihn gewinnen, denn sonst wären alle seine Pläne gefährdet...

Berlin, Behrenstraße, Weinstube Ewest.
Drei Tage nachdem aus Moskau die Hiobsbotschaft über die sich anbahnende Verständigung zwischen Moskau und den Westmächten in die Welt gegangen war, am 27. Juli 1939, traf sich hier bei einem Schoppen Moselwein Legationsrat Schnurre vom Auswärtigen Amt mit zwei hohen Sowjetdiplomaten.
Botschaftsrat Astachow und der Leiter der sowjetischen Handelsvertretung in Berlin, Babarin, hörten interessiert den Vorschlägen über eine mögliche Annäherung Deutschlands an die Sowjetunion zu. In Europa, meinte Legationsrat Schnurre, gäbe es zur Zeit nur zwei wirklich starke Mächte: das Deutschland Adolf Hitlers und die Sowjetunion Josef Wissarionowitsch Stalins!
Der Bericht, der über das Gespräch mit Schnurre sofort nach

Moskau gegeben wurde, verfehlte seine Wirkung nicht. Die Sowjetunion signalisierte Berlin, daß sie an weiteren Gesprächen interessiert sei.
Am 2. August 1939 lud Reichsaußenminister Joachim von Ribbentrop den Gast vom „Ewest", Botschaftsrat Astachow, zu einem Gespräch ein.
„Ich sagte ihm", so von Ribbentrop in seiner Aktennotiz, „daß an der Ostsee für uns beide Platz sei und daß russische Interessen hier mit unseren in keiner Weise zu kollidieren brauchten..."
Stalin, der gerissene Fuchs, verstand die Anspielung. Der sowjetische Außenminister Wjatscheslaw Molotow lud den Botschafter des Deutschen Reiches, von der Schulenburg, zu einem Gespräch über für beide Seiten wichtige Probleme ein.
Wenn Stalin bis zum 14. August 1939 noch nicht fest entschlossen war, mit wem er sich verbünden sollte – mit Hitlers Deutschland gegen die westeuropäischen Demokratien oder mit England und Frankreich gegen das nationalsozialistische Deutschland –, waren jetzt in Moskau die Würfel gefallen.
Vielleicht war eine Botschaft von Ribbentrops an Molotow ausschlaggebend, die ihm von der Schulenburg übergab. „Reale Interessengegensätze zwischen Deutschland und Rußland bestehen nicht. ...Ich bin bereit, zu einem kurzen Besuch nach Moskau zu kommen", hieß es darin.
Molotow war einverstanden.
Am 26. oder 27. August 1939 könnte von Ribbentrop in die sowjetische Hauptstadt kommen.
Dieser Termin paßte aber Adolf Hitler nicht. Seine Kriegsvorbereitungen würden dadurch nicht planmäßig eingehalten werden können. Am 20. August 1939 schrieb Hitler darum einen persönlichen Brief an Stalin. Er schlug vor, „meinen Außenminister am Dienstag, dem 22. August, spätestens aber am Mittwoch, dem 23. August, zu empfangen". Der Reichsaußenminister habe „umfassende Generalvollmacht".
Schon 24 Stunden später, am 21. August 1939, traf um 21.30 Uhr Stalins Antwort in Berlin ein: Von Ribbentrop solle doch am 23. August nach Moskau kommen!

Und Joachim von Ribbentrop, Reichsaußenminister des Dritten Reiches, kam nach Moskau und unterschrieb den deutsch-sowjetischen Nichtangriffspakt. Dazu ein Zusatzprotokoll, das Hitler die Blankovollmacht zum Überfall auf Polen gab.
Finnland, Estland, Lettland und Litauen wurden zum Interessengebiet Moskaus erklärt, für den „Fall einer territorial-politischen Umgestaltung der zum polnischen Staat gehörenden Gebiete wurden die Interessensphären Deutschlands und der Sowjetunion ungefähr durch die Linie der Flüße Narew, Weichsel und San begrenzt".
Und auch Rumänien wurde nicht „vergessen". Die „sowjetische Seite" betonte ihr „Interesse an Bessarabien". Die Weichen waren jetzt gestellt.
Es schien, daß kein Hindernis mehr Adolf Hitler von der Verwirklichung seiner Pläne abhalten konnte. Der Vertrag mit Stalin gab ihm „grünes Licht".
Es konnte beginnen!

Die Truppen waren – so wie es die Weisung für den „Fall Weiß" anordnete – in ihren Ausgangspositionen. Niemand wußte aber, wann es eigentlich losgehen sollte.
Nur in Berlin kannte man das Datum.
Jetzt, wenn mit Stalin alles geregelt war, konnte der Krieg gegen Polen beginnen. Am Samstag, dem 26. August 1939. Der Krieg begann aber nicht.
Am Freitag, dem 25. August 1939, bekam Adolf Hitler einen Bericht des Botschaftsrates von Selzam aus London. Die Briten wären eventuell bereit – wenn Deutschland eine Garantie für Polen gäbe –, doch mit Hitler über das deutsch-polnische Verhältnis zu verhandeln. Sollten sich die Vorgänge der tschechoslowakischen Krise vom Herbst 1938 wiederholen?
Gegen Mittag ruft Hitler den Chef des Oberkommandos der Wehrmacht, Generaloberst Wilhelm Keitel, zu sich. Er bekommt den Befehl, den Aufmarsch der Truppen an der polnischen Grenze sofort zu stoppen. Eine Stunde später ist bei Hitler der britische Botschafter, Sir Neville Henderson. Der Engländer kann seinen Ohren kaum trauen. Hitler schlägt vor,

mit englischer Hilfe die Wiedereingliederung Danzigs und des Korridors an Deutschland durchzusetzen. Dafür sollen die neuen polnischen Grenzen garantiert werden. Im Westen verzichtet Hitler auf jede Grenzkorrektur. Das britische Empire würde durch die deutsche Wehrmacht verteidigt, egal, von wem es bedroht wäre.
Einige Minuten nachdem der britische Botschafter Hitler verlassen hatte, um London das sensationelle Angebot mitzuteilen, bekommt Adolf Hitler kurz vor 15.00 Uhr den Text des britisch-polnischen Vertrags übermittelt. Die acht Punkte des Vertragswerks sind eindeutig: Wenn Deutschland einen einzigen Kanonenschuß auf Polen abgibt, wird England, ebenso wie Frankreich, in Ausführung des französisch-polnischen Paktes dem Aggressor den Krieg erklären.
15.02 Uhr!
Hitler ruft den im Vorzimmer wartenden General von Vormann zu sich. Seine Anweisungen sind kurz und bündig.
„Plan Weiß" soll verwirklicht werden!
Am 31. August 1939 um 12.40 Uhr erhält Generaloberst Keitel von Hitler die „Weisung Nummer eins für die Kriegsführung": „Der Angriff auf Polen ist gemäß der im 'Plan Weiß' vorgesehenen Vorbereitungen durchzuführen... Angriffstag: 1. September 1939. Zeitpunkt des Angriffs: 4.45 Uhr..."

Alles war ganz anders.
Das Land hieß jetzt Protektorat Böhmen und Mähren.
Hoch oben auf der Burg über dem Silber der Moldau residierte Konstantin Freiherr von Neurath, Reichsprotektor Böhmen und Mähren.
Und im Czernin-Palais, dort, wo früher die Außenminister der Republik amtierten, war der neue deutsche Staatssekretär im Protektorat, SS-Gruppenführer Karl Hermann Frank, der einstige Stellvertreter Konrad Henleins und nun der eigentliche Herr des Landes, zu Hause.
Und die Tschechen?
Millionen warteten ab.
Versuchten sich mit der neuen Situation und den neuen

Machthabern zu arrangieren. Oder wenigstens zu vergessen. Nichts wissen, nichts denken, politisch nichts unternehmen. Das war die Devise der Zeit.
Aber es waren auch solche, die die Lähmung langsam zu überwinden begannen.
Die ersten waren Soldaten der aufgelösten Armee. Schon im April 1939 kamen sie heimlich zusammen. In Prag, in einigen Städten Westböhmens, in Brünn, in Olmütz.
Die Generale Ingr, Bilý und Vojta, Fiala, Vojcechovský und Luža.
Die Obersten Chalupa, Kudláček, Mašín, Churavý...
Offiziere, Unteroffiziere, einfache Soldaten.
Die erste illegale Gruppe im Protektorat Böhmen und Mähren, die „Obrana národa" (Verteidigung der Nation) entstand.
Rückendeckung hatte sie dort, wo es die deutschen Protektoratsbehörden niemals erwartet hätten: Die Fäden der Widerstandsbewegung liefen im Amt des tschechischen Ministerpräsidenten, General Alois Eliáš, zusammen.
Seit April fuhren regelmäßig Kuriere zwischen Prag und London und Paris hin und her. Dort formierte sich der tschechoslowakische politische Exilwiderstand unter Führung von Dr. Edvard Beneš, der sich jetzt wieder Präsident nannte. Und nicht nur solche, die von den Soldaten geschickt wurden. Auch politische Widerstandsgruppen nahmen ihre Arbeit auf.

Und dann kam es zum ersten Aufruhr.
Es war am 28. Oktober 1939.
An dem Tag, an dem vor 21 Jahren die unabhängige Tschechoslowakische Republik gegründet wurde.
In den Straßen Prags rotteten sie sich zusammen. Junge Männer, Frauen, Studenten der Karls-Universität.
Auf einmal wehten über ihren Köpfen Fahnen. Nicht die neuen, die des Protektorats, sondern die der vergewaltigten und aufgeriebenen Republik.
Und in den Straßen war die Staatshymne zu hören.
Sie sangen.
Tausende junge Menschen sangen – und die, die auf den Bür-

gersteigen standen, schlossen sich an... Die Fahnen, die Hymne... Und jemand rief „Nieder mit Hitler".
„Wir wollen Freiheit, wir wollen Recht"... Und die ersten Schüsse.
Ein Toter, der Arbeiter Otokar Sedláček, 15 Schwerverwundete. Einer starb einige Tage später. Der Medizinstudent Jan Opletal.

Die Behörden waren aufgeschreckt.
Jetzt ging es darum, jede weitere Demonstration gegen das Reich zu vermeiden.
Und man wußte, von wo die Gefahr drohte. Von den Studenten. Die ließen sich nicht so leicht einschüchtern.
Am 15. November sollte Jan Opletal von Prag nach Mähren, von wo er stammte, überführt werden.
An die 3 000 Studenten begleiteten den Totenwagen zum Bahnhof.
Dann wiederholte sich das Bild vom 28. Oktober.
Fahnen, Hymne, Rufe nach Freiheit...
In Berlin tobte Adolf Hitler. Er sei fest entschlossen, jede weitere Zunahme des tschechischen Widerstandes zu verhindern, brüllte er von Neurath und Frank an, die er zur Berichterstattung gerufen hatte.
Und dann teilte er seinen Entschluß mit: Die tschechischen Hochschulen seien auf drei Jahre zu schließen. Jeder Widerstand sei in der Zukunft mit allen Mitteln zu unterdrücken.
Und die Verantwortlichen für Demonstrationen sollten hart bestraft werden.
Das wurden sie auch.
Neun Studenten – angeblich die Urheber des Protests – wurden ohne Urteil erschossen!
An die 1 200 Studenten wurden verhaftet und in Konzentrationslager überführt.
Die Rache der Besetzer war hart.
Aber die Menschen begannen wieder, die Köpfe zu heben.
Und Rückgrat zu bekommen.

Tomáš Garrigue Masaryk (1850-1935), Gründer der Tschechoslowakei und erster Präsident der Republik.

Karl I., letzter Kaiser von Österreich-Ungarn.

Adolf Hitler mit dem Staatspräsidenten des Protektorat Böhmen und Mähren, Dr. Emil Hácha, im März 1939 auf der Prager Burg.

Präsident Dr. Edvard Beneš im Gespräch mit Außenminister Jan Masaryk, dem Sohn des Gründers der Tschechoslowakei T.G. Masaryk.

Eine englische Fotomontage zeigt das von der Tschechoslowakei im Münchner Vertrag an das Deutsche Reich abgetretene Gebiet. Rechts oben der britische Ministerpräsident Neville Chamberlain mit Reichsaußenminister Joachim von Ribbentrop. Zwischen ihnen Reichsführer SS Heinrich Himmler. Unten: Premierminister Neville Chamberlain auf dem Londoner Flughafen nach der Rückkehr aus München.

III.

Das Attentat

Samstag, 27. September 1941.

Morgen ist der Tag des Schutzheiligen Böhmens, des heiligen Wenzel.
Eine Nachricht, die der Rundfunk brachte, nimmt niemand recht ernst. Der Reichsprotektor Freiherr von Neurath ist krank und hat den Führer gebeten, ihn von seinen Amtspflichten zu entbinden. Ein neuer Mann aus Berlin kommt. Ein stellvertretender Reichsprotektor. Er ist SS-Obergruppenführer und Chef des SD. Wie heißt der Mann, der jetzt auf dem Hradschin amtieren soll? – Der Name sagt fast niemandem etwas: Reinhard Heydrich. Was ist das auch für ein Einfall? Am Samstag, wenn abends getanzt und geliebt wird, kommt er angereist. Hat sich einen schlechten Tag ausgesucht, der Mann.
Muß der es aber eilig haben, sagen andere. Am Samstag kommt er aus Berlin, der neue Reichsprotektor. Sein Rang stört ein wenig: SS-Obergruppenführer. Das ist kein gutes Zeichen. Aber was soll's. Es ist doch Kirmes in Böhmen.
Reinhard Heydrich denkt nicht an Kirmes in Böhmen. Er hat es eilig. Den deutschen Staatsminister Karl Hermann Frank hat er nur kurz begrüßt. Zu Gesprächen wird noch genug Zeit sein. Jetzt will er Taten sehen. Handeln! Schnell, überraschend, rücksichtslos.
Er ist erst 90 Minuten in der Stadt, die vor ihm unterhalb der Burg liegt. Der Fluß mit den Brücken, Hunderte von Türmen, Mosaik der Dächer. Aber er nimmt das Bild kaum wahr. Er will den ersten Bericht durchgeben. Der Führer soll wissen, daß er sich hier nicht amüsieren will.
„An das Führerhauptquartier, zu Händen des Reichsleiters Bormann.
Ich bitte um Vorlage nachfolgender Meldung an den Führer:
Mein Führer!
Ich melde gehorsamst, daß ich heute nachmittag gemäß Führererlaß von heute die vertretungsweise Führung der Geschäfte des Reichsprotektors in Böhmen und Mähren übernommen habe. Die offizielle Übernahme erfolgt morgen 11.00 Uhr mit dem Dienstsitz auf dem Hradschin. Alle politischen

Berichte und Meldungen werde ich durch die Hand des Reichsleiters Bormann zur Vorlage bringen.
Heil mein Führer!
Heydrich
SS-Obergruppenführer."

Reinhard Heydrich wird hart zuschlagen. Ein Schlag muß dem anderen folgen. Der neue stellvertretende Reichsprotektor weiß, was er will. Vor seiner Abfahrt von Berlin hatte er eine Unterredung mit dem Präsidenten des Volksgerichtshofes, Thierack. Dem Präsidenten versprach der mächtige SD-Chef, alles zu tun, was ihm möglich ist. Dazu gehörte die schnelle Aburteilung des noch immer amtierenden tschechischen Protektorats-Ministerpräsidenten, General Alois Eliáš. Die Bemerkung Thieracks, daß Eliáš doch noch immer auf freiem Fuß sei, beantwortete Heydrich kühl mit den Worten: „Noch einige Stunden." Der Präsident des Volksgerichtshofes wußte, daß Heydrich nicht scherzt.

Die Uhren der Kirchtürme Prags schlagen elfmal, als der neue Herr Prags auf die Sekunde genau im ersten Burghof die Meldung des Kompaniechefs entgegennimmt.

Nichts verrät die Gedanken Heydrichs, während er die Ehrenkompanie der SS abschreitet.

Für Reinhard Heydrich ist das alles nur eine zeitraubende Zeremonie.

Eine halbe Stunde später unterzeichnet er den ersten Erlaß. Der muß – so befiehlt er – schon um 12.00 Uhr vom Prager Rundfunk gesendet werden.

Über die Oberlandratsbezirke Prag, Brünn, Mährisch-Ostrau, Olmütz, Kladno und Königgrätz wird der Ausnahmezustand verhängt. Standgerichte werden eingesetzt. Sie sollen erbarmungslos ihres Amtes walten. Fast zwei Stunden arbeitet Heydrich intensiv. Dann diktiert er einen weiteren Bericht an Bormann: „Noch heute, den 28. September 1941 um 22.00 Uhr, werden in den Nachrichten des Reichssenders Böhmen und Mähren diese Todesurteile verkündet, die morgen öffentlich plakatiert werden: Zum ersten: Für die Vorbereitung des Hochverrates... der Armeegeneral Josef Bílý und der Divi-

sionsgeneral Hugo Vojta... Zweitens: Wegen Sabotage... Alois Trneček und Alois Pospišil... Drittens: Wegen unerlaubten Waffenbesitzes...
Die Urteile werden durch Erschießen vollstreckt.
Ich bitte, daß Sie darüber den Führer informieren.
Heydrich".
Am Abend des 28. September wird Ministerpräsident Eliáš in seiner Wohnung verhaftet.
Die Todesmaschinerie läuft an. Die Gestalt Reinhard Heydrichs beginnt, Konturen anzunehmen.

Es war ein bewegter Tag in Prag, der 28. September 1941. Ein Sonntag, an dem intensiv gearbeitet wurde. Reinhard Heydrich kann sich zufrieden zur Nachtruhe begeben.
Der Ausnahmezustand wurde verhängt...

London, Donnerstag, 2. Oktober 1941.
Der Anruf kurz nach 10.00 Uhr überraschte General Sergej Ingr, Verteidigungsminister der tschechoslowakischen Exilregierung in London. Der Staatspräsident würde gerne mit dem Herrn Minister privat zu Mittag speisen. Der Herr Staatspräsident lege großen Wert auf ein Treffen mit dem Herrn Minister.
Die Fahrt zum Landsitz von Dr. Beneš in Aston Abotts scheint dem General heute langweiliger als sonst. Vielleicht ist es der Nieselregen, der die Vororte Londons, durch die er fährt, noch grauer und schmutziger erscheinen läßt, als sie sind.
Der General versucht zu erraten, was der Präsident so dringend zu bereden wünscht. Als ihm nichts Überzeugendes einfällt, lehnt er sich zurück und schließt die Augen.
Das Gespräch findet in der umgebauten alten Abtei statt, die seit einem Jahr dem aus Prag emigrierten tschechoslowakischen Präsidenten Dr. Edvard Beneš als Wohnsitz dient.
Zwei Stunden lang sprechen der Verteidigungsminister und der Staatspräsident unter vier Augen. Selbst der Privatsekretär und Vertraute von Beneš, Dr. Prokop Drtina, wird nach dem Essen nicht zum Kaffee gebeten.

Bevor Ingr nach London zurückfährt, ruft er eine Geheimnummer in London an. In einem kleinen Büro in der Bayswater Road nimmt ein hochgewachsener Mann das Gespräch entgegen, der Chef des tschechoslowakischen Geheimdienstes, Oberst František Moravec. Der Verteidigungsminister bittet ihn am folgenden Tag um 15.30 Uhr in sein Büro in der Picadilly 134. Eine dringende Angelegenheit. Am selben Tag trägt General Sergej Ingr eine Notiz in sein Diensttagebuch ein:

„2. Oktober 1941. – Zum Essen privat beim Herrn Staatspräsident..." Wer das Protokoll der Sitzung führt, ist nicht bekannt. Bis heute erhalten aber blieb die Eintragung über die Beratung am Freitag, dem 3. Oktober 1941, im Büro von Oberst František Moravec. Anwesend sind Oberst Moravac, Oberstleutnant Bartík, Major Paleček, Major Krček und die Feldwebel Gabčík und Svoboda. Es spricht fast ausschließlich Oberst Moravec:

„Durch Rundfunk und Zeitungen seid ihr über das sinnlose Morden in unserer Heimat informiert. Die Deutschen morden die Besten der Besten. Auch das ist ein Ausdruck des Krieges, also nicht klagen, nicht weinen, sondern handeln. In der Heimat haben die Unsrigen etwas getan, nun sind sie in einer Situation, die ihre Möglichkeiten begrenzt.

Es ist jetzt an uns, ihnen zu helfen. Der Oktober ist der Monat unseres Nationalfeiertages, unserer Befreiung. In dieser Situation, da unser Volk den traurigsten Feiertag seiner Befreiung begeht, ist es erforderlich, diesen Tag hervorzuheben. Es wurde beschlossen, daß dies durch eine Tat geschehen soll, die ebenso in die Geschichte eingehen wird wie dieses Morden. In Prag befinden sich zwei Personen, die für die Morde verantwortlich sind: Karl Hermann Frank und Heydrich, der Neuankömmling. Wir sind der Meinung – und unsere führenden Persönlichkeiten ebenfalls –, daß es erforderlich ist, den Versuch zu unternehmen, einen von beiden dafür bezahlen zu lassen, damit wir zeigen, daß Schlag mit Gegenschlag beantwortet wird. Das wäre im Prinzip auch die Aufgabe, mit der Sie (die Feldwebel Gabčík und Svoboda, d. Aut.) betraut werden.

Morgen werden Sie damit beginnen, Fallschirmabsprünge bei Nacht zu üben. In die Heimat fliegen Sie beide, damit Sie sich gegenseitig helfen können. Das wird nötig sein, denn aus verständlichen Gründen werden Sie die Aufgabe ohne Mitwirkung der Unsrigen in der Heimat durchführen. Wenn ich ohne Hilfe sage, meine ich, daß Hilfe bis zum Ende der Aktion ausgeschlossen ist. Dann erst werden Sie von den Unsrigen in der Heimat vollen Schutz und jede Hilfe erhalten. Über die Art und den Zeitpunkt der Aktion müssen Sie alleine entscheiden. Sie werden in einem Raum abgesetzt, der zur Landung optimal geeignet ist. Sie werden mit allem ausgerüstet sein, was wir bieten können. So, wie wir die Situation in der Heimat kennen, werden Sie die Unterstützung aller aufrichtigen Patrioten erhalten, an die Sie sich wenden. Sie müssen jedoch prinzipiell Vorsicht und Besonnenheit walten lassen. Ich brauche nicht zu wiederholen, daß der Auftrag eine historisch ernste Aufgabe ist. Das Risiko ist groß. Alles hängt davon ab, welche Möglichkeiten Sie sich durch Klugheit u.a. schaffen. Wir werden noch einmal, wenn Sie die Ergänzungsausbildung abgeschlossen haben, über die Sache sprechen. Wie ich schon sagte: Die Aufgabe ist ernst. Das Herz muß auf dem rechten Fleck sein. Wenn noch Unklarheiten bestehen, dann sagen Sie es."

Gabčík und Svoboda erklären übereinstimmend, den Auftrag übernehmen zu wollen. Der Abflug wird um den 10. Oktober dieses Jahres stattfinden.

Am gleichen Tag, dem 3. Oktober 1941, wird von der deutschen Justizverwaltung in Prag ebenfalls eine Eintragung vorgenommen:

„Urteile der Standgerichte Prag und Brünn, 3.Oktober 1941
Todesstrafe: Prag 2, Brünn 12 / 6 /.
Überweisung an die Geheime Staatspolizei: Prag 35, Brünn 96
Freispruch: Prag-, Brünn 2
Der Vorsitzende des Standgerichtes Prag
Unterschrift unleserlich
SS-Sturmbannführer – Regierungsrat".

In der Nacht von Freitag, den 3. Oktober, auf Samstag, den 4. Oktober 1941, landet der tschechische Fallschirmspringer František Pavelka südwestlich der Stadt Čáslav in Mittelböhmen. Er ist der erste Tscheche, der aus England in das Gebiet des Protektorats Böhmen und Mähren eingeflogen wird. Er ist einer von rund vierzig Männern, die in englischen Ausbildungslagern für verschiedenartige Aufgaben in ihrer Heimat gedrillt wurden. František Pavelka hat zuvor Adressen von zuverlässigen Personen erhalten, die ihm bei seinem Einsatz und bei der Beschaffung einer konspirativen Unterbringung behilflich sein könnten. Zwei Anschriften nennen ein kleines Bergarbeiterdorf unweit von Kladno. Der Name des Dorfes sagt dem Fallschirmspringer nichts. Lidice.

Begonnen hat alles im Frühjahr 1941.
Die Eintragung im Kriegstagebuch des tschechoslowakischen Verteidigungsministeriums vom 30. April 1941 lautet:
„Das britische Kriegsministerium bewilligt die Abkommandierung von vier Offizieren und fünf Unteroffizieren zur Leistung eines Fallschirmspringerkurses. Es wurden junge Offiziere und Unteroffiziere ausgesucht. Der Kursus beginnt am 4. Mai dieses Jahres und wird drei Wochen dauern.
Das Verteidigungsministerium beabsichtigt, eine Gruppe von rund 14 Offizieren und 22 Unteroffizieren auszubilden. In diesem Sinne wurden der Kommandeur der Brigade und der Oberst im Generalstab Moravec informiert."

Aber irgendein Hindernis trat ein. Der Termin des Kurses wurde nicht eingehalten. Darüber gibt das Dokument Nummer 1229 – „Sehr eilig – Geheim – Verteidigungsministerium" – vom 19. Mai 1941 Auskunft:
„Oberst des Generalstabes Moravec, Leiter des Nachrichtendienstes, hat mit dem britischen Kriegsministerium eine weitere Ausbildung von Instrukteuren für Fallschirmspringer vereinbart... Das gesamte vorgesehene Instrukteurkorps wird in zwei Lehrgängen ausgebildet. Der erste mit sechs Offizieren und sechs Unteroffizieren in einem Kursus vom 25. d.M. Dauer

drei Wochen. Der zweite Lehrgang mit sechs Offizieren und sechs Unteroffizieren vom 16. Juni dieses Jahres. Dauer drei Wochen. Die Lehrgangsteilnehmer melden sich in Manchester, wo sie von Offizieren des Nachrichtendienstes erwartet werden. Die Ausbildung weiterer Personen wird später vereinbart..."

Es klingt exklusiv: Special Training School. Aber es sind zwei gottverlassene Höfe in Nordwestschottland, Garramour und Cammus Darrah. Außer Einsamkeit viel Regen, viel Nebel, wenig Sonne und nichts, was Amüsement verspricht. Die englischen Ausbilder haben Decknamen: Wer heißt sonst Young und Smith.

Beim vorletzten Absprung ist es passiert: Feldwebel Svoboda fällt so unglücklich, daß er sich den Knöchel bricht. Ein Attentat kann nicht von einem Mann allein verübt werden. Es müssen zwei sein, die nach Prag fliegen, bestimmt Moravec. Denn wenn einem von ihnen etwas zustößt, ist noch der zweite da, um den Befehl auszuführen.
Im tschechoslowakischen Verteidigungsministerium finden zwei Besprechungen statt, in denen die neuentstandene Lage erörtert und eine Entscheidung getroffen werden soll. Oberst Moravec ist es, der den Befehl gibt, die „Aktion" zu verschieben. Für Svoboda muß ein neuer Mann gefunden werden, der gemeinsam mit Jozef Gabčík den Auftrag erfüllen kann. Man muß nur den richtigen finden.
Die Beurteilung der britischen Ausbilder, die ihre tschechischen und slowakischen „Zöglinge" charakterisieren, soll nun als Grundlage für Oberst Moravec' Entscheidung dienen. Die „Arbeitszeugnisse" sind recht aufschlußreich. Da ist Josef Valčík. Noch kennt niemand seinen Namen. Oberst Moravec liest: „Valčík ist lustig, kameradschaftlich, eitel. Manchmal überschätzt er sich etwas. Kühn. Allzu selbständig. Zeigt wenig Sinn für Gemeinschaftsarbeit. Ist initiativ und zuverlässig. Arbeitet gut in der Nacht..."
Ein anderer ist Jan Kubiš. Er nahm am Speziallehrgang auf

Grund des Brigadebefehls 324 vom 16. August 1941 teil. Der Ausbilder – Young oder Smith oder auch beide – beurteilen ihn so:
„Gesundheit: sehr gut. Langsam, aber zuverlässig. Solide, sehr beliebt. Behutsam im Umgang mit Explosivstoffen..."
Feldwebel Jozef Gabčík. Den kennt der Oberst schon. Er sollte mit Svoboda um den 10. Oktober abfliegen.
„Lebhaft. Sehr disziplinierter Soldat. Weniger einfallsreich als die anderen. Von langsamer Auffassungsgabe. Absolut zuverlässig, sehr verbindlich. Gute Führungseigenschaften... Gabčík ist erstklassiger Springer, im höchsten Maß fit..."
Als Oberst Moravec die Papiere durchblättert, findet er auch einen Brief, den die Teilnehmer des Lehrganges an das Verteidigungsministerium gerichtet hatten. Er betrifft den Lehrgangsteilnehmer Karel Čurda, der ursprünglich bei der motorisierten Einheit gedient hatte. Als die Lehrgangsteilnehmer erfuhren, daß auch Čurda mit einem Geheimbefehl in die Heimat gesandt werden sollte, protestierten sie in einem Brief an Verteidigungsminister General Ingr:
„Čurda neigt zum Alkoholismus, ist unseriös. Zweimal hat er Heiratsschwindel in englischen Familien versucht. Er bewundert Hitler und hat sogar erklärt, daß er einen Fehler gemacht hätte, als er über die Grenze ging, da er angeblich in der Regierungsarmee oder bei der Protektoratsgendarmerie hätte dienen können..."
Aber die Beurteilungen der englischen Ausbilder sind ausgezeichnet. Und so nimmt Oberst Moravec den Brief nicht ernst. Auf die Akte Čurda schreibt er seinen Vermerk:
„Guter Sportler, physisch sehr gut. Kann entsandt werden..."
Auch ausgezeichnete Geheimdienstoffiziere – und Oberst Moravec ist einer – können sich irren.

Warum wurde Heydrich nach Prag gesandt? Was verspricht sich Hitler von seinem Einsatz im Protektorat?
War es die Zunahme des tschechischen Widerstandes, die Hitler bewogen haben mag, Heydrich nach Prag zu entsenden? Die Berichte des SD-Leitabschnittes Prag waren in der

Tat alarmierend. Im Monatsbericht des Reichsprotektors an Hitler vom 10. September 1941 – der vielleicht entscheidend war – ist die „Versteifung der deutschfeindlichen Haltung", die „mehr und mehr auf die tschechische Arbeiterschaft übergreift" erwähnt. Zehn Streiks und 25 Fälle „wichtiger und wirkungsvoller Sabotage" sind verzeichnet, darunter die Explosion eines großen Benzindepots von 100 000 Litern. Zum tschechischen Nationalfeiertag am 28. Oktober sollen weitere, noch größere Sabotageakte geplant sein. In der Woche vom 14. September bis 21. September wurde die Protektoratspresse boykottiert, auf ein deutsches Kinderlandverschikkungsheim wurde ein Anschlag verübt. Heydrich selber hat diese Lage als mögliche Begründung für seine Berufung nach Prag angedeutet.

„...ist der Zustand der letzten Wochen so gewesen, daß man nur sagen kann, die Einheit des Reiches war eindeutig gefährdet, dieser Raum war in einer Situation, die unter der Oberfläche derart gärte, daß hier rechtzeitig zugepackt werden mußte."

Am 6. Oktober 1941, als Heydrich schon zehn Tage in Prag „amtiert", bestätigt Hitler seinen Unwillen über von Neurath in einem Gespräch im Führerhauptquartier mit dem damaligen Militärattaché in Budapest, General Toussaint:

„Neurath ist für die Tschechen ein freundlicher alter Herr gewesen, dessen Gutmütigkeit und Friedlichkeit sehr bald mit Schwäche und Dummheit verschmolzen."

Aber muß es gerade Heydrich sein, der den „freundlichen alten Herrn" ersetzt? Karl Hermann Frank hat doch alles unternommen, um selber Reichsprotektor zu werden.

Und noch eine These: Die „politisch zweideutige" Haltung der Protektoratsregierung unter General Alois Eliáš konnte nur von einem Fachmann gemeistert werden. Daß Eliáš mit dem Widerstand zusammenarbeitete, daß er Verbindung mit Beneš in London hatte, wußte man in Prag und Berlin seit Monaten.

Um Eliáš und seine Mitarbeiter verhaften und aburteilen zu lassen, mußte Heydrich nicht zum stellvertretenden Reichsprotektor ernannt werden. Wenn es um diese Aktion gegangen wäre und Heydrich nur als Liquidator der Eliáš-Gruppe gelten sollte, dann hätte es genügt, ihn mit diesem Fall zu betrauen. Er hätte ihn erledigen und sich dann weiter seinen Aufgaben in Berlin widmen können.

Schließlich ist nicht ausgeschlossen, daß es Kräfte gab, die Heydrich aus Berlin und damit aus der unmittelbaren Nähe Hitlers entfernen wollten. Das deutet der letzte Chef des deutschen Geheimdienstes, SS-Brigadeführer Walter Schellenberg, in seinen Memoiren an. Er berichtet, wie Heydrich ihm bei einem Lunch mitteilte, daß er – zunächst als stellvertretender Reichsprotektor – nach Prag gehen sollte:

„Bormann, so berichtete Heydrich, unterstütze diese Kandidatur, Himmler hingegen sei nicht sehr begeistert darüber, wolle ihm aber keine Hindernisse in den Weg legen. Vielleicht, so meinte Heydrich, wünsche er auch nur, Hitler gegenüber einen Meinungsstreit mit Bormann zu vermeiden. Heydrich erging sich dann in längeren Ausführungen über das Verhältnis Himmler – Bormann und sagte, er habe mit letzterem eine längere Unterredung gehabt und den Eindruck bestätigt gefunden. Bormann sei ein nicht zu unterschätzender Gegner, und es erscheine ihm sehr unklug, sich mit diesem zu verfeinden. Bormann habe sich inzwischen beim Führer so stark in den Vordergrund geschoben, daß es angebracht wäre, ihm auch unsererseits etwas mehr Aufmerksamkeit zu widmen..."

In dem alten Schloß Bellasis, 40 Kilometer südlich von London, warten die Fallschirmspringer Jozef Gabčík und Jan Kubiš auf den Befehl zum Einsatz. Wie oft haben die beiden in den letzten Jahren schon warten müssen. Aber diesmal ist es etwas völlig anderes. Sie spüren die Spannung in allen Knochen, in jedem Nerv. Der kleine Gabčík, nur 164 Zentimeter groß, aber sehnig und immer gut gelaunt, hat vor einigen Wochen, am 8. April, seinen 29. Geburtstag gefeiert. Er, der Sohn eines slowakischen Bauern aus dem gottverlassenen Dorf Poluvsie, hatte in Böhmen Klempner gelernt. Nach der Lehre blieb er einige Jahre als Unteroffizier beim Militär. Der Vater sah das nicht gern, und so ging er dann in eine Waffenfabrik nach

Sillein. Bis 1938. Als im Mai und dann erneut im September Staatspräsident Dr. Beneš die Mobilisierung verfügte, blieb Gabčík zu Hause. Sein Jahrgang wurde nicht einberufen.

Jozef Gabčík überschritt am 3. Juni 1939 die slowakisch-polnische Grenze. Er wollte nach Krakau. Von seinen Freunden hatte er erfahren, daß Flüchtlinge dort Hilfe bei dem jungen, früheren tschechoslowakischen Vizekonsul Dr. Henzl fänden. Und Dr. Henzl wußte Rat, er schickte Gabčík nach Malé Bronowice. Dort befand sich ein Sammellager für ehemalige tschechoslowakische Soldaten. Schon am 30. April wurde da eine tschechoslowakische ausländische Militärgruppe gegründet. Kommandeur war der dienstälteste Offizier, Oberstleutnant Ludvík Svoboda. Feldwebel Jozef Gabčík wurde in die 4. Infanteriekompanie des 1. Infanteriebataillons eingegliedert. Die Tage waren lang, man hatte viel Zeit zum Nachdenken, zum Plaudern, Kartenspielen, für Ausflüge in die Umgebung, nach Krakau, die Burg Wawel besichtigen.
Bei einem solchen Ausflug lernte Gabčík einen der Soldaten aus dem Lager Malé Bronowice etwas näher kennen. Dieser war ebenfalls Feldwebel. Ein Jahr jünger, Jahrgang 1914. Gelernter Heizer, aber den Beruf hatte er nie ausgeübt. Nach seiner Militärzeit blieb er auf dem kleinen Hof seines Vaters in Dolní Vilémovice bei Trebitsch in Südwestmähren. Wenn Jan Kubiš, wie Gabčíks neuer Bekannter hieß, abends Zeit hatte, ging er in die kleine Dorfturnhalle. Im katholischen Turnverein „Orel" hatte er sich zum Vorturner vorgearbeitet. Wie Gabčík, so hatte sich auch Kubiš nicht mit der Kapitulation abfinden können.
Und auch für ihn war die Zukunft klar: fort aus dem besetzten Land!
Der Weg über die tschechisch-polnische Grenze bei Mährisch-Ostrau war nicht schwierig, noch nicht. Und so kam auch er in das Lager von Malé Bronowice.
Schon nach einigen Wochen war es mit dem Faulenzen zu Ende. Als am Mittwoch, dem 28. Juli 1939, das polnische Schiff „Chrobry" mit 435 tschechoslowakischen Offizieren, Unterof-

fizieren und Mannschaften aus dem Hafen von Gdingen auslief, gab es nur einige Hafenarbeiter und ein halbes Dutzend polnischer Offiziere, die den Männern an Deck zuwinkten.
Fast einer Flucht glich die Abfahrt der „Chrobry".
In Marseille wurden sie von Beamten des früheren tschechoslowakischen Konsulats empfangen. Nur wenige hörten den Begrüßungsworten zu. Sie dachten an die Zukunft. Und vor der hatten sie doch ein wenig Angst. Die meisten waren zum erstenmal so weit entfernt von ihrer Heimat. Und hier erwartete sie der Schrecken ihrer Jugendlektüre: Die Fremdenlegion. Aus dem Feldwebel Jozef Gabčík wurde der Sergent Infanterie, Nummer 51.
Nummer 52: Sergent Infanterie Jan Kubiš.
Ihr Bestimmungsort war El Arich, ein arabisches Dorf in der Sahara. Zwei Quellen, einige Bäume, aus Lehm errichtete arabische Hütten und die Kaserne der Fremdenlegion. Die Endstation für 112 Tschechen und Slowaken, die aus ihrer Heimat auszogen, um für Freiheit und Gerechtigkeit zu kämpfen.

1. September 1939. Deutschland befindet sich im Kriegszustand mit Polen!
2. September 1939. Frankreich ruft die allgemeine Mobilisierung aus!
3. September 1939. Frankreich und Großbritannien erklären Deutschland den Krieg.

Einige Stunden nachdem Sir Neville Chamberlain und Edouard Daladier in Rundfunkansprachen die Gründe für die Kriegserklärung an das Deutsche Reich dargelegt hatten, sandte Dr. Beneš den Regierungschefs Frankreichs, Großbritanniens und Polens aus seinem Londoner Exil gleichlautende Telegramme:
„In diesem Augenblick, da das britische Volk einen Krieg zu führen beginnt, den Nazi-Deutschland Polen, Großbritannien und Frankreich aufgezwungen hat, drängt es mich, Eurer Exzellenz mit größter Hochachtung und unwandelbarer Sympathie den Wunsch und den Entschluß der Tschechen und

Slowaken mitzuteilen, sich unverzüglich Ihrem Volk in diesem Kampf für die Freiheit Europas anzuschließen... Wir, tschechoslowakische Bürger, erklären, daß unser Land sich im Kriegszustand mit deutschen Streitkräften befindet. Wir werden gemeinsam an der Seite Ihres Volkes schreiten, bis zum endgültigen Sieg und bis zur Befreiung unserer Heimat..."

Der seit dem 15. März 1939 funktionslose tschechoslowakische Botschafter in Paris, Dr. Štefan Osuský, wurde ebenfalls aktiv. Unter der Nummer 4039/39 übersandte er dem französischen Außenminister Georges Bonnet eine Note:

„Die erste dringliche Angelegenheit ist die Errichtung eines Sonderlagers, in dem alle Tschechoslowaken konzentriert werden könnten, um sie in aufgestellte Einheiten einzugliedern und auszubilden. In Anbetracht der Traditionen aus der Zeit des Kampfes für unsere Unabhängigkeit, die bis zum Weltkrieg zurückreichen, erlaube ich mir vorzuschlagen, daß solch ein Lager in Cognac, und wenn erforderlich, auch an anderen Stellen des Landes, errichtet wird..."

Am frühen Nachmittag des 16. September 1939 kehrten die in El Arich stationierten Fremdenlegionäre von einer zermürbenden Übung in die Kaserne zurück. Dort erwartete sie der Befehl: Alle Tschechen und Slowaken haben binnen einer Stunde zum Abtransport vorbereitet zu sein!

Und wieder ging es los.

An die 500 waren es, die in dem südfranzösischen Städtchen Agde zusammengeführt wurden. Ein mieses Lager. Die Gebäude halb zerfallen, das Essen miserabel.

Nur gut, daß der Herbst in diesem ersten Kriegsjahr so schön war. Und ruhig. Man spürte kaum, daß sich das Land im Kriegszustand befand. Auch der Winter verging ohne bemerkenswerte Erkenntnisse. Mit dem neuen Frühling begann auch die neue deutsche Offensive. Die Maginot-Linie fiel, die Deutschen marschierten und siegten, siegten und marschierten.

Die Tschechen und Slowaken wurden an die Front geschickt.

Am 13. Juni 1940 erlebten sie ihre Feuertaufe an der Marne. Jozef Gabčík als Führer eines MG-Zuges.
Am nächsten Tag fiel Paris.
Für die tschechoslowakische Militäreinheit begann der Rückzug. Im südfranzösischen Hafen Sète gingen die Soldaten an Bord eines ägyptischen Schiffes. Mittelmeer, in der Ferne die spanische Küste, Gibraltar. England. Internierungslager Orwestey. Dann Leamington.
Viele Stationen gab es, bevor sie hier im alten Schlößchen Bellasis in Dorking eintrafen! Und jetzt warten sie auf den Einsatzbefehl. Sie kennen ihn noch nicht. Sie wissen nur, daß sie in ihre Heimat geschickt werden.
Gabčík und Kubiš sind nicht die einzigen, die in Bellasis warten.
Da ist „Silver A": Oberleutnant Alfréd Bartoš. In seinem gefälschten roten Ausweis des Protektoratsbürgers steht der Name Emil Sedlák, Beamter aus Brünn.
Feldwebel Josef Valčík heißt jetzt Zdeněk Toušek und ist Absolvent der Handelsakademie in Olmütz geworden.
Radiotelegrafist Jiří Potuček heißt dem Ausweis nach Alois Tolar, Lehrer aus Brünn.
Wenn Bartoš und Valčík sich auf Bellasis langweilen, so kann Potuček sich nicht über zuviel Freizeit beklagen.
Mindestens dreimal in der Woche holt ihn ein Wagen ab und bringt ihn zur Radiostation des tschechoslowakischen Verteidigungsministeriums bei Woldingham.
Dort wird er in die letzten Geheimnisse der Funkverbindung mit England eingeweiht. Denn das ist eine der Hauptaufgaben von „Silver A". Mit ihrer Funkstation „Libuše" sollen sie die seit einigen Wochen abgerissene Funkverbindung mit den tschechischen Widerstandsgruppen wiederaufnehmen.

Da ist dann noch „Silver B". Nur zwei Mann. Feldwebel Zemek mit dem Decknamen Vladimír Vrba und Stabsgefreiter Škácha oder Jan Novák, wie er in seinem Ausweis heißt. Die zwei sind die Reserve. Sonst haben sie ähnliche Aufgaben zu erfüllen wie „Silver A".

Und schließlich die Gruppe „Anthropoid". Wieder nur zwei Mann: Jozef Gabčík und Jan Kubiš.
Auch sie haben gefälschte Papiere für den Abflug erhalten. Jozef Gabčík ist Schlosser aus Prossnitz und Jan Kubiš Arbeiter aus Brünn.

Die Aufgabe der Gruppe „Anthropoid" ist geheim. Kubiš und Gabčík sprechen nicht darüber. Niemand fragt sie danach. „Anthropoid" – seltsamer Name. Kubiš und Gabčík wissen nicht, was er bedeuten soll, sie kennen nur ihren Auftrag. Sie sollen in Prag ein Attentat verüben. Aber zunächst scheint nicht einmal der Name des Mannes, der durch sie vom Leben zum Tod befördert werden soll, geklärt. Als Gabčík am 3. Oktober 1941 mit Svoboda im Verteidigungsministerium auf der Picadilly an der Besprechung teilnahm, hatte Oberst Moravec von Karl Hermann Frank und Reinhard Heydrich gesprochen. Aber nur einer von beiden konnte es sein.
In Prag hat Heydrich inzwischen keinen Zweifel aufkommen lassen, daß er hart durchgreifen will und kann. Er steht an einem wichtigen und für ihn richtigen Platz. Hier kann er seine Fähigkeiten voll einsetzen und dem Führer beweisen, daß es keinen anderen gibt, der die ihm gestellten Aufgaben besser lösen kann als er.
Am 2. Oktober 1941 lädt er die Spitzen der deutschen Protektoratsverwaltung ein. Ihnen schildert er die Zustände im Protektorat Böhmen und Mähren in schwarzen Farben:
„Wir erleben heute eine Entwicklung, die zu einem Dolchstoß führen könnte. In der letzten Woche mehren sich die Aktionen der Sabotage- und Terrorgruppen. Die Ernte wird vernichtet, in den Betrieben wird das Arbeitstempo gedrosselt. Und dies alles wird nicht nur durch die Londoner Propaganda gesteuert, sondern auch von der Protektoratsregierung geduldet und gefördert. Wenn auch zur gegenwärtigen Zeit nicht mit einem Aufruhr gerechnet werden kann, so ist die Tätigkeit der Widerstandsorganisation doch darauf gerichtet, im gegebenen Moment, wenn nach Ansicht der tschechischen und Londoner Regierung die Zeit kommt, in diesem Raum gefähr-

liche Unruhe aufflackern zu lassen, die Schaden für das Reich bedeuten würde..."

Aber Tatsachen widerlegen diese Einschätzung der Situation in Böhmen und Mähren. Selbst Heydrich charakterisiert in einem Schreiben vom 9. Oktober 1941 an den Chef der Reichskanzlei, Dr. Hans Heinrich Lammers, das Verhalten der tschechischen Bevölkerung ganz anders:

„Die tschechische Bevölkerung nimmt die verschiedenen Maßnahmen – den verschiedenen Berufen entsprechend – auch verschieden auf. Die Arbeiterschaft ist am aufgelockertsten... Der Durchschnitt ist ängstlich und verschüchtert."

Welche „verschiedenen Maßnahmen" Heydrich in diesem Brief meint, geht aus einem Bericht an Hitler hervor, den er einen Tag später, am 10. Oktober 1941, ins Führerhauptquartier schickt. Adressat ist Martin Bormann, der um Vorlage des – wie Heydrich selbst zugibt – etwas umfangreichen Berichtes bei Adolf Hitler bittet. Der Führer solle sich, so meint der stellvertretende Reichsprotektor, doch etwas Zeit nehmen und die Dokumente studieren. Was Heydrich Hitler zu berichten hat, wird als „Geheime Reichssache" bezeichnet, unter anderem, daß man in einigen Orten des Protektorats der Bevölkerung die Rundfunkempfänger abgenommen hat, um so den Empfang der BBC-Sendungen aus London zu unterbinden.

„Bisher wurden Rundfunkempfänger der gesamten Bevölkerung von Lysá und Labem, Čelákovice, Heřmanuv Městec, Litomyšl und Úvaly abgenommen. Nachträglich wurde gestern in Brno-Židenice (32 000 Einwohner) die gleiche Maßnahme angewandt." In Kladno läßt Heydrich zwei tschechische Schulen und eine Lehrerbildungsanstalt schließen und erwähnt ähnliche Anordnungen auch für andere Städte. Gleichzeitig – kaum 14 Tage in Prag – beginnt er mit der „Lösung des Judenproblems":

„Im Protektorat leben zur Zeit etwa 88 000 Juden, davon in Prag 48 000, in Brünn und Mährisch-Ostrau je 10 000, der Rest ist im ganzen Protektoratsgebiet verstreut. Zu ihrer Evakuierung werden diese Juden in den nächsten Wochen in einem

Aussiedlungslager zusammengeführt, um die Männer zur Zwangsarbeit einzusetzen. Die ersten 5 000 Juden werden nach dem 15. Oktober in den Osten das Ghetto Litzmannstadt evakuiert. Als Lager kommen die Hussitenburg des alten Tábor oder Theresienstadt in Frage. Theresienstadt wäre besonders gut geeignet. Nach dem Abtransport der Juden könnte die Stadt im Rahmen der Eindeutschung als eine deutsche Mustersiedlung ausgebaut werden..."
Heydrich beschäftigt sich auch mit der Lage der Industrie. Er berichtet, daß 40 Arbeiter ausgesucht wurden, die in 500 tschechischen Werken, überwiegend Rüstungsbetrieben, vor etwa 500 000 bis 750 000 Arbeitern sprechen werden, um sie für Mehrarbeit zu gewinnen. Die Arbeiterschaft ist seiner Meinung nach am „aufgelockertsten".
Um andere Teile der Bevölkerung noch mehr einzuschüchtern, läßt er die Sondergerichte auf Hochtouren arbeiten. In der Zeit vom 27. September bis 29. November 1941 werden 404 Personen erschossen. Davon werden 379 namentlich genannt, 25 erscheinen in den Bekanntmachungen als „Personen".
Aber ab November scheint die Todesmaschinerie auszulaufen. Heydrich beabsichtigt offenbar, eine andere Taktik anzuwenden. Am 1. Dezember 1941 wird der Ausnahmezustand in den Bezirken Mährisch-Ostrau, Kladno, Königgrätz, Olmütz und Zlin beendet. Unmittelbar darauf werden die Bestimmungen über Waffenbesitz und Kenntnis von unerlaubtem Waffenbesitz durch Verordnung des Reichsprotektors vom 13. Dezember 1941 verschärft.

Als die Bereitschaftswagen der Gestapo am späten Abend des 4. Oktober durch die Straßen Prags fahren, ist kaum ein Mensch zu sehen.
Vor einigen Minuten wurde Fliegeralarm gegeben. Die Gestapowagen fahren durch die nordwestlichen Vororte Prags. Einige Beamte rauchen. Obgleich sie sich sicher fühlen, ist eine nervöse Spannung spürbar. Seit einigen Tagen steht fest, daß im Zollhaus von Prag-Jinonitz ein illegaler Sender arbei-

ten muß. Polizeihauptmann Kosche, Chef der Funkpeilung, zweifelt keinen Augenblick daran, daß es sich um den Agentensender handeln muß, der die Verbindung mit London hält. Wenn der heutige Schlag gelingt – so meint SS-Standartenführer und Chef der Stapo-Leitstelle Prag, Dr. Geschke –, ist die letzte Quelle versiegt, aus der der tschechoslowakische Nachrichtendienst in London seine Meldungen erhält.

Die Fahndung nach Geheimsendern der Widerstandsbewegung ist in den letzten Monaten überaus erfolgreich gewesen. Schon in der zweiten Aprilhälfte hat die Gestapo aus Verhören von Verhafteten ermittelt, daß die Wohnung des Kaufmanns Krotil in Prag-Malé Hodkovičky als Anlaufstelle der Widerstandsbewegung benutzt wird. Während der Haussuchung am 7. Mai 1941 erscheint ein Mann, der Funker René Regenermel, der sofort verhaftet wird. Einige Funksprüche, die bei ihm gefunden wurden, beweisen, daß die Gestapo auf der richtigen Spur ist.

Es dauert nicht lange, bis mehrere solcher Besucher des Kaufmanns Krotil verhaftet werden konnten. Einer von ihnen ist der Friseurgehilfe František Mázl.

Aufs neue wiederholt sich der Zufall, der den reichen Fang in Krotils Geschäft ermöglicht hatte. Mázl gibt bei den Verhören die Adresse einer Konspirativwohnung in Prag 2, V Jámě, preis. Als die Gestapo dort auf die Besucher wartet, kann sie einen Mann verhaften, der zwei Ausweise mit gleichem Foto, aber verschiedenen Namen bei sich hat.

Wieder beginnen Verhöre, stundenlang, brutal, aber erfolgreich.

Einer der Verhafteten gesteht. Wenige Tage zuvor hätte er sich mit einem Offizier getroffen und von diesem ein Sendegerät erhalten. Der Name des Offiziers sei ihm nicht bekannt, aber er wisse, wo er ihn treffen könne: In einem Haus in Prag, das er beschreiben könne. Dieses Haus zu finden, ist für die Gestapo nicht schwierig. Es befindet sich in der Straße Pod Terebkou. Die Wohnung, um die es sich handeln mußte, konnte nur die des František Peltán sein, Angestellter der Anstalt für Geisteskranke in Prag. Vor der Errichtung des Protek-

torats Böhmen und Mähren war er Berufsunteroffizier gewesen, Telegrafist.
Am späten Abend des 13. Mai 1941 sind in der Wohnung in der Pod Terebkou außer Peltán noch zwei andere Männer anwesend. Oberst Josef Mašín, einer der Führer der Widerstandsgruppe der ehemaligen tschechoslowakischen Offiziere „Obrana národa" (Verteidigung des Volkes), und Oberleutnant Václav Morávek, Leiter der Nachrichtenabteilung der „Obrana národa".

Dann schlägt die Gestapo zu: Kriminalobersekretär Abendschön, Kommissar Klemens, Obersekretär Mischke und der Angestellte Jäger.
Oberst Mašín sichert mit der Pistole in der Hand den einzigen Fluchtweg, der den Männern bleibt. An einem Drahtseil lassen sie sich in den Hof hinunter, der 15 Meter tief liegt. Peltán verletzt sich am Bein. Morávek kommt noch schlechter davon. Das Stahlseil schneidet ihm den linken Zeigefinger ab.
Der Feuerwechsel der vier Gestapobeamten mit Oberst Mašín dauert nicht lange. Obersekretär Mischke wird zwar verletzt, aber dann unterliegt Mašín der Übermacht. Einer der meistgesuchten tschechischen Widerstandskämpfer ist gefaßt.
London bleibt ohne Nachrichten aus Prag.

Nur fünf Tage hat „Sparta 2" seine Arbeit fortsetzen können. Dann schweigt der Sender wieder. Bei einem Versuch, ihn per Bahn aus Prag zu verlagern, muß er im Zugabteil zurückgelassen werden, als eine unerwartete Kontrolle der deutschen Polizei die Widerstandskämpfer zur Flucht zwingt.
Dennoch bleibt London auch dann nicht ohne jede Verbindung mit Prag. Am 8. Juli meldet sich der Sender „Sparta 1" von neuem. Er wird vom Funker Jindřich Klečka bedient, hat aber keinen festen Standort. Einige Tage hält er sich in der kleinen St.-Prokop-Kapelle in Prag versteckt, die sich auf einem Hang über der Moldau befindet. Aber Klečka weiß, daß die Peilwagen den Sender früher oder später entdecken wür-

den, und ändert stets nach einigen Tagen den Platz, von dem aus er nach London funkt.
Seit Mitte August 1941 hat Klečka im Prager Vorort Jinonitz in der Dienstwohnung von Karel Prokop, Leiter der Finanzwache – wie der Zolldienst offiziell genannt wurde – Unterschlupf gefunden. Dort, außerhalb der Stadtgrenze, fühlt sich Klečka sicherer. Hinzu kommt auch die Hoffnung auf Hilfe aus London. Denn schon am Dienstag, dem 12. August 1941, empfängt „Sparta 1" einen optimistischen Funkspruch.
„Im Herbst, ab September, werden von England aus auf unser Gebiet Flüge unternommen. Sie werden Ihnen Spezialmaterial und Leute für Sabotage, Terrorakte, Nachrichtenarbeit und Funkaufgaben bringen. Wir werden über 60 solcher Flüge verfügen. 60 ist das Maximum..."

London fordert die Widerstandsgruppen in Böhmen und Mähren auf, geeignete Landungsplätze zu übermitteln. Gleichzeitig wird mitgeteilt, daß die Flüge durch Scheinbombardierungen getarnt werden sollten.
Aus Prag kommt jedoch keine zufriedenstellende Antwort. So beschließt Oberst Moravec, die Widerstandsbewegung zur Eile zu mahnen. Zehn Tage später, am Freitag, dem 22. August, dechiffrierte Klečka einen Funkspruch aus London, der die baldige Erfüllung der Pläne ankündigt.
„Die Angelegenheit eilt. Wir hätten die Möglichkeit, zwei Flugzeuge schon zwischen dem 2. und 20. September zu entsenden. Wir bitten um Ihre konkreten Vorschläge."
Aber aus dem Protektorat werden keine konkreten Vorschläge übermittelt. Im Gegenteil. Am Sonntag, dem 30. August 1941, funkt Klečka eine Meldung über Massenverhaftungen ehemaliger Offiziere nach London.
„Unterbringung und Verpflegung einer größeren Zahl von Springern fast unmöglich... Am besten wäre, den ersten Absprung auf unbestimmte Zeit zu verschieben. Trotzdem bereiten wir uns ab 8. September auf den ersten Absprung östlich von Tschaslau vor. Einzelheiten geben wir bekannt."
Der erste Wagen der Prager Gestapo bremst scharf. Man will

sichergehen. Das Zollhaus liegt noch einige Dutzend Meter vor ihnen. Es dauert nur Sekunden, dann sind sie in der Wohnung von Prokop. Sie sehen, wie ein Mann in der Toilette verschwindet, wollen die Tür eintreten und hören den Schuß.
Als sie in das WC einbrechen, liegt dort ein Toter: der Funker Klečka. Kopfschuß.
Im Wohnzimmer finden sie zahlreiche Dokumente. Im Klartext, verschlüsselt, Meldungen, Berichte.
Er hat sich gelohnt, der Fang im Zollhaus von Jinonitz. Den Erfolg meldet der Sicherheitsdienst nach Berlin: „Im Laufe umfangreicher Ermittlungen gelang es der Stapoleitstelle Prag in Zusammenarbeit mit dem Funktrupp der Ordnungspolizei, in den Nächten zum 4. und 5. Oktober 1941 eine Funkgruppe der illegalen Widerstandsbewegung aufzurollen. Hierbei wurden – zum Teil erst nach Brechung tätlichen Widerstandes mit der Waffe – zwölf Personen festgenommen. Einer der betroffenen Funker nahm sich selbst das Leben, während ein zweites Mitglied dieser Gruppe beim Fluchtversuch erschossen wurde. Mit der Festnahme von etwa 30 weiteren Personen ist zu rechnen. Außerdem wurden in der Wohnung eines Mitglieds der Funkgruppe zwei englische Offiziere, die im Frühjahr aus einem Kriegsgefangenenlager in Frankfurt/a.M. geflüchtet waren, angetroffen und ebenfalls festgenommen.
Es stellte sich heraus, daß sie von Mitgliedern der Widerstandsbewegung falsche tschechische Papiere erhalten und sich bereits fünf Monate in Prag aufgehalten hatten. Bei der Aktion wurden beschlagnahmt und sichergestellt:
Vier vollständige Senderanlagen, drei Empfangsgeräte, Neubaumaterial für drei Sender, sechs Pistolen und 100 Schuß Munition. Mit Hilfe der Sender hatte die Gruppe laufend Verbindung mit London unterhalten. Hierbei waren der Standort der Sender täglich drei- bis viermal gewechselt und jeweils auch die Frequenz geändert worden. Bezeichnend für die Arbeit dieser Gruppe ist auch die Feststellung, daß die letzten englischen Fliegerangriffe auf das Protektoratsgebiet von Angehörigen der Gruppe durch Mithilfe auf dem Funkwege veranlaßt worden waren."

Zur selben Zeit, als Klečka in Jinonitz Selbstmord verübt, nähert sich eine andere streng geheime Aktion ihrem Höhepunkt. In den Dokumenten des tschechoslowakischen Nachrichtendienstes hat sie den Namen Percentage. Ihr Ziel ist der Absprung des Fallschirmspringers František Pavelka, der den tschechischen Widerstandsgruppen ein neues, modernes Funkgerät und Instruktionen des tschechoslowakischen Verteidigungsministers General Ingr überbringen soll.
Es ist ein Fernbomber vom Typ „Whitley", der mit Pavelka an Bord am Freitag, dem 3. Oktober 1941, vom Flugplatz Tangmere bei London startet. General Ingr verabschiedet sich persönlich von Pavelka.
Die Flugroute ist genau bestimmt. Createau – Darmstadt – Prag – Kolin – Pardubitz. Absprung über dem Plateau zehn Kilometer südlich von Chrudim am südlichen Ufer des Flüßchens Chrudimka. Um 1.11 Uhr gibt der Flugkapitän, R.C. Hockey, den Befehl zum Absprung Pavelkas. Der reicht dem tschechischen Stabskapitän Šustr noch schnell die Hand, dann verschwindet er in der offenen Kabinentür.
Šustr schreibt in seinem Bericht:
„Der Fallschirmspringer ist gut auf dem vorher bestimmten Platz gelandet. Er wurde dabei von der Besatzung des Flugzeuges beobachtet..."

Pavelka landet aber nicht – wie Šustr berichtet – auf dem vorgesehenen Platz. Wegen der Fliegerabwehr, in die die „Whitley" auf ihrem Flug dreimal gerät, muß sie von ihrer Route abweichen. Hockey gibt den Befehl zum Absprung 35 Kilometer von dem ursprünglich geplanten Absprungplatz entfernt. Was er und Šustr nicht erkennen, bemerkt nach einigen Minuten der Fallschirmspringer.

Zwei Tage später ist er aber trotzdem in Prag, wo er Dr. Bondy, eine der führenden Persönlichkeiten des zivilen Widerstandes, trifft. Dann wird Pavelka eine konspirative Wohnung im Prager Stadtteil Weinberge besorgt. Pavelka will so schnell wie möglich mit seinem Partner in Prag zusammenkommen, mit Oberstleutnant Churavý, der in London als einer der wichtigsten Widerstandskämpfer bekannt ist. Aber zum Treffen mit Churavý kommt es nicht mehr. Am 9. Oktober 1941 gelingt der Prager Gestapo ein wichtiger Fang. Die Beamten Petereit und Abendschön hatten von dem kurz zuvor verhafteten Mitarbeiter des sowjetischen Geheimdienstes, Major Jedlička, erfahren, wo sich Churavý aufhält und ihn auf der Straße verhaftet.

Am 16. Oktober verabredet sich Pavelka mit Dr. Bondy im Restaurant „Akropolis". Sie besprechen die Möglichkeiten einer engeren Zusammenarbeit und wie die Funkverbindung mit London aufrechterhalten werden könne. Pavelka beschwert sich bei Dr. Bondy, daß er keine Lebensmittelkarten erhalten habe und sich nicht ernähren könne.
Dr. Bondy verspricht, dieses Problem so bald wie möglich zu lösen. Vielleicht schon zum nächsten Treffen, das für den 21. Oktober verabredet wird.
An diesem Tag wartet Pavelka vergeblich. Er kann nicht ahnen, daß Dr. Bondy vor 24 Stunden von der Gestapo verhaftet worden ist und daß sich auch um ihn die Schlinge immer enger zuzieht. Die Verbindung mit der Widerstandsgruppe ist völlig abgerissen. Am Sonntag, den 25. Oktober 1941, um 4.00 Uhr früh wird die Tür der konspirativen Wohnung Pavelkas gewaltsam geöffnet. Ehe er sich zur Wehr setzen kann, ist er überrumpelt. Zehn Mann der Gestapo durchwühlen die Wohnung. Und wie schon in Jinonitz, fällt der Gestapo auch diesmal wichtiges Material in die Hände. Chiffrierschlüssel, Depeschen, Meldungen, Berichte.
Die Operation Percentage war ein Mißerfolg.

Der stellvertretende Reichsprotektor, SS-Obergruppenführer Reinhard Heydrich, will das Unmögliche aus dem Boden stampfen. Nicht nur, um seinem Führer zu beweisen, daß er im Protektorat Böhmen und Mähren Ordnung und Ruhe schaffen kann, sondern auch um seine eigene Fähigkeit auf die Probe zu stellen. Es ist zum ersten Mal, daß er ein ganzes Land durch seine Vorstellungen prägen und formen kann. Eine Erfahrung, die – wie er hofft – ihm später wohl zugute kommen wird. Daß jemand es wagen würde, auf ihn, den Mächtigsten im Lande, ein Attentat zu verüben, läßt seine Selbsteinschätzung niemals zu. Im Schlaf denkt er nicht daran, daß er hier, in Prag, in Gefahr sei. Für die Kriegsentwicklung ist es sehr wichtig, vor allem die Betriebe der Rüstungsindustrie auf Hochtouren zu bringen. Und von solchen gibt es in Böhmen und Mähren mehr als genug:

Skodawerke in Pilsen!

Böhmisch-Mährische-Kolben-Daněk in Prag!

Waffen- und Munitionsfabriken in Brünn, Adamow, Wsetin!

Eisenhüttenwerke in Wittkowitz!

Bergwerke in Ostrau und Kladno!

Mit harter Hand versucht er, die Widerstandsbewegung zu liquidieren. Die Arbeiter will er durch Versprechungen und Bevorzugungen für sich gewinnen.

Große Hoffnungen setzt Heydrich in die Nationale Gewerkschaftszentrale NOUUZ, an deren Spitze die Sozialdemokraten Stočes und Hampl stehen.

Am Freitag, dem 24. Oktober 1941, empfängt Heydrich eine 39köpfige Arbeiterdelegation unter der Leitung des Vorsitzenden der Gewerkschaftszentrale Stočes. Die Arbeiter tragen Heydrich ihre Probleme vor, sie stimmen den harten Maßnahmen gegen Schieber und Saboteure zu, weisen auf mangelhafte Fettversorgung hin und sprechen sich für Betriebskantinen aus. Einige kritisieren Mängel an Arbeitsschuhen und Fahrrädern, andere diskutieren über den Begriff der Schwerarbeit. Vier Tage später, am Dienstag, dem 28. Oktober, dem ehemaligen tschechoslowakischen Staatsfeiertag, gibt Heydrich seine Maßnahmen zur Verbesserung der Lage der tschechischen Arbeiter, vor allem der Arbeiter in den Rüstungsbetrieben, bekannt. Die Fettrationen werden bei den Schwerarbeitern denen des Altreiches angeglichen, an Beschäftigte in den Rüstungsbetrieben werden 200 000 Paar Arbeitsschuhe verteilt und ausgesuchte Luxushotels zu Arbeitererholungswohnheimen umgewandelt.

Es scheint, als habe Heydrich richtig kalkuliert. Denn die deutsche Rüstungsinspektion Prag stellt danach fest:
„Arbeiterschaft trotz starker kommunistischer und nationaltschechischer Hetze und ausländischer Rundfunkpropaganda indifferent, solange einigermaßen versorgt."
Auch Heydrich ist überzeugt, daß alles nach seinem Plan laufen wird. Schon am 17. Oktober 1941 erklärt er, daß er eine Entpolitisierung der Bevölkerung erreichen will. Die Bevölkerung solle in unpolitische Stände gegliedert werden, die das Interesse des kleinen Mannes völlig in seinen materiellen, sachlichen Berufsgedanken aufgehen lassen sollen. Dabei verfolgt Heydrich weitgehend politische Absichten, mit denen er nach Prag gekommen ist. Am 6. November 1941 schreibt er dazu an Martin Bormann:
„Die klare Linie aller Maßnahmen ist, den Anschein der Autonomie zu erhalten und gleichzeitig diese Autonomie von innen zu liquidieren; den Tschechen zu befehlen, alle Maßnahmen durchzuführen, die Erbitterung hervorrufen, den Deutschen die Durchführung der Aufgaben zu übertragen, die positiv wirken."

Die Zeit bleibt nicht stehen. Auch für die Männer in Bellasis nicht, für Kubiš und Gabčík, für Bartoš und Valčík.
Am Mittwoch, dem 3. Dezember 1941, wird der übliche Tagesablauf auf Bellasis überraschend unterbrochen. Die Feldwebel Kubiš und Gabčík sollen sich zu einer Dienstfahrt nach London bereithalten.
Kurz nach 16.00 Uhr, als es schon zu dunkeln beginnt, fährt ein großer, siebensitziger Hillmann vor. Kubiš und Gabčík steigen ein. In den weichen Polstersitzen reisen sie wie Minister.
In seinem Büro an der Picadilly erwartet sie Oberst Moravec. Freundlich und zuvorkommend unterhält er sich mit den beiden über ihre inzwischen abgeschlossene Ausbildung, über ihre Gesundheit, über ihre Familien.
Erst dann kommt er auf den eigentlichen Zweck dieser Begegnung in London: zum Auftrag, den Gabčík und Kubiš in der Heimat ausführen sollen.

Moravec entnimmt einer Schublade seines Schreibtisches drei Hochglanzfotos und reicht sie den Feldwebeln. Nummer eins im Dritten Reich: Adolf Hitler. Nummer zwei: der Reichsführer SS und Chef der deutschen Polizei, Heinrich Himmler. Und Nummer drei? Moravec weist Kubiš und Gabčík darauf hin, sich das Bild dieses Mannes sehr genau anzusehen. Nummer drei ist der Chef der Sicherheitspolizei und des SD und stellvertretender Reichsprotektor in Böhmen und Mähren, SS-Obergruppenführer Reinhard Heydrich.
Das ist der Mann, dem der Auftrag gilt. Dieser Mann soll getötet werden. Durch die Hand zweier tschechoslowakischer Soldaten, Jan Kubiš und Jozef Gabčík!
Der Oberst fragt die beiden Feldwebel, ob sie bereit seien, in der Heimat das Attentat auszuüben.
Beide bejahen, ohne zu zögern.
Mit einem festen Händedruck und dem Versprechen, daß der Einsatzbefehl in den nächsten Tagen zu erwarten sei, verabschiedet der Oberst Kubiš und Gabčík.

Sonntag, den 28. Dezember 1941.
Kubiš und Gabčík schlafen länger als sonst. Gestern abend waren sie in London, hatten getanzt, mit Lorna und Edna. Vor 12.00 Uhr kommt der Anruf aus London:
„Silver A" und „Silver B" bis 15.00 Uhr zum Einsatz fertigmachen!
Ebenso „Anthropoid". Alle drei Gruppen fliegen gemeinsam. Einsatz in der Nacht vom 28. zum 29. Dezember 1941...
Die vier Motoren der Halifax-Maschine brüllen in die Nacht. An Bord sind 16 Mann. Neun davon sollen zurückkehren, sieben erwartet der Einsatz im Protektorat. Sie sitzen da in Zivilanzügen, die der tschechoslowakische Nachrichtendienst vor Monaten von jüdischen Flüchtlingen aus Böhmen und Mähren gekauft hatte. In der Tasche trägt jeder den gefälschten Ausweis eines Protektoratsbürgers. Der von Gabčík hat die Nummer 3501, ausgestellt am 27. Februar 1940 in Prossnitz (Mähren). Die Unterschrift des ausstellenden Beamten: Dr. Kropáč. Und selbstverständlich hat jeder Geld bei sich.

Kubiš und Gabčík je 5 000 Reichsmark und zehn 50-Kronen-Scheine des Protektorats, außerdem eine englische Pistole Marke Colt und im Taschentuch versteckte und an einigen anderen Stellen des Anzugs eingenähte Glasampullen. Ein Biß auf die Glaskapsel und der Tod würde in einigen Sekunden eintreten. Aber der Befehl lautet, die Glaskapsel mit dem Gift nur in höchster Not zu benutzen. Keiner der sieben Männer denkt jetzt in der Kabine der Halifax an die höchste Not, an den Tod.

Sie sind schon mehr als fünf Stunden in der Luft, als sie Detonationen hören. Der Pilot meldet deutschen Flakbeschuß. Es dauert nur einige Minuten. Dann herrscht wieder Ruhe. Nur die Motoren dröhnen ihr monotones Lied.

Es langweilt die Männer schon ein wenig.

Stabskapitän Šustr, der den Einsatz begleitet, starrt auf die kleine Lampe, die das Signal zum Absprung anzeigen soll. Grünes Licht!

Šustr braucht nicht lange zu erklären, was zu geschehen hat. Die Gruppe „Anthropoid", Kubiš und Gabčík, ist zum Absprung bereit.

Der Schacht, aus dem sonst Bomben fallen, ist geöffnet. Ein finsterer Krater.

Als erster verschwindet Feldwebel Jan Kubiš in der dunklen Tiefe.

Dann folgt Jozef Gabčík...

Nach kurzer Zeit zeigt die Lampe wieder Grün!

Befehl für „Silver A (oben)":

Oberleutnant Alfréd Bartoš, Jiří Potuček und der Fallschirm mit dem Sender und Ersatzteilen. „Libuše" ist der Deckname des Senders. So hieß der Sage nach die Tschechenfürstin, die die Gründung Prags vorausgesagt und der Stadt Größe und Ruhm geweissagt hatte.

Als Dritter von „Silver A" springt Valčík.

Ein Wink mit der Hand, dann ist auch er in der Nacht verschwunden.

Minuten, die eine Ewigkeit dauern.

Wenn jetzt kein Lichtsignal mehr aufblitzt, geht es wieder zu-

rück nach England. Nur der Pilot kann es entscheiden. Endlich! Grünes Licht!
Jetzt ist „Silver B" an der Reihe.
Die zwei Männer des Kommandos überprüfen in Sekunden die Ausrüstung.
Absprung!
Die Motoren der Halifax klingen gedämpfter. Dann sind sie nicht mehr zu hören.

Flugplatz Tangmere, Montag, 29. Dezember 1941.
Erst vor 20 Minuten ist die Halifax gelandet. Und nun sitzt Stabskapitän Šustr in einem Wagen, der ihn durch die leeren Straßen der Londoner Vororte in die Innenstadt fährt. Er ist müde, döst vor sich hin. Doch an Schlaf ist noch nicht zu denken. Zuerst muß der Bericht über den Flug geschrieben werden, dann mündlicher Bericht bei Oberst Moravec. Dennoch, Stabskapitän Šustr ist zufrieden. Der Befehl wurde ausgeführt. Die „Eintragung über den Flug in die Tschechoslowakei am 28. Dezember 1941", wie Stabskapitän Šustr seinen Bericht bezeichnet, ist genau und ausführlich.

Šustr berichtet aber nicht nur über den technischen Ablauf des Fluges. Er beschreibt auch das Verhalten und die psychische Verfassung der Fallschirmspringer.
Während des Fluges, vor und bei dem Absprung erwies sich die Gruppe „Silver A" eindeutig in bester geistiger Kondition. Das gilt ebenso für „Anthropoid", wo Feldwebel Gabčík aber merklich besser war. Die Gruppe „Silver B" schien vor dem Flug völlig deprimiert zu sein, obgleich sie dem Befehl zum Absprung ohne zu zögern folgte.
Die Eintragung, die das Datum des 29. Dezember 1941 und die Unterschrift von Stabskapitän Šustr trägt, schließt mit den Worten, die die Gruppen „Silver A" und „Anthropoid" vor dem Absprung gesagt haben sollen:
„Bald werdet Ihr von uns hören! Wir tun alles, was möglich ist!"

Der Pilot des Flugzeuges, R.C. Hockey, hat sich geirrt, und zwar gleich dreimal. Nicht eine der Gruppen springt in der Nacht vom 28. zum 29. Dezember 1941 in den für sie vorgesehenen Raum.
Die Entfernungen von dem angegebenen Ziel sind weit größer, als Hockey und Šustr angenommen haben.
Am schlimmsten geht es dem zweiköpfigen Kommando „Silver B", das nach dem Bericht Šustr schon vor dem Abflug deprimiert war. Als hätten die beiden geahnt, daß sie ihre Aufgabe, als Reserve von „Silver A" zu dienen, nie übernehmen würden. Anstatt im Raum Svratouch-Svratka zu landen, werden sie mehr als 100 Kilometer westlich in der Nähe von Kasalíček bei Přelouč abgesetzt. Auch die Adressen, die sie in England vor dem Abflug erhalten haben, können ihnen nicht helfen. Die eine der angegebenen Personen ist inzwischen umgezogen; der andere Kontaktmann hat Angst und lehnt jede Hilfe für Feldwebel Škácha und Zemek ab; und auch die dritte Adresse nutzt ihnen nichts. Der ehemalige tschechoslowakische Major František Kynych aus Rychnov ist schon einige Monate zuvor von der Gestapo verhaftet und in ein Konzentrationslager eingeliefert worden.
Škácha und Zemek versuchen zwar, mit der Gruppe „Silver A" Verbindung aufzunehmen, aber alle Versuche scheitern. Bartoš, Valčík und Potuček sind verschwunden. An wen sie sich auch um Hilfe wenden, keiner kann ihnen die gewünschte Auskunft geben. So entschließen sich die beiden Fallschirmspringer, auf eigene Faust zu kämpfen. Škácha hat Pech. Er wird verhaftet und in das Konzentrationslager Mauthausen gebracht, wo er stirbt. Feldwebel Jan Zemek schließt sich einer Partisaneneinheit an und überlebt den Krieg als einziger der in dieser Dezembernacht 1941 aus der Halifax abgesprungenen Agenten.

Alles ist wie im Ausbildungslager. Der fast sanfte Aufprall, der Ruck des Fallschirmes.
Er befreit sich von den Stricken und sieht sich um. Jetzt ist auch Gabčík unten. Er kann ihn sogar hören. Auch seinen

leichten Aufschrei. Etwas scheint nicht in Ordnung zu sein. Er läuft in die Richtung, in der er seinen Freund hat landen sehen. Da sitzt er am Straßenrand. Der linke Fuß ist verletzt, wahrscheinlich verstaucht.

Als erstes gilt es, den Befehl auszuführen. Beide kennen ihn auswendig.

„Sofort nach dem Absprung vergraben Sie die Fallschirme sowie alle Bestandteile, die für den Überflug benötigt wurden. Bleiben Sie im Wald in der Nähe der Absetzstelle bis zum Morgen. Sobald es die Situation erlaubt, begeben Sie sich auf die Straße nach Pilsen oder nach Rokytzan. Vom Augenblick an, in dem Sie das Flugzeug verlassen haben, hängt alles ausschließlich von Ihnen und der Situation ab, die Sie vorfinden."

Das ist gut, aber wo ist der Wald?

Nachdem die Fallschirme vergraben sind, wandern sie einige Stunden lang umher. Gabčík hinkt, verrät aber nichts von dem heftigen Schmerz, den jeder Schritt verursacht.

Von einem Wald ist nichts zu sehen.

Die Erkenntnis, daß sie an falscher Stelle abgesprungen sind, ist unausweichlich. Jetzt bleibt nicht mehr viel Zeit übrig. Bald wird es dämmern, und sie können entdeckt werden. Aber sie haben Glück im Unglück. Ein kleiner, wie es scheint verlassener Steinbruch liegt vor ihnen. Sie entdecken sogar einen Stollen, in dem sie wenigstens für einige Stunden, vielleicht sogar Tage, Unterschlupf finden können.

Für sich und den Blechkasten mit zerlegten Sten-Guns, Maschinenpistolen, Bestandteilen, aus denen Handgranaten zusammengesetzt werden können, hochbrisantem Explosivstoff. Kubiš und Gabčík wissen, für wen alles bestimmt ist. Für den Mann Nummer drei, der hier im Lande lebt und regiert und morden läßt, wie Oberst Moravec ihnen gesagt hat.

Aber vorerst sitzen sie hier in einem Stollen – und um sie herum verschneite Felder mit den Fußspuren von zwei Männern, die in den Steinbruch hinein –, aber nicht wieder hinausführen. Die Stunden verrinnen. Ein Tag und noch einer vergeht.

Kubiš und Gabčík wissen nicht, wo sie sich befinden, aber sie wissen, daß sie hier nicht mehr lange bleiben dürfen. Gabčík kann sich kaum bewegen. Der Fuß ist dick geschwollen und blau. Sie essen ein Stück englische Schokolade. Gabčík ist nervös. Kubiš versucht ihn zu beruhigen. Den Vorschlag Gabčíks, ohne ihn aufzubrechen, lehnt er strikt ab. Er ist überzeugt, daß es nicht lange dauern kann, bis der Fuß des Freundes wieder ganz in Ordnung ist.
Es ist ja kein Knochen gebrochen.
Sie wechseln sich mit Wachen ab. Eine Stunde schläft Kubiš, eine Gabčík. Neben jedem liegt griffbereit eine entsicherte englische Pistole, Typ Colt.
Aber niemand kommt in dieser Nacht, der letzten des Jahres 1941...
Sie sitzen im Stollen. Draußen pfeift ein eisiger Januarwind. Kubiš flucht. Was nützen die Adressen, wenn sie nicht wissen, wo sie gelandet sind!
Wie weit ist es von diesem gottverlassenen Steinbruch nach Pilsen, wo man ihnen helfen würde, wie es Kubiš und Gabčík in England versprochen worden ist? Die Anschriften von drei Anlaufstellen haben sie erhalten:
Václav Král, Inspektor der Kriminalpolizei, Pilsen IV, Pod Záhorskem I, zweite Etage. Die Losung: Adina grüßt Pilsen – der 8. März ist gut.
Václav Skalický, Werkstattmeister der Staatsbahn, ehemaliger Funktionär der UNIE, Pilsen. Losung: Auf Hradecký sich berufen! Václav Stehlík, pensionierter Eisenbahner, Rokycany, Pražské Předměstí. Er ist zwischen 55 und 60 Jahre alt. Auffällige rote Backen. Losung: Gruß von Hradecký.
Jetzt nützt ihnen keine Anschrift. Die Aktion hat ganz anders begonnen, als sie sich jemals hätten vorstellen können.

Der Mann, der im Stolleneingang steht, scheint vom Dorf zu sein. Neben ihm ein Hund, ein Jagdhund, der mißtrauisch knurrt. Kubiš setzt alles auf eine Karte. Er sagt die Wahrheit. Sie sind Fallschirmagenten. Wie weit es nach Pilsen ist, möchte er wissen.

Der Mann lacht kurz auf. „Pilsen? Da müssen Sie noch ein schönes Stück laufen. Glück haben Sie gehabt, daß Sie dem Heydrich nicht direkt auf den Kopf gefallen sind", sagt er und lacht. Die zwei zucken bei diesem Namen zusammen.

Aber der Mann plaudert weiter. Er ist der Wildhüter Smejkal, wie er sich vorstellt. Von hier nach Prag sind es sage und schreibe nur 15 Kilometer. Von Nehvízdy, dem kleinen Dorf östlich der großen Stadt.

Die drei Kontaktadressen nützen ihnen nun nichts. Aber sie haben doch noch ein wenig Glück im Unglück. Der lange Weg von Pilsen nach Prag bleibt ihnen erspart. Denn nach Prag müssen sie. Dort sollen sie den Auftrag von Oberst Moravec erfüllen.

Sie werden von einem zum anderen weitergereicht wie eine Stafette. Smejkal übergibt sie am übernächsten Tag einem Mann, der sich als Piskáček vorstellt. Ein alter Funktionär der Turnvereinigung Sokol. In einem alten klapprigen Personenauto fährt er sie die 15 Kilometer nach Prag. Nach mehr als zweieinhalb Jahren sehen sie wieder tschechische Firmenschilder, tschechische Plakate.

Eine rundliche Frau erwartet sie in einem alten, grauen Wohnhaus im Prager Arbeiterviertel Vysočany. Es ist Ema Khodlová, etwa 40 Jahre alt. Gabčík und Kubiš stellen sich mit ihren Decknamen vor.

Inzwischen erfährt auch Lehrer Zelenka, daß sie hier sind. Noch wissen Jan Kubiš und Jozef Gabčík nur wenig über den Mann auf dem Hradschin. Ihre Aufgabe hat erst begonnen.

Für Mittwoch, den 4. Februar 1942 hat Reinhard Heydrich eine geheime Konferenz der maßgebenden deutschen Persönlichkeiten im Protektorat Böhmen und Mähren auf dem Hradschin einberufen. Das Thema: Die Zukunft des Raumes Böhmen und Mähren!

Was Reinhard Heydrich seinen Gästen im Deutschen Saal der Prager Burg zu sagen hat, ist eine kleine Überraschung. Denn

Adolf Hitler persönlich habe ihm, wie er erklärt, zugestimmt, die von ihm entwickelten Pläne zu verwirklichen:
Die Entfernung des nichtdeutschen Elementes nicht auf brutale und gewaltsame Art durchzuführen, sondern auf einem getarnten Weg.
Heydrich weiß genau, warum er einen, wie er sagt, „getarnten Weg" gehen muß.
„Denn wenn ich im Moment Maßnahmen ergreifen würde, die deutlich zeigen, daß ich einen Teil nicht auf dem Boden lassen will, dann würde ich in kurzer Zeit eine Revolution bekommen, die uns Schwierigkeiten macht."
Die tschechische Bevölkerung soll demnach in zwei Gruppen – in die „Eindeutschbaren" und die „Nicht-Eindeutschbaren" – aufgeteilt werden. Das Schicksal dieser Gruppen würde sich nach Heydrichs Plänen folgendermaßen gestalten:
„Die Eindeutschbaren würde man dann möglichst geschickt im Reich zur Arbeit vermitteln, daß sie überhaupt nicht erst zurückkommen. Die Nicht-Eindeutschbaren wird man vielleicht bei der weiteren Erschließung des Eismeerraumes verwenden, wo die Konzentrationslager zukünftig ideales Heimatland der elf Millionen Juden aus Europa sein werden. Vielleicht können wir dort nun die Tschechen, die nicht eindeutschbar sind, unter dem positiven Vorzeichen einer produktiven Aufgabe als Aufseher, Vorarbeiter usw. einsetzen, mit der Chance, auch ihre Familien nachzuziehen."
Allerdings will der stellvertretende Reichsprotektor Reinhard Heydrich noch andere Aufgaben lösen. So muß vor allem die tschechische Widerstandsbewegung endgültig zerschlagen werden.
„Sie war weitaus umfangreicher und gefährlicher, als man das allgemein zu erwarten schien. Wenn wir jetzt, nach Ablauf von vier Monaten, nur auf dem Gebiet der Bekämpfung des tschechischen Nachrichtendienstes – vom tschechischen Standpunkt aus – feststellen, daß wir in der vergangenen Zeit ungefähr 90 Kurzwellensender erfaßt haben, wenn wir anführen, daß die Zahl der standgerichtlichen Verurteilungen bei ungefähr 400 - 500 liegt, während die Zahl der Verhafteten zwi-

schen 4 000 - 5 000 lag und liegt, dann wird Ihnen klar sein, daß es sich hier um eine Organisation handelte, für die es charakteristisch war – was wir betonen müssen –, daß die Leute, die verhaftet oder zum Tode verurteilt wurden, sämtlich Leute mit hohen geistigen Qualitäten waren. Das waren keine Mitläufer, das war der Führungsapparat! Daraus können Sie ersehen, was hier zu erwarten gewesen wäre, wenn nicht gründlich und hart eingeschritten worden wäre... Die Widerstandsbewegung haben wir in dem Augenblick zerschlagen, als sie noch nicht imstande war, im großen Maßstab Einfluß auf die breiten Massen zu gewinnen..."

Inzwischen sind in England neue Gruppen tschechischer Fallschirmagenten ausgebildet worden.
In der Nacht vom 27. zum 28. März 1942 springen zwei Gruppen von ihnen ab. Die Gruppe „Out Distance" unter dem Kommando von Oberleutnant Adolf Opálka. Zu seiner Gruppe gehören Feldwebel Karel Čurda und der Obergefreite Ivan Kolařík. Sie landen wieder weit entfernt von dem vorgesehenen Platz, anstatt in Mittelböhmen bei Kovářov in Mähren.

Auch die zweite Gruppe „Zinc" hat Pech. Sie wird noch weiter östlich abgesetzt, bei dem Städtchen Gbel in der Slowakei. Wenn Oberleutnant Oldřich Pechal, Feldwebel Arnošt Mikš und Gefreiter Viliam Gerik in ihr Einsatzgebiet kommen wollen, müssen sie erst die Staatsgrenze zwischen der Slowakei und dem Protektorat überwinden.
Genau einen Monat später folgen weitere Gruppen. In der Nacht zum 28. April 1942 werden nördlich der Burg Křivoklát der Feldwebel František Pospíšil und die Obergefreiten Jozef Bublík und Jan Hrubý abgesetzt. Neben nachrichtendienstlichen Aufträgen haben sie die Aufgabe, später die Waffenfabrik in Wsetin und die Eisenbahnlinien bei Mährisch Weißkirchen zu zerstören. Der Deckname dieser Gruppe lautet „Bioscop".

„Bivouac" heißt wieder eine andere Gruppe, die ebenfalls bei Křivoklát abspringt. Ihr Führer ist Feldwebel Bohuslav Kouba; Feldwebel Jindřich Coupek und Gefreiter Libor Zapletal gehören zu ihm. Diese drei sollen Sabotageakte gegen die Eisenbahnlinie Prerau –Mährisch-Ostrau vorbereiten und einen Anschlag auf die Waffenfabrik in Brünn verüben. Mit ihnen ist das Einmannkommando mit dem Decknamen „Steel" abgesetzt worden. Es ist der Gefreite Oldřich Dvořák, der der Organisation „Jindra" einen Sender überbringen und ihr als Funker angehören soll.

Am 30. April 1942 folgen noch zwei weitere Gruppen. Die „Intransitive" ist drei Mann stark – Oberleutnant Václav Kindl, der Obergefreite Bohuslav Grabovský und der Gefreite Vojtěch Lukaštík. Sie sollen die große Ölraffinerie in Kolin vernichten. Die Gruppe „Tin", zu der die Feldwebel Ludvík Cupal und Jaroslav Švarc gehören, hat ebenfalls eine spezielle Aufgabe: Sie soll Attentate auf Kollaborateure und Verräter verüben. Ihr erstes Opfer soll der Minister der Protektoratsregierung und Heydrich-Vertraute Emanuel Moravec sein.

Auch die Gruppe „Zinc" hat einen Spezialauftrag, über den wahrscheinlich nur ihr Führer, Oberleutnant Oldřich Pechal etwas weiß. Sie soll einen erfahrenen Agenten aus Angestellten deutscher Dienststellen anwerben.

Reinhard Heydrichs Tätigkeit in Prag bleibt nicht ohne Folgen. Böhmen und Mähren, die vor seinem Amtsantritt zu den unruhigsten der besetzten Gebiete gehörten, haben sich nun merklich „beruhigt"! Er kann seinen Erfolg mit Zahlen belegen. Während im September 1941 1 523 Personen verhaftet worden sind, waren es im Oktober, dem ersten Monat seiner Amtszeit in Prag, schon 2 744 Personen. Detlef Brandes, der das bisher wichtigste historische Buch über das Protektorat Böhmen und Mähren „Die Tschechen unter deutschem Protektorat" schrieb, zieht einen interessanten und oft nicht wahrgenommenen Vergleich: „Wie bedeutend der tschechische Widerstand damals war, ergibt sich aus einem Vergleich mit den Verhaftungszahlen anderer Stapostellen.

Während im Oktober die Stapo-Leitstelle Prag 1 512 Verhaftungen und die Stapo-Leitstelle Brünn 1 232 Festnahmen meldet, wurden von der Stapo-Leitstelle Litzmannstadt damals nur 469, von der Stapo-Leitstelle Kattowitz 353 und der Stapo-Leitstelle Graudenz 212 Personen festgenommen."
Die schweren Schläge der Gestapo gegen die tschechischen Widerstandsgruppen im Herbst 1941 und in den ersten drei Monaten des Jahres 1942 bewirken einen rapiden Rückgang der Sabotageakte. So sinkt die Zahl der Sabotage- und Sabotageverdachtsfälle gegenüber Herbst 1941 mit monatlich mehr als 50 Sabotageakten im Februar 1942 auf 19, im März ist ein kleiner Anstieg auf 32 zu verzeichnen, im April erreicht ihre Zahl 34 und im Mai, dem Monat des Attentats, bereits wieder 51. Wie aus der Meldung der Prager Gestapo vom 6. Mai 1942 hervorgeht, handelt es sich zumeist um kleinere Aktionen, die keinen wesentlichen Einfluß auf die politische und wirtschaftliche Lage im Protektorat haben.

Aufschlußreich sind Heydrichs an Martin Bormann übermittelten Angaben über die aus England im Protektorat Böhmen und Mähren abgesetzten Fallschirmagenten. Daraus geht hervor, daß er recht genau über die Tätigkeit der Fallschirmagenten informiert ist. Das ist darauf zurückzuführen, daß zwei Mitglieder der Gruppe „Bivouac", der Feldwebel Jindřich Coupek und der Gefreite Libor Zapletal, von der Gestapo verhaftet werden konnten. Bei den Verhören geben sie detaillierte Auskunft über ihre Ausbildung und Aufträge. So kann Heydrich in seinem Bericht an Bormann mitteilen:
„Die Verhafteten waren entschlossen, ihre Aufgabe unter allen Umständen zu erfüllen. Über technische Fragen sind sie gut informiert, woraus auf eine systematische Schulung zu schließen ist...
Einer der Verhafteten führte aus, daß aus England – einschließlich der letzten Gruppe – über dem Protektorat bisher 15 Fallschirmagenten abgesetzt wurden, und zwar zwei um Weihnachten 1941, sechs Ende März 1942 und die restlichen sieben jetzt bei Křivoklát..."

Heydrich berichtet auch ausführlich über den Weg der Fallschirmagenten, wie sie von Afrika über Frankreich ins englische Ausbildungslager gelangten. Dabei erwähnt er Einzelheiten der Ausbildung, nennt das Schlößchen Bellasis, das 35 Kilometer südlich von London gelegen ist, und den tschechoslowakischen Nachrichtenoffizier, Stabskapitän Šustr, der die Fallschirmagenten in den britischen Maschinen begleitet.

„Der Absprung war ursprünglich über dem Gebiet von Mähren geplant. Aber in Anbetracht der immer kürzer werdenden Nächte kann man zur Zeit, wenn man nicht den Rückflug gefährden will, keine so weiten Flüge unternehmen. Statt der längeren Route über Wien nach Mähren wurde darum in diesem Fall der direkte Weg nach Böhmen gewählt. Wegen Hilfeleistung der nun festgenommenen zwei Agenten sind zur Zeit zehn Personen in Haft. Daß die ausgesetzten Agenten zu allem entschlossen sind, geht auch daraus hervor, daß sie bei jeder Berührung mit den Sicherheitsorganen rücksichtslos die Schußwaffe benutzen..."

Reinhard Heydrich plant, konferiert und befiehlt.

Wenn es darum geht, sein Ziel zu erreichen, schont er auch sich selbst nicht.

Am Samstag, den 16. Mai 1942 entschließt er sich endlich, den Bericht an Martin Bormann zu senden, dessen Entwurf er schon am 27. Mai korrigiert, den er aber dann doch nicht abgesandt hat.

Neben den Erfolgen ließen sich gewisse negative Tendenzen der Entwicklung nicht verschweigen.

„Die Verringerung der Lebensmittelzuteilungen, die englischen Anflüge, die Angriffe auf Pilsen, die Absprünge von Fallschirmagenten, die Flüsterpropaganda, die vom englischen Rundfunk gesteuert wird, die Wirtschaftskonzentration usw. konnten natürlich nicht durch die militärischen Erfolge des Reiches ausgeglichen werden, die übrigens schon immer skeptisch aufgenommen wurden. Und deshalb ist die Stimmung genauso wie früher abwartend und in gewissem Sinn versteift, auch wenn im großen und ganzen kein Grund zu irgendwelchen Befürchtungen besteht. Deshalb warte ich ab, wie sich die Stimmung in allernächster Zeit entwickeln wird, um eventuell im geeigneten Moment mit einem erneut blitzartigen Eingreifen die Tatsache zu unterstreichen, daß das Reich noch einzugreifen weiß und daß Nachsicht nicht Schwäche bedeutet."

Zwei Tage später, am Montag, dem 18. Mai 1942, aber ist Heydrich schon wieder optimistisch und sieht die Lage viel positiver. Der Situationsbericht von diesem Tage enthält einige interessante Punkte:

„Der Hauptgedanke ist: ohne größere Beunruhigung den deutschen Einfluß so sehr wie möglich zu verstärken, also praktisch die Autonomie abzubauen, der gesamten Bevölkerung den Gedanken des Tschechentums und ihre Führung zu nehmen, sie aufzuspalten, alles Deutsche zu unterstützen und den Raum und seine Bewohner für den deutschen Sieg zu mobilisieren."

Heydrich bezieht sich hierbei vor allem auf das von ihm entworfene Modell einer Neugliederung des Protektorats. Es sollte dazu führen, auch die Überreste einer gewissen tschechischen Selbstverwaltung verschwinden zu lassen. Er hält dieses Modell für so effektiv, daß es auch von untergeordneten deutschen Dienststellen verwirklicht werden könnte. Seine unmittelbare Gegenwart und Amtsführung in Prag würde nicht mehr erforderlich sein.

Es scheint, daß Heydrichs Situationsberichte über die Erfolge, die er bei der „Befriedung" des böhmischen Raumes erreicht hat, selbst Hitler nicht unbeeindruckt lassen. In einem seiner Tischgespräche am 20. Mai 1942 wird das deutlich, als er auf die tschechische Frage eingeht:

Bei fester Führung des Protektorats müsse es daher gelingen, in 20 Jahren die tschechische Sprache wieder auf die Bedeutung eines Dialekts zurückzudrängen. Man könne die Tschechen schon jetzt zu fanatischen Anhängern des Reiches machen, wenn man ihnen als Feinschmecker doppelte Rationen gebe und sie nicht in den Kampf gegen den Osten schicke. So würden sie es dann als moralische Verpflichtung ansehen, in der Rüstungsindustrie usw. doppelt zu arbeiten...

Aus Heydrichs Perspektive ist die erfolgreiche Erfüllung seines Auftrages im Protektorat bereits abzusehen.
Es soll nicht lange dauern, und der stellvertretende Reichsprotektor in Böhmen und Mähren, SS-Obergruppenführer Reinhard Heydrich, wird Prag verlassen können. Die Grundprinzipien der von ihm vorgesehenen Verwaltungsreform hat Hitler schon am 7. Mai 1942 bestätigt. Nun teilt Heydrich Einzelheiten mit:

1. Die autonome Verwaltung muß mit Hilfe größtmöglicher deutscher Durchdringung völlig in den Dienst deutscher Aufgaben genommen und untrennbar mit dem Reich vereinigt werden.
2. Die bisherige Zweispurigkeit muß dadurch beseitigt werden, daß alle reinen Verwaltungsangelegenheiten der reichsdeutschen Verwaltung auf die autonomen Behörden, von Deutschen nach Richtlinien und Befugnissen des Reiches geleitet, übertragen werden (Reichsauftragsverwaltung).
3. Die Organisation und Arbeitsweise der Protektoratsverwaltung muß den übrigen Reichsländern angepaßt werden, ohne die Schattenseiten zu übernehmen.

Heydrichs Überlegungen zielen nicht nur darauf ab, die Protektoratsverwaltung unauffällig, aber wirksam zu dirigieren, sondern auch darauf, die Zahl der deutschen Beamten wesentlich zu verringern, um sie an anderen Stellen einzusetzen. So meldet er, daß von den ursprünglich 2 500 Beamten und Angestellten 1 100 in die Behörden des Protektorats übergeführt wurden, 700 im Amte des Reichsprotektors oder bei den Oberlandräten bleiben und 700 entlassen oder für die Wehrmacht freigestellt werden könnten. Gleichzeitig wird der Entwurf für sein Projekt einer Umerziehung der tschechischen Jugend abgeschlossen.
Schon am 19. März 1942 informiert Heydrich den Protektoratspräsidenten Dr. Emil Hácha über seine Absicht, ein Kuratorium für die Erziehung der Jugend einzurichten, das dem Ministerium für Volksaufklärung unter Minister Emanuel

Moravec unterstellt sein würde. Die Erziehung solle alle „10- bis 18jährigen" Jugendlichen erfassen und in einem einjährigen Arbeitsdienst ihren Abschluß finden, zu dem die 17- bis 18Jährigen in besonderen Lagern zusammengefaßt werden sollten. Am Dienstag, den 26. Mai 1942 empfängt Reinhard Heydrich auf der Prager Burg die tschechische Protektoratsregierung, um die Jugenddienstpflicht und die Gründung des Kuratoriums für Jugenderziehung bekanntzugeben. Was er allerdings verschweigt, während er über die besonderen Jugendlager der 17- und 18Jährigen spricht, ist die in diesen Lagern vorgesehene „völkisch-rassische Untersuchung", durch die der „eindeutschungsfähige Teil der Jugendlichen" für einen Einsatz im Reich ermittelt werden soll. Das wird selbstverständlich auch nicht aus einer Meldung der Protektoratspresse deutlich, die am 27. Mai 1942 in allen Zeitungen veröffentlicht wird:

„Der stellvertretende Reichsprotektor, SS-Obergruppenführer und General der Polizei Heydrich, empfing am 26. Mai 1942 auf der Prager Burg die Mitglieder der Protektoratsregierung zu einer Arbeitsbesprechung, auf der er die Grundprinzipien der Verwaltungsreform, die in den nächsten Wochen in Böhmen und Mähren aufgrund des Führererlasses vom 7. Mai 1942 durchgeführt wird, erläuterte. Bei dieser Gelegenheit besprach der stellvertretende Reichsprotektor mit den Ministern die Arbeitspflicht der Jugend, welche die Protektoratsregierung unmittelbar einführen wird."

In allen Tageszeitungen erscheinen gleichzeitig fast gleichlautende Kommentare, die eine genaue Sprachregelung der Zensurbehörde erkennen lassen.

„Von der Initiative des stellvertretenden Reichsprotektors können unsere Länder und unser Volk einen weiteren sehr konstruktiven und großzügigen Beitrag für die Sicherung unserer glücklichen Zukunft im Großdeutschen Reich erwarten. Denn nach den harten Schlägen, die das Verhalten eines Teiles der tschechischen Bevölkerung im Herbst 1941 zur Folge hatte, versuchte der stellvertretende Reichsprotektor, dessen Großzügigkeit und ungewöhnlicher Weitblick erst in der Zukunft voll gewertet werden wird, alle Voraussetzungen zu schaffen, um das Reich auch für die tschechische Bevölkerung zur echten Heimat werden zu lassen..."

Einige, die „die Großzügigkeit und Weitsicht" Reinhard Heydrichs einschätzen sollen, sind indes anderer Meinung. Da arbeitet in der Wirtschaftsverwaltung des Reichsprotektors František Šafařík als Schreiner und Tischler. Ein unauffälliger Mann, der die Beamten aus Heydrichs Umgebung respektvoll grüßt und in dem niemand einen Mitarbeiter der Widerstandsorganisation „Jindra" vermuten würde. Šafařík hat Zugang zu allen Räumen des Reichsprotektors, einschließlich des Arbeitsraumes.

Auf Schloß Jungfernbreschan ist eine der besten Köchinnen der Umgebung, Žofie Žábová, tätig. Sie bereitet dem SS-Obergruppenführer Knödel auf tschechische Art zu, die Heydrich vorzüglich schmecken. Auch Frau Žábová hat Verbindung zur Widerstandsgruppe „Jindra" und kann unauffällig und ohne Verdacht zu erregen, intime Details aus dem Familienleben des Reichsprotektors in Erfahrung bringen und berichten.

Und in einer stillen Straße der Prager Altstadt befindet sich ein kleiner Uhrmacherladen. Hier, im Schatten des Hradschin, geht der Uhrmachermeister Josef Novotný seinem großen Präzision erfordernden Handwerk nach. Seit Jahren betreut und repariert er auch die Uhren auf der Burg, die er regelmäßig überprüft. Zu diesen Uhren gehört auch jene, die Heydrich für sein Arbeitszimmer ausgesucht hat. Josef Novotnýs Bruder, Dr. Kamil Novotný, ist ebenfalls ein Mitarbeiter der „Jindra". Als Josef Novotný sich am 21. Mai 1942 zur Überprüfung der Uhr in Heydrichs Arbeitsraum aufhält, entdeckt er auf dessen Tisch einige Notizblätter mit Heydrichs Terminangaben für die nächsten Tage. Novotný zerknüllt die Papiere und wirft sie in den Abfallkorb. Einige Stunden später sorgt die Putzfrau, Marie Rašnerová dafür, daß der SS-Obergruppenführer sein Büro am nächsten Tag in bester Ordnung und mit geleertem Papierkorb vorfindet. Wie schon früher oftmals verschwinden auch jetzt interessante Notizen in der Schürzentasche von Frau Rašnerová. Noch am selben Abend übergibt sie sie Josef Novotný, und über dessen Bruder Dr. Kamil Novotný gelangen sie in die Wohnung des Gymnasiallehrers Josef Ogoun, wo in diesen Tagen Kubiš und Gabčík Unterschlupf gefunden haben.

Unauffällig und still wird ein Netz um Reinhard Heydrich, den mächtigen Mann und Chef unzähliger Agenten und Spitzel, gesponnen. Ein Netz, das dazu dienen soll, die verhängnisvolle Aktivität dieses Mannes ein für allemal zu beenden.
Was Jozef Gabčík und Jan Kubiš nun erfahren, läßt sie stutzen:
Die Eintragung in Heydrichs Terminplan ist kurz:
27. Mai 1942. Nachmittag: Abflug ins Führerhauptquartier!
Und keine Angabe über den Zeitpunkt der Rückkehr.
Was soll geschehen, wenn Reinhard Heydrich nicht nach Prag zurückkäme? Die Frist für Kubiš und Gabčík, Vollzug ihres Auftrages nach London zu melden, ist mit einem Mal sehr kurz geworden.

London, Mittwoch, den 13. Mai 1942.
Für den Verteidigungsminister der tschechoslowakischen Exilregierung, General Sergej Ingr, ist dieser Tag nicht ein Tag wie jeder andere. Er ist wieder einmal zum Mittagessen beim Präsidenten Dr. Beneš geladen. Und der General weiß, ein solches Mittagessen bedeutet, daß wichtige Entscheidungen getroffen werden sollen.
Seine Ordonanz trägt eine kurze Notiz in sein Tagebuch ein:
„Um 13.00 Uhr ging Herr Staatsminister zu einem privaten Mittagessen mit dem Herrn Präsidenten."
Das Essen dauert länger als zwei Stunden. Über den Inhalt des Gespräches zwischen Beneš und Ingr liegen keine Angaben vor. Aber am späten Nachmittag des gleichen Tages findet im Verteidigungsministerium auf der Picadilly 134 eine Konferenz zweier Vertreter der politischen Führung und zweier hoher Offiziere des tschechoslowakischen Verteidigungsministeriums statt. Das einzige Thema der Diskussion ist ein Funkspruch aus der Heimat, in dem vorgeschlagen wird, das Attentat auf Reinhard Heydrich nicht auszuführen.

Die Konferenz dauert etwa 45 Minuten. Die Vertreter der politischen Führung meinen, die Bedenken des Widerstandes sollten berücksichtigt werden. Aber die beiden Offiziere, die unmittelbar vor Beginn der Beratung von Verteidigungsminister Ingr zu einem kurzen Gespräch empfangen worden waren, sprechen sich entschieden dagegen aus: Das Attentat sei aus politischen und militärischen Gründen dringend erforderlich! Auch die entsprechenden militärischen Organe der Verbündeten seien über die Vorbereitung des Attentats bereits informiert und erwartet diese Aktion.

Zwei Tage später richtet Präsident Beneš eine Rundfunkbotschaft an die tschechische Widerstandsbewegung, in der er an das ganze Volk appelliert, sich eindeutig gegen die Okkupanten des Landes zu stellen:
„Auch bei uns könnten eine gewaltsame Aktion, Revolten, Sabotage, Manifestationen erwünscht oder unerläßlich sein. Es wäre für das Schicksal der Nation – international gesehen – eine Rettung, wenn dies auch viele Opfer kosten würde..."
Der englische Publizist Charles Wighton deutet diese Worte Beneš als endgültige Weisung des Staatsoberhauptes, das Attentat auf Heydrich auszuführen, ungeachtet der „vielen Opfer", die es das Volk kosten würde.
Diese Auslegung ist anfechtbar. Da man in London genau weiß, daß zahlreiche Fallschirmagenten von der Gestapo verhaftet worden sind und auch führende Persönlichkeiten der Widerstandsbewegung, die über den Auftrag eines Attentats auf Heydrich mehr oder weniger informiert sind, im Gefängnis sitzen und ihr Wissen unter Folter preisgeben könnten, ist kaum anzunehmen, daß Beneš so offen antworten würde.

Mittwoch, 27. Mai 1942.
Ein Frühlingstag – golden wie die Stadt, die in seinem warmen Glanz da liegt.
Genau 10.00 Uhr Vormittag.

Der schwarze Mercedes-Benz fährt am Eingang von Schloß Jungfernbreschan vor.
SS-Oberscharführer Klein, der heute den stellvertretenden Reichsprotektor nach Prag fahren soll, blickt auf die Uhr im Giebel. Er ist pünktlich auf die Minute.
Er braucht nicht lange zu warten. Die hohe braune Tür zwischen den vier Säulen wird energisch aufgerissen, und Reinhard Heydrich steht vor ihm. Klein sieht die schwarze lederne Aktenmappe, die der Obergruppenführer in der Hand hält, und will sie ihm abnehmen, aber der winkt ab.
Klein startet. Der Motor springt sofort an.
Im Tor begegnen sie dem Schloßgärtner, der schnell die Mütze zieht, als er Heydrich erkennt.
Zwei, drei Dörfer – die gewohnte tägliche Route. Reinhard Heydrich kennt sie auswendig. Protektoratspolizisten heben die Hand zum Gruß, aber er nimmt keine Notiz von ihnen. Die Frühlingssonne scheint warm in den offenen Wagen. Heydrich lehnt sich entspannt in die Polster.
Die ersten Straßen von Prag. Klein hupt. Ein Wagen, in dem ein Mann und eine Frau sitzen, überholt den Mercedes des stellvertretenden Reichsprotektors. Oberscharführer Klein wirft einen Blick auf die Frau, die ihren Sommerhut absetzt und auf den Schoß legt.
Eine junge Frau mit dunkelblondem Haar.
Häuser und Gärten. Und wieder einige Häuser.

Der Mann am Straßenrand hat wohl nichts zu tun. Er spielt mit einem Taschenspiegel, der goldene Reflexe wirft, die wie glitzernde Vögel lautlos durch die Luft schwirren. Ein Strahl huscht über das Gesicht des SS-Obergruppenführers. Er kneift die Augen zusammen. Wenn Klein etwas langsamer fahren würde, hätte Heydrich, der über ein hervorragendes Gedächtnis für Physiognomien verfügt, diesen Müßiggänger vielleicht erkannt. Sein Foto ist als Anlage einigen Meldungen der Gestapo und des Sicherheitsdienstes beigefügt gewesen. Fallschirmagent Josef Valčík steht auf der Rückseite.
Noch etwa 15 Minuten bis zur Burg.

Heydrich hält die schwarze Aktentasche in seinen Händen. Wenn das Wetter so bleibt, wird der Flug zum Führerhauptquartier eine angenehme Unterbrechung der Tagesarbeit sein. Die Haarnadelkurve.

Klein drosselt das Tempo. Dann tritt er plötzlich auf die Bremse.

Ein Mann im schäbigen dunklen Anzug will unmittelbar vor dem Wagen noch rasch die Straße überqueren.

Heydrich wird aus seinen Gedanken gerissen und blickt auf. Kaum zehn Meter vor dem Auto steht ein Mann auf der Fahrbahn. Er hält eine Maschinenpistole mit kurzem Lauf im Anschlag. Der Obergruppenführer reagiert blitzschnell. Seine Hand greift nach der Pistole.

Der Mann müßte doch schon abdrücken. Warum schießt er nicht? Klein tritt noch einmal hart auf die Bremse.

Feldwebel Jozef Gabčík sieht, wie der schwarze Mercedes auf ihn zurollt.

„Schieß!" befiehlt sein Gehirn. Der Zeigefinger seiner rechten Hand liegt am Abzugshahn. Er drückt ab – aber nichts, gar nichts geschieht.

Dutzendmal, hundertmal hat er seine Sten-Gun zusammengesetzt. Er kennt sie. Sie ist eine perfekte, zuverlässige Waffe, mit der er so vertraut ist, daß er im Schlaf zielen könnte. Und jetzt, wo es ums Ganze geht, versagt er, der beste Schütze seines Lehrganges in Schottland.

Er wirft die Maschinenpistole auf den Gehsteig. Fassungslos! Wütend! Er weiß, daß nur Kubiš die Aktion jetzt noch retten kann. Und er steht ihm im Weg.

Das alles vollzieht sich in Sekundenschnelle.

Auch Klein und Heydrich sehen jetzt die zweite Gestalt, die geduckt an der Gartenmauer steht.

Da, sie hebt die Hand, wirft etwas.

Eine Explosion zerreißt die Luft.

Heydrich wird nach vorne geworfen, spürt einen heftigen, stechenden Schmerz im Rücken.

Der Mercedes-Benz steht.

Schwarzer Rauch liegt in der Luft.

Es ist 10.31 Uhr, Mittwoch, den 27. Mai 1942.
Auf den stellvertretenden Reichsprotektor in Böhmen und Mähren, den Chef der Sicherheitspolizei und des SD, SS-Obergruppenführer und General der Polizei, Reinhard Heydrich, ist ein Attentat verübt worden...

10.32 Uhr zeigt die Uhr auf der Beleuchtungssäule an der Kreuzung.
Wie langsam die Zeit vergeht, wenn Sekunden zur Ewigkeit werden.
Gabčík steht noch immer wie versteinert da.
Der Wagen des stellvertretenden Reichsprotektors ist nun zwischen ihm und Kubiš. Er sieht, wie sich die Granate aus der Hand Kubiš' löst, beobachtet den steilen Winkel des Falles. Die Explosion dröhnt ihm in den Ohren.
Und noch immer steht er da.
Heydrich hat sich im Wagen aufgerichtet, die Tür aufgerissen, die Pistole in der Hand. Sein Gesicht ist schmerzverzerrt. Er gibt einen oder zwei Schüsse auf Kubiš ab. Der läuft davon. Gabčík sieht, wie Blut über seine Stirn fließt, die linke Gesichtshälfte ist mit kleinen Wunden übersät. Gabčík greift nach seinem Fahrrad, springt auf und fährt, mühsam das Gleichgewicht haltend, den Hang hinunter.
Erst jetzt hat SS-Oberscharführer Klein seinen Schock überwunden. Er sieht, wie Heydrich den Attentäter verfolgen will. Aber er schafft es nicht. An der niedrigen Steinmauer muß er sich setzen. Der Schmerz ist stärker als sein Wille. Mühsam erhebt er sich. Mit wankenden Schritten kehrt er zum Wagen zurück und greift nach der schwarzen Aktenmappe, die ihm während des Überfalls vom Schoß gefallen ist. Dann wendet er sich zur Mauer. Mit der linken Hand faßt er sich an den Rükken. Die Uniform ist feucht vom Blut.
Gabčík sieht vor sich eine Straßenmündung. Gärten, kleine Villen. Blühende Fliedersträucher.
Sein Verfolger Klein ist knapp 20 Meter hinter ihm. Schießt, aber die Kugel fliegt irgendwohin in die Gärten. Gabčík rennt die stille Straße entlang.

Wieder ein Schuß.
Gabčík sieht den kleinen Laden, zu dem drei Stufen hinunterführen.
„Metzgerei Brauner" steht auf dem Schild über der Tür.
Gabčík hat Pech. Der Metzger Brauner, dessen Bruder bei der Gestapo arbeitet, wird sich kaum dazu hergeben, einem Mann, den ein SS-Oberscharführer verfolgt, Unterschlupf zu gewähren. Klein versteckt sich hinter einem Zaunpfahl. Aus dem Laden ist nichts zu hören. Vielleicht ist der Mann durch einen zweiten Ausgang verschwunden? Klein wagt sich einen Schritt vorwärts, aber es hat ihn schon am Bein erwischt.
Gabčík schießt noch einmal.
Klein verspürt den Schlag der zweiten Kugel am Schenkel. Er liegt auf dem Gehsteig, sieht, wie der Mann aus der Metzgerei läuft, kann sich aber nicht von der Stelle rühren.
Etwa 300 Meter von der Stelle entfernt, wo die Handgranate den Mercedes zum Stehen bringt und Gabčík und Klein Schüsse wechseln, hört Josef Valčík die Detonation und die Pistolenschüsse. Er kann nicht sehen, was vor sich geht, aber er ahnt, daß etwas schiefgegangen sein muß.
Warum bleibt Gabčíks Sten-Gun stumm?
Warum mußte Kubiš die Granate werfen?
Und wer schießt jetzt?
Fragen, auf die er nur dort Antwort finden kann, wo das Attentat stattfand.
Längst ist der kleine Spiegel in der Innentasche verschwunden. Die Pistole, die er in der hinteren Hosentasche stecken hat, ist entsichert.
Valčík will so schnell wie möglich zu seinen Freunden, die vielleicht Hilfe brauchen.
Er springt auf sein Fahrrad, das er an die Mauer gelehnt hatte, tritt zwei-, dreimal in die Pedale und ...ein Schuß löst sich. Valčík spürt den Schmerz im Schenkel, spürt das Blut an den Waden hinablaufen. Aber er fährt weiter. Dann sieht er Heydrichs Wagen und biegt kurz davor nach rechts in eine Nebenstraße ein.
Von Kubiš und Gabčík ist nichts zu sehen. Auch die Schießerei

hat aufgehört. Er fährt so schnell, wie es sein verletztes Bein zuläßt. Er sieht die Straßen, ohne sie recht wahrzunehmen, sieht wie im Traum die Häuser, blühende Beete.

Die Explosion dröhnt noch in den Ohren von Jan Kubiš. Der stechende Schmerz in seinem Gesicht und seiner Brust läßt nicht nach. Es ist, als würden ihn tausend Nadeln stechen.
Mit einer Hand wischt er sich das Blut vom Gesicht. Mit der anderen hält er den Lenker seines Fahrrades. Passanten, die die Straße überqueren wollen, springen vor dem rasenden Radfahrer zur Seite.
Kubiš weiß, daß sein zweiter Auftrag unerfüllbar geworden ist. Es ist zwar nicht mehr weit nach Vysočany, wo er mit einer zweiten Granate den runden, kugeligen Gasbehälter in die Luft jagen soll, damit die Aufmerksamkeit der Polizei, der Gestapo und der Öffentlichkeit auf diesen Anschlag gerichtet und vom Ort des Attentats auf Heydrich abgelenkt wird. Aber in diesem Zustand kann er unmöglich bis zum Gasbehälter fahren. Er muß die zweite Variante wählen.
Beim Schuhgeschäft Bata läßt er sein Fahrrad stehen und verschwindet in einer der Nebenstraßen mit alten, grauen Häusern.
Dort wohnt der Eisenbahner Novák.
Als Kubiš das Haus betritt, begegnet er einer Frau. Sie fragt, wen er suche, und zeigt ihm, wo er die Nováks finden kann. Niemand öffnet auf sein Klopfen. Bevor er überlegen kann, wohin er sich jetzt wenden soll, erscheint Frau Nováková mit einer gefüllten Einkaufstasche. Sie läßt Kubiš in die Wohnung ein, wo er sich das Blut vom Gesicht wäscht.
Aber das Fahrrad. Das kann doch nicht auf der Straße stehenbleiben. Blutverschmiert müßte es früher oder später irgendjemandem auffallen. Frau Nováková schickt ihr Tochter Jindřiška. Sie soll das Rad in den Flur der Nováks stellen.
Das Mädchen geht. Unauffällig nimmt es das Rad, das noch dort steht, wo Kubiš es abgestellt hat. Jindřiška sieht weder nach rechts noch nach links, geht zu ihrem Haus und schiebt das Fahrrad durch die Tür. Sie bemerkt auch nicht, daß eine

Frau sie aufmerksam beobachtet. Später wird diese Frau einige 10 000 Kronen erhalten – als Belohnung für ihre Meldung an die Gestapo. Jindřiška, 14 Jahre jung, stirbt dafür im Konzentrationslager Mauthausen...

Der junge Arzt Dr. Karel Jarolímek bereitet sich mit der Operationsschwester Erna Kolářová gerade auf eine Operation vor. Da reißt der Journalangestellte Pěnkava die Tür des Operationssaales auf und meldet etwas stotternd, daß man Reinhard Heydrich bringt, als Verwundeten...
Der Arzt und die Schwester denken an einen schlechten Witz, spülen die Hände noch einmal ab... Und es ist wirklich Reinhard Heydrich, der da auf dem Wagen liegt. Dieses Gesicht erkennt Dr. Jarolímek sofort.
Heydrich ist bei vollem Bewußtsein. Ob Jarolímek ein Deutscher sei, fragt er. Als dieser verneint, verlangt Heydrich sofort nach einem deutschen Arzt.
Was tun? Wenn er Heydrich nicht die Erste Hilfe leistet, kann er später beschuldigt werden, dies absichtlich getan zu haben. Telefonieren heißt vielleicht, wichtige Minuten zu verlieren. Aber Heydrich besteht darauf, einen deutschen Arzt zu rufen, und so gibt Jarolímek nach. Im zweiten Stockwerk nimmt das Gespräch der deutsche Direktor der chirurgischen Abteilung, Professor Dr. Walter Dick, entgegen.
Dr. Jarolímek macht zwei, drei Schritte zu Heydrich. Der liegt – die Augen geschlossen – da und atmet tief.

Heydrichs Oberkörper ist entblößt. Jarolímek sieht die Wunde. Am Rücken links oberhalb der Hüfte. Nicht groß. Etwa drei Zentimeter im Durchmesser mit zackigen Rändern. Blutet nicht viel. Sieht nicht so schlimm aus. Jedenfalls nicht auf den ersten Blick.
Die Tür wird aufgerissen. Professor Dr. Dick.
Auch ihn fragt der verwundete stellvertretende Reichsprotektor, ob er ein Deutscher sei. Professor Dr. Dick bejaht die Frage.
Aber Heydrich bemerkt sofort, daß es sich um einen Prager

Deutschen handelt. Er verlangt nach einem reichsdeutschen Chirurgen.
Professor Dick will Heydrich in das zweite, größere Operationszimmer bringen lassen. Doch Heydrich winkt ab, steht auf und geht selber etwas taumelnd hinüber.
Die Röntgenuntersuchung macht jeden Optimismus über den Gesundheitszustand des stellvertretenden Reichsprotektors zunichte. Eine Rippe ist zerschmettert, im Brustkorb ein Riß, ein Splitter steckt in der Milz, das Zwerchfell ist gerissen. Und viele kleine Splitter befinden sich in der Bauchhöhle.
Professor Dick entschließt sich, sofort zu operieren. Aber Heydrich bleibt mißtrauisch. Er wünscht immer noch einen Chirurgen aus Berlin. Erst als ihm erklärt wird, daß es um jede Minute geht, willigt er ein, wenn als zweiter Operateur der Chef der Prager Deutschen Chirurgischen Klinik, Professor Dr. Hollbaum, hinzugezogen wird.
Um 12.00 Uhr ist Professor Hollbaum in der Bulovka.

Professor Hollbaum operiert. Mit zwei großen Schnitten wird die Bauchhöhle geöffnet. Die Milz wird entnommen. Es wird nach Splittern und Stücken der Polsterung, die eingedrungen sind, gesucht. Aber werden auch alle entfernt? Kann man dies überhaupt?

Kurz nach 11.00 Uhr desselben Tages treffen Staatssekretär Karl Hermann Frank und der Höhere SS- und Polizeiführer beim Reichsprotektor in Böhmen und Mähren, SS-Standartenführer Horst Böhme, an der Haarnadelkurve der Kirchmeyerstraße ein. Heydrichs Mercedes steht noch immer an der Stelle, wo ihn der von Kubiš geworfene Sprengsatz getroffen hat.
Die Straße ist inzwischen von der Polizei abgeriegelt worden. Heydrichs Fahrer, SS-Oberscharführer Klein, gibt seine Aussage zu Protokoll.
Einige Gegenstände, die mit größter Wahrscheinlichkeit den Attentätern gehören, werden sichergestellt. Ein Damenfahrrad, das Gabčík stehengelassen hat, sein leichter Trenchcoat

und eine alte Aktentasche, die er von Luboš Ogoun geliehen hat, eine unansehnliche Mütze und auch die Sten-Gun, die Gabčík so enttäuscht hat und die jetzt noch auf der Straße liegt. Inzwischen ist auch Adolf Hitler informiert worden. Nicht von Karl Hermann Frank, sondern durch eine andere Quelle, die nicht genannt wird. Um 12.50 Uhr telefoniert er erregt und wütend mit Frank. Einige Stunden später, als Karl Hermann Frank etwas Zeit hat, notiert er in sein Tagebuch die Weisungen Hitlers:

„Wer den Tätern irgendwelche Hilfe leistet oder ihren Aufenthalt kennt und dies nicht der Polizei meldet, wird mit seiner ganzen Familie erschossen.

Als Sühnemaßnahme sind 10 000 verdächtige Tschechen oder solche, die politisch etwas auf dem Kerbholz haben, zu ergreifen bzw., soweit sie bereits in Haft sind, in den Konzentrationslagern zu erschießen."

Mit der Erschießung von 10 000 Menschen aber ist Karl Hermann Frank, den Hitler persönlich mit der Führung der Geschäfte des Reichsprotektors beauftragt hat, nicht einverstanden.

Er bittet Hitler, diese „Vergeltungsmaßnahmen" am nächsten Tag persönlich mit ihm besprechen zu dürfen.

Hitler willigt nach kurzem Zögern ein.

Nun geht es darum, schnell zu handeln.

Und Karl Hermann Frank ist entschlossen, energisch durchzugreifen. Noch immer wird offiziell über das Attentat geschwiegen. Erst um 16.00 Uhr meldet Radio Prag deutsch, um 17.00 Uhr auch tschechisch, daß auf Reinhard Heydrich ein Attentat verübt wurde. Gleichzeitig wird der zivile Ausnahmezustand für den Oberlandratsbezirk Prag verkündet.

Nach den ersten zaghaften, wie durch einen Schock gelähmten polizeilichen Maßnahmen beginnt der gewaltige Machtapparat nunmehr großzügig zu arbeiten.

Der Ausnahmezustand hat Prag lahmgelegt. Eisenbahnzüge dürfen die Stadt nicht verlassen. Alle Gaststätten, Kinos, Theater und öffentlichen Unterhaltungslokale müssen sofort schließen. Der Zivilbevölkerung wird verboten, am 27. Mai

von 21.00 Uhr bis zum nächsten Morgen 6.00 Uhr ihre Wohnungen zu verlassen. In dem Erlaß, der zuerst halbstündig und später alle fünf Minuten im Rundfunk verlesen wird, heißt es ausdrücklich, daß jeder erschossen wird, der trotz Aufforderung durch Polizeistreifen nicht stehenbleibt.
Um 21.05 Uhr erhält Karl Hermann Frank ein Blitztelegramm vom Reichsführer SS, Heinrich Himmler. Es ist unter der Nummer 5745 vom Sonderzug „Heinrich" aufgegeben worden.
Darin teilt Himmler sein Einverständnis mit, für die Beihilfe zur Ergreifung oder der Festnahme der Attentäter eine Million Reichsmark oder zehn Millionen Kronen öffentlich auszusetzen. Weiter verlangt Himmler:
„Unter den befohlenen 10 000 Geiseln ist in erster Linie die gesamte oppositionelle Intelligenz zu verhaften. Von den Hauptgegnern aus dieser tschechischen Intelligenz sind heute nacht bereits die 100 Wichtigsten zu erschießen."
Schon 27 Minuten nach Himmlers Blitztelegramm an Karl Hermann Frank wird der Ausnahmezustand auf das ganze Gebiet des Protektorats Böhmen und Mähren ausgedehnt. Inzwischen, am späten Abend des 27. Mai 1942, erhält ein neuer Mann den Auftrag, die Führung der Geschäfte des Reichsprotektors zu übernehmen: SS-Oberstgruppenführer und Generaloberst der Polizei Kurt Daluege, Chef der Ordnungspolizei, der sich gerade zur ärztlichen Behandlung in Prag befindet. Karl Hermann Frank hat sich nur einige Stunden als erster Mann im Protektorat Böhmen und Mähren fühlen können. Nach der Ernennung Dalueges durch Hitler steht fest, daß Frank bleiben würde, was er zuvor gewesen ist: der zweite Mann.
Als erfahrener Polizeioffizier geht Daluege sofort an die Arbeit.
Noch am Abend des 27. Mai 1942 werden starke Polizeieinheiten ins Protektorat in Marsch gesetzt. So das Polizeibataillon Wien nach Brünn, das I. und II. Bataillon Dresden nach Iglau und Jungbunzlau, das Bataillon Breslau nach Holleschau, die Kompanien Würzburg und Brüx nach Klattau und Reichenberg, das Bataillon Leipzig nach Tabor, die Polizeikompanien

Waldenburg und Troppau nach Mährisch-Ostrau, die Kompanie Potsdam nach Königgrätz, die Kompanie Chemnitz nach Pilsen, die Kompanie Halle nach Pardubitz, die Kompanie Aussig nach Kladno, das Bataillon Berlin nach Prag, und eine Panzerwageneinheit aus Wien wird ebenfalls nach Prag beordert.

Vorerst werden in Prag, später in allen Städten und Gemeinden Böhmens und Mährens großangelegte Razzien und Durchsuchungen vorgenommen, die allerdings ohne nennenswerte Erfolge bleiben. Im Bericht des Prager SD-Chefs Böhme an Daluege, Frank und SS-Gruppenführer Müller im Reichssicherheitshauptamt in Berlin heißt es über die Razzia in der Nacht vom 27. Mai 1942 in Prag: „An der Aktion nahmen 4 500 Männer der Sicherheitspolizei, der Waffen-SS, Ordnungspolizei, SS, NSKK, der tschechischen Regierungspolizei und drei Bataillone der Wehrmacht (2 400 Offiziere und Mannschaften) teil. Bei dieser Aktion wurden 541 Personen, von denen nach der Identifikation 430 später wieder entlassen worden sind, verhaftet. Nach der Überprüfung der restlichen 111 Personen durch die Stapo wurden 19 Personen, die allerdings nichts mit dem Attentat zu tun haben, aber wegen anderer Delikte gesucht werden, in Haft gelassen."

In dem zusammenfassenden Bericht über die Aktionen der Ordnungspolizei in diesen Tagen berichtet dann der Chef der Ordnungspolizei in Prag, Generalmajor Riege, am 24. Juni 1942 über die folgenden Aktionen im gesamten Gebiet des Protektorats, an denen 9 532 Mann und 314 Offiziere teilnehmen.

„Die weiteren von der Ordnungspolizei durchgeführten Großfahndungen im gesamten Protektoratsgebiet erstreckten sich auf etwa 5 000 Ortschaften, die teils gründlich, teils stichprobenartig, teils auch mehrmals durchsucht wurden. Im großen ist das ganze Gebiet des Protektorats in der Zeit der Großfahndung völlig durchkämmt worden..."

Bei diesen Aktionen werden 1 048 Personen verhaftet und 313 Waffen verschiedener Art sowie eine größere Menge von Munition und explosiven Stoffen, Teile von Uniformen, Rund-

funkempfänger, Textilien, Lederwaren, Presseerzeugnisse und eine größere Menge von Lebensmitteln beschlagnahmt. Was die Verantwortlichen dieser Maßnahmen von dem Erfolg der ersten Razzien hielten, geht aus einem Bericht über das Attentat hervor, den SS-Sturmbannführer Jacobi am 29. Juni 1942 dem SS-Standartenführer Böhme zuleitete. Unter dem Titel „Ergebnisse und Erfolge" schreibt Jacobi:
„Die Razzia, die in der Nacht vom 27. zum 28. Mai 1942 in Prag durchgeführt wurde, hatte vor allem einen politischen und demonstrativen Charakter. Ein politischer Erfolg der Fahndung – abgesehen von der Festnahme einzelner Krimineller und politisch illegaler Elemente, die nichts mit dem Attentat gemeinsam hatten – wurde nicht erzielt."
Inzwischen sind die von Gabčík und Kubiš am Ort des Attentats zurückgelassenen Gegenstände in der Auslage des großen Schuhkaufhauses Bata auf dem Prager Wenzelsplatz ausgestellt worden. An die Bevölkerung ergeht die Aufforderung, alle Angaben sofort zu melden, über die Herkunft der Sachen, wo sie gesehen wurden oder wer sie verwendet hat. In Prag werden zahlreiche Plakate mit dem Bild eines der Fallschirmagenten, Valčík, angeschlagen. Sein Foto hatte die Gestapo schon am 21. März bei der Aktion gegen Stabskapitän Václav Morávek gefunden.
„100 000 Kronen Belohnung! Wer kennt diesen Mann, und wo hält er sich auf? Der Abgebildete heißt Miroslav Valčík, geboren am 20. Januar 1920 in Göding. Der Mann wird wie folgt beschrieben: ungefähr 1,65 Meter groß, blondes bis hellblondes Haar, welches an der rechten Seite etwas seitlich abfällt, so daß der Eindruck eines Scheitels entsteht. Rundes, volles Gesicht, gesunde rötliche Gesichtsfarbe, reine Haut (keine Pickel), bartlos, glatt rasiert. Blaue Augen, normale Nase und etwas kleine und anliegende Ohren. Mitteilungen aus der Bevölkerung, die zur Ergreifung des oben Abgebildeten führen und auf Wunsch streng vertraulich behandelt werden, erbittet unter Hinweis auf die ausgesetzte Belohnung von 100 000 Kronen die Geheime Staatspolizei, Staatspolizei-Leitstelle Prag, Prag II, Bredauergasse 20, Tel. 3 00 41, Haus-

apparat 1 56, oder jede deutsche Polizeibehörde oder jede Protektoratspolizeidienststelle.
Prag, den 28. Mai 1942. Der Leiter der Staatspolizei-Leitstelle Prag, gez. Dr. Geschke, SS-Standartenführer."
Am gleichen Tag weisen wiederholte Sendungen im Rundfunk auf die Meldepflicht hin, die für alle Personen über 15 Jahre besteht.
„Wer sich ab Sonnabend, den 30. Mai 1942, noch unangemeldet im Protektorat aufhält, wird erschossen. Ebenso werden diejenigen Personen erschossen, die ab Sonnabend, den 30. Mai 1942, noch unangemeldete Personen bei sich beherbergen!"
Offensichtlich sind die deutschen Behörden zu der Auffassung gelangt, daß das Attentat nicht von einheimischen Widerstandsgruppen, sondern von Fallschirmagenten ausgeführt worden ist. Mit dem Hinweis auf die „harten Maßnahmen" bei einem Verstoß sollen sowohl die Attentäter als auch ihre Helfer psychologisch unter Druck gesetzt werden. Das bleibt jedoch in den ersten Stunden und Tagen nach dem Attentat ohne Wirkung. So heißt es in einer SD-Meldung vom 28. Mai 1942:
„Die Nachricht vom Attentat kursierte am Nachmittag des 27. Mai schon als Gerücht in Prag. Sie wurde von der tschechischen Bevölkerung vielfach mit einer gewissen Schadenfreude und Genugtuung aufgenommen. Hierbei wurde vielfach die Meinung geäußert, daß das tschechische Volk besonders jetzt auf eine kurz bevorstehende Befreiung hoffe. Es habe zur Führung des nationalen Abwehrkampfes im Ausland unbedingtes Vertrauen. Man glaube, daß das Attentat der Anfang zu weiteren Anschlägen gegen die Sicherheit des deutschen Lebens und Eigentums ungeachtet der einsetzenden deutschen Gegenmaßnahmen sei... Allgemein ist man der Überzeugung, daß das Attentat von feindlichen Fallschirmspringern verübt wurde."
Noch weiß die tschechische Bevölkerung nicht, wie ernst die Lage ist.

Mit der Aufgabe, ein Versteck für die Fallschirmagenten nach dem Attentat ausfindig zu machen, ist der tschechische Widerstandskämpfer Zelenka-Hajský beauftragt. Unter den Kontaktpersonen, bei denen Zelenka-Hajský vorsichtig Erkundigungen einzieht, befindet sich auch der Synodalälteste der orthodoxen Gemeinde der Kirche des heiligen Karl Borromäus in Prag, Jan Sonnevend. Als er erfährt, was benötigt wird, wendet er sich zunächst an den Pfarrer Dr. Vladimír Petřek. Der ist sofort einverstanden. So wird beschlossen, daß die Widerstandskämpfer und auch die beiden Attentäter Kubiš und Gabčík sich so bald wie möglich in der Kirche einfinden sollen. Wahrscheinlich treffen die ersten Männer schon am 28. und 29. Mai dort ein. Jozef Gabčík erscheint erst in den letzten Maitagen, und Jan Kubiš kommt erst am Nachmittag des 1. Juni.

Donnerstag, 28. Mai 1942.
Militärflughafen Kbel bei Prag.
Kurz nach 8.00 Uhr startet eine Ju 52. Der Pilot zieht das Flugzeug in einer weiten Kurve über die Stadt und nimmt dann Kurs auf Nordost.
Karl Hermann Frank fliegt zur Lagebesprechung ins Führerhauptquartier. Er ist ein wenig verstimmt über die unerwartete Ernennung Kurt Dalueges zum amtierenden Reichsprotektor. Er fühlt sich übergangen.

Einige Minuten nach 13.00 Uhr rollt das Flugzeug auf der Landebahn des Feldflugplatzes beim Führerhauptquartier aus. Unmittelbar nach seiner Ankunft trifft Frank mit Martin Bormann zusammen. Nach dem Gespräch mit Martin Bormann wird er auch von Heinrich Himmler empfangen.
Plötzlich erklingt der Gong zum Mittagessen. Aus dem Bunker von Generalfeldmarschall Keitel tritt Hitler mit einigen Generälen heraus. Als er Karl Hermann Frank sieht, bleibt er stehen.
„Wir begrüßten den Führer, und er befahl mich sofort zu sich in seinen Bunker zur Besprechung, die dann ca. 30 Minuten

dauerte... Der Führer lud mich zum Mittagessen an seinen Tisch und befahl, daß der Platz rechts von ihm freigehalten werde." Während des Essens geht Frank auf die Maßnahmen ein, die in Böhmen und Mähren ergriffen werden sollen. Vor allem bemüht er sich, den Hitler-Befehl vom 27. Mai 1942, der die Erschießung von 10 000 Tschechen anordnete, rückgängig zu machen. Seine Argumentation ist einleuchtend und kann schließlich auch Hitler überzeugen.

„Würden wir nunmehr... Massenverhaftungen und Massenexekutionen in so großem Ausmaße (10 000 Tschechen!) durchführen, so würde dadurch folgendes eintreten:

1. Die bisher von Obergruppenführer Heydrich gehaltene politische Linie würde verlassen, was schwere Auswirkungen politischer Art nach sich ziehen müßte. Diese Politik des Obergruppenführers halte ich aber für einzig richtig, was dadurch bewiesen ist, daß
   a) die Rüstungsindustrie voll arbeitet und bisher so gut wie kein Leistungsabfall zu verzeichnen war,
   b) die Erzeugungsschlacht im vollen Gange ist und das tschechische Bauerntum entsprechend ausgerichtet wurde,
   c) die Sabotagehandlungen im Abnehmen begriffen waren und
   d) die Regierung das Vertrauen des Reichsprotektors besitzt und aktiv mitarbeitet.
2. Die Feindpropaganda, die von einer großen, von der tschechischen Bevölkerung getragenen Aufstandsbewegung spricht, würde recht bekommen, wir würden dem Feind in die Hände arbeiten, weil Massenverhaftungen und Massenexekutionen von ihm derzeit gewünscht werden, um zu beweisen, daß Attentate und Sabotagen keine Einzelaktionen seien...
3. 50 000 bis 100 000 Menschen als Angehörige der Verhafteten würden tatsächlich in die schärfste Frontstellung gegen uns getrieben..."

Karl Hermann Frank entwickelt darüber hinaus auch einige Vorstellungen, wie im Protektorat Böhmen und Mähren in der gegenwärtigen Situation vorgegangen werden müsse. Er trägt sie Hitler vor, der sie fast ausnahmslos billigt. So fordert Frank unter anderem:

„Sofortige Exekution aller des Attentats oder der Beihilfe oder des Mitwissens Verdächtigen samt ihren Familien, jedoch keine Massenverhaftungen und Massenexekutionen von Geiseln. Hohe bis höchste Belohnung für alle Angehörigen des tschechischen Volkes, die zur Aufdeckung der Tat beitragen oder weitere reichsfeindliche Handlungen verhindern oder aufklären, über die bereits angebotenen zehn Millionen Kronen hinaus.

Offene Androhung der Aufhebung der Autonomie, falls Regierung und Bevölkerung nicht mit vollster Aktivität an der Ergreifung der Täter mitarbeiten und die Wiederholung weiterer reichsfeindlicher Handlungen nicht unterbunden werden könne.

Stellung einer Frist von ca. vier Wochen. Innerhalb dieser Zeit müßte von den Tschechen selbst mit allen Mitteln dahingearbeitet werden, alle Widerstandselemente aus dem tschechischen Volkskörper auszumerzen."

Die ersten Ergebnisse der Razzien und der polizeilichen Fahndungen haben aber auch Karl Hermann Frank nicht zu beeindrucken vermocht. Darum hat er schon bei seinem Gespräch mit Hitler die Möglichkeit nicht ausgeschlossen, daß die Attentäter und ihre Mithelfer nicht so bald gefaßt werden könnten.

Was sollte aber in diesem Fall geschehen? Seinen von Hitler gebilligten Plan erläutert er im Protokoll:

„Wenn wider Erwarten bis Ende Juni die Täter nicht gefaßt sind und eine Zunahme des Widerstandes zu verzeichnen ist, dann:

a) Aufhebung der Autonomie unter Beibehaltung des geschlossenen Protektoratsgebietes und Schaffung einer neuen Regierungsform auf der Grundlage der neuen Verwaltungsreform. (Eventuell eine Art Polizeigau.)
b) Verhaftungen und Erschießungen größeren Umfanges (KZ-Häftlinge und neu zu verhaftende Intellektuelle)."

Bei dem gemeinsamen Mittagessen mit Hitler wird auch über die Ereignisse der vergangenen Monate im Protektorat gesprochen und über die Vorstellungen, die Hitler mit dessen Errichtung verbunden hatte. Und wieder ist es Heinrich Himmler, der zur Person Heydrichs einige interessante Feststellungen trifft. Als Hitler erwähnt, daß Heydrich nur eine Übergangslösung darstellt, formuliert Himmler den Auftrag Heydrichs im Protektorat. Und Frank notiert:
„Während einer kleinen Pause warf der Reichsführer ein, daß Heydrich ja zwei Aufgaben zu erfüllen hatte bzw. habe, nämlich die Wiederherstellung der Ruhe durch schärfste Maßnahmen und die Einleitung einer klaren deutschen Politik im Protektorat. Der Führer nickte."
Um 16.30 Uhr desselben Tages fliegt Karl Hermann Frank zurück nach Prag, um die beschlossenen Maßnahmen sofort einzuleiten. Wenn er gehofft hat, bei seiner Rückkehr eine Erfolgsmeldung vorzufinden, so wird er enttäuscht. Nicht die geringste Spur der Attentäter ist ermittelt worden.
Nichts!
Auch am nächsten Tag können weder Daluege noch Frank, die in ständiger Verbindung mit dem Führerhauptquartier und dem Sonderzug „Heinrich" des Reichsführers-SS stehen, konkrete Hinweise auf die Täter melden.
Am Freitag, dem 29. Mai, laden Daluege und Frank die Protektoratsregierung ein. Der Staatspräsident – wie der offizielle Titel des greisen Dr. Emil Hácha lautet – und sieben Minister der Protektoratsregierung treten zum Empfang an. Sie dürfen sich nicht setzen, nur Dr. Hácha erhält einen Stuhl. Dann führt vornehmlich Frank das Wort. Er verheißt den Männern in schwarzen Anzügen und mit blassen Gesichtern eine düstere Zukunft für das tschechische Volk, wenn die Attentäter nicht bald gefaßt würden. Dr. Hácha verspricht mit zitternder Stimme, daß er alles, was von ihm gewünscht wird, tun würde.
Am gleichen Tag kündigt die Protektoratsregierung an, daß sie die vom stellvertretenden Reichsprotektor für die Ergreifung der Attentäter ausgesetzte Belohnung von zehn auf

zwanzig Millionen Kronen verdoppele. Der Rundfunk und die tschechische Protektoratspresse veröffentlichen eine Regierungserklärung, in der die Situation im Protektorat bis zum Attentat geradezu idyllisch geschildert wird: „In unserem Land herrschte und herrscht eine vorbildliche Ruhe. Das Großdeutsche Reich hat diese Tatsache gewürdigt und durch den Mund des stellvertretenden Reichsprotektors einen Tag vor der schändlichen Tat die Aufgaben unserer autonomen Verwaltung wesentlich erweitert. Es war das Bestreben der Regierung seit Januar dieses Jahres, den Führer von der Treue des tschechischen Volkes zum Großdeutschen Reich zu überzeugen und dadurch den schrittweisen Abbau der Maßnahmen zu erreichen, die das Deutsche Reich gegen die vom Feinde verführten Tschechen verhängen mußte. Unsere Arbeit hatte Erfolg. Viele tschechische Menschen wurden gerettet. Urteile gemildert und Verfahren vertagt. Was die Emigranten bei uns verdorben hatten, trachteten wir zu verbessern. In diesem Augenblick gefährdet ein ruchloses Verbrechen alles bisher Erreichte..."
Im gleichen Sinn spricht am 31. Mai der Minister Emanuel Moravec im Rundfunk. Mit seiner Rede beginnt eine Kette von „Großkundgebungen" in den Städten und Betrieben. Der tschechischen Bevölkerung werden die Attentäter und die Londoner Exilregierung als Verräter dargestellt, die aus der Gemeinschaft des tschechischen Volkes ausgestoßen werden müßten.

Inzwischen sind sieben Männer, die als Kämpfer der unsichtbaren Front gefeiert werden, in der Gruft der Karl-Borromäuskirche in einem sicheren Versteck. Es ist kalt in dem Gewölbe mit den Nischen, die für Särge verstorbener Geistlicher bestimmt waren. Jetzt dienen sie als Schlafstätten für lebende, noch lebende Männer.
Das Kommando in der Gruft führt der ranghöchste Offizier, der erst vor einigen Tagen zum Hauptmann beförderte Adolf Opálka. Ein ruhiger, besonnener Mann.
Opálka hat es nicht leicht mit den Männern hier unten in der

Gruft. Drei müssen ständig oben im Kirchenschiff Wache halten, die anderen vier sind in der Gruft. Ihre Stimmung ist nicht die beste. Jeden Tag veröffentlichen die Zeitungen neue Namen von Hingerichteten. Vor zwei Tagen, als Gabčík und Valčík sich zum erstenmal nach dem Attentat sahen, da lachten sie noch. Valčík mußte sich sagen lassen, daß sein Kopf nur 100 000 Kronen wert sei, während für die Festnahme von Kubiš und ihm, Gabčík, 20 Millionen ausgesetzt seien! Jetzt lacht Gabčík nicht mehr. Depressionen quälen ihn von Stunde zu Stunde heftiger. Denn unter den Hingerichteten befinden sich Männer und Frauen, die mit dem Attentat nicht das geringste zu tun hatten.
Am 1. Juni 1942 wird der Arzt und Schriftsteller Vladislav Vančura hingerichtet. Zum Tode verurteilt wird auch der weltbekannte Slawist Professor Páta. Ebenfalls sterben muß der führende Naturwissenschaftler Professor Štorkán.
Das sind nur wenige bekannte Namen, dazu kommen die vielen Unbekannten, Postbeamte, Lehrer, Landwirte, Offiziere, Hausfrauen, Kinder, die mit ihren Eltern in den Tod gehen müssen. Eine schreckliche Last.
Jan Kubiš, ein gläubiger Katholik, führt lange Gespräche mit Pfarrer Dr. Petřek. Er will wissen, ob eine Tat, die so blutige Folgen hat, mit dem Gewissen vereinbart werden könne und wie das möglich sei.
Adolf Opálka hat auch noch andere Sorgen.
Wo bleibt der achte Mann seiner Gruppe?
Einige Stunden vor dem Attentat hat er ihm in der Wohnung von Josef Svatoš in der Prager Melantrichova Straße einen kurzen „Urlaub" gegeben. Seitdem fehlt jedes Lebenszeichen von Feldwebel Karel Čurda. Čurda wollte seine Mutter in Südböhmen aufsuchen. Aber wo ist er geblieben?
Überall Haussuchungen, Kontrollen und Razzien!
Die deutschen Sicherungsmaßnahmen sind wahrscheinlich die Ursache dafür, daß die Fallschirmagenten in der Gruft den Funkspruch von Staatspräsident Beneš an die Beteiligten am Attentat auf Heydrich, den der Sender „Libuše" am 3. Juni 1942 empfängt, vermutlich nicht erhalten.

„Vom Präsidenten: Freue mich, daß Sie die Verbindung aufrechterhielten und danke Ihnen wärmstens. Ich stelle fest, daß Sie und Ihre Freunde entschlossen sind, und das ist mir Beweis für die Festigkeit der Haltung des ganzen Volkes. Ich bin von unserem Erfolg überzeugt. Die Ereignisse in der Heimat sind von nachhaltiger Wirkung und begründen Anerkennung und Bewunderung für die Widerstandskraft des tschechischen Volkes."
Am 4. Juni 1942 lassen Gabčíks Depressionen nach. Auch die Sorgen der anderen erscheinen weniger drückend.
Also war doch nicht alles umsonst!

Reinhard Heydrich ist tot!

Der Tod von Reinhard Heydrich kommt unerwartet.
Die Krise setzt überraschend ein. Die Wunde – die Milz mußte schon vorher entfernt werden – beginnt zu eitern, die Temperatur steigt. Arme und Beine werden unbeweglich. Atembeschwerden stellen sich ein. Heydrich erhält eine Bluttransfusion. Heydrich atmet schwer. Die Ärzte sind unablässig um ihn bemüht. Die Nacht vom 3. zum 4. Juni scheint endlos.
Der Patient liegt bewegungslos. Ab und zu murmelt er etwas. Es sind keine Worte mehr. Um 7.30 Uhr am Donnerstag, dem 4. Juni 1942, stirbt Reinhard Heydrich.
Der ärztliche Befund wird einige Stunden später formuliert. Professor Dr. Hamperl, der Chef des Deutschen Pathologischen Institutes, und Professor Weyrich vom Prager Deutschen Institut für Gerichtsmedizin unterzeichnen ihn.
„Der Tod trat infolge bakterieller Schädigung lebenswichtiger parenchymathischer Organe beziehungsweise durch Toxine, die durch Splitter des Explosivstoffes eingedrungen sind und sich besonders im Rippenfell, Zwerchfell und in der Umgebung der Milz ansiedelten und vermehrten, ein..."
Im Totenregister der Stadt Prag, Band I / 1942 wird unter der Nummer 348 eingetragen:
Reinhard Tristan Heydrich. Todesursache: Schußverletzung (Mordanschlag), Wundinfektion.

Die tschechische Bevölkerung befürchtet das Schlimmste. In einer Meldung des SD heißt es:
„Den Grundton der tschechischen Stimmungsäußerungen bildet die ungeheure Angst vor den kommenden Ereignissen, die u.a. den Gegenstand von zahlreichen Gerüchten bilden. Diese befassen sich hauptsächlich mit einer künftigen Erschießungswelle nach dem Dezimierungssystem..."
Indirekt bestätigt dieser Bericht aber auch die Tatsache, daß in diesen Tagen zahlreiche Gerüchte über deutsche Vergeltungsmaßnahmen vom SD und der Gestapo in Umlauf gesetzt werden, um die Bevölkerung einzuschüchtern und sie zu veranlassen, alles Wissenswerte der Polizei zu melden. Denn noch immer fehlt jede Spur von den Attentätern. Das Dezimierungssystem wird in den höheren Dienststellen und in der Umgebung Dalueges und Franks häufig erörtert und höchstwahrscheinlich durch Spitzel der tschechischen Bevölkerung infiltriert, um einen permanenten Angstzustand zu erzeugen.

Am Dienstag, dem 9. Juni 1942, findet der Staatsakt in Berlin statt.
Am Sarg Reinhard Heydrichs sind neben den Angehörigen fast alle versammelt, die zur Spitze des Dritten Reiches gehören: Adolf Hitler und Heinrich Himmler, Joseph Goebbels und Martin Bormann; die Reichsregierung, Frank und Daluege und die gesamte Protektoratsregierung sind erschienen. Auch Dr. Emil Hácha muß auf Wunsch Hitlers nach Berlin kommen.
Eindrucksvoll beschreibt Walter Schellenberg, was sich in der Reichskanzlei abspielte:
„In seiner Trauerrede nannte Hitler Heydrich den Mann mit dem eisernen Herzen. Mir erschien damals, inmitten von Ministern, Generalen, Diplomaten und höchsten Parteiführern, das Ganze wie eine Schaustellung aus der Zeit Cesare Borgias." In dieses Bild fügte es sich ein, daß ausgerechnet Canaris, als der Sarg in die Erde gesenkt wurde, Tränen weinte und mit bewegter Stimme sagte: „Er war doch ein großer Mann, ich glaube, ich habe einen Freund in ihm verloren."
Auch Heinrich Himmler ist – wie aus seiner Trauerrede zu

entnehmen ist – tief bewegt. „Aus unzähligen Gesprächen mit Heydrich aber weiß ich, daß dieser nach außen so hart sein müssende Mann in seinem Herzen oft gelitten und gerungen hat, und was es ihn manchmal kostete, dennoch immer wieder nach dem Gesetz der SS, das uns verpflichtet, weder eigenes noch fremdes Blut zu schonen, wenn es das Leben der Nation verlangt, zu entscheiden und zu handeln."
Für kaum einen anderen Toten fanden wie für Heydrich drei Trauerfeiern statt: die erste in Prag auf dem Hradschin, dann eine zweite in der Reichskanzlei und schließlich – wie Walter Schellenberg berichtet – am Abend des 9. Juni eine dritte, als Adolf Hitler die Amtschefs des Reichssicherheitshauptamtes zusammenruft.
„Im ehemaligen Arbeitszimmer Heydrichs würdigte er den Lebenslauf des Verstorbenen und verpflichtete dann die Gesamtheit der SS-Führer, in Erinnerung an den Toten das Beste an menschlichem Verhalten herzugeben. Er beendete seine Rede mit der Ermahnung, daß unser Wahlspruch zu lauten habe: Recht oder Unrecht – mein Vaterland, ganz abgesehen von dem alle verbindenden Leitwort des Ordens: Meine Ehre heißt Treue."
Bevor Hitler das Arbeitszimmer Heydrichs aufsuchte, um den Toten vor dessen engsten Mitarbeitern zu würdigen, hat er um 18.00 Uhr die gesamte Protektoratsregierung mit Staatspräsident Dr. Hácha empfangen. Das geschieht in Gegenwart führender Persönlichkeiten des Dritten Reiches, um den Ernst der Stunde zu unterstreichen: Himmler, Bormann, Daluege, Frank und andere hören mit Genugtuung Hitlers mehr oder weniger unverhüllte Drohungen gegen das tschechische Volk und seine Ausführungen über dessen ungewisse Zukunft, denn nichts könne ihn daran hindern, einige Millionen Tschechen auszusiedeln, wenn die Attentäter nicht gefaßt würden.
„Schon ihnen gegenüber würde es mir leid tun, wenn man mich dazu zwingen würde; jedoch schrecke ich keineswegs davor zurück, diese Maßnahme nötigenfalls noch während des Krieges durchzuführen. Ich weiß, daß Sie annehmen, daß ich die Autonomie einzuschränken oder zu zerstören beab-

sichtige. Dieses Geschwätz zeigt, daß Sie mich einfach nicht vestehen. Mir geht es heute nicht um irgendwelche lächerlichen Formalitäten wie Autonomie usw., sondern der Einsatz heißt Schicksal, das Leben und die Zukunft des tschechischen Volkes."

Am Abend, als Heydrich in Berlin zu Grabe getragen wird, läßt Adolf Hitler über Karl Hermann Frank dem Befehlshaber der Sicherheitspolizei und des SD in Prag, SS-Standartenführer Horst Böhme, telefonisch mitteilen, daß
„...aufgrund einer Führerbesprechung die Ortschaft Liditz folgendermaßen noch am gleichen Tage zu behandeln ist:
1. Alle männlichen Erwachsenen sind zu erschießen,
2. alle Frauen sind in ein Konzentrationslager zu überstellen,
3. die Kinder sind zu sammeln und, soweit eindeutschfähig, an SS-Familien ins Reich zu geben.
   Der Rest wird einer anderen Erziehung zugeführt.
4. Die Ortschaft ist niederzubrennen und dem Erdboden gleichzumachen."

Wer hat den Befehl zur Vernichtung von Lidice gegeben, und was ist die Begründung?
In der offiziellen tschechoslowakischen Version über die Vernichtung von Lidice wird Karl Hermann Frank als Initiator des Befehls genannt, obgleich nicht nur Frank selbst in den Verhören nach 1945 das bestritten hat, sondern auch in den erhalten gebliebenen deutschen Dokumenten keine Beweise für diese Behauptung zu finden sind. Es scheint vielmehr, daß Frank, wie schon seine Argumentation im Gespräch mit Hitler am 28. Mai 1942 gegen die geplante Massenexekution beweist, kein Interesse an einer solchen Aktion haben konnte. Als Urheber kann eher auf Heinrich Himmler oder Adolf Hitler selber geschlossen werden. Am 9. Juni um 18.00 Uhr empfing Hitler die Protektoratsregierung und Dr. Hácha. Protokolle über diesen Empfang dokumentieren, daß Hitler zu Beginn seiner Rede langsam und ruhig sprach, sich dann aber hineinsteigerte und laut und energisch wurde. Wenn Hitler schon zu

diesem Zeitpunkt die Vernichtung Lidices beabsichtigte, hätte er gewiß, wenn nicht offen, so doch in Andeutungen, eine solche Aktion angekündigt. Es scheint, daß sie entweder nach dem Empfang der Protektoratsregierung in der Reichskanzlei oder erst beim Besuch Hitlers im ehemaligen Arbeitszimmer Heydrichs in der Prinz-Albrecht-Straße stattfand.
Alles deutet darauf hin, daß dort die Entscheidung fiel, Lidice dem Erdboden gleichzumachen, die Männer zu erschießen und die Frauen ins Konzentrationslager zu überstellen. Zeugenaussagen oder entsprechende dokumentarische Unterlagen fehlen zwar, aber die Vorgeschichte der Vernichtung Lidices spricht dafür.

Begonnen hat alles mit einem Liebesbrief.
Am 3. Juni 1942 verteilt Jaroslav Pála, Bürgermeister der mittelböhmischen Stadt Slaný und Inhaber der Fabrik „Palaba" den Posteingang seines Betriebes. Darunter befindet sich ein Umschlag mit einer etwas seltsamen Anschrift. Der Brief ist an die Arbeiterin Nummer 210 mit Vornamen Andulka adressiert. Jaroslav Pála öffnet den Umschlag und hält ein Blatt Papier in der Hand, auf dem nur einige Zeilen in Schreibmaschinenschrift stehen:
„Liebste Anička, entschuldige, daß ich so spät schreibe, aber vielleicht begreifst Du es, denn Du weißt, daß ich viele Sorgen habe. Was ich tun wollte, habe ich getan. An diesem schicksalhaften Tag schlief ich irgendwo auf Čabárna. Ich bin gesund, auf Wiedersehen diese Woche und dann sehen wir uns nicht mehr. Milan"
Pála hält den Brief für so wichtig, daß er sofort die tschechische Gendarmeriestelle in Slaný anruft. Er fordert vom Gendarmerieleutnant Jaroslav Šmáha, sofort einen Mann zu ihm zu schicken, da er einen verdächtigen Brief habe. Gegen Mittag erscheint der Wachtmeister Vybíral in der „Palaba"-Fabrik.
Pála empfängt ihn sofort und übergibt ihm mit ernster Miene den Brief. Vybíral liest ihn einmal, noch einmal, zum dritten Mal...
Das sei doch ein ganz gewöhnlicher Liebesbrief, meint der Po-

lizist, aber Pála läßt nicht locker. Seiner Meinung nach steckt viel mehr dahinter. Er fordert Vybíral auf, den Brief sofort seinem Vorgesetzten zu überbringen. Übrigens, die Arbeiterin Nummer 210 ist die 19jährige Anna Maruszáková aus Holousy Nummer 1.
Auf der Gendarmeriestation in Slaný wird noch kurz darüber diskutiert, was getan werden soll. Aber der Befehl, alles, was interessant sein könnte, sofort der Gestapo zu melden, gibt zu denken. Da dieser Brief zudem vom Bürgermeister übergeben wurde, bleibt wohl nichts anderen übrig, als die Außenstelle der Gestapo in Kladno anzurufen und Meldung zu machen.

Gendarmerieoberleutnant František Polák, der Bezirkskommandeur der Protektoratsgendarmerie von Slaný, übernimmt die wenig erfreuliche Aufgabe. Am Telefon meldet sich der Kriminalsekretär und Stellvertretende Leiter der Stapostelle Kladno, Thomas Thomsen. Er läßt sich den schlecht übersetzten Text des Briefes mehrmals vorlesen, und da er immer noch nicht recht versteht, was das soll, beordert er Polák und Šmáha sofort zu sich nach Kladno.
Um 17.00 Uhr sitzen beide in Thomsens Büro.
Mit Hilfe des Gestapo-Dolmetschers, Oskar Felkl, kennt Thomsen bald den Inhalt des Briefes, den die tschechischen Gendarmen immer noch für einen harmlosen Liebesbrief halten.
Thomsen ist anderer Meinung. Bisher sind alle Fahndungen nach den Attentätern ergebnislos verlaufen. Das ist vielleicht eine heiße Spur. Diese merkwürdigen Andeutungen über das, was der Briefschreiber tun mußte und auch getan hat. Vielleicht ist damit der Mordanschlag gemeint.
Felkl und die tschechischen Gendarmen erhalten Befehl, die Maruszáková sofort zu verhaften und bei ihr eine Haussuchung vorzunehmen.
Schon nach zwei Stunden sitzt die junge Arbeiterin im Büro des Chefs der Außenstelle, SS-Hauptsturmführer Harald Wiesmann, der inzwischen von Thomsen informiert worden ist. Was sie aussagt, schildert die offizielle Publikation des

tschechoslowakischen Innenministeriums über den Fall Lidice aus dem Jahre 1946:

„Maruszáková sagte aus, daß sie vor einigen Tagen einen jungen Mann kennengelernt hätte, der zum verabredeten Stelldichein stets auf einem Herrenfahrrad erschienen sei, das ein Nummernschild der Prager Hüttenwerksgesellschaft PZS in Kladno hatte. Sie nannte drei Nummern, die der Nummer an dem Fahrrad ihres Freundes entsprechen könnten. Weiter sagte sie aus, daß der junge Mann sie gefragt hätte, ob sie Bekannte oder Verwandte in Lidice habe. Als sie ihm eine Freundin in Lidice nannte, hätte er sie gebeten, bei Horáks einen Gruß zu bestellen und ihnen auszurichten, daß der Pepík gesund sei und daß es ihm gut gehe."

„Wo im Bezirk Slaný befindet sich die Gemeinde Lidice?" will Wiesmann wissen, und Oberleutnant Polák erinnert sich an Lidice bei Votruby. Sofort fahren einige Gestapobeamte und die beiden Tschechen nach Votruby, aber hier stellt sich der Irrtum heraus. Doch dann erinnert sich jemand, daß es im Bezirk noch ein Dorf Lidice gibt, bei Buštěhrad. Die Nachtfahrt wird fortgesetzt. Kurz nach Mitternacht halten sie bei der Gendarmeriestation in Buštěhrad. Oberwachtmeister Baburka stellt an Hand der Einwohnerkartei fest, daß in Lidice einige Familien namens Horák leben. Ein in dieser Gegend häufiger Name. Aber nur eine hat einen Angehörigen im Ausland. Die Horáks in Lidice Nummer 13. Ihr Sohn war auch bei der Gestapo schon seit Herbst 1939 als vermißt gemeldet worden. Josef Horák ist Leutnant der tschechoslowakischen Luftwaffe und befindet sich ebenso wie ein anderer junger Fliegeroffizier aus Lidice, Josef Stříbrný, wahrscheinlich in England.

Oskar Felkl, der Oberwachtmeister Baburka befragt, ist fest überzeugt, daß er auf der Spur der Attentäter ist. Er erstattet Meldung nach Kladno. Thomas Thomsen telefoniert mit Prag und fordert Verstärkung für eine Aktion gegen das Dorf Lidice und die Ortschaft Čabárna an, wo der Briefschreiber „Milan" geschlafen haben soll.

Donnerstag, 4. Juni 1942, 3.00 Uhr.
Die 20 Häuser von Čabárna sind von Einheiten der Schutzpolizei umstellt.
Dann werden die schlafenden Bewohner geweckt. Eine gründliche Hausdurchsuchung erfolgt.
Das Ergebnis ist gleich Null. Niemand kann sich auf einen „Milan" oder einen anderen jungen Mann besinnen, der hier vor einigen Tagen übernachtet haben soll.
Jetzt bleibt nur noch Lidice.
Alles wiederholte sich. Wie in Čabárna.
Besonders gründlich werden die Häuser der Familien Horák und Stříbrný durchsucht.
Was wird dort gefunden?
Das tschechoslowakische Innenministerium stellt später in seiner offiziellen Publikation fest:
„Das Amt für nationale Sicherheit in Kladno stellt aufgrund von Verhören der beteiligten Personen fest: Durch die Verhöre der verhafteten Mitglieder der Gestapo, die sich am 4. Juni 1942 an der Durchsuchung in Lidice beteiligten, ist mit Sicherheit festgestellt worden, daß an diesem Tag in Lidice außer einigen Fotografien des Horák und des Stříbrný kein Beweismaterial gefunden wurde."
Aber kann man sich so ohne weiteres auf die Aussagen der nach dem Kriegsende verhafteten und verhörten Gestapobeamten verlassen? Es gibt zahlreiche Beweise dafür, daß gerade in den ersten Wochen nach dem 9. Mai 1945 die Aussagen ungenau, nach dem Wunsch des verhörenden Beamten und unter Umständen zustande kommen, die nicht mit einem normalen Verhör oder einer Gerichtsverhandlung vergleichbar sind.

In der Broschüre „Lidice", die vor der offiziellen Publikation des Prager Innenministeriums im August 1945 in der fünften Auflage erscheint, schreibt ihr Autor Cyril Merhout:
„Der Bericht erwähnt einen Sender in Lidice. Die Beamten der Gestapo Bürger und Vlček haben eindeutig erklärt, daß dort keiner gefunden wurde." Keine ganze Woche war seit dem

10. Juni vergangen, als Thomsen die Tür zu Wiesmanns Büro öffnete, ihm zwei verkohlte Jagdgewehre und in einer Blechdose Jagdmunition reichte und sagte:
„So, und das ist alles, was man in Lidice gefunden hat – zwei Gewehre, eine Pistole und 30 Kilogramm Munition. Und was nun?"
Die Behauptung von Cyril Merhout über die eindeutige Aussage Bürgers wird indes in der offiziellen Publikation bestritten. Denn:
„...nur der verhaftete Gestapobeamte Bürger gibt an, daß er nach der abgeschlossenen Durchsuchung Wiesmann gefragt hätte, ob etwas gefunden worden sei.
Angeblich hätte Wiesmann erklärt, das, was gefunden wurde, genüge völlig."
30 Jahre später erscheint in der Wochenzeitschrift „Svět práce" ein Beitrag des tschechischen Schriftstellers Miroslav Ivanov, der sich sehr eingehend mit der Geschichte des Attentats auf Heydrich befaßt hat. Er erwähnt zum erstenmal einen Bericht, den SS-Hauptsturmführer Harald Wiesmann wahrscheinlich am 6. Juni 1942 nach Prag und Berlin weiterleitete und der von seinem Stellvertreter Thomas Thomsen abgefaßt wurde. Ivanov führt aus, daß Wiesmann bei Verhören erklärt hätte, bei der ersten Untersuchung von Lidice seien weder Sender noch Waffen gefunden worden. In einem anderen Verhör soll Wiesmann laut Ivanov geäußert haben:
„Ich bin der Meinung, daß Waffen von Agenten und Provokateuren nach Lidice gebracht wurden."
Ivanov vertritt die Ansicht, daß es sich um Waffen gehandelt haben müsse, die erst am 10. Juni 1942 gefunden wurden, und schreibt: „Wiesmann sagte die Wahrheit. Die Waffen wurden tatsächlich von Agenten der Prager Gestapo nach Lidice gebracht."
Vier verschiedene Versionen. Vier verschiedene Aussagen. Aber das Wichtigste fehlt: der Bericht von Thomsen, der von Wiesmann und auch in einigen anderen Materialien erwähnt wird. Zum Komplex Lidice sind wichtige Dokumente erhalten geblieben. Aber dieses Dokument, das am meisten zur Auf-

klärung des ganzen Falles beitragen könnte, fehlt. Oder ist es vorhanden, darf aber der Öffentlichkeit nicht vorgelegt werden? Warum werden am 4. Juni 1942 15 Mitglieder der Familien Stříbrný und Horák verhaftet? Ist das ein reiner Willkürakt, oder gibt es Anhaltspunkte, die eine solche Aktion, wenngleich sie sie nicht rechtfertigen, so doch vielleicht verständlich erscheinen lassen?
Inzwischen ist es der Gestapo gelungen, den geheimnisvollen Briefschreiber Milan ausfindig zu machen.
Der Arbeiter Václav Říha, geboren am 1. Februar 1919, wohnhaft in Vrapice, Bezirk Kladno, verheiratet. Er wird sofort mit der jungen Anna Maruszáková konfrontiert und bestätigt, daß ihre Aussage der Wahrheit entspricht.
Der Grund, ihr einen so seltsamen Brief zu schreiben, ist recht banal.
Říha erklärt, daß er verheiratet ist und eine gerade sechs Monate alte Tochter hat. Er habe seine Liebesaffäre mit Anna beenden wollen und sei der Meinung gewesen, es auf diese Weise am besten zu tun. Den Brief schrieb ihm, nach seinem Diktat, der Buchhalter Jerman. Sein Kollege Dvořák gab ihn dann in Hudlice am 31. Mai auf.
Das alles mag sich so zugetragen haben, aber dann wird Říha gefragt, was es mit dem jungen Horák auf sich habe, von dem er der Anna in Lidice einen Gruß bestellen sollte. Dazu heißt es in der offiziellen Publikation:
„Wie Felkl behauptet, hätte Říha bei diesem Verhör erklärt, dem jungen Horák, den er gut kannte, auf dem Weg von der Arbeit begegnet zu sein. Der hätte ihn gebeten, seinen Gruß auszurichten." Das ergibt wieder ein Rätsel. Es steht einwandfrei fest, daß Josef Horák als tschechoslowakischer Fliegeroffizier den ganzen Krieg in Großbritannien verbracht hat und ebensowenig wie Josef Stříbrný im Protektorat gewesen ist. Es gibt nur eine Erklärung, die ein hohes Maß an Wahrscheinlichkeit für sich hat.
Nach dem Krieg sagte die Mutter des Říha aus, daß ihr Sohn den jungen Horák und einen anderen jungen Mann aus dessen Umgebung – František Štoncer –, die beide 1939 ins Aus-

land flüchteten, gekannt habe. Aus den Dokumenten des ersten tschechoslowakischen Fallschirmagenten aus England, František Pavelka, der in der Nacht zum 4. Oktober 1941 abgesetzt wurde und später in die Hände der Gestapo fiel, ist bekannt, daß er eine Kontaktadresse in Lidice erhalten hatte. Es ist möglich, auch Ivanov schließt dies nicht aus, daß auch anderen Fallschirmagenten Adressen in Lidice mitgegeben wurden. Da Horák und Štoncer in England Namen ihrer Bekannten in der Heimat angaben, mag auch der Name Říha gefallen sein. Es ist sehr wohl möglich, daß Říha mit einem Fallschirmagenten zusammentraf und dieser – um sich zu identifizieren – den Namen Josef Horák nannte. Bei diesem Gespräch kann Říha den Auftrag bekommen haben, durch seine Freundin dies den Eltern in Lidice mitzuteilen.
Vieles spricht dafür, daß es so gewesen sein kann. Říha weiß demnach genau, daß der junge Horák sich nicht im Protektorat befindet, fürchtet aber, den Fallschirmagenten zu enttarnen, mit dem er zusammengetroffen ist.
Um die Gestapo irrezuführen, behauptet er, mit dem jungen Horák gesprochen zu haben, in der Annahme, daß er dann nicht nach dem anderen gefragt und alles im Sande verlaufen würde. Niemand, am wenigsten der 23jährige Václav Říha, kann ahnen, welche schrecklichen Folgen seine gewiß gutgemeinte falsche Aussage haben wird.
Chronologisch gesehen ist die Entwicklung im Fall Lidice ziemlich klar. Am 6. Juni ist der Bericht Thomsens fertig. Am 7. Juni wird er nach Prag übermittelt. Dort trifft er frühestens am 7. Juni abends, aber wahrscheinlich erst am 8. Juni vormittags ein. In Prag wird er bearbeitet, umgeschrieben, vielleicht gibt es sogar noch Rückfragen in Kladno, und am nächsten Tag, am 9. Juni, wird er an das Reichssicherheitshauptamt in Berlin gegeben, denn dort sitzen die für die Fahndung nach den Attentätern zuständigen Leute. Am 9. Juni findet der Staatsakt für Reinhard Heydrich in Berlin statt. Die Führungsmannschaft des Dritten Reiches ist fast vollständig versammelt, unter ihr hohe SS-Führer mit Heinrich Himmler an der Spitze. Nach dem Staatsakt empfängt Hitler die Protektorats-

regierung, tobt und droht. Diese Tonart entspricht Himmlers Auffassung. Wie aus seinen Weisungen nach Prag bekannt ist, würde er noch massiver vorgehen. Anschließend begeben sich Hitler und Himmler in die Prinz-Albrecht-Straße, in Heydrichs Arbeitszimmer. In Gegenwart der SD-Amtschefs wird der Tote von Hitler gewürdigt. Danach wird über Sachfragen gesprochen. Der Bericht aus Kladno wird vorgelegt. Er ist soeben eingegangen. Die neueste Information. Scheint sehr wichtig zu sein. Hitler oder Himmler treffen im Gedenken an den Mann mit dem eisernen Herzen eine „eiserne" Entscheidung. Frank ruft um 19.45 Uhr Horst Böhme in Prag an und beruft sich auf eine „Führerbesprechung", die in dieser Form wirklich stattgefunden haben kann.
Nun kann niemand mehr die Katastrophe von Lidice abwenden.

Über das, was in der Nacht vom 9. zum 10. Juni und in den Vormittagsstunden des 10. Juni in Lidice geschehen ist, liegt ein ausführlicher Bericht des SS-Standartenführers Horst Böhme vor. Der Bericht ist vom 12. Juni 1942 datiert:
„Betrifft: Ortschaft Liditz, Bez. Kladno.
An Ort und Stelle in Liditz wurde festgestellt, daß der Ort 483 Einwohner und 93 Gebäude hat... Nachdem die Frauen und Kinder gesammelt waren, wurden diese in die Turnhalle des tschechischen Realgymnasiums Kladno überführt. Die Bewachung übernahm die Gendarmerie des Oberlandrats Kladno. Nach dem Abtransport der Frauen und Kinder (198 Frauen und 98 Kinder) wurden 173 erwachsene Einwohner durch ein Exekutionskommando in Stärke von einem Offizier, zwei Unterführern und 20 Mann erschossen... Nachdem der Ort bezüglich des aufgeführten Viehes und der Gegenstände im großen und ganzen als geräumt gelten konnte, wurde um 7.00 Uhr früh das erste Haus in Brand gesteckt. Um 10.00 Uhr konnte insoweit die Aktion als beendet angesehen werden. Da die gesamte Ortschaft massiv gebaut war, blieben alle Mauern stehen, so daß es erforderlich ist, daß nunmehr Pioniere zur Sprengung eingesetzt werden... Das Vieh befindet

sich in Buštěhrad, die Gegenstände nichtlandwirtschaftlicher Art sind in Verwahrung der Geheimen Staatspolizei Kladno. Das Bodenamt wurde angewiesen, den gesamten Grund und Boden der Ortschaft in landwirtschaftliche Nutzung zu übernehmen."

Später wird Lidice nur noch einmal im Abschlußbericht Dalueges an Martin Bormann erwähnt, und zwar in Verbindung mit Adressen in Lidice, die Fallschirmagenten bei sich gehabt hatten. Unabhängig von einer moralischen Qualifizierung der Vernichtung Lidices war es offensichtlich kein willkürlicher „Zufall", der zur Erschießung der erwachsenen Männer – wenn schon 16jährige Jugendliche als Erwachsene gelten sollen – und zum Niederbrennen und Sprengen der Gebäude führte. Von angeblichen Agenten der Gestapo, die heimlich Waffen nach Lidice brachten – wie Ivanov erwähnt –, ist allerdings weder in den Berichten Böhmes und den Aufzeichnungen Franks und Dalueges noch in den offiziellen oder halboffiziellen tschechischen Publikationen und Berichten über Lidice die Rede. Die Vorgänge, die zum Fall Lidice führten, sind bis heute nicht völlig geklärt.

Und immer noch keine Spur!

Am 14. Juni 1942 meldet SS-Standartenführer Horst Böhme dem SS-Oberstgruppenführer Daluege:

„Bis zum 14.6.1942 lagen bei der Sonderkommission der Staatspolizei-Leitstelle Prag insgesamt 689 Spurenhinweise vor, von denen 302 aus der tschechischen Bevölkerung stammen. Erledigt wurden bisher 210 Spurenhinweise."

Trotz der Drohungen, trotz der Vernichtung von Lidice gibt es noch immer keine konkreten Hinweise, die auf die Spur der Attentäter führen könnten. Nicht nur in Prag und Brünn werden Hinrichtungen durchgeführt. Auch in anderen Orten des Protektorats Böhmen und Mähren sind Exekutionskommandos am Werk, so auch in Pardubitz. In der Vollzugsmeldung über die Erschießungen vom 11. Juni 1942 wird hier aufgeführt:

„Benehmen der Verurteilten: Erstaunlich war, wie fest und

ohne Angst sich die Frauen benommen haben. Einer der verurteilten Tschechen rief in deutsch: Es lebe das bessere Deutschland..."

Dienstag, 16. Juni 1942.
Bredauer Straße in Prag. Sitz der Gestapo-Leitstelle.
Es ist fast 11.30 Uhr.
Im Büro 415 klingelt das Telefon.
Kriminalkommissar Heinz Jantur nimmt das Gespräch an.
Schon nach einigen Worten hört er sehr aufmerksam zu. Ja, der Mann soll sofort zu ihm kommen.
Ja, vierte Etage.
Drei Jahre später, im Sommer 1945, gibt Heinz Jantur beim Verhör durch Beamte des tschechoslowakischen Staatssicherheitsdienstes zu Protokoll:
„Am Dienstag gegen Mittag wurde mir vom Dienst beim Empfang gemeldet, daß unten der Protektoratsangehörige Karel Čurda ist und daß er Informationen über die Attentäter geben will. Als er vorgeführt wurde, war Čurda sehr erregt und zitterte am ganzen Körper. Er fragte, was aus ihm wird, wann er erschossen wird und was mit seiner Mutter geschieht. Er nahm auf das Versprechen Bezug, daß demjenigen, der die Täter bekanntgibt, nichts passiert. Dann machte er über die gefundene Maschinenpistole und die Aktentasche eine Aussage und bat um ihre Vorlegung, damit er sie identifizieren kann. In diesem Augenblick war ich schon überzeugt, daß seine Angaben zur Klärung des Attentats führen werden..."
Endlich!
Fast drei Wochen hatte die Gestapo versucht, auf die Spur der Attentäter zu kommen, und das immer ohne Erfolg. Keine Spuren, keine Hinweise, die wenigstens ein Stück hätten weiterführen können. Aber jetzt... Jetzt muß hart zugepackt werden!
Und es wird auch hart zugegriffen!
Karel Čurda wird verhört!

Die Verhöre dauern schon Stunden. Und Karel Čurda sagt aus. Alles!
Über die Ausbildung in England, den Absprung, über seine Kameraden. Nennt Namen, Decknamen. Čurda gibt Adressen preis. Der Familien, bei denen seine Kameraden und auch er Unterschlupf gefunden haben.
Alles will die Gestapo wissen. Und wenn es nicht schnell genug geht, dann setzt es Hiebe.
Und wieder erzählt Feldwebel Karel Čurda!
Dann hat er Hunger. Bittet um Essen.
Man bringt ihm eine Schüssel Erbsensuppe.
Nachdem er gesättigt ist, läßt die ungeheure Nervenanspannung, unter der er steht, ein wenig nach. Ihm geht langsam auf, was er getan hat.
Er ist ein Verräter.
Diese Erkenntnis überfällt ihn wie ein Schock. Ihm fällt ein, daß ihm die Giftkapsel noch nicht abgenommen worden ist. Er greift in die Tasche, findet sie, will sie rasch und unbemerkt in den Mund schieben...
Aber die Augen des Bewachers sind überall.
Noch darf Karel Čurda nicht sterben. Noch braucht man ihn.
Und dann greift – wie mit den Armen eines Riesenkraken – die Gestapo um sich.
Nicht nur in Prag.
Fernschreiben an alle Außendienststellen, in deren Bereich sich Menschen befinden, die Čurda als Kontaktpersonen genannt hat.
In Pilsen, Brünn, Pardubitz...

Kriminalkommissar Oskar Fleischer fährt mit einigen Männern zur Wohnung von František Moravec in Prag-Žižkov. Man vermutet, daß die Attentäter dort versteckt sein könnten. Aber als die Gestapobeamten in die Wohnung eindringen, sind nur das Ehepaar Moravec und der 19jährige Sohn Vlastimil anwesend. Dann merkt Frau Marie Moravcová, daß sie einige Sekunden unbeobachtet ist. Die Giftkapsel, die sie auf eigenen Wunsch schon vor Wochen von Miroslav Valčík

bekommen hatte und seitdem in einem Medaillon bei sich trägt, wirkt schnell.
In der Bredauer Straße wird Karel Čurda noch immer verhört. Kriminalinspektor Georg Gallus leitet die Vernehmung. Manchmal spricht er gütlich auf Čurda ein, dann schreit er ihn wieder an, droht.
Und Karel Čurda spricht. Immer mehr Einzelheiten teilt er mit. Jetzt weiß die Gestapo auch die Adresse, wo sich Alfred Bartoš, der Leiter von „Silver A", in Pardubitz aufhält.
Alles verrät Čurda. Nur eins kann er nicht sagen: Wo sich die Attentäter jetzt befinden.
Die Gestapobeamten erkennen bald das schwächste Glied in der Kette.
Vlastimil Moravec. 19 Jahre alt.
Aťa Moravec, wie er genannt wird, schweigt. Noch. Aber dann bricht er doch zusammen.
Am 14. November 1946 erklärte Heinz Jantur vor dem Gericht in Prag:
„Erst gegen Abend des 17. Juni wurde festgestellt, daß sich Attentäter in der Karl-Borromäus-Kirche aufhalten. Das haben wir von dem Sohn eines der Hauptbeherberger erfahren, der zusammen mit vielen anderen Helfershelfern der Attentäter aufgrund der Aussagen von Čurda am 17. Juni festgenommen wurde. An diesem Tage wurden, wenn ich mich nicht irre, zehn oder zwölf Familien festgenommen. Die Verhaftungen wurden von der Abteilung K III vorgenommen. Ich kann erklären, daß die Angaben von Karel Čurda für die Aufklärung des Attentats entscheidend waren. Bis zu dem Tag, an dem sich Čurda selbst gemeldet hatte und seine Aussagen machte, hatten wir von den Attentätern keine Spur..."

Jetzt darf nicht gezögert werden! Wenn die Fallschirmagenten erfahren würden, daß die Familien ihrer Helfer verhaftet sind, könnten sie noch rechtzeitig aus der Kirche entkommen.
Da es sich um eine Kirche handelt, wird auch die entsprechende Abteilung der Gestapo unter Leitung des Obersekretärs Kurt Oberhauser mobilisiert. Seine Aufgabe: die Verhaf-

tung der Geistlichen Dr. Petřek und Cikl und des Synodalältesten Jan Sonnevend mit Frau und zwei Töchtern.
Dies geschieht in den Abendstunden des 17. Juni.
Und wieder beginnen Verhöre. Die Gestapo will wissen, wo sich die Attentäter in der Kirche versteckt halten. Aber die Verhafteten schweigen. Sonnevend und seine Familie sowie Pfarrer Cikl wissen es nicht, und Dr. Petřek verweigert trotz brutalster Vernehmungsmethoden jede Aussage. Die Zeit vergeht schneller, als den Vernehmern in der Bredauer Straße lieb ist. Nein, die Sache verträgt keinen Aufschub mehr. Man muß losschlagen, auch wenn der genaue Ort und selbst die genaue Zahl der in der Karl-Borromäus-Kirche versteckten Männer noch unbekannt ist.
Am späten Abend des 17. Juni 1942 besetzen Gestapoleute die Häuser in der nächsten Umgebung der Kirche.
Am 18. Juni 1942 um 2.00 Uhr erhält SS-Brigadeführer von Treuenfeld, Kommandeur der Prager Waffen-SS, den Befehl, sich sofort bei Karl Hermann Frank zu melden. Von Treuenfeld gibt seinen Männern Alarmbereitschaft und meldet sich um 2.07 Uhr bei Frank. In seinem Bericht vom 23. Juni teilt er dem SS-Oberstgruppenführer Daluege mit:
„Der Höhere SS-Führer gab mir diese Orientierungsinformationen: Einige Verbrecher – unter ihnen wahrscheinlich auch die Mörder des gefallenen SS-Obergruppenführers – halten sich im Häuserblock, der auf der beigefügten Skizze 1, Buchstabe A eingezeichnet ist, auf. Besondere Aufmerksamkeit muß der Kirche, die sich im südwestlichen Teil dieses Häuserblocks befindet, gewidmet werden... Um 4.15 Uhr sollte die Abriegelung beendet sein... Eingesetzt wurden 17 Offiziere, 740 Unteroffiziere und Angehörige der Mannschaften..."
Die ganze Umgebung der Barockkirche, die der berühmte Architekt Ignatz Dietzenhofer 1730 erbaut hat, ist hermetisch abgeriegelt. Leichte und schwere Maschinengewehre und selbst ein leichtes Geschütz sind auf den Haupteingang der Kirche gerichtet, zu dem einige Stufen hinaufführen.
Ein 20 Mann starker Stoßtrupp der Waffen-SS und einige Beamte der Gestapo unter Leitung des Obersekretärs Ober-

hauser dringen in die Wohnung des Küsters Václav Ornest ein. Er wird gezwungen, die Männer durch einen Seiteneingang in das Innere der Kirche zu führen. Einer der Gestapobeamten, Fritz Kiesewetter, berichtet darüber nach dem Krieg in Prag:
„Als Oberhauser unter der Führung des Küsters zum Altar kam, fiel plötzlich ein Pistolenschuß. Oberhauser dachte, daß dieser Schuß durch die Unvorsichtigkeit irgendeines Mannes seiner Abteilung gefallen sei, und kümmerte sich nicht weiter darum. Vor dem Altar befand sich unter dem Teppich eine Steinplatte, der Eingang zur Gruft. Beim Versuch, die Platte zu heben, fielen vom Chor der Kirche einige Schüsse."
Die Nachtwache – Adolf Opálka, Jan Kubiš und Josef Bublík – eröffnet das Feuer!

Die Beamten der Gestapo und die Männer der Waffen-SS ziehen sich zurück.
SS-Sturmbannführer König bestimmt neun Mann, die den Chor stürmen und besetzen sollen. Heftiges Pistolenfeuer empfängt sie. SS-Rottenführer Grahlert hat die Treppe fast schon bewältigt, als er durch einen Kopfschuß schwer verletzt wird.
Jemand wirft Handgranaten, eine, noch eine. Lautes Stöhnen ist zu hören. Die Granate hat Bublík beide Füße zerfetzt und ihm am Hals verletzt. Aber noch kann er schießen.
SS-Unterscharführer Teix, der die Gruppe führt, gibt Befehl zum neuen Angriff. Die SS-Schützen Ahl, Bech, Walter, Wittig und Koch nehmen Deckung hinter Bänken und der Holzbalustrade. Fast zwei Stunden dauert der Kampf in der Kirche.
Und noch immer wehren sich die Männer im Chor.
Dann hören die Angreifer drei Schüsse. Sie warten noch einige Minuten, und als sich auf dem Chor nichts rührt, stürmen sie die Treppe hinauf.
Ein Mann – Adolf Opálka – ist schon tot.
Zwei leben noch. Der Befehl lautete, die Attentäter lebend zu überwältigen. Der Krankenwagen, der in der Nebenstraße steht, bringt die beiden in rasender Fahrt in das SS-Lazarett in

Prag-Podoli. Die Ärzte tun, was in ihrer Macht steht. Die Schwerverletzten sollen am Leben erhalten werden.
Ihre Aussagen sind wichtig.
Aus der Bredauer Straße werden Čurda und der junge Moravec in das Lazarett gebracht. Sie sollen die beiden Verletzten identifizieren.
Čurda kennt nur einen: Jan Kubiš.
Er nennt dessen Namen, aber in diesem Augenblick stirbt Kubiš.
Auch der andere, Bublík, überlebt ihn nicht lange.
Inzwischen untersuchen Beamte der Gestapo und Männer der Waffen-SS die Kirche. Und dann machen sie eine Entdeckung.
Von Treuenfeld berichtet darüber dem SS-Oberstgruppenführer Daluege:
„In der Kirche waren nicht nur die drei Verbrecher. Es wurde hier auch ein vierter Anzug gefunden. Es war klar, daß sich irgendwo noch mindestens ein vierter Verbrecher versteckt hält. Als Versteck kam der Keller unter der Kirche in Betracht, über dessen Größe und Aussehen niemand etwas wußte..."
Ein vierter Anzug...! Wem hat er gehört? Wer von den vieren unten in der Gruft hat ihn auf dem Chor zurückgelassen und warum?
Vielleicht zum Austrocknen wegen der Feuchtigkeit im Gruftgewölbe? Wer weiß... Und wer weiß, ob die vier überhaupt entdeckt worden wären, wenn es den Anzug nicht gegeben hätte? Denn als der Kampf um den Chor beendet ist, weiß keiner der Belagerer – wie aus dem Bericht hervorgeht –, daß in der Kirche noch weitere Fallschirmagenten verborgen sind.
Bei der genauen Besichtigung werden zwei Eingänge in die Gruft entdeckt. Einer ist erst kürzlich zugemauert worden.
Und einen Luftschacht gibt es auch, ein schwarzes Loch. Als die Steinplatte zum Eingang aufgehoben wird, ertönen von unten Schüsse.
Das kann nicht nur ein Mann sein. Da unten müssen sich mehrere verborgen halten. Wer weiß, wie viele!
Der Dolmetscher der Gestapo, Schwertner, fordert die Fallschirmagenten durch Megaphon auf, sich zu ergeben. Deren

Antwort ist in einem Bericht über diese Aktion verzeichnet: „Niemals, wir sind tschechoslowakische Soldaten!"
Auf Befehl von Karl Hermann Frank wird eine Einheit der tschechischen Prager Feuerwehr herbeigeholt. Sie soll den vermauerten Zugang öffnen. Das gelingt ihr überraschend schnell. In die Tiefe der Gruft führen breite Stufen. Aber sie liegen unter starkem Beschuß.
Hier kommt keiner durch.
Wieder versucht man es mit Zureden. Karel Čurda wird geholt. Er fordert seine ehemaligen Kameraden auf, sich zu ergeben, und verspricht, daß ihnen – so wie ihm – nichts geschehen würde.
Sie hören seine Stimme, er ruft selber seinen Namen in die Stille der Gruft. Und die Männer da unten – vier, die von mehr als 700 bewaffneten Soldaten umstellt sind – wissen jetzt, wer der Verräter ist.
Tränengas!
Einige der Gasgranaten werden auf die Straße zurückgeworfen. Ein Sturmtrupp unter dem Kommando von SS-Oberscharführer Glöckner kommt wegen der starken Gaskonzentration nicht weiter. Ohne Gasmasken geht es nicht, mit ihnen jedoch ist im Dunkeln der Gruft keine Übersicht möglich.
SS-Unterscharführer Ostermeier versucht, an einem Seil durch den Luftschacht nach unten zu gelangen. Einige Schüsse peitschen durch die Finsternis. Ein Aufschrei. Mit Schußverletzungen an den Füßen wird Ostermeier schnell wieder hochgezogen. Noch einmal wird versucht, die Fallschirmagenten zur Aufgabe zu bewegen. Diesmal soll Pfarrer Dr. Petřek sprechen. Er ruft hinunter, daß er der Pfarrer der Kirche sei, den sie ja kennen würden, der sie im Namen der Gestapo zur Aufgabe überreden solle. Die Männer verstehen seine Worte nicht. Welch ein Pfarrer? Wir wissen nichts von einem Pfarrer, rufen sie hinauf und wiederholen, daß sie sich niemals freiwillig der Gestapo ergeben werden. Dann wird der Versuch unternommen, die Gruft unter Wasser zu setzen. Durch die schmalen, mit Gitter versehenen Öffnungen, die auf die Ressel-Straße führen, müssen tschechische Feuerwehr-

männer Wasser in die Gruft pumpen. Aber die vier in der Gruft schieben die dicken Schläuche mit Hilfe einer Leiter hinaus auf die Straße.
So geht es also auch nicht. Bevor die Gruft unter Wasser gesetzt werden kann, und die Fallschirmagenten entweder ertrinken oder aufgeben müßten, würden Stunden vergehen. Es ist schon fast 10.00 Uhr. Knappe sechs Stunden wird bereits um die Karl-Borromäus-Kirche gekämpft.
Vier Schüsse! Dann Stille. Vier Tote liegen im Wasser.
Sie mußten aufgeben. Es waren die letzten vier Kugeln. Für jeden eine.

Die Gestapo will die Namen wissen. Čurda sagt alles, was er über die Toten weiß, die nun auf dem Bürgersteig in einer Reihe nebeneinander liegen. Für Karel Čurda gibt es keinen Weg zurück.
Es geht um sein Leben und um die Belohnung, die ihm bei den Verhören zugesagt wurde.
Und diesmal hält auch die Gestapo ihr Wort.
Am 29. Juni 1942 – elf Tage nachdem er vor der Kirche seine ehemaligen Kameraden identifiziert hat – wird Čurda in das Büro des Kriminalrats Ludwig Pannewitz gebracht. Dort erhält er das Sparbuch Nr. 18311 der Prager Kreditanstalt auf den Namen Karel Čurda. Es weist ein Guthaben von fünf Millionen Protektoratskronen auf. 100 000 Kronen kann er sofort abheben und künftig jeden Monat weitere 30 000 Kronen. Auch einen neuen Ausweis erhält er, Karl Jerhot, Geschäftsreisender, wohnhaft in Prag-Weinberg, Französische Straße 8. Einige Monate später wird er Staatsangehöriger des Deutschen Reiches mit dem Reisepaß Nummer R 242/44.
Am 5. Mai 1945 wird er in Manětín bei Pilsen verhaftet.
Eine Million Reichsmark hat er bei sich. Sein Leben kann er damit nicht erkaufen. Das weiß er. Das Urteil wird vollstreckt. Tod durch den Strang!

Sieben sind tot!
Jan Kubiš, Josef Gabčík, Jozef Valčík, Adolf Opálka, Jarolav

Švarc, Jan Hrubý und Josef Bublík... Zwei leben noch. Alfréd Bartoš und der Funker der „Libuše", Jiří Potuček.
Zunächst hat Bartoš Glück. Als die Gestapo in der Nacht vom 16. auf den 17. Juni 1942 in die Wohnung der Krupkas in der Perner-Straße in Pardubitz eindringt, findet sie Bartoš entgegen der Aussage Čurdas nicht vor. Nach einem kaum überstandenen schweren Anfall von Gelenkrheumatismus ist er für einige Tage aufs Land gefahren.
Dennoch macht die Gestapo einen guten Fang. In seinem Schrank wird nicht nur sein rotes Notizbuch mit allen wichtigen Adressen und Angaben gefunden, sondern auch jeweils eine Kopie der meisten Funksprüche, die „Libuše" nach London gesandt hat, sowie Antworten und Befehle aus London und auch Angaben über den Standort des Senders in Ležáky. Nur Bartoš fehlt. Aber der Gestapochef von Pardubitz, Gerhard Clages, hofft, ihn bald festnehmen zu können.

Seit drei Tagen warten sie.
Samstag, 20. Juni 1942.
Vor zwei Tagen ist gemeldet worden, daß die Attentäter unschädlich gemacht worden seien.
Wann kommt Bartoš? Ist er gewarnt worden?
Er war gewarnt. Und zwar unmittelbar vor der Nase der Gestapobeamten. Das längst vereinbarte Warnsignal waren die am Wohnzimmerfenster heruntergelassenen Rolladen. Am Samstag, dem 20. Juni, scheint die Sonne wie im Hochsommer. Die Bitte von Frau Krupková, die Rolladen herunterlassen zu dürfen, ist verständlich und unverdächtig. Möbelbezüge, Bilder und Tapeten bleichen aus. Warum sollen die Beamten nein sagen. Am nächsten Tag, Sonntag, bleibt Hana Krupková in Untersuchungshaft, aber die Wohnung ist weiter von der Gestapo besetzt. Die Männer nehmen keine Rücksicht auf Frau Krupkovás Polstergarnitur und auch sonst nicht.
Alfréd Bartoš kommt. Als ihm die Tür geöffnet wird, weiß er, daß etwas nicht in Ordnung ist. Er macht auf dem Absatz kehrt, läuft vier, fünf Treppen hinunter auf die fast menschen-

leere Straße. Drei Männer hinter ihm her. Ein kurzer Schußwechsel. Bartoš weiß, daß er nicht entkommen kann. Der Gelenkrheumatismus hat ihn fast zum Invaliden gemacht. Er setzt die Pistole an seinen Kopf. Bartoš drückt ab. Noch lebt er. Die Ärzte versuchen, sein Leben zu retten, aber alle Bemühungen sind umsonst. Alfréd Bartoš kann nicht mehr aussagen...
Aber sein rotes Notizbuch gibt Auskunft. Auch über Ležáky, wo sich Potuček mit der „Libuše" seit Monaten versteckt hält.
Vor dem tschechoslowakischen Gericht in Chrudim erklärt 1945 der Beamte der Pardubitzer Gestapo, Ludwig Schulze: „Clages wollte nicht hinter Lidice zurückstehen. Er war ein brutaler Mensch und wollte sich in Prag beliebt machen. Deshalb befahl er die Ausrottung der Gemeinde wie in Lidice..."
Clages schlägt am 23. Juni Karl Hermann Frank vor, gegen die Ortschaft Ležáky eine Aktion nach dem Muster von Lidice vorzunehmen. Nach Rückfrage in Berlin wird Zustimmung erteilt.
In den Nachmittagsstunden des 24. Juni 1942 wird Ležáky von Einheiten der Waffen-SS umzingelt. Alle Bewohner werden auf die Straße gejagt und mit Lastwagen in das Gefängnis von Pardubitz abtransportiert.
Die Kinder werden noch am Abend nach Prag gebracht. Zwei von ihnen sollen eingedeutscht werden.
Kurt Daluege meldet Martin Bormann in seinem Abschlußbericht: „Der Ort Ležáky, der aus acht Häusern bestand, wurde vollständig niedergebrannt. 33 Erwachsene – Männer und Frauen – wurden erschossen. Die Kinder wurden deutschen Stellen übergeben." Alle Einwohner von Ležáky mußten sterben, obgleich, wie aus den Unterlagen von Bartoš klar hervorgeht, lediglich zwei Männer aus Ležáky, der Mühlenbesitzer Švanda und der Maschinist des Steinbruches Svoboda, von der Existenz des Senders in ihrer Ortschaft wußten.
Das ist nicht nur der tschechischen Bevölkerung, sondern auch – wie aus dem Lagebericht des Regierungspräsidenten in Troppau vom 2. Juli 1942 hervorgeht – großen Teilen der deutschen Bevölkerung unverständlich:
„Daß sich einige Volksgenossen finden, die die armen Unschuldigen bedauern (sie verweisen insbesondere auf die

Auslöschung der beiden Dörfer bzw. die Entfernung der Bewohner und die Hinrichtung aller Familienangehörigen), ist bei der bekannten, bis zur Selbstaufopferung gehenden deutschen Objektivität nicht zu verwundern..."
Der Sender und der Funker Potuček werden in Ležáky nicht entdeckt. Zwei Tage nach der Vernichtung von Ležáky findet Potuček ein Versteck im Dorf Bohdašín. Von dort aus sendet er am 26. Juni 1942 seinen letzten Funkspruch:
„Ležáky bei Vrbatov, wo ich mit meinem Sender war, ist dem Erdboden gleichgemacht worden. Die Menschen, die uns geholfen hatten, wurden verhaftet. Nur mit ihrer Hilfe konnte ich den Sender und mich retten. Fred (Bartoš) war an diesem Tage nicht in Ležáky. Ich weiß nichts von ihm, und er kennt meinen jetzigen Standort nicht. Ich hoffe, daß uns ein Zusammentreffen gelingt. Ich bleibe jetzt allein... Für den Fall, daß ich mit Fred nicht zusammenkomme, nennt mir Namen und Anschrift seines Nachfolgers. Die nächste Sendung folgt um 23.00 Uhr am 28. Juni..."

Potuček wird in Bohdašín entdeckt. SS und Gestapo umstellen den Ort, aber dem Funker gelingt es, sich nach einer Schießerei durchzuschlagen. Er flüchtet in Richtung Pardubitz. Noch weiß er nicht, daß Bartoš tot ist. Er wird gehetzt wie ein wildes Tier. Am 2. Juli 1942 kann er bei Rosice gestellt werden. Wieder versucht er, sich durchzuschlagen. Aber das Glück wiederholt sich nicht. Jiří Potuček wird getötet. Der letzte tschechische Fallschirmagent aus England ist im Kampf gefallen...

Am 3. Juli 1942 wird der Ausnahmezustand für das Gebiet des Protektorats Böhmen und Mähren aufgehoben. Aber das bedeutet nicht, daß diejenigen, die irgendwie mit dem Attentat auf Reinhard Heydrich in Verbindung gebracht werden, jetzt mit Milde rechnen können. Darauf wird in der schriftlichen Aufhebung des Ausnahmezustandes ausdrücklich hingewiesen.
„Die Standgerichte bleiben jedoch zur Aburteilung von im unmittelbaren Zusammenhang mit dem Anschlag auf SS-Ober-

gruppenführer Heydrich begangenen Straftaten zuständig."
Unmittelbar mit dem Attentat hängt auch die Tat der Geistlichen, des Küsters und des Synodalältesten der Gemeinde der Karl-Borromäus-Kirche zusammen.
Am 3. September 1942 findet die öffentliche Sitzung des Standgerichtes unter Vorsitz des Leiters der Prager Staatspolizei-Leitstelle, SS-Standartenführer Dr. Geschke, statt. In seiner Eröffnungsrede beschuldigt er vor allem Dr. Petřek, der seine Tat damit rechtfertigt, daß die orthodoxe Kirche schon seit Jahrhunderten den Kämpfern für nationale Freiheit Zuflucht in ihren Kirchen gewährt hätte.
Es wird kurzer Prozeß gemacht. Die Urteile sind schon längst gefällt. Wen interessiert es schon, daß der 66jährige Bischof Gorazd erst einige Stunden vor dem Angriff auf seine Kirche erfahren hat, daß die Attentäter in der Gruft versteckt sind, und daß er befohlen hat, sie dort nicht länger verborgen zu halten?
Am darauffolgenden Tag, dem 4. September 1942, werden alle Verurteilten erschossen. Nur die Vollstreckung des Urteils gegen Dr. Vladimír Petřek wird um 24 Stunden verschoben.

Die Familien der Attentäter und der anderen Fallschirmagenten sowie derjenigen, die ihnen geholfen haben – insgesamt 252 Personen –, werden auf Anweisung der Prager Gestapo in Theresienstadt interniert.
Am 21. Oktober 1942 gibt die Prager Gestapo den Befehl, die Häftlinge sofort zum Transport in das Konzentrationslager Mauthausen vorzubereiten und abzuschicken.
Die „Reise" beginnt am 22. Oktober um 4.00 Uhr früh. In Viehwaggons. Unmittelbar nach der Ankunft werden einige Männer in den berüchtigten „Bunker" eingeliefert und dort ermordet. Am Sonntag, dem 24. Oktober 1942, werden die restlichen Männer erschossen, die Frauen in die Gaskammern getrieben. Alle!
Was folgte war Agonie...

Die Widerstandsbewegung in Böhmen und Mähren war vernichtet.

Der Blutrausch feierte Triumphe.

In der Zeit vom 28. Mai bis zum 1. September 1942 wurden 3 188 Tschechen verhaftet und 1 357 von Standgerichten in Prag und Brünn zum Tode verurteilt.

Diese Angaben erfassen nicht die Geistlichen der Karl-Borromäus-Kirche, nicht die in Mauthausen Ermordeten und nicht die einige hundert anderen, die bis zum Kriegsende in Gefängnissen und Konzentrationslagern sterben oder hingerichtet werden.

Aber die Zeit blieb nicht stehen.

Fast schien es, daß der Tod von Reinhard Heydrich das Ende des Dritten Reiches eingeläutet hätte.

Die Sondermeldungen über Erfolge an den Fronten wurden seltener. Der Sieg schien in weite Ferne gerückt zu sein.

In Stalingrad ergab sich Generalfeldmarschall Paulus der Roten Armee...

Nordafrika fiel in die Hände der Westalliierten.

Und London?

Der tschechoslowakische Präsident Beneš bereitete sich auf eine Reise vor. Eine Reise, die für die Völker der Tschechoslowakei schicksalhafte Folgen haben sollte.
Am 1. Dezember 1943 wurden in Teheran die Gespräche der drei mächtigsten Männer der Kriegskoalition gegen Hitler – des britischen Premierministers Winston Churchill, des Präsidenten der Vereinigten Staaten F.D. Roosevelt und des sowje-

tischen Diktators Josef W. Stalin – beendet. Am gleichen Tag landete eine britische Sondermaschine. An Bord befand sich der tschechoslowakische Präsident Edvard Beneš. Von seinem Londoner Exil kommend, sollte er von Habbanyija aus nach Moskau weiterreisen, um dort einen tschechoslowakisch-sowjetischen Freundschaftspakt zu unterzeichnen.

Noch kurz vor Antritt seiner Reise hatten ihm der britische Außenminister Anthony Eden und einige seiner politischen Mitarbeiter – unter ihnen der Minister Ladislav Feierabend – von der Vertragsunterzeichnung abgeraten. Es sei verfrüht, meinten sie, sich so fest an die Sowjetunion zu binden. Ein Vertrag mit der Sowjetunion könne auch noch später abgeschlossen werden, denn ein jetzt unterzeichneter Vertrag könnte für die Zukunft Mitteleuropas schwerwiegend sein.
Präsident Beneš ließ sich von seinem Entschluß aber nicht abbringen. Schon als er im Herbst 1938 ins Exil gegangen war, hatte er die Überzeugung gewonnen, daß das Schicksal der Tschechoslowakei und damit auch seine eigene politische Zukunft vom Verhalten der Sowjetregierung abhingen. Schon im Mai 1935 hatte er – noch als Außenminister – den ersten tschechoslowakisch-sowjetischen Vertrag unterschrieben. Als Moskau während der deutsch-tschechoslowakischen Krise 1938 und bei Hitlers Einmarsch in Prag im März 1939 den Vertrag nicht erfüllte und mit der diplomatischen Anerkennung der slowakischen Republik die von Hitler vollzogene Zerschlagung der Tschechoslowakei de facto und de jure sogar akzeptierte, versuchte Beneš immer noch, die Politik Stalins zu rechtfertigen.

Entschuldigende Worte fand Beneš 1939/40 für den Hitler-Stalin-Pakt, für den sowjetischen Angriff auf Finnland, für Moskaus Expansion im Baltikum und auf dem Balkan. Und für Stalin war Beneš seit 1937 der Mann, der ihm Dokumente zugeleitet hatte, die zur Aburteilung und Hinrichtung der Generalgruppe der Roten Armee unter Marschall Michail Tuchatschewskij als Beweismaterial dienten. Damals wußte Beneš nicht, daß er sich unfreiwillig zum Helfer Berlins gemacht hatte, wo die Dokumente gefälscht worden waren. Und Ende 1943 sah Stalin in dem ehrgeizigen tschechoslowakischen Exilpräsidenten ein Instrument, das ihm bei der Verwirklichung seiner zukünftigen Europapolitik nur nützlich sein konnte.

Über die Ansichten von Beneš war Stalin seit Monaten ständig informiert worden. Der sowjetische Gesandte bei der Londoner tschechoslowakischen Exilregierung, Alexander Bogomolow, der Sowjetbotschafter in London, Iwan Maijskij, und Abgesandte des sowjetischen Nachrichtendienstes, die oft mit Beneš konferierten, berichteten regelmäßig über seine politische Einstellung und seine politischen Pläne. Auch kommunistische Vertreter im tschechoslowakischen Staatsrat in London, die in dieses „Exilparlament" auf Anraten und Wunsch des Präsidenten aufgenommen und damit bei den Westmächten salonfähig gemacht worden waren, übermittelten nach Moskau ausführliche Berichte über Beneš.
Am 11. Dezember 1943 traf der Sonderzug mit der tschechoslowakischen, von Präsident Beneš geleiteten Delegation in der sowjetischen Hauptstadt ein. Die Sowjetregierung bereitete dem Gast einen glanzvollen Empfang. Und schon am nächsten Tag, am 12. Dezember 1943, unterschrieben der sowjetische Außenminister Wjatscheslaw Molotow und der tschechoslowakische Gesandte in Moskau, Zdeněk Fierlinger, den bereits vorher auf diplomatischem Weg abgestimmten Vertragstext. Aber noch wichtiger als die formelle Vertragsunterzeichnung waren für die Sowjetregierung die Gespräche, die Stalin und Molotow mit Beneš in Moskau führten.
Stalin und Beneš legten dabei vor allem auf zwei für die Gestaltung der Verhältnisse in Europa nach dem Kriegsende sehr wichtige Fragen großen Wert: Es ging um die sowjetischen Beziehungen zu Polen und um die Rolle Deutschlands nach dem Krieg.

Die sowjetisch-polnischen Beziehungen waren seit der Aufdeckung des Massenmords an polnischen Offizieren durch den sowjetischen Staatssicherheitsdienst stark belastet. Über 4 000 der mehr als 10 000 polnischen Offiziere, die 1939 in sowjetische Kriegsgefangenschaft geraten waren, waren im Frühjahr 1943 von deutschen Truppen in Massengräbern im Wald von Katyn bei Smolensk erschossen aufgefunden worden. Die polnische Exilregierung in London hatte in scharfer Form von Moskau eine Erklärung zu diesem Fund verlangt, worauf die Sowjetregierung die diplomatischen Beziehungen zur polnischen Exilregierung in London offiziell abgebrochen hatte. Nun, einige Monate danach, wollte Stalin offensichtlich Beneš als Vermittler zur polnischen Exilregierung benutzen. Dabei ging er – zu Recht – davon aus, daß Beneš bei den Polen die Interessen der Sowjetunion durchzusetzen versuchen würde.

Am 12. Dezember 1943 gaben die sowjetischen Gastgeber im Moskauer Bolschoi-Theater für Beneš und seine Begleitung eine Galavorstellung des Balletts „Schneewittchen" von Rimskij- Korsakow. Dabei kam es in der Pause zu einem bemerkenswerten Gespräch zwischen Stalin und Beneš. Der Chef der Kanzlei des Präsidenten, Jaromír Smutný, fertigte darüber detaillierte Aufzeichnungen. Das Protokoll brachte er mit, als er 1949 aus Prag nach London floh. Die sogenannten Smutný-Papiere sind ein einzigartiges Zeugnis für die Verhandlungstaktik Stalins.
Er sagte zu Beneš:
„Ich habe eine ernste Angelegenheit auf dem Herzen. Wir wollen uns mit den Polen verständigen. Sagen Sie, Herr Präsident, wie das zu machen ist – und ob das überhaupt möglich wäre. Ihr habt Kontakt mit ihnen und kennt sie."
Und Beneš' Antwort:
„Unser Verhältnis zu Polen ist kühl genug. Wir hatten mit ihnen in der Vergangenheit Grenzstreitigkeiten... Ich bin überzeugt, daß die Polen nach dem Krieg zur Vernunft kommen werden und daß sich mit ihnen zusammenarbeiten lassen

wird... Bei den Polen im Ausland besteht folgende Situation: Sie sehen, daß sich die Rote Armee polnischem Gebiet nähert. Deshalb verstärken sie ihre Bemühungen, sich mit euch zu einigen."

Tatsache ist, daß Beneš bereits von sich aus über die Beziehungen zu Polen in der Nachkriegszeit nachgedacht hatte und in den tschechoslowakisch-sowjetischen Vertrag eine Klausel hatte einsetzen lassen, die Polen betraf. Er hatte davon vor seiner Abreise aus London den ebenfalls dort im Exil lebenden polnischen Ministerpräsidenten Mikolajczyk informiert. Stalin war davon überrascht:
„Die Polen wissen von unserem Vertrag?"
„Ich habe Mikolajczik den ganzen Vertrag gezeigt..."
Beneš ging noch weiter. Da er zu Recht annahm, daß die Sowjetregierung kaum geneigt sein werde, die polnische Exilregierung in London wieder voll anzuerkennen, gab er Stalin einen versteckten Rat, wie diese Schwierigkeit gelöst werden könnte. Beneš nahm als gewiß an, daß Polen von der Roten Armee besetzt werden würde, und sagte zu Stalin:
„Dann wird eine neue Regierung auf polnischem Gebiet gebildet werden, die mit der Londoner Exilregierung nichts mehr zu tun haben wird..."
Stalin hat nur wenige Monate später, im Sommer 1944, diese Erwägung des tschechoslowakischen Exilpräsidenten mit der Gründung des von Kommunisten beherrschten „Lubliner Komitees" als Keimzelle einer späteren Regierung Polens in die politische Praxis umgesetzt.

Zwei Tage nach der Vertragsunterzeichnung und dem Ballettabend kam es am 14. Dezember 1943 zu einer langen Unterredung zwischen Molotow und Beneš. In ihr ging es fast ausschließlich um die Lösung der sogenannten deutschen Frage. Aus den Smutný-Dokumenten geht klar hervor, welche Vorstellungen Beneš dazu entwickelte:
„Ich sprach darüber bereits mit Marschall Stalin. Die deutsche Frage ist die Grundlage. Was soll man mit Deutschland nach

dem Kriege machen?... Stalin sagte: Zerschlagen! Ich stimme überein, aber man muß das genau wissen... Eine weitere Frage ist die Bestrafung Deutschlands nach dem Kriege. Wir bereiten schon Namenslisten der Schuldigen vor. Unsere Deutschen waren die ersten Kriegsschuldigen... Eine weitere Frage: die Minderheiten, der Transfer. Auch darüber habe ich beim Abendessen mit Marschall Stalin gesprochen. Stalin erklärte kategorisch: Wir stimmen überein... Wir sind die Initiatoren des Antrags für den Transfer. Unsere Staatsgrenzen müssen die gleichen sein, wie sie früher waren, deshalb müssen die Sudetendeutschen gehen. Bei uns leben 2,8 Millionen Deutsche. Wird man alle aussiedeln müssen, dann wird es gut sein. Wenn nicht, dann wenigstens zwei Millionen."
Daß Beneš mit seinen Plänen zur Vertreibung der Deutschen aus der Tschechoslowakei bereits damals die volle Unterstützung der sowjetischen Führung hatte, bestätigte im Dezember 1974 der politische Sekretär des tschechoslowakischen Exilpräsidenten, Dr. Eduard Táborský. Er war bei allen Gesprächen Beneš' in Moskau 1943 zugegen gewesen. In der Zeitschrift „Kanadské Listy" schrieb Táborský 1974: „Sowohl Stalin als auch Molotow wiesen für Beneš' Absicht, die Deutschen auszusiedeln, großes Verständnis auf. Obwohl in den Memoranden, die Beneš Stalin überreichte, nicht davon gesprochen wurde, wie viele Deutsche aus der Tschechoslowakei abgeschoben werden sollten, herrschte nicht der geringste Zweifel, daß es um ihre überwiegende Mehrheit ging. Und als Beneš auf eine entsprechende Frage Molotows sagte:
'Zwei Millionen..., aber vielleicht noch mehr, da winkte Molotow ab und erklärte: Das ist eine Kleinigkeit...Das ist eine leichte Aufgabe.'"

Edvard Beneš ging noch weiter. Er empfahl geradezu die Einmischung Moskaus in die inneren Angelegenheiten der Tschechoslowakei. Er wünschte sich Druck von sowjetischer Seite auf die von ihm selbst präsidierte tschechoslowakische Exilregierung in London, die Slowaken für ihre 1939 verwirklichten Separationswünsche zu bestrafen. Mit sowjetischer

Hilfe hoffte er, die Slowaken zur Anerkennung seiner Autorität zwingen zu können. Beneš bat ferner um sowjetische Unterstützung bei seinem Vorhaben einer umfangreichen Bodenreform und bei den von ihm ins Auge gefaßten Verstaatlichungen in der wiedererstehenden Tschechoslowakei. Und schließlich erbat er sowjetische Hilfe bei der Ausrüstung einer 50 000 Mann starken Untergrundarmee in der Tschechoslowakei noch vor Kriegsende.

Die Bitte um Ausrüstung zeigt, daß kein einfacher Zusammenhang zwischen den militärischen Ereignissen und der bevorstehenden Teilung Europas in Einflußsphären bestand. Im Juli 1943 hatten die Engländer eine ähnliche Forderung der Beneš-Regierung zurückgewiesen. Nicht weil sie die Tschechoslowakei zur sowjetischen Einflußsphäre gezählt hätten, sondern weil sie den Plan zu diesem Zeitpunkt für technisch undurchführbar hielten. Aber die tschechoslowakische Regierung zog aus politischen Gründen ohnehin die sowjetische der westlichen Hilfe vor. So heißt es in einer Eintragung im Kriegstagebuch des tschechoslowakischen Generalstabs in London vom 1. Dezember 1943 – also nur wenige Tage vor der Unterzeichnung des Vertrages mit der Sowjetunion – wörtlich: „Der Präsident der Republik hat folgendes angeordnet: Wir müssen daheim so schnell wie möglich unsere eigene Armee schaffen. Ihre Hauptaufgabe wird es sein, die Nation von den Nazis zu reinigen. Dabei verlassen wir uns auf sowjetische Hilfe. Es ist wünschenswert, daß sich die Briten und Amerikaner an dieser unserer inneren Angelegenheit nicht beteiligen, wegen der wahrscheinlichen Mißbilligung durch einen Teil ihrer öffentlichen Meinung."

Kein Wunder, daß angesichts dieser Bestrebungen Beneš' schon kurz nach der Unterzeichnung des Moskauer Vertrages Ladislav Feierabend feststellen mußte: „Wir selbst hatten dazu beigetragen, daß wir militärisch – wie bereits zuvor politisch – dem sowjetischen Machtbereich angehörten."

Edvard Beneš zahlte mit der Unterzeichnung des Vertrages einen Preis, dessen Ausmaß er offenkundig selber nicht er-

kannte. Die Tschechoslowakei verpflichtete sich, in allen wichtigen Fragen Moskau zu konsultieren und die Wünsche Moskaus zu akzeptieren. Der Bolschewismus, von den tschechoslowakischen demokratischen Parteien bisher als Symbol des Totalitarismus betrachtet, wurde jetzt ein „übernationales Ideal, ein ewiges Ideal, ein menschliches Ideal, ein Ideal von Platons Zeiten über die christliche Ära und die Französische Revolution bis zum heutigen Tag", wie ihm der engste Vertrauensmann des Staatspräsidenten, Minister Dr. Hubert Ripka, in einer tschechischen Sendung der BBC bescheinigte.
Für Stalin und die sowjetische Außenpolitik in den Ländern Mittel- und Osteuropas war der Vertrag vom 12. Dezember 1943 eine wichtige Etappe zur Verwirklichung des sowjetischen Nachkriegszieles. Da Beneš in europäischen politischen Kreisen sowie in den Vereinigten Staaten als einer der traditionellen demokratischen Politiker der Zeit zwischen den beiden Weltkriegen angesehen wurde, ist sein Abkommen mit Stalin auch als Zeichen einer gewissen Umstellung der Sowjets und als Beweis, daß sie sich an die Spielregeln der üblichen Beziehungen zwischen Staaten verschiedener Gesellschaftsordnungen halten wollten, interpretiert worden. Die Absprachen von Teheran zwischen Stalin, Roosevelt und Churchill über sowjetische Einflußgebiete in Europa erschienen nach dem Moskauer Vertragsabschluß vor allem dem amerikanischen Präsidenten Roosevelt in einem neuen Licht. So haben die Sowjets mit Hilfe Beneš' erreicht, daß das Mißtrauen gegenüber ihrer Europapolitik zeitweise aufgehoben wurde.
Und Beneš selbst fühlte sich von Stalin auf eine der höchsten Stufen seiner politischen Karriere gehoben. Denn der sowjetische Diktator ging sogar so weit, Beneš zu bitten, die sowjetischen Vorschläge zur Lösung der Polen-Frage dem britischen Premierminister Winston Churchill zu übermitteln und zu erläutern. Im Januar 1944 traf Beneš mit Churchill in Marrakesch zusammen. Er überbrachte – so Churchill in seiner „Geschichte des Zweiten Weltkrieges" – „mit Bleistift eingezeichnete Ostgrenzen von Königsberg zur Curzon-Linie, die

den Polen die Lomza- und Bialystok-Distrikte im Norden, nicht aber Lemberg (Lvov) im Süden zusprechen. Als westliche Grenze bietet er die Oder-Linie einschließlich eines größeren Teiles von Oppeln an... Dies gibt den Polen einen ausgezeichneten Lebensraum...".

Im Sommer 1944 näherten sich die sowjetischen Armeen der Tschechoslowakischen Republik. Ende August 1944 brach in der Slowakei ein Aufstand gegen die Deutschen und gegen die Regierung der Slowakischen Republik aus. Eingeleitet von sowjetischen Kommandanten der Partisaneneinheiten. Aus den Wäldern kamen sie in die Täler, besetzten Städte und Dörfer.
Am 1. September 1944 erließ der Slowakische Nationalrat die Deklaration zum Aufstandsbeginn: „Sämtliche demokratische und fortschrittliche Kräfte des slowakischen Volkes, die den unermüdlichen Kampf gegen das bisherige faschistische Regime in der Slowakei und gegen seine nazistischen deutschen Verbündeten führten, schufen am heutigen Tage den Slowakischen Nationalrat als oberstes Organ des einheimischen slowakischen Widerstandes. Daher ist der Slowakische Nationalrat allein berechtigt, im Namen des slowakischen Volkes zu sprechen. Er übernimmt mit dem heutigen Tage in der gesamten Slowakei die gesetzgebende und exekutive Gewalt wie auch die Verteidigung der Slowakei. Wir sind für das brüderliche Zusammenleben mit dem tschechischen Volk in einer neuen Tschechoslowakischen Republik. Mit dem heutigen Tage schließt sich die slowakische Nation vor aller Welt den verbündeten Völkern an, die mit ihrem Einsatz und ihren gewaltigen Opfern ein freies, demokratisches Leben allen Völkern dieser Erde und auch unserem kleinen Volk erkämpfen. Mit allen Mitteln wollen wir zur schnellen Beendigung dieses Freiheitskampfes beitragen. In diesem historischen Augenblick verpflichten wir uns, unserer kämpfenden slowakischen Armee und den Partisanen jede moralische und materielle Hilfe zu gewährleisten. Wir rufen das ganze Volk zu den Waffen..."

Einen Tag später, am 2. September um 20.30 Uhr wandte sich auch der Präsident der Slowakischen Republik, Dr. Jozef Tiso, mit einem Aufruf über den Rundfunk an die slowakische Nation: „Ein unbarmherziger Sturmwind jagt durch die Slowakei. Unter ihm leiden physisch bereits viele und seelisch alle Slowaken. Blutvergießen, Zerstörung des Eigentums, die brutale Vernichtung der persönlichen und gesellschaftlichen Freiheit sind Posten der Gegenbilanz im Vergleich zu den glücklichen und positiven Ergebnissen der slowakischen Staatlichkeit. Wir wehren uns nur, und es wäre für uns die größte Schmach vor der Welt und den zukünftigen slowakischen Generationen, wenn wir uns nicht verteidigen würden. So wie unsere Verteidigung nur durch den Angriff des Feindes provoziert wurde, so wird auch die Methode seines Angriffs die Art und Weise unserer Abwehr bestimmen.
Den militärischen Teil dieser Verteidigung übernimmt unser Beschützer, das Großdeutsche Reich, zu dem wir volles Vertrauen haben, auf den wir uns verlassen können, da wir wissen, daß alles, was er unternimmt, in der Absicht geschieht, die Ordnung in der Slowakei wiederherzustellen... Also aushalten, nicht zurückweichen, in Standhaftigkeit ausharren, bis über unserer Slowakei erneut die Sonne der Ruhe und Ordnung scheint! An die Wacht!"
Die Sonne der Ruhe und Ordnung, die Dr. Jozef Tiso herbeisehnte, kam aber nicht mehr.

Die slowakischen kommunistischen Parteifunktionäre Karol Šmidke und Dr. Gustáv Husák konzentrierten sich vor allem darauf, die Vormachtstellung der Kommunisten zu stärken.
Obwohl sie sich in einer deutlichen Minderheit befanden, konnten sie sich eine einflußreiche Position im politischen Organ des Aufstandes, dem Slowakischen Nationalrat, sichern. Die bürgerlichen demokratischen Kräfte wurden völlig in die Defensive gedrängt, und Šmidke und Husák, die sich auf die Unterstützung und Macht der Roten Armee beriefen, zwangen den Nationalrat und die Vertreter der bürgerlichen demokratischen Partei, ihre Forderungen zu akzeptieren.

Gleichzeitig schufen sie eine wichtige günstige Voraussetzung für die politische Auseinandersetzung um die Führung der Slowakei nach Beendigung des Krieges. Da Husák und Šmidke sowie die Moskauer Exilführung der KP in einer Analyse der Einstellung der slowakischen Bevölkerung zum neuen Staat zu der Überzeugung gelangten, daß es den Kommunisten auf legalem, demokratischem Weg niemals gelingen werde, die Mehrheit zu gewinnen, mußten Bedingungen geschaffen werden, um alle sozialistisch orientierten Kräfte in der Slowakei unter kommunistische Kontrolle zu bringen.
Die Praxis war einfach. Das illegale Zentralkomitee der slowakischen Kommunisten ließ erklären, daß die Zeit gekommen sei, die Organisationen der Arbeiterklasse in einer Partei zu verschmelzen. In Moskau wurde dieser Gedanke sofort begrüßt. Bevor sich die im Exil in London und den Vereinigten Staaten lebenden tschechischen und slowakischen sozialdemokratischen Parteifunktionäre zu dem Beschluß auch nur äußern konnten, wurde die „Vereinigung" in die Wege geleitet. Der Altsozialdemokrat Zdeněk Fierlinger, der tschechoslowakische Botschafter in Moskau, und der inzwischen in die Slowakei eingeflogene Sozialdemokrat Bohumil Laušman haben die Vereinigung begrüßt und ausdrücklich empfohlen.
Als Laušman erfuhr, daß die neue Partei das kommunistische Parteiprogramm annehmen und auch den Namen „Kommunistische Partei der Slowakei" führen sollte, empfahl er seinen slowakischen sozialdemokratischen Genossen in einem Telegramm, die vorgesehene Vereinigung noch einmal zu überdenken. Dieses Telegramm kam jedoch niemals an!

Das erste Ziel der Kommunisten war erreicht. In der Slowakei existierte nur eine Partei der „Arbeiterklasse": die Kommunisten. Das „slowakische Experiment" – von Moskau aus gesteuert – blieb damals in Europa ohne Beachtung. Bald sollte es wiederholt werden, wobei seine Nachahmungen geschichtlich und politisch bedeutender waren, aber taktisch an das Vorbild von Neusohl anknüpften. Vom 20. bis zum 21. April 1946 tagte in Berlin der „Vereinigungsparteitag" der

Kommunistischen Partei Deutschlands und der Sozialdemokratie der sowjetisch besetzten Zone. Die Sozialistische Einheitspartei Deutschlands wurde gegründet, Wilhelm Pieck und der Sozialdemokrat Otto Grotewohl zu Vorsitzenden, Walter Ulbricht zum Generalsekretär der neuen Einheitspartei „Arbeiterklasse" gewählt.
Und zwei Jahre später, im Verlauf des Jahres 1948, wurden in gleicher Weise die sozialdemokratischen Parteien der Tschechoslowakei, Ungarns und Polens liquidiert.

Fast das ganze Land war in diesen ersten Tagen des Septembers des Jahres 1944 durch den Aufstand erschüttert. Zuerst waren die Kräfte der Aufständischen und der deutschen Truppen, die in das Land vom Westen, Süden und Norden her eindrangen, ziemlich im Gleichgewicht. Mitte September 1944 hatte die Aufstandsarmee etwa 14 500 Mann in den kämpfenden Einheiten. Dazu kamen noch rund 7 000 Partisanen, von denen nur 3 500 bis 4 000 wirklichen Kampfwert besaßen. Ihnen standen etwa 12 000 bis 13 000 frontverwendungsfähige deutsche Soldaten angriffsbereit gegenüber, während ungefähr 10 000 Mann in Landwehr- und Landesschützeneinheiten die Objekte in der vom Aufstand nicht berührten Westslowakei schützten. Aber schon im Oktober, nachdem sechs deutsche Divisionen in die Kämpfe in der Slowakei eingegriffen hatten, änderte sich die Situation. Die Aufständischen gerieten in die Defensive.
Worauf die aufständischen Slowaken von einem der Kommandanten des Aufstandes, Brigadegeneral Ján Golian, bis zum letzten Mann warteten, war die Hilfe der Roten Armee.
Am 8. September 1944 hatte die sowjetische Großoffensive im Raum Krosno begonnen, die dem Durchbruch durch die Karpatenpässe galt. Elf Schützendivisionen, eine Schützenbrigade, eine Panzerbrigade, das XXV. Panzerkorps, das I. Garde-Kavalleriekorps und auch das I. tschechoslowakische Armeekorps unter dem Befehl des späteren tschechoslowakischen Staatspräsidenten, Armeegeneral Ludvík Svoboda, traten zum Angriff an. Die Aufständischen erwarteten täglich

den sowjetischen Durchbruch über den Dukla-Paß, der der Roten Armee den Weg in die ostslowakische Ebene öffnen sollte. Am 12. September 1944 meldete die Abteilung Fremde Heere Ost im Generalstab des Heeres dem Oberkommando der Wehrmacht, daß sich die Partisanenabteilungen aus der Ostslowakei im Raum Bardějov konzentrierten, um den Sowjets nach ihrem Vorstoß über die Karpaten die Hand zu reichen. Vom Dukla-Paß bis zu der Stadt Preschau waren es 55 Kilometer und von Preschau bis zum östlichen Frontabschnitt der Aufständischen noch einmal 65 Kilometer. Insgesamt nur 120 Kilometer von den Sowjets zu den Aufständischen!
Nach 14 Tagen hatten die sowjetischen Truppen, trotz pausenloser und auch rücksichtsloser Angriffe, erst 15 Kilometer Gelände gewonnen, dabei aber blutige Verluste hinnehmen müssen. Die deutsche Front stand unerschüttert. Am Dukla-Paß opferte die sowjetische Armeeführung insgesamt 60 000 sowjetische Soldaten und 6 000 Soldaten des tschechoslowakischen Armeekorps, ohne über Monate hinweg die deutsche Abwehrfront, die hauptsächlich aus Gebirgsjägerregimentern bestand, zu durchbrechen. Abgesehen von Stalingrad war es das größte Blutopfer, das die Sowjets an einem begrenzten Frontabschnitt zu beklagen hatten.
Wenn aber die Aufständischen gehofft hatten, daß – als der Durchbruch durch die deutsche Front nicht gelungen war – wenigstens aus der Luft die Versorgung mit Waffen und Munition verstärkt würde, wurden sie auch hier enttäuscht. In den drei Wochen bis zum 18. September 1944 hatten die Sowjets in das Aufstandsgebiet nur 580 Maschinenpistolen, 240 Panzerbüchsen, 250 leichte Maschinengewehre, 74 schwere Maschinengewehre, sieben Fliegerabwehr-Maschinengewehre und 1 000 kg Sprengstoff geliefert.

Inzwischen verstärkte die deutsche Wehrmachtsleitung die Zuführung von fronterfahrenen Verbänden in die Slowakei. Brigadegeneral Ján Golian, einer der militärischen Kommandanten des Aufstandes, ahnte, daß es den Aufständischen ergehen könnte wie den polnischen Widerstandskämpfern in

Warschau. Die Sowjetarmee rührte sich nicht, um sie vor der Vernichtung und schließlich auch der physischen Liquidierung zu retten.
General Ján Golian sollte recht behalten. Der Aufstand in der Slowakei endete wie ein „zweites Warschau". In der Nacht vom 27. zum 28. Oktober 1944 diktierte der militärische Chef des Aufstandes, Generalleutnant Viest, in Donovaly das geheime Sonderdokument Nr. 25 843, mit dem er der „I. Tschechoslowakischen Armee in der Slowakei" befahl, den regulären Widerstand einzustellen und zum Partisanenkampf überzugehen. Es sollten Partisaneneinheiten zu je 100 bis 200 Mann, soweit möglich „nur aus Freiwilligen und aus Leuten, die bereit sind, für das Vaterland die größten Opfer zu bringen", organisiert werden.
In die Berge nordöstlich von Neusohl gingen etwa 7 500 Angehörige der aufständischen Armee. Über 10 000 Mann hatten die Waffen weggeworfen und kehrten in ihre Dörfer zurück, wo später viele von den deutschen Truppen gefangengenommen wurden. Rund 4 150 Soldaten der Aufständischen sind in dem Kampf gefallen. Die Stärke der Partisaneneinheiten, die sich Ende November 1944 in der Hohen Tatra und einigen anderen slowakischen Bergen verbargen, wurde auf annähernd 10 000 Mann geschätzt.

Der Aufstand wurde zerschlagen. Die militärischen Kommandanten, die Generale Viest und Golian, gefangengenommen, nach Deutschland überführt und wahrscheinlich an einem bis heute unbekannten Ort hingerichtet.
Zahlreiche Partisaneneinheiten, die sich an den Kämpfen beteiligt hatten, versuchten über die Grenze der Slowakei nach Mähren, auf das Protektoratsgebiet, in Sicherheit zu kommen.

Als Stalin mit Churchill im Oktober 1944 über die Einflußzonen in Ost-, Südost- und Mitteleuropa sprach, wie auch auf der Konferenz in Jalta im Februar 1945, fiel kein einziges Mal der Name der Tschechoslowakei. Über das Land im Herzen Europas wurde nicht gesprochen, nicht gestritten, nicht ver-

handelt. Spätestens seit März 1945 war für Stalin die tschechoslowakische Frage reif für eine Lösung.
Anfang Februar 1945 ließ Moskau Beneš und die tschechoslowakische Exilregierung wissen, daß die Sowjets ihre Rückkehr direkt aus London in die Tschechoslowakei als einen unfreundlichen Akt betrachten würden. Beneš wurde „empfohlen", den Weg in die Heimat über Moskau anzutreten.
Der „Wunsch" Stalins, der praktisch einem Befehl glich, bewirkte unter den Mitgliedern der Exilregierung eine gewisse Unruhe. Zwei der Minister, der ehemalige Agrarier Dr. Ladislav Feierabend und der Sozialdemokrat Václav Majer, rieten davon ab. Auch Außenminister Jan Masaryk hatte Bedenken angemeldet. Er verwies auf die unfreundliche Behandlung, die die Sowjets dem Bevollmächtigten der Regierung, Minister Antonín Němec, in der karpatoukrainischen Stadt Chust zuteil werden ließen.
Im Mai 1944 hatte die Sowjetunion mit der Beneš-Regierung in London ein Verwaltungsabkommen abgeschlossen, das die Wiedereinsetzung der tschechischen Autorität in den vor dem Münchner Abkommen vom 30. September 1938 bestehenden Grenzen vorsah. Als dann im Sommer 1944 die Rote Armee bis zu den Karpatenpässen vordrang, entsandte die tschechische Exilregierung den sozialdemokratischen Minister Němec mit einem kleinen Stab nach Ostgalizien, damit er anschließend in der Karpatoukraine die Regierungsgewalt übernehmen könnte.
Am 26. Oktober 1944 hatte die sowjetische Presse die Ankunft des tschechoslowakischen Bevollmächtigten in der Karpatoukraine gemeldet. Zunächst sprach sich der aus der Sowjetunion „importierte" Vorsitzende eines „Karpatorussischen Nationalrates", der Kommunist Iwan Turjanica, für die Einheit der früheren Tschechoslowakei aus und trat sogar mit Antonín Němec, dem Führer der tschechoslowakischen Regierungsdelegation für die befreiten Gebiete der Tschechoslowakei", wie er im Parteiorgan „Prawda" offiziell genannt wurde, auf einigen Kundgebungen an. Dabei beschwor Turjanica die verlockenden Aussichten eines Zusammenlebens

von Tschechen und Slowaken in einem gemeinsamen Staat. Am 29. Oktober 1944 war aber die Idee eines gemeinsamen Staates tot. An diesem Tag wurde in einem Kommentar des Senders Kiew erklärt, daß die Karpatoukraine ein historischer Bestandteil der Sowjetunion sei. Als der Bevollmächtigte der Londoner Beneš-Regierung, Němec, dann sogar noch gegen die rücksichtslose Rekrutierung der jungen Karpatoukrainer für die Rote Armee protestierte, wurde er mit seinem Stab einfach interniert und schließlich aus Chust ausgewiesen, wobei ihm erklärt wurde, daß er ein „unerwünschter Ausländer" sei.
Trotz dieses unfreundlichen Aktes hatten Beneš und die Exilregierung in London niemals den Mut, bei Stalin oder Molotow gegen die sowjetische Annektierung der Karpatoukraine zu protestieren. Auf die Ereignisse von Chust haben nur Feierabend und Majer hingewiesen und Beneš vor einer Abreise aus London nach Moskau gewarnt. Der Präsident ließ sich aber nicht überzeugen.
Ende Februar 1945 teilte die tschechoslowakische Exilregierung den Sowjets mit, daß ungefähr 200 Personen, darunter fünf bei der Regierung akkreditierte Diplomaten, in nächster Zukunft in der sowjetischen Hauptstadt eintreffen würden. Am 9. März 1945 – einem Freitag – verlassen Dr. Edvard Beneš und die tschechoslowakische Exilregierung London. Über Nordafrika und Iran fliegen sie nach Moskau, wo sie am 17. März 1945 eintreffen. Die Begrüßung in Moskau ist höflich und kühl. Noch ahnen Beneš und seine Begleiter nicht, daß sie soeben das Ende der tschechoslowakischen Demokratie eingeleitet haben.

Die zweite Märzhälfte des Jahres 1945 war für die Nachkriegsgeschichte der Tschechoslowakei die wohl wichtigste seit Beginn des Zweiten Weltkrieges.
Acht Tage lang – vom 22. bis zum 29. März 1945 – beraten in der tschechoslowakischen Botschaft in der Moskauer Nikitska-Straße Vertreter der tschechoslowakischen bürgerlichen Parteien, die Sozialdemokraten und – zum erstenmal in der Geschichte des Landes auch als gleichberechtigte Part-

ner – die Kommunisten über die künftige Gestaltung der Republik.

Als der Vorsitzende der Kommunistischen Partei der Tschechoslowakei, Klement Gottwald, die Teilnehmer fragte, ob sie ein Programm für die zukünftige Regierung vorlegen könnten, entstand eine lange Stille. Gottwald und seine kommunistischen Begleiter triumphierten innerlich. Nach einigen Minuten nahm Gottwald aus seiner Aktenmappe einige Blätter heraus. Ein in allen Details ausgearbeitetes Regierungsprogramm – übrigens vorher von Stalin gebilligt – lag als Verhandlungsunterlage auf dem Tisch.

Am 3. April 1945 trat die tschechoslowakische Exilregierung des Ministerpräsidenten und Vorsitzenden der christlich orientierten Tschechoslowakischen Volkspartei, Jan Šrámek, zurück. Einen Tag darauf wurde eine neue Regierung, die erste auf dem Territorium der Tschechoslowakischen Republik, gebildet. Es war in Kaschau, der zweitgrößten Stadt der Slowakei. Gleichzeitig mit der Neubildung der Regierung, deren Ministerpräsident der Sozialdemokrat und frühere Botschafter der Tschechoslowakei in Moskau, Zdeněk Fierlinger, wurde, war auch das Programm der Nationalen Front der Tschechen und Slowaken verkündet worden. Ein Programm, das sich nur in Details von dem, das Gottwald bei den Verhandlungen in Moskau Ende März 1945 vorgelegt hatte, unterschied.

Präsident Beneš bezeichnete das Programm als eine neue Etappe in der Geschichte der Tschechoslowakischen Republik.

Eine neue „Etappe"?

Wie hieß es doch in dem Regierungsprogramm: „Nach mehr als sechs Jahren Fremdherrschaft ist die Zeit gekommen, in der über unserem schwer geprüften Vaterland die Sonne der Freiheit wieder aufgeht.

Auf ihrem glorreichen Siegeszug gegen Westen hat die Rote

Armee die ersten Teile der Tschechoslowakischen Republik befreit. Auf diese Weise war es dank unserem großen Verbündeten, der Sowjetunion, möglich, daß der Präsident der Republik in das befreite Gebiet zurückkehren und daß hier, wieder auf heimatlichem Gebiet, die neue tschechoslowakische Regierung gebildet werden konnte.

In Würdigung der außerordentlichen Verdienste der Roten Armee... der beispiellosen Selbstaufopferung und dem grenzenlosen Heldentum ihrer Angehörigen zu huldigen, hat die Regierung den Wunsch, die kriegerische Zusammenarbeit der tschechoslowakischen Armee mit der Roten Armee noch weiter zu festigen und erblickt in ihr ein Vorbild für den Aufbau einer demokratischen, antifaschistischen tschechoslowakischen Armee.

Bei der endgültigen Zermalmung Hitler-Deutschlands, bei der Vollstreckung der Strafe an Deutschland... wird die Regierung so eng wie möglich an der Seite der Sowjetunion und im Verein mit den übrigen slawischen und demokratischen Staaten stehen.

Vollkommen neu aufgebaut wird auch in kultureller Hinsicht unser Verhältnis zu unserem größten Verbündeten – der UdSSR... Es wird alles aus unseren Lehrbüchern entfernt, was dort an antisowjetischem Inhalt enthalten war, die Jugend wird in gebührender Weise über die UdSSR unterrichtet werden. Die russische Sprache wird deshalb im neuen Lehrplan die erste Stelle unter den Fremdsprachen einnehmen."

Die Schlüsselindustrie, die Kohlengruben und Banken sollten verstaatlicht werden, hieß es im Programm. Eine Bodenreform würde durchgeführt werden. Eine Einheitsgewerkschaft sollte die Rechte der Arbeiterklasse vertreten. Die innenpolitische Entwicklung sollte nur durch die Parteien der Nationalen Front bestimmt werden. Nur solche Parteien, die in der Nationalen Front vertreten waren, dürften ihre Arbeit aufnehmen. Gerade in den Bestimmungen über die Nationale Front als politischem Machtorgan, in dem über alle wichtigen Angelegenheiten des Landes diskutiert und beschlossen werden

mußte, sowie in der Einschränkung der zugelassenen politischen Parteien auf nur vier erreichten die Kommunisten einen wesentlichen Erfolg. Die bürgerlich-demokratischen politischen Parteien entschlossen sich, das Programm gemeinsam mit den Kommunisten mitzutragen.
Eine tragische Fehlentscheidung, die die Weichen für die Zukunft der Republik stellte.

Eine „Halbdemokratie" ist in Kaschau geboren worden.
Die Taufpaten waren ungleiche Partner: die Kommunisten mit der Rückendeckung durch die Sowjetunion und Stalin und die bürgerlich-demokratischen politischen Parteien sowie Staatspräsident Dr. Edvard Beneš.

IV.

Die Wiedergeburt

Die grau-grüne Mercedes-Limousine hatte mit den Serpentinen, die zur Ausfallstraße Richtung Norden führten, keine Mühe. Jetzt erreichte der Wagen den höchsten Punkt über dem Moldautal. Der Himmel begann sich im Osten aufzuhellen.
Der Mann in der Uniform eines SS-Obergruppenführers sah, wie sich gegen den lichten Streifen am Horizont einige Türme der Stadt abhoben.
Sechs Jahre lang war der schlanke Mann mit den scharfgeschnittenen Gesichtszügen schon uneingeschränkter Herrscher über Stadt und Land. Er wußte, daß, wenn er sich den Wünschen und Befehlen Adolf Hitlers nicht entgegenstellte, er um seine Kompetenzen nicht fürchten mußte. Jetzt aber mußte er seinem Führer widersprechen, damit dieser die Befehle zur Zerstörung der Stadt, die er soeben verlassen hatte, zurücknimmt.
Vor wenigen Tagen hatte der Staatsminister im Protektorat Böhmen und Mähren, SS-Obergruppenführer Karl Hermann Frank, erfahren, daß Adolf Hitler in Berlin eingetroffen war. Frank bat um ein Gespräch mit dem Führer, und es wurde ihm angedeutet, daß seinem Wunsch entsprochen werden würde. Nun also fuhr er nach Berlin. Vielleicht zum letzten Mal. Die Lage war katastrophal. Das Reich zerfiel.
Diese Reise dauerte länger, als Frank gedacht hatte. Einige Male mußten sie anhalten, zuerst feindliche Tiefflieger und nochmals Fliegeralarm.
Kurz vor 17.00 Uhr erreichte der Mercedes den Stadtrand von Berlin. Karl Hermann Frank wollte seinen Augen nicht trauen. Statt einer blühenden Metropole: Trümmer. Die Fahrt zur Reichskanzlei schien endlos lang. Es war Mittwoch, der 4. April 1945, gegen 17.15 Uhr, als er die Reichskanzlei betrat. Frank hoffte, bald von Hitler empfangen zu werden, aber ein Ordonanzoffizier teilte ihm mit, daß er sich gedulden müsse. Der Führer hätte einige eilige und wichtige Besprechungen...
Nun wartete Frank schon über drei Stunden. Immer wieder suchte er im Geist neue Formulierungen für sein Gesuch an Hitler, Prag vor der Vernichtung zu verschonen.

Hitler und das Oberkommando der Wehrmacht sahen seit Beginn des Jahres 1945 Prag als eine Festung. General der Infanterie Rudolf Toussaint, der Wehrmachtsbevollmächtigte im Protektorat Böhmen und Mähren, wurde zum Festungskommandanten ernannt. Am 26. Februar 1945 meldete der General an Generaloberst Guderian, daß man für den Ernstfall die Sprengung der Moldaubrücken und aller Häuser in ihrem Vorfeld vorbereitet hätte. Rund eine Million Einwohner müßte aus diesem Gebiet ausgesiedelt werden. Außerdem schlug er den Aufbau einer vorgeschobenen Verteidigungslinie im Raum Prag vor.

Am 3. März 1945 befahl General Toussaint, neben dem „Verteidigungsbereich Prag" eine „Sperrzone Moldau" und eine „Böhmische Sperrzone" auf der Böhmisch-Mährischen Höhe zu errichten. Sofort sollten Maßnahmen zur Sprengung der Moldaubrücken und zur Verbarrikadierung der Straßen aus dem Osten und Norden nach Prag getroffen werden. Die Stadtviertel westlich der Moldau sollten befestigt werden.

Am 14. März gab Guderian einen weiteren Befehl aus:

1. Die Bestimmung Prags als Verteidigungsbereich bleibt weiterhin in Kraft.
2. Alle nötigen Maßnahmen zum Aufbau der Festung Prag müssen durchgeführt werden.

Toussaint präzisierte dann diese Anweisung und erklärte, daß sich die Vorbereitungen auf

a) die Zerstörung der Moldaubrücken,
b) den Aufbau von Linien, die die Brücken des engeren und weiteren Moldau-Brückenkopfes sichern,
c) den Umbau des auf dem Westufer der Moldau liegenden Stadtteils in eine Festung erstrecken müssen.

Karl Hermann Frank wußte, daß die Verteidigung Prags und die Kämpfe um die Stadt vor allem für die deutsche Bevölkerung verheerende Folgen haben müßten. Zusätzlich zu den rund 80 000 Zivilisten, die sich im April 1945 in Prag befanden, strömten in die von Bomben unversehrte Stadt an der Moldau Tausende deutsche Flüchtlinge aus dem Osten, so daß Frank die Zahl der deutschen Bevölkerung mit den Verwundeten in

Lazaretten und den noch relativ kleinen Wehrmachtseinheiten auf insgesamt mehr als 250 000 schätzte. Und der Staatsminister war überzeugt, daß diese Menschen nur dann gerettet werden könnten, wenn Hitler seinem Vorschlag zustimmte. Ein Vorschlag, der ihn seit Tagen beschäftigte, der ihn aber – wenn Hitler ihn ablehnte und in Frank einen Defätisten sehen würde – auch den Kopf kosten könnte.
Der Staatsminister wollte seinem Führer einen Separatfrieden für den böhmisch-mährischen Raum empfehlen! Nun wartete er bereits mehr als fünf Stunden. Endlich, einige Minuten nach 22.00 Uhr, holten ihn zwei Offiziere ab. Der Führer erwartete ihn in seinem unterirdischen Bunker.
Die meisten der Männer, die er im Bunker antraf, kannte Frank: Großadmiral Dönitz, Generalfeldmarschall Keitel, Generaloberst Jodl, Hermann Göring und Martin Bormann. In einem kleinen Vorraum mußte er warten. Der Ventilator summte monoton. Plötzlich ging die Tür auf. Vor Karl Hermann Frank stand Adolf Hitler!
Diese letzte Begegnung mit dem Führer hat Frank nie vergessen. Später beschrieb er sie in allen Einzelheiten. Es fiel ihm Hitlers ungepflegtes Aussehen auf. Lange, zerknitterte Hosen, Flecken am Feldrock. Eine Hand und ein Bein schienen wie vom Schüttelfrost ergriffen.
Hitlers Stimme klang ruhig, aber etwas rauh: „So, Frank, Sie kommen zu mir mit Ihren Sorgen, und ich habe meiner Sorgen genug..." Das war die Begrüßung. Er ließ den Gast aus Prag kaum zu Wort kommen. Es begann einer der vielen Monologe. Hitler sprach über seine Ansichten, daß nur derjenige, der niemals nachgebe, auch Sieger bleibe. Der Sieg neige sich auf die Seite derer, die fest geblieben seien und nicht kapitulierten. Er sprach von Alexander dem Großen, dem Römischen Reich, Friedrich dem Großen.
Erst nach etwa 30 Minuten machte Hitler eine kurze Pause. Frank nutzte sie aus, um auf die sehr ernste Lage im Protektorat hinzuweisen. Aber davon wollte Hitler nichts wissen. Darüber sollte Frank Bormann berichten, meinte er. Dies lehnte – zu Hitlers Überraschung – Frank ab. Nur der Führer

könne darüber entscheiden, ob er, Frank, eine aus tschechischen Persönlichkeiten zusammengesetzte Delegation zu den Westalliierten schicken könnte.
Hitler ließ Frank nicht zu Ende sprechen. Der Krieg werde militärisch entschieden. Auch wenn dies fast unglaublich klinge, eine neue Waffe, die Deutschland besitze, werde dem Kampf eine Wende geben. Auch neue Divisionen würden in den Kampf geworfen. Frank solle sich vor allem dafür einsetzen, daß im Protektorat Ruhe herrsche und der Widerstandswille nicht gebrochen werde. Auf eine Antwort des verstörten Staatsministers wartete Hitler nicht – mit einer Handbewegung gab er zu verstehen, daß die Audienz zu Ende sei. Ein Händedruck. Karl Hermann Frank hob die Hand zum Gruß. Neue Waffen, neue Divisionen, feste Standhaftigkeit... Gerade als er den Bunker verließ, heulten in Berlin die Sirenen.

Am 10. April 1945, sechs Tage nach der Unterredung Franks mit Adolf Hitler im Bunker der Reichskanzlei, gab der neue Festungskommandant von Prag, Generalleutnant Müller-Gebhart, unter der Nummer 200/45 g.Kdos die „Richtlinien für die Kampfführung gegen äußeren Feind und Bekämpfung innerer Unruhen" aus. Auf 36 Seiten und 13 Beilagen wurden alle Eventualitäten des Kampfes und der Verteidigung – Einsatz gegen feindliche Panzertruppen aus dem Osten, Luftangriffe oder Absprünge feindlicher Fallschirmjägereinheiten in Prag – behandelt.
Mit einer Möglichkeit rechnete Generalleutnant Müller-Gebhart in seinen Richtlinien allerdings nicht:
Mit dem Ausbruch eines Aufstandes tschechischer Widerstandsgruppen. Darum unterblieben auch Instruktionen zur Sicherung des Rundfunkgebäudes, der Hauptpost und anderer wichtiger Ämter und Gebäude. Bald sollte sich zeigen, daß dies ein schicksalhafter Fehler war.

Hitlers Optimismus, der Karl Hermann Frank angesteckt hatte, verflog schon wenige Tage nach seiner Rückkehr nach

Prag. Die letzten Zahlenangaben über die im Protektorat Böhmen und Mähren lebenden Deutschen waren niederdrükkend. Mehr als 650 000 deutsche Zivilisten wurden gezählt, mehr als die Hälfte davon waren Flüchtlinge. Wenn Hitlers Befehl über die Verteidigung des böhmisch-mährischen Raumes und vor allem Prags umgesetzt würde, wäre dies für diese Menschen das Todesurteil.
Der Gedanke an einen Separatfrieden mit den Westmächten, der mit dem Einmarsch amerikanischer und britischer Truppen verbunden wäre, ließ Frank nicht los. Inzwischen hatte er für seinen Plan den Stellvertreter des Rüstungsministers Albert Speer, Otto Sauer, gewonnen. Speer, von Sauer über Franks Absichten informiert, sagte – wie er später auch in seinen „Erinnerungen" bestätigte – seine Hilfe zu. Und es gelang ihm – knapp drei Wochen nach der Unterredung Hitler/Frank –, Adolf Hitler von der Notwendigkeit, diesen Plan zu realisieren, zu überzeugen. Ein in der Nähe von Berlin am 23. April 1945 gestartetes Jagdflugzeug überbrachte Frank einen Brief Speers: „Ich habe heute dem Führer vorgeschlagen, daß die tschechischen Industriellen nach Frankreich fliegen sollen. Die Maschine steht bereit... Ich hoffe, daß diese von Ihnen eingeleitete Aktion von Erfolg begleitet ist..."
Gleichzeitig überbrachte der Pilot Frank auch einen Brief des Reichsaußenministers von Ribbentrop: „Auf Anregung von Reichsminister Speer habe ich dem Führer den Vorschlag gemacht, namhafte tschechische Industrielle nach Frankreich fliegen zu lassen, um dort mit ihren amerikanischen Verbindungen Verhandlungen über den Schutz der Tschechoslowakei vor den Bolschewisten zu führen. Der Führer hat seine Zustimmung hierfür gegeben."
Ein weiteres Schreiben Speers enthielt Anweisungen über den Weg der Delegation. Der Gesprächspartner der Delegationsmitglieder sollte der amerikanische General Dwight D. Eisenhower sein.
„Wo das Quartier des Herrn ist", schrieb Speer an Frank, „den die tschechischen Industriellen aufsuchen werden, kann bei Feldmarschall Kesselring erfragt werden."

Der ursprüngliche Plan Franks, daß die Delegation ausschließlich aus Direktoren der Pilsener Skoda-Werke bestehen sollte, die noch aus der Vorkriegszeit Kontakte zu westlichen Industriekreisen hatten, wurde nun allerdings fallengelassen. Nach Franks Vorstellung sollten dabeisein: der tschechische General Vladimír Klecanda, der Direktor des Exportinstituts Dr. Jaroslav Kratochvíl, Franks Berater, Professor Dr. Hermann Raschhofer, der deutsche Vorsitzende des Industrieverbandes, Dr. Bernhard Adolf sowie der seit dem 19. Januar 1945 als Ministerpräsident der Protektoratsregierung amtierende Dr. Richard Bienert und der Landwirtschaftsminister der Protektoratsregierung Adolf Hrubý.
Am 25. April 1945 kurz vor 4.00 Uhr treffen sich im Amtssitz des deutschen Staatsministers im Protektorat Böhmen und Mähren, Karl Hermann Frank, die Mitglieder der – wie sie Frank nennt – „Gemischten tschechischen Delegation". Außer den Herren, die bereits in die Delegation ernannt wurden, kommt nun doch noch ein Manager der Skoda-Werke hinzu, der Generaldirektor Vamberský.
Die Aufgabe der Delegation, so Frank, sei es, einen Waffenstillstand mit den westlichen Alliierten auszuhandeln, der es aber der Wehrmacht gestatte, weiterhin gegen die Rote Armee zu kämpfen. Die Amerikaner könnten nach Prag Beobachter entsenden.
General Klecanda widerspricht. Der Vorschlag schien ihm unrealistisch zu sein. Die Amerikaner könnten, meinte er, höchstens dazu gebracht werden, die deutschen Stellungen gegenüber der Roten Armee zu besetzen.
Jedem der Teilnehmer ist klar, daß Frank und Klecanda zwei verschiedene Ziele verfolgen. Der Staatsminister will die Kraft der Wehrmacht erhalten. Der General will den amerikanischen Truppen den Weg ins Herz Europas öffnen. Beide aber gehen von einem Gegensatz zwischen den Westmächten und der Sowjetunion aus. Und noch ein Vorschlag Franks überrascht die Delegationsteilnehmer: Für die Nachkriegszeit fordert er die völlige Gleichberechtigung von Tschechen und Deutschen in einer neuen Republik.

Gegen 6.00 Uhr früh ist das Gespräch beendet. Vor dem Czernin-Palais warten auf die Delegationsteilnehmer einige Autos, um sie zum Flugplatz Prag-Rusin zu bringen.

Auf der Rollbahn stehen zwei startbereite Maschinen. Zwei Minuten vor 7.00 Uhr startet die erste. An Bord: Bienert, Hrubý, Raschhofer, Adolf.
Der Pilot des zweiten Flugzeugs hat gegen den Flug Bedenken. Erst nach 45 Minuten läßt er sich doch zum Start überreden. Mit ihm fliegen Klecanda, Vamberský und Kratochvíl. Ihr Ziel: der Flugplatz Neubiberg unweit von München.
Über München und Dachau fährt die Delegation nach Motzenhofen bei Aichach, wo Feldmarschall Kesselring sein Hauptquartier hat.
Zuerst läßt Kesselring die Delegation mehr als eine Stunde warten. Als ihm dann Ministerpräsident Bienert vorschlägt, Kontakte mit den Amerikanern aufzunehmen, ist der Feldmarschall überrascht. Wissen denn die Herren nicht, daß der Führer jeden Kontakt mit dem Feind verboten hat? Die Herren wissen es, aber in diesem Fall hatte Hitler eine Ausnahme gemacht. Kesselring zögert, zieht sich mit den deutschen Delegationsmitgliedern Raschhofer und Adolf in ein Nebenzimmer zurück. Nach wenigen Minuten kommt er strahlend zurück. Alles hat sich aufgeklärt.
Der Marschall, der ohne Wissen Hitlers selber bereits seit dem 19. März mit den Amerikanern in Kontakt steht, schlägt zwei Alternativen vor. Die Verbindung soll entweder mit Hilfe gefangener hoher alliierter Offiziere aufgenommen werden oder durch die Vermittlung des Erzbischofs von Mailand. Ministerpräsident Bienert und Dr. Kratochvíl sollen nach Prag zurückfliegen, um Frank über die Gespräche mit Kesselring zu informieren.
Hrubý und Vamberský fahren von Motzenhofen nach Bad Tölz, wo sie vom SS-Gruppenführer Berger empfangen werden. Berger verfügt über eine größere Zahl von alliierten Gefangenen. Sogar ein entfernter Verwandter des englischen Königs ist unter ihnen. Aber den Plan, mit ihrer Hilfe einen

Waffenstillstand in Böhmen und Mähren auszuhandeln, hält er für abenteuerlich.
Am Donnerstag, dem 26. April 1945, fahren Hrubý und Kratochvíl von Bad Tölz nach Prag zurück. Und General Klecanda und Professor Raschhofer?
Für Kesselring sind offenbar lediglich Klecanda und Raschhofer ernstzunehmende Gesprächspartner. Über Klecanda weiß er, daß er sich als Angehöriger der Tschechischen Legion in Rußland aktiv an den Kämpfen gegen die Bolschewiki beteiligt hatte. Nach dem Krieg absolvierte Klecanda die Kriegsakademie der französischen Armee, war Militärattaché in Bern, unterhielt einige Jahre lang auch Geheimkontakte zu deutschen Generälen.
Nach einem gemeinsamen Mittagessen verabschiedet Kesselring sich von Klecanda und Raschhofer und überrascht sie damit, ihnen als Begleiter seinen Adjutanten, Major Gensow, zuzuteilen. Klecanda, Raschhofer und Gensow kommen am 26. April in Bozen an. Sie werden dort von Botschafter Rahn und dem Ortskommandanten, General Wittinghofen, erwartet. Da große Teile des Gebietes bereits unter der Kontrolle italienischer Partisanen stehen, raten Rahn und Wittinghofen von der Reise nach Mailand ab. Sie empfehlen den Unterhändlern aus Prag zu versuchen, sich nach Bern durchzuschlagen und dort mit den Amerikanern Kontakt aufzunehmen.
Bevor Major Gensow zu Kesselring zurückkehrt, bringt er die beiden Unterhändler nach Feldkirch. Von hier aus ist es an die Schweizer Grenze nur noch ein Katzensprung. Aber auch da stoßen beide auf unüberwindbare Hindernisse. Der Kommandant der Schweizer Grenzwache läßt Klecanda und Raschhofer nicht einreisen. Er gestattet dem General nur ein Telefongespräch mit Bern. Aber hier stößt der ehemalige tschechoslowakische Militärattaché in der Schweiz, Klecanda, auf taube Ohren. Auch als er bittet, den Vertreter der tschechoslowakischen Exilregierung in Bern, Jaromír Kopecký, über seine Anwesenheit an der Grenze zu informieren, wird dies abgelehnt.
Nur eins bleibt übrig – die Rückkehr nach Prag! Es wird ein

abenteuerlicher Weg. In Innsbruck, wo sie am 28. April ankommen, werden Klecanda und Raschhofer von einer Feldgendarmeriestreife als „Spione" verhaftet. Erst nach einigen Stunden und nach der Intervention Kesselrings werden sie freigelassen. In Salzburg trennt sich Raschhofer von Klecanda. In der Nähe haben seine Eltern ein Haus. Er hat keine Lust, nach Prag zurückzukehren. Klecanda ist drei Tage unterwegs. Zu Fuß, mit dem Zug, per Anhalter.
Am Dienstag, dem 1. Mai 1945, um 17.00 Uhr steht General Vladimír Klecanda im Czernin-Palais vor Karl Hermann Frank. Als der Staatsminister hört, daß Raschhofer nicht nach Prag zurückgekehrt ist, bekommt er einen Wutanfall. Dann bedankt er sich kurz für die Mühe. Müde kehrt General Vladimír Klecanda in seine Wohnung in der Prager Innenstadt zurück.
Noch ahnt er nicht, daß er nur wenige Monate später als gehetzter und verfolgter Mann in den Freitod gehen wird.

Karl Hermann Frank gibt nicht auf. In der Nacht vom 25. auf den 26. April erhält er aus Berlin ein Telegramm. Die „gesamte Befehlsgewalt im Protektorat" geht „uneingeschränkt" auf den Befehlshaber der Heeresgruppe Mitte, Generalfeldmarschall Ferdinand Schörner, über. Sogar Schörners Höherer SS- und Polizeiführer wird Frank nicht. Dieses Amt überträgt Schörner SS-Obergruppenführer Richard Hildebrandt. Hitler hat zwar Franks Vorschläge zu den Westalliierten gebilligt, aber ihm offensichtlich nicht verziehen.
Fast zur gleichen Zeit, als sich in Süddeutschland und Norditalien Mitglieder der „Gemischten tschechischen Delegation" erfolglos um Aufnahme von Kontakten mit den Amerikanern bemühen, stellt Frank dem Vertreter des Internationalen Roten Kreuzes in Prag, Paul Dunant, ein Sonderflugzeug zur Verfügung. Dunant soll den Präsidenten des Internationalen Roten Kreuzes, Carl Jakob Burckhardt, bitten, sich mit den amerikanischen und britischen Botschaftern in der Schweiz in Verbindung zu setzen. Ihnen soll er mitteilen, daß Frank zu einem Waffenstillstand bereit ist.

Burckhardt spricht zwar mit den beiden Diplomaten. Sie bekunden Interesse an Franks Vorschlag, aber zu konkreten Ergebnissen kommt es auch in diesem Fall nicht.
Der nächste Versuch. Frank lädt den Bischof von Königgrätz, Dr. Mořic Pícha, nach Prag ein. Erst vor wenigen Tagen hatte Frank ihn gebeten, bei der Hilfe für deutsche Flüchtlinge mitzuarbeiten. Jetzt will Frank, daß der Bischof an Papst Pius XII. einen Brief schreibt, in dem er Franks Wunsch nach einem Waffenstillstand erläutert und den Papst um Vermittlung bittet. Dr. Pícha ist einverstanden. Allerdings will er den vorgeschriebenen „Dienstweg" gehen. Der Brief soll durch den Päpstlichen Nuntius, Monsignore Orsenigo, in den Vatikan gelangen. Auch damit ist der Staatsminister einverstanden. Frank begrüßt, daß Pícha ihm den Brief geöffnet zur Weiterleitung geben will. Als dann der Brief kam, war er zwar zugeklebt, aber auch dies störte Frank nicht. Mit einem Kurier ließ er ihn nach Hallein oder Ischl, wo sich der Nuntius aufhielt, überbringen. Ob dieser Brief des Bischofs das Oberhaupt der katholischen Kirche in Rom überhaupt je erreicht hat, ist bis heute ungeklärt.

Adolf Hitler ist tot! Am Montag, dem 30. April 1945, hat er sich in seinem Bunker unter der Reichskanzlei erschossen. Zu seinem Nachfolger ernannte er in seinem Testament den Oberkommandierenden der Kriegsmarine, Großadmiral Karl Dönitz. Es war ein grausames Erbe, daß der Großadmiral übernahm. „Zum Zeitpunkt der Übernahme der Regierungsgeschäfte", so sein persönlicher Adjutant Walter Lüdde-Neurath, „durch Dönitz am 1. Mai 1945 befanden sich an außerdeutschen Gebieten Dänemark, Norwegen bis zum Lyngenfjord, ein Großteil der Niederlande und das Protektorat Böhmen und Mähren noch im eigenen Machtbereich..."
Schon wenige Stunden nach der Übernahme der Amtsgeschäfte kam es im Sitz der neuen Regierung, im norddeutschen Flensburg, zur ersten Kontroverse zwischen dem neuen „Reichspräsidenten", den Vertretern des Oberkommandos der Wehrmacht und Reichsführer-SS Heinrich Himmler. Ge-

neralfeldmarschall Keitel, Generaloberst Jodl und Himmler plädierten dafür, daß Dönitz den Sitz der Reichsregierung nach Prag verlegen sollte. Dabei argumentierten sie mit der Tatsache, daß die Heeresgruppe Mitte unter Schörner mit ihren über 800 000 Soldaten praktisch die letzte aktive Armee wäre.

Dönitz und sein politischer Berater Graf Schwerin von Krosigk, den der Großadmiral kurz danach zum Reichsaußenminister ernannte, waren dagegen. Ihnen waren die politischen Verhältnisse im Protektorat zu unsicher, und außerdem wollten sie nicht die deutsche Regierung praktisch im Ausland amtieren sehen.

Daß diese Entscheidung richtig war, bestätigte kurz danach auch ein Kommentar der „New York Times" vom 4. Mai 1945: Im Falle eines Weiterkämpfens von einem ausländischen Territorium aus, meinte das Blatt, hätte die Regierung ihren legitimen Charakter verloren und ihre Mitglieder würden als Banditen oder Piraten angesehen.

Aber was sollte mit Böhmen und Mähren, mit Prag geschehen? Am 1. Mai 1945 erreichte Prag ein Kurier des Großadmirals Dönitz. Karl Hermann Frank, so Dönitz, solle sich unverzüglich nach Flensburg begeben, um Bericht über die Situation in Böhmen und Mähren zu erstatten.

Kurz nach Eintritt der Dunkelheit startete am Mittwoch, dem 2. Mai 1945, vom Prager Flughafen ein deutsches Militärflugzeug. Als es Kurs auf Nordwesten nahm, ahnte der einzige Passagier an Bord, Staatsminister Frank, noch nicht, daß dies der abenteuerlichste Flug seines Lebens werden würde.

Kaum hatte das Flugzeug das Erzgebirge überflogen, befand es sich über einem Gebiet, das seit einigen Tagen von den amerikanischen Truppen besetzt war. Einige Male wurde es vom Boden aus beschossen; dann versuchten amerikanische Abfangjäger, das Flugzeug abzuschießen. Der Pilot, ein erfahrener Frontsoldat, hatte alle Kunstfertigkeit aufbringen müssen, um zu entkommen. Er riß die Maschine hoch in die Wolken, dann Sekunden später ging es im Sturzflug hinunter.

Als das Flugzeug auf einem Feldflughafen nördlich von Hamburg landete, war Frank glücklich, daß der Flug endlich zu Ende war. Die Reise mit dem Wagen zu Dönitz nach Flensburg erschien ihm im Vergleich dazu wie ein Luxus.

Am Donnerstag, dem 3. Mai 1945, um 9.30 Uhr begann die Regierung Dönitz in Anwesenheit von Karl Hermann Frank ihre Beratungen über die Lage im Protektorat Böhmen und Mähren. Nach Franks Bericht und einer kurzen Diskussion kamen die Herren zu dem Ergebnis, daß „die Tschechen am Rande einer Revolution stehen. Das Protektorat läßt sich nicht länger, weder in politischer noch militärischer Hinsicht, halten. Es ist noch möglich, durch Verhandlungen einen Ausweg aus der Situation zu finden. Hauptziel ist der Schutz der deutschen Bevölkerung, die sich in diesem Raum befindet".

Zwei Maßnahmen sollten ohne Verzug durchgeführt werden: Die innenpolitische Atmosphäre sollte durch die Erklärung Prags zur offenen Stadt – wie es Frank vorschlug – entspannt werden. Die außenpolitischen Möglichkeiten sollten durch die Entsendung eines deutschen und eines tschechischen Vertreters zu General Eisenhower geprüft werden.

Walter Lüdde-Neurath, der an den Beratungen teilgenommen hatte, legt über den politischen Teil der Gespräche ein bemerkenswertes Zeugnis ab. Man ging davon aus, daß die Lösung „jetzt vielleicht noch unter gewisser deutscher Einflußnahme" möglich sei. „Über das Schicksal dieses Raumes gemäß den Abmachungen in Jalta sei uns nichts bekannt. Man müsse annehmen, daß die Befreiung vom Osten vorgesehen sei", berichtet Lüdde-Neurath. Was an dieser Bemerkung interessant ist: Schon in den ersten Tagen des Mai 1945 hatte sich die Legende, daß in Jalta Europa in Einflußzonen aufgeteilt worden sei, auch in den Köpfen der Minister der letzten deutschen Reichsregierung eingenistet.

Trotzdem glaubte man in Flensburg, daß es noch einen anderen Ausweg geben könnte. Frank berichtete, daß es bürgerlich-tschechische Kreise gäbe, zu denen er Verbindung hätte und die in einer solchen Entwicklung eine große Gefahr erblickten und es mit Sicherheit begrüßen würden, wenn die Be-

freiung ihrer Heimat durch die westlichen Alliierten erfolge. Man solle daher versuchen, die Kapitulation unter Zuhilfenahme tschechischer Politiker den Amerikanern gegenüber durchzuführen.
Über Franks Vorschlag entbrannte eine längere Diskussion. Der Zeuge Lüdde-Neurath: „Schwerin wie Dönitz glaubten nicht an den Erfolg einer solchen Aktion, da nicht anzunehmen war, daß die Alliierten sich durch dieses Manöver in letzter Minute zu einer Änderung ihres politischen Konzeptes mit zwangsläufig daraus resultierenden Spannungen verleiten lassen würden. Immerhin konnte eine Sondierung des Terrains nichts schaden, wozu Frank beauftragt wurde, zumal man bei einem eventuellen Gelingen auch der großen Sorge um die in diesem Raum stehenden deutschen Truppen enthoben gewesen wäre..."

Glaubte Frank an ein Wunder? Am 1. Mai 1945 meldete sich bei ihm General Klecanda. Die Mission der „Gemischten tschechischen Delegation" war gescheitert.
Trotzdem setzte der Staatsminister sein Vabanquespiel um die Zukunft Böhmens und Mährens fort. Eine „Regierung von Böhmen und Mähren" sollte die Macht übernehmen und mit den westlichen Alliierten in Verbindung treten. Im Gegensatz zu der „Gemischten tschechischen Delegation", deren Mitglieder mit Ausnahme von Klecanda mehr oder weniger einer Zusammenarbeit mit deutschen Okkupationsbehörden hätten verdächtigt werden können, sollte die böhmisch-mährische Regierung ausschließlich aus Mitgliedern zusammengesetzt sein, die bereits vor der Liquidierung der Tschechoslowakei im März 1939 führende politische Ämter einnahmen und sich während der Protektoratszeit aktiv am Widerstand gegen die Okkupation beteiligt hatten.
Frank hoffte, daß er wenigstens einige der führenden Mitglieder des im Sommer und Frühherbst 1944 von der Gestapo zerschlagenen „Vorbereitenden National-Revolutionären Ausschusses" zur Mitarbeit gewinnen könnte. Es handelte sich um führende Persönlichkeiten der Vorkriegs-Tschechoslowa-

kei, wie etwa den seit 1937 amtierenden Außenminister, Dr. Kamil Krofta, den Präsidenten des Obersten Gerichtshofes, Dr. Emil Lány, den Exgesandten in Bern, Arnošt Heidrich, den Dichter und Direktor des Prager Nationaltheaters, Jaroslav Kvapil, den sozialdemokratischen Politiker Ivan Dérer sowie den Funktionär der Tschechoslowakischen Nationalsozialistischen Partei, Robert Flieder. Viel versprach sich der deutsche Staatsminister auch von Dr. Vladimír Krajina, der einer der wichtigsten Köpfe der Widerstandsbewegung war und den die Gestapo erst nach monatelanger Fahndung verhaften konnte.

Frank ließ die dem bürgerlichen Widerstand angehörenden prominenten Häftlinge aus Theresienstadt, wo sie in Haft waren, in das Schlößchen „Jeneralka" in Prag überführen. Durch seinen Vertrauensmann, den Kommissar der Prager Gestapo, Willi Leimer, bot er ihnen nicht nur Ministerämter in der böhmisch-mährischen Regierung an, die sich sofort mit General Eisenhower in Verbindung setzen sollte. Er war sogar bereit, der Regierung, deren Vorsitz nach seiner Vorstellung Krajina oder Krofta übernehmen sollte, die volle Macht im Protektorat Böhmen und Mähren zu übertragen.

Zwar haben die tschechischen auf „Jeneralka" internierten Politiker das Angebot abgelehnt, aber als Frank zu Dönitz abflog, hatte Leimer die Gespräche noch nicht abgeschlossen, und Frank hatte immer noch eine schwache Hoffnung, daß sich der eine oder der andere doch noch zur Mitarbeit und zur Übernahme eines Ministeramtes entscheiden würde. Eine Hoffnung, die sich allerdings nicht bestätigen sollte...

Den politischen Gesprächen über die Entwicklung in Böhmen und Mähren zwischen Dönitz, seinen engsten Mitarbeitern und Staatsminister Frank am 3. Mai 1945 folgten am kommenden Tag, dem 4. Mai 1945, Beratungen über die militärische Lage im böhmisch-mährischen Raum. Generalfeldmarschall Ferdinand Schörner, der sein Hauptquartier im kleinen Bad Velichovka bei Königgrätz aufgeschlagen hatte, schickte den Chef seines Stabes, Generalleutnant von Natzmer, nach Flensburg.

Über das, was in Flensburg besprochen wurde, berichtete später wieder der Adjutant des Großadmirals, Walter Lüdde-Neurath: „Militärisch sei das Protektorat durch die Heeresgruppe Mitte, die als intakt angesprochen werden könne und die in den Sudeten eine sehr starke natürliche Verteidigungsstellung bezogen habe, noch so lange gesichert, wie der Nachschub reiche. Dies sei für etwa drei Wochen der Fall."
Dönitz sprach sich jedoch bereits ab 1. Mai mehrfach für die Aufgabe der Sudetenstellung und die Rückführung der Front in Richtung der amerikanischen Linien aus, um bei Eintritt der Kapitulation die Masse dieser Heeresgruppe dem russischen Zugriff entzogen zu wissen. Er ließ sich jedoch vom Oberkommando der Wehrmacht und auch von Generalleutnant von Natzmer durch die Begründung umstimmen, daß eine Aufgabe dieser Stellung zum Zusammenbruch der Armee führen müsse und daß die Rückführung einer Truppe unter Feinddruck erfahrungsgemäß geordneter vor sich gehe als auf eigenen Absatzbefehl. Ein an sich richtiger Gesichtspunkt, doch ließ sich der Zusammenbruch wenige Tage später nicht vermeiden, und wertvolle Zeit war verloren, in der noch mehr Soldaten vor der russischen Gefangenschaft hätten bewahrt werden können. Immerhin wurden auf Drängen von Dönitz am 4. Mai alle Vorbereitungen für ein plötzliches rasches Absetzen nach Westen getroffen und der Absatzbefehl selbst am 6. Mai früh gegeben.
Am späten Abend des 4. Mai 1945 – es war ein Freitag – flog Frank zusammen mit Generalleutnant von Natzmer in das Protektorat zurück. Das Flugzeug landete bei Königgrätz, von wo aus sich der General und der Staatsminister sofort nach Bad Velichovka zu Schörner begaben, um ihn über die Beschlüsse aus Flensburg zu informieren.
Schörner gab beim Gespräch mit Frank „grünes Licht" zur Entsendung einer neuen Delegation zu den amerikanischen Truppen, die inzwischen Westböhmen erreicht hatten. Als Unterhändler hatte Frank den deutschen Minister für Wirtschaft in der Protektoratsregierung, Dr. Walter Bertsch, und den Chef des Stabes von General Toussaint, General Max

Ziervogel, benannt. Als dann der Staatsminister in den frühen Morgenstunden des 5. Mai Prag erreichte, haben Dr. Bertsch und Ziervogel auf ihn bereits im Czernin-Palais gewartet.
Das Gespräch war kurz. Man dürfe keine Zeit mehr verlieren, so Frank. Die Amerikaner sollten darüber informiert werden, daß von deutscher Seite der Bildung einer tschechoslowakischen Regierung keine Hindernisse in den Weg gelegt würden. Die Wehrmacht wäre bereit, über die Kapitulation zu verhandeln. Die US-Truppen sollten zusichern, daß sie den Schutz deutscher Frauen und Kinder garantieren.
Bevor Bertsch und Ziervogel das Palais verließen, ließ ihnen Frank eine weiße Flagge überbringen. Sie sollten auch äußerlich als Parlamentäre, die unbewaffnet zu Verhandlungen fahren, erkennbar sein.
Kurz vor 5.00 Uhr verließen die Unterhändler Prag. Was Frank nicht mehr erfahren sollte, war, daß sie auf ihrer Fahrt nur knapp 50 Kilometer westwärts gelangt sind, denn in Kladno wurden Minister Bertsch und General Ziervogel von tschechischen Aufständischen gefangengenommen.
Der letzte Versuch des Staatsministers Karl Hermann Frank, im Protektorat Böhmen und Mähren Kontakte mit den Westalliierten aufzunehmen, war gescheitert. Er hatte alles auf eine Karte gesetzt. Es war ein Vabanquespiel – und er hatte verloren.

Seit Herbst 1944 kamen sie fast jede Nacht. Vom Westen sowie vom Osten. Britische und sowjetische Flugzeuge, die Fallschirmagenten absetzten. Die Namen der Gruppen klangen geheimnisvoll und abenteuerlich. Platinum – Pewter – Clay Eva – Tungsten hießen die, die von britischen Flugzeugen abgesprungen waren. Die von den Sowjets entsandten hatten eher patriotische Namen gewählt: Fakel – Udar – Praga – Priboj – Uragan. Eine größere Zahl sowjetischer Fallschirmagenten sprang in der Zeit vom 25. März bis zum 2. April 1945 in Böhmen ab. Im Brdy-Wald, unweit von Prag, landeten sechs Gruppen, eine andere in Südböhmen; sie besaß drei Funkstationen und hatte wie die meisten anderen Gruppen einen sowjetischen Kommandanten und einen tschechoslowakischen politischen Kommissar.

Daß sich die sowjetische politische und militärische Führung auf eine Entscheidung vorbereitete, bewies auch die Tatsache, daß man auch den Verbindungsmann der Führung der Kommunistischen Partei im Moskauer Exil, einen der fähigsten Agenten des sowjetischen Geheimdienstes, Major August Schramm, in Böhmen aussetzte.

Auffällig war übrigens, daß sich der Charakter der sowjetischen Gruppen von Fallschirmagenten zunehmend änderte. Wenn sie bis etwa Anfang 1945 vor allem die Aufgabe hatten, Partisanenverbände zu gründen und Sabotageaktionen hinter der Frontlinie durchzuführen, so sollten sie sich jetzt vornehmlich nachrichtendienstlicher Tätigkeit widmen. Erfolgreich operierten hier besonders die Gruppen „Uragan" und „Praga", denen es sogar gelungen war, Vertrauensmänner und Informanten innerhalb der Zentrale der deutschen Gestapo in Prag zur Mitarbeit zu gewinnen.

Eine wichtige Aufgabe erhielt auch die von Spezialisten der britischen Special Operations Executive (SOE) ausgebildete Gruppe „Pewter", die aus zwei Angehörigen der tschechoslowakischen Exilarmee, Oberleutnant Jaromír Nechanský und Unteroffizier Jaroslav Pešan, bestand.

In der Nacht vom 16. auf den 17. Februar 1945 wurde die Nechanský-Gruppe, die auch eine Funkstation mit sich führte, ausgesetzt. Nachdem die Fallschirmagenten Kontakt mit der Leitung einer der bedeutendsten tschechischen Widerstandsgruppen, der „R 3", aufgenommen hatten, wurden sie in der zweiten Aprilhälfte 1945 nach Prag eingeschleust.

Seit dem 23. April 1945 hatte Nechanský von Prag aus eine direkte Verbindung mit seinem Kurzwellensender „Eureka" nicht nur nach London, sondern auch nach Kaschau.

Das, was Nechanský zu berichten hatte, war aber vorerst nicht sehr erfreulich. In der Hauptstadt gab es noch immer kein Führungsorgan, das die Leitung des Widerstandes koordinieren würde.

Eine einheitliche Führung der tschechischen Widerstandsgruppen gab es in Prag nicht. Aktiv waren zahlreiche Offiziere der tschechoslowakischen Vorkriegsarmee. Sechs Jahre lang standen Offiziersgruppen in Kontakt mit der Londoner Exilregierung, dem militärischen Nachrichtendienst und dem Exilverteidigungsministerium. Dutzende von Offizieren wurden hingerichtet, zu hohen Gefängnisstrafen verurteilt oder in Konzentrationslager verschleppt.

In den letzten Wochen des Zweiten Weltkrieges stand die Widerstandsgruppe unter der Leitung von General František Slunéčko, der zum Prager Bevollmächtigten General Karel Kutlvašr und zum Chef der Nachrichtenabteilung Oberstleutnant František Bürger ernannt hatte.

Die Militärs hatten einigermaßen enge Kontakte zu dem Zentralen Nationalausschuß, der vor allem aus führenden Funktionären der 1938 aufgelösten Tschechoslowakischen Nationalsozialistischen Partei, wie dem Abgeordneten Fráňa Zeminová, und Persönlichkeiten der tschechischen Kultur, wie dem Schriftsteller Josef Kopta, bestand.

Bis nach Prag reichte der Einfluß der überwiegend in Ostböhmen und Westmähren tätigen Widerstandsgruppe „R 3". Ihr politischer Leiter war Professor Grňa, militärisch stand sie unter dem Kommando des Generals V. Luža. Nach dessen Tod – er wurde irrtümlich von tschechischen Protektoratsgendarmen erschossen – folgte Oberst Štainer-Veselý nach. Ideologisch setzte sich die „R 3" für die Institution eines mit großen Vollmachten ausgestatteten Staatspräsidenten und für die Abschaffung des Parlaments ein, das durch „ständige Kommissionen" ersetzt werden sollte. Demokratisch-autoritär sollte das wenigstens für einige Jahre gedachte Übergangssystem in der Tschechoslowakei sein. Da das Programm von Berufsoffizieren konzipiert war, überraschten die Ähnlichkeiten mit Vorstellungen, die Jahre später in Frankreich General de Gaulle formulierte, nicht.

Trotz der Kontakte, die „R 3" zu einigen Mitgliedern des Zentralen Nationalausschusses sowie zum militärischen Widerstand hatte, nahm „R 3" auch engere Beziehungen zu einer anderen Prager illegalen Organisation auf: zu dem zwischen

Ende 1944 und Anfang 1945 gegründeten Tschechischen Nationalrat, der ideologisch nach links tendierte.
Die Idee des Tschechischen Nationalrates als dem höchsten Organ der Widerstandsgruppen in Prag stammte offensichtlich von kommunistischen Funktionären, die unter der Leitung von Josef Smrkovský in den ersten Tagen des Jahres 1945 ein illegales Zentralkomitee der Kommunistischen Partei der Tschechoslowakei gegründet hatten.
So wie es einige Wochen später auf Regierungsebene in Moskau und Kaschau die Kommunisten verstanden hatten, die Initiative zu übernehmen und die Führung an sich zu reißen, gelang es im Tschechischen Nationalrat – vor allem Josef Smrkovský –, die Ziele der Kommunisten zu verwirklichen. Gemeinsam mit einigen linksorientierten Sozialdemokraten und Gewerkschaftlern wurden sie die treibende Kraft vieler Aktivitäten des Tschechischen Nationalrates. So forderten sie neben der politischen Anerkennung durch die Exilregierung die Unterstellung der Fallschirmagenten aus Großbritannien unter ihr Kommando, die Lieferung des Rüstungsmaterials entsprechend ihren eigenen Vorstellungen, die denen der in London noch verbliebenen Repräsentanten der Exilregierung meistens diametral entgegenstanden.
Oft beschwerte sich der Tschechische Nationalrat, daß die Briten und Amerikaner der Widerstandsbewegung in Böhmen und Mähren nur wenige Waffen lieferten. Aufschluß darüber gab die Antwort aus London, die heute in der offiziellen tschechoslowakischen Geschichtsschreibung verschwiegen wird: „Die Entscheidung über solche Lieferungen", teilte das Londoner tschechoslowakische Verteidigungsministerium über Funk nach Prag mit, „liegt in der Hand von Moskau und Kaschau..."
Die emsige Arbeit der Kommunisten und vor allem von Josef Smrkovský wird durch Erfolge gekrönt.
Am 25. April tritt der Tschechische Nationalrat zu seiner ersten Plenarsitzung zusammen; noch gibt es kein Führungsgremium, aber die Kommunisten mischen bei der Behandlung aller Fragen eifrig mit.

Die nächste Plenarsitzung ist am 29. April 1945. Der Rat beschließt, eine Depesche an die tschechoslowakische Regierung zu senden, und verabschiedet einen Aufruf an das tschechische Volk, sich nicht irgendwelchen „reaktionären Organisationen" anzuschließen.
Die kommunistische Regie ist perfekt. Sogar die Terminologie der Partei wird von den Nichtkommunisten akzeptiert. Vier Tage später: Montag, 30. April 1945 – der Tag, an dem die Würfel im Tschechischen Nationalrat fallen.
Wieder tagt der Tschechische Nationalrat. Und wieder wird ein Aufruf an das tschechische Volk verabschiedet. Darin wird das Programm der neuen tschechoslowakischen Regierung in Kaschau begrüßt. Gleichzeitig wird der Ausschluß der „faschistischen Elemente" der Ersten und Zweiten Republik, also der Tschechoslowakei bis 1939, sowie der kapitalistischen und landwirtschaftlichen Ausbeuter aus dem neuen Staat gefordert. In der neuen Republik werde das Volk herrschen. Der Rat verlangt die „engste Zusammenarbeit" mit der Sowjetunion auf allen Gebieten. „Die Bildung der Wirtschaftsdemokratie, die den arbeitenden Schichten zurückgibt, was sie geschaffen haben und was ihnen gehört: Nationalisierung der Bodenschätze, aller wichtigen Betriebe der Produktion, des Verkehrs, des Handels, des Geldwesens und des gesamten Waldbesitzes", ist eine der nächsten Forderungen. Der Boden soll denjenigen gegeben werden, die ihn bearbeiten. Aus dem großen landwirtschaftlichen Besitz sollen landwirtschaftliche Genossenschaften entstehen.
Alles läuft so, wie es die Kommunisten geplant haben. Als dann am 3. Mai 1945 die Führungspositionen im Tschechischen Nationalrat verteilt werden, kommen die Kommunisten wiederum nicht zu kurz: Vorsitzender wird zwar der parteilose kränkelnde Universitätsprofessor Dr. Albert Pražák, aber der Mann, der den Tschechischen Nationalrat praktisch beherrscht, heißt Josef Smrkovský.

Am selben Tag, an dem der Tschechische Nationalrat in Prag in seinem Aufruf an das Volk die engste Zusammenarbeit mit der Sowjetunion verlangt, am 30. April 1945, sitzt in seinem Arbeitzimmer in der Downing Street 10 in London der britische Premierminister Winston S. Churchill und diktiert einen Brief an den Präsidenten der Vereinigten Staaten, Harry S. Truman: „Es kann wenig Zweifel bestehen, daß die Befreiung Prags und eines möglichst großen Gebietes der westlichen Tschechoslowakei den ganzen Unterschied in der Nachkriegszeit der Tschechoslowakei ausmachen und auch angrenzende Länder beeinflussen könnte. Wenn andererseits die Westmächte keine bedeutsame Rolle bei der Befreiung der Tschechoslowakei spielen, wird das Land den Weg Jugoslawiens gehen."

Churchill ist besorgt, schwer besorgt. Seit der Konferenz von Jalta zeigte sich immer mehr, daß Stalin versuchte, sein rotes Imperium so weit wie möglich nach Westen auszubreiten. Den sowjetischen Griff nach Dänemark konnte Churchill im letzten Augenblick noch verhindern. Aber läßt sich das gleiche nun mit der Tschechoslowakei wiederholen? Der britische Premierminister gibt die Hoffnung nicht auf. Noch könnte die Tschechoslowakei für den Westen gerettet werden. Aber er weiß auch, daß dies sehr schwer sein wird. Auf Dr. Beneš kann er sich nur sehr bedingt verlassen – wenn überhaupt. Und, was ihm noch mehr Sorgen macht, alles deutet darauf hin, daß auch General Dwight D. Eisenhower nichts unternehmen wird, damit amerikanische Truppen als erste in Prag einmarschieren...

Winston S. Churchill ist unzufrieden. Am 17. April 1945 empfängt er General Eisenhower, der ihn über den Plan für einen weiteren Vormarsch der alliierten Truppen informiert. Nach der Vorstellung Eisenhowers sollten die Alliierten die Elbe nicht überschreiten. Nach der Erreichung des Flusses sollte der Angriff Richtung Nordosten und Südosten fortgesetzt werden. Den Resten der Wehrmacht sollte vor allem der Weg in die Alpen versperrt werden. Die von den Propagandisten des Dritten Reiches erfundene „Alpenfestung", in die – wovon der amerikanische General überzeugt war – auch Hitler flüchten wollte, galt für Eisenhower als das letzte große Hindernis auf dem Weg zum Endsieg. Als Churchill auf einen weiteren Vormarsch Richtung Osten drängt, widerspricht ihm der Amerikaner. In einem Brief an Stalin vom 28. März hatte Eisenhower die Linie, wo sich die alliierten Truppen mit der Roten Armee treffen sollten, Erfurt – Leipzig – Dresden und im Süden Regensburg – Linz, markiert. In seiner Antwort vom 1. April 1945 zeigte sich Stalin mit Eisenhowers Vorschlag einverstanden.

Churchill gibt ungern nach. Er hofft immer noch, daß er über Washington Eisenhower doch zu einer Änderung seiner Meinung zwingen kann. Aber der General setzt sich am 22. April wieder mit den Sowjets in Verbindung. Diesmal wendet er sich an den Stabschef der Roten Armee, Armeegeneral A.I. Antonow. Als Demarkationslinie im Mittelabschnitt der Front schlägt Eisenhower den Verlauf der Elbe und der Mulde vor. Die Tschechoslowakei wird nicht erwähnt, aber es wird vorausgesetzt, daß die Amerikaner an der Westgrenze des Landes stehenbleiben.

Konsequent konnte die Absprache allerdings nicht eingehalten werden. Einheiten der 3. US-Armee des Generals George S. Patton drangen am 21. April einige Kilometer auf das tschechoslowakische Gebiet vor und besetzten am selben Tag die Stadt Asch, sechs Tage später, am 27. April, dann Eger. Aber inzwischen lag auch Eisenhower eine Antwort des sowjetischen Oberkommandos vor, die ihn nachdenklich stimmte. Noch vor einigen Tagen hatte er erklärt, daß er „keine Bewegung machen" würde, „die mir militärisch unweise erscheint, lediglich um politische Vorteile zu gewinnen". Nun merkte auch er, daß es den Sowjets eindeutig um politische Vorteile ging: In seiner Antwort vom 24. April 1945 gab General Antonow klar zu verstehen, daß er nicht nur alle Gebiete östlich der Elbe besetzen wolle, sondern praktisch auch das gesamte Territorium der Tschechoslowakei als Operationsbasis der Roten Armee betrachte.

Noch aber zögert der Amerikaner. Noch widersetzt er sich den sowjetischen Besatzungsplänen nicht. Am 30. April bestätigt er den Eingang des Antonow-Briefes, nimmt zur Kenntnis, daß

die Rote Armee das rechte Ufer der Elbe und Moldau vom Feind säubert. Gleichzeitig geht er aber zum erstenmal deutlicher auf die Situation in der Tschechoslowakei ein. Wenn es die Lage erfordere, würden amerikanische Truppen in Richtung Karlsbad – Pilsen – Böhmisch Budweis vorstoßen.
Am 4. Mai 1945 schließlich präzisiert Eisenhower seine Absichten, auf tschechoslowakisches Gebiet vorzustoßen, in einem weiteren Brief an Antonow, in dem er mitteilt, daß er vorhabe, Karlsbad, Pilsen und Böhmisch Budweis zu besetzen: „Danach sind wir entschlossen..., unseren Angriff in die Tschechoslowakei bis zu einer Linie, die durch die Moldau und Elbe begrenzt ist, fortzuführen und das linke Ufer dieser Flüsse von Feindkräften zu säubern."

Stalin schlägt Alarm. Bisher verlief im Herzen Europas eigentlich alles nach Plan. Jetzt, nur wenige Tage vor Kriegsende in Europa, könnte er doch noch um seine Beute gebracht werden.
Der Wettlauf mit der Zeit beginnt: Noch in der Nacht vom 4. auf den 5. Mai 1945 übermitteln die Sowjets Eisenhower die Antwort auf sein Schreiben, das erst wenige Stunden zuvor eingetroffen war. Eine ungewöhnliche Eile. Die Sowjets teilen Eisenhower mit, daß ihr Angriff Richtung Süden auf dem linken, also westlichen Ufer der Elbe geführt werde. „Das sowjetische Oberkommando fordert General Eisenhower auf", so wörtlich, „die alliierten Truppen in der Tschechoslowakei nicht östlich der Linie Böhmisch Budweis – Pilsen – Karlsbad vorrücken zu lassen..." Selbstverständlich konnten die Sowjets nicht sicher sein, daß Eisenhower die Forderungen der sowjetischen Armeeführung akzeptieren würde. Darum befahl Stalin, daß die letzte sowjetische Offensive im Zweiten Weltkrieg, die sogenannte „Prager Operation", früher als geplant startete.
Es ging ihm jetzt darum, zwei Fliegen mit einem Schlag zu erledigen: die tschechoslowakische Hauptstadt Prag zu besetzen, bevor dort amerikanische Einheiten einrücken, und sich der letzten intakten deutschen Heeresgruppe, der

Heeresgruppe „Mitte" unter Generalfeldmarschall Ferdinand Schörner, zu bemächtigen. Über 800 000 deutsche Soldaten, die sich auf dem Gebiet der Tschechoslowakei befanden, sollten zu billigen Arbeitskräften werden. Mehr als 10 000 Geschütze und Granatwerfer, 2 200 Panzer und über 1 000 Flugzeuge wären überdies eine Kriegsbeute von unschätzbarem Wert.

Am Dienstag, dem 1. Mai 1945, erhielt der Kommandeur der 1. Ukrainischen Front, Marschall Iwan Konew, den Befehl 11 078 des Obersten Stabes der Roten Armee: Binnen vier Tagen sollte er Pläne zur Durchführung des Vormarsches in Richtung Süden nach Böhmen ausarbeiten.
Einen Tag später wurde der Befehl 11 079 ausgegeben. Sein Empfänger war der Kommandeur der 2. Ukrainischen Front, Marschall Rodion Malinowskij, dessen Truppen zuvor die mährische Landeshauptstadt Brünn erobert und einen großen Teil des östlichen Österreichs besetzt hatten.
Marschall Konew hatte seinen Operationsplan am 4. Mai ausgearbeitet: An beiden Ufern der Elbe entlang sollten die Truppen nach Böhmen vorstoßen und schließlich Prag besetzen. Die tschechoslowakische Hauptstadt sollte am sechsten Tag – also am 12. Mai – erreicht werden. Der Beginn der Offensive der Sowjets war auf den 6. oder spätestens 7. Mai festgesetzt worden. Auch Marschall Malinowskij meldete, daß er am 6. oder 7. Mai zum Angriff antreten könnte.
Stalin und seine Marschälle waren überzeugt, daß Eisenhower – wenn nichts Außergewöhnliches im böhmischen Raum geschehe – an der Linie Karlsbad – Pilsen – Böhmisch Budweis stehenbleiben würde. Und das Außergewöhnliche, das die Pläne Stalins zunichte machen konnte, geschah doch: In Prag brach der bewaffnete tschechische Aufstand aus!

Noch 20 Sekunden. Rotlicht. Noch fünf Sekunden... „Je sechs hodin'... Es ist 6.00 Uhr... Der Sprecher Zdeněk Mančal gab gerade über Radio Prag die genaue Zeit an.
Samstag, 5. Mai 1945, 6.00 Uhr morgens: Hinter der dicken

Glasscheibe lacht am Regiepult der technische Inspekteur Oto Kukral. Von nun an sagt Mančal, der Nachrichtensprecher, die Zeit nur noch tschechisch an. Bewußt ignoriert er die Anweisung des deutschen Intendanten Thürmer, der noch vor wenigen Tagen darauf hingewiesen hatte, daß weiterhin alle Sendungen zweisprachig auszustrahlen sind. Inzwischen ist es 7.00 Uhr geworden. Zdeněk Mančal sagt die Zeit weiter nur tschechisch an...

Auf den Straßen Prags ist seit dem Vornachmittag die Hölle los. Der Verkehrsminister der Protektoratsregierung, Jindřich Kamenický, weist alle Bahn- und Postämter an, die deutschsprachigen Bezeichnungen auf Tafeln und Schildern, an Türen und Schaltern zu entfernen. Die darauf einsetzende Tätigkeit der Beamten wirkt auf die Passanten so ansteckend, daß diese ebenfalls deutsche Straßenschilder und Geschäftsbezeichnungen abnehmen, überpinseln oder zerstören. Einige Straßenbahnschaffner nehmen kein deutsches Geld mehr an. Vor den Banken bilden sich Schlangen von Deutschen, die ihre Reichsmarkbeträge umtauschen wollen.
Am Morgen des 5. Mai fallen die letzten deutschen Schilder und Aufschriften. An den Fenstern von Wohnungen und an einigen öffentlichen Gebäuden werden tschechoslowakische Fahnen gehißt. Gegen 10.00 Uhr wird die Flagge der Tschechoslowakischen Republik, die seit 1939 verboten war, auch auf dem Fahnenmast des Rundfunks aufgezogen.
Rundfunkintendant Thürmer fordert Hilfe an, die gegen 11.00 Uhr eintrifft: Etwa 70 Angehörige einer Volkssturmabteilung. Inzwischen bleiben auch die Tschechen nicht untätig. Aus der Prager Polizeidirektion kommen tschechische Polizisten und besetzen den Rundfunk. Ungehindert dringen sie in das Gebäude ein, entwaffnen die Wache, die vor dem Studio steht. Und dann – die ersten Schüsse. Der Kommandeur der Polizisten, Hauptmann Suchánek, der weiß, daß in der Polizeidirektion eine zweite Gruppe vorbereitet ist, fordert den Sprecher Mančal auf, Hilfe anzufordern. Mančal selbst formuliert das Hilfeersuchen. Es ist genau 12.33 Uhr, als er ans Mikrofon tritt:

„Wir rufen die tschechische Polizei zum Rundfunk. Hier wird geschossen. Wir rufen die tschechische Polizei, die tschechische Gendarmerie, die tschechische Truppe auf, zum Tschechischen Rundfunk in die Fochstraße in Vinohrady zu kommen. Alle zum Tschechischen Rundfunk! Hier werden tschechische Menschen erschossen! Kommt so schnell wie möglich! Kommt uns zu Hilfe!"
Über vier Stunden dauert der Kampf. Dann, kurz nach 18.00 Uhr, ist der Prager Rundfunk in der Hand der tschechischen Aufständischen.

Lagebeurteilung des tschechischen Militärkommandos Prag von Samstag, dem 5. Mai 1945, 22.00 Uhr: „... Die Zahl unserer Truppen wächst schnell. Die Bewaffnung ist sehr gut. Die Randgebiete Prags werden schnell befestigt..."
Zu dieser Zeit sind rund 30 000 Prager bewaffnet. Die Aufständischen hatten nicht nur viele leichte Waffen erbeutet, sondern auch fünf Panzerzüge, Hunderte von Panzerfäusten, fünf Panzer. In ihrer Gewalt befinden sich zehn der zwölf Prager Brücken und die meisten Bahnhöfe. Die Stadt östlich der Moldau ist schon am Abend im wesentlichen in der Hand der Aufständischen. Erst langsam organisiert sich die deutsche Gegenwehr. Zu einem erfolgreichen Gegenschlag waren die deutschen Truppen am ersten Tag des Aufstandes nicht in der Lage.

Der 5. Mai 1945 wird zur Sternstunde des Tschechischen Nationalrates. Zwar hatte der Rat in seiner Sitzung am 3. Mai die Situation in Prag als nicht reif für einen Aufstand beurteilt – mit dem rechnete man frühestens am 7. oder 8. Mai –, aber wenn dieser schon ausgebrochen war, wollte man sich selbstverständlich an die Spitze des Aufstandes stellen.
Einer der ersten Schritte des Tschechischen Nationalrates am 5. Mai war die Ausbootung des Zentralen Nationalausschusses der bürgerlichen Widerstandskräfte. Er wurde für ein das Volk nicht vertretendes Organ erklärt und einige seiner Funktionäre werden sogar als „Kollaborateure" verhaftet. Nicht so

leicht hatte es der Rat allerdings mit der Führung des militärischen Widerstandes, angeführt von General Kutlvašr und Oberstleutnant Bürger. Hier begann man mit den Offizieren eng zusammenzuarbeiten, wobei der Verbindungsmann zum Kommando „Bartoš" und „Alex", der aus England ausgesetzte und inzwischen zum Hauptmann beförderte Jaromír Nechanský, zum Chef der Militärkommission des Nationalrates benannt wurde.

In einer Rundfunksendung stellte sich der Tschechische Nationalrat der Prager Bevölkerung als das Führungsorgan des Aufstandes vor, das sich auch als Vertreter der in Kaschau konstituierten tschechoslowakischen Regierung betrachtete. „An der Spitze des Tschechischen Nationalrates", hieß es in der vom Prager Sender ausgestrahlten Meldung vom 5. Mai, „steht Universitätsprofessor Dr. Albert Pražák, Stellvertreter sind Josef Smrkovský für die Kommunistische Partei der Tschechoslowakei, Dr. Josef Kotrlý, ehemaliger Sozialdemokrat, Vilém Schaffer für die Katholiken, Dr. Otokar Machotka, ehemaliger Nationalsozialist, Ingenieur Jaromír Kafka für die revolutionäre Landwirtbewegung. Generalsekretär ist Josef Kubát für die revolutionäre Gewerkschaftsbewegung. An der Spitze der bewaffneten Kräfte steht Hauptmann Jaromír Nechanský... Mit... der Bildung eines Prager Nationalausschusses wurde Dr. Václav Vacek betraut..."

Vor allem die Meldung, daß der Kommunist Vacek an der Spitze des Prager Nationalausschusses stehen sollte, überraschte viele nichtkommunistische Widerstandskämpfer. Für diese Funktion, die der eines Bürgermeisters glich, war der Sozialdemokrat Dr. Ladislav Pičman bestimmt gewesen. Sogar seine Ernennungsurkunde war schon ausgestellt. Als Jozef Smrkovský dies erfuhr, zerriß er einfach Pičmans Ernennung, so wurde Genosse Vacek zum Vorsitzenden ernannt. Dies ein Vorgeschmack auf künftige Spielregeln der Kommunisten...

Staatsminister Karl Hermann Frank erkannte sofort den Ernst der Lage. Am 5. Mai 1945 um 21.00 Uhr bot er dem Tschechischen Nationalrat Verhandlungen über einen Waffenstill-

stand an. Das Angebot wurde angenommen; zum Leiter der Delegation, die über die Modalitäten mit Frank verhandeln sollte, wurde der Sozialdemokrat Dr. Josef Kotrlý benannt.
Beide Verhandlungspartner verfolgten mit der Waffenruhe eigene Ziele. Der Tschechische Nationalrat wollte vor allem das von den Aufständischen besetzte Stadtgebiet vor einem zu erwartenden Angriff deutscher Einheiten sichern. Die beste Möglichkeit, sich erfolgreich dem militärisch erfahreneren Gegner zu widersetzen, schienen Barrikaden zu sein. Deshalb rief der Rundfunk nach 19.00 Uhr zum ersten Mal die Bevölkerung auf, gegen die auf der Straße Beneschau-Prag heranrükkenden deutschen Panzer „zusätzliche Hindernisse" aufzubauen. Um 23.03 Uhr wurden die Prager aufgerufen, „Barrikaden aufzustellen". Dieser zweite Aufruf wurde fast überall befolgt: In der Nacht vom 5. auf den 6. Mai 1945 entstanden in Prag zwischen 1 600 und 2 000 Barrikaden. Sie sollten vor allem gegen die aus der Umgebung heranmarschierenden Einheiten der Waffen-SS Schutz bieten...
Während im Czernin-Palais die vom Internationalen Roten Kreuz vermittelten Waffenstillstandsverhandlungen begannen, arbeitete der Kommandant der Einheiten der Waffen-SS in Prag, SS-Gruppenführer Graf Friedrich-Karl von Pückler, im Gebäude der juristischen Fakultät der Karls-Universität am Plan zur Niederwerfung des Aufstandes. Nach Pücklers Vorstellung sollte das Zentrum der Aufständischen mit Flugzeugen angegriffen werden, und gleichzeitig sollten Einheiten der Divisionen „Das Reich", „Wiking" und „Wallenstein", die in der Umgebung Prags stationiert waren, in die Stadt vorstoßen und den Widerstand mit Gewalt brechen.
Um 21.40 Uhr sendet von Pückler einen Funkspruch in das Hauptquartier von Generalfeldmarschall Schörner bei Königgrätz. Er meldet, daß in den frühen Morgenstunden die von ihm befehligten Einheiten mit dem Angriff auf die südlichen und südöstlichen Prager Stadtgebiete sowie entlang des linken Ufers der Moldau beginnen werden.
Gleichzeitig fordert er die Bombardierung des Stadtkerns am Ostufer der Moldau mit dem Wenzelsplatz als Hauptziel.

„Viele Brandbomben. Das ganze Nest muß brennen", heißt es im vierten und letzten Punkt der Radiodepesche des SS-Gruppenführers und Generalleutnants der Waffen-SS Graf von Pückler an Generalfeldmarschall Ferdinand Schörner...

Sonntag, 6. Mai 1945, zweiter Tag des Aufstandes in Prag. Schmutziggraue Wolken liegen über der Stadt. Die Euphorie der Aufständischen ist verflogen. Die Lage beginnt, kritisch zu werden. Am frühen Morgen meldet das tschechische Militärkommando: „Von Beneschau nähern sich 10 000 Mann, eine große Zahl von Panzern und Artillerie. Von Kunratitz 60 Panzer, Infanterieeinheiten... Aus dem Raum Radotin rücken 50 Panzer, viel Artillerie und Infanterie heran. Aus dem Raum Brandeis kommen ebenfalls Einheiten. Die Situation unserer bewaffneten Kräfte ist bedrängt, weil es keine Waffen und Munition gibt..."
Etwa zur gleichen Zeit läßt das deutsche Kommando über den Sender Prag I einen Aufruf an die tschechische Bevölkerung verbreiten. Auch auf Flugblättern wird der Aufruf durch Flugzeuge über der Stadt abgeworfen: „Prager, ihr habt noch immer die Wahl zwischen Kampf, Zerstörung und sinnlosem Blutvergießen einerseits und Ruhe, Ordnung und Aufrechterhaltung des Wohlergehens bis zur Errichtung einer neuen Ordnung andererseits. Wenn ihr Ruhe und Ordnung bewahrt, werden die deutschen Truppenbewegungen und Versorgung ohne Störung des Lebens in Böhmen und Mähren weiterlaufen. Falls aber weiter Widerstand geleistet wird und die Sabotage weitergeht, wird an die noch immer voll bewaffneten und voll kampffähigen deutschen Truppen der Befehl ergehen, in Durchführung ihres Auftrags jeglichen tschechischen Widerstand mit allen modernen Kriegsmitteln zu zermalmen und für ihre Versorgung örtliche Vorräte zu requirieren. Das Ergebnis davon wird die Zerstörung eures Eigentums sein sowie die Schrecken eines Kriegsschauplatzes... Die Wahl liegt noch immer in euren Händen! Ihr müßt wählen zwischen Bewahrung eures Eigentums, gesicherter Versorgung und Aufrechterhaltung des Verkehrs oder Elend, Armut, Hungersnot, Zerstö-

rung und sinnlosem Blutvergießen." Um 13.00 Uhr erscheinen über Prag deutsche Tiefflieger und schießen auf die Aufständischen.
Das Glück scheint sich zu wenden. SS-Gruppenführer Graf von Pückler läßt seinen von Süden auf Prag anrückenden Truppen mitteilen: „Im Morgengrauen greift Luftflotte Schörner Stadtkern mit Spreng- und Brandbomben an."
Die Militärs in der Führung des Tschechischen Nationalrates waren sich indessen bewußt, daß der Aufstand ohne rasche Hilfe in wenigen Stunden zusammenbrechen mußte. Dann aber kam die Meldung, daß Truppen der Dritten US-Armee General Pattons Pilsen besetzt hätten. Die Amerikaner waren nur noch knapp 100 Kilometer von Prag entfernt. Der Sender der Aufständischen drängte die Amerikaner, Hilfe zu leisten: „Prag ruft die amerikanische Armee, die verbündeten Armeen bei Pilsen. Schickt Panzer und Flugzeuge. Helft uns, Prag zu retten!" Kurz danach folgte ein weiterer Aufruf an die Truppen der Alliierten und der Sowjets. Er wurde auf russisch und englisch ausgestrahlt: „Prag braucht dringend Hilfe. Sendet eure Flugzeuge und Panzer. Die Deutschen haben Prag umzingelt und sind im Vormarsch auf die Stadt. Prag braucht Hilfe. Um Gottes Willen, helft uns!"
Von Süden, Osten und Westen rückten Verbände der Waffen-SS bis an den Stadtrand vor. Ziel des Vormarsches aller SS-Einheiten war der Stadtkern am ostwärtigen Moldauufer mit dem Hauptzielpunkt Umgebung Wenzelsplatz.
Die Lage der Aufständischen wurde immer verzweifelter. Die Hilferufe überschlugen sich: „Prag ruft! Hier ist das tschechische Prag! Rote Armee, schickt uns Hilfe! Wir brauchen Panzer, Flugzeuge! Laßt uns nicht untergehen im vergeblichen Kampf! Helft schnell, schnell, schnell!"
Aber Hilfe kam nicht. Nicht von der Roten Armee. Nicht von den Amerikanern. Und dennoch – dann geschah ein Wunder...

Etwa 20 deutsche Soldaten umstellen einen Holzschuppen am Rande des gottvergessenen Dorfes nicht weit vom Ladogasee.

Der Mann, der hier ein Versteck suchte, wußte, daß es für ihn keinen Ausweg mehr gab. Mit erhobenen Händen tritt er in das grelle Sonnenlicht. Die Augen hinter den Brillengläsern verkniffen: Generalleutnant Andrej A. Wlassow, Kommandeur der 2. Armee, Träger des Lenin-Ordens und des Ordens des Roten Banners, wird deutscher Gefangener.
Am 17. September 1942 war Generalleutnant Andrej A. Wlassow in Berlin eingetroffen. Die Deutschen boten dem General Zusammenarbeit im Kampf gegen Stalin an. Es brauchte nicht lange, um den General zu überzeugen, denn Wlassow haßte den Mann im Kreml. Er, der bereits 1919 in die Rote Armee eingetreten war, überlebte nur mit Glück die blutigen Säuberungen, die im Mai 1937 einsetzten.
Damals wurden zusammen mit Marschall Tuchatschewskij drei Viertel des Obersten Militärsowjets, nämlich 13 von 19 Armeeführern, 110 von 135 Divisionskommandeuren und Tausende von Offizieren verhaftet und meist ohne Gerichtsverfahren und ohne Urteil erschossen.
Seit Jahren war General Wlassow überzeugt, daß Stalin und seine Herrschaft schließlich zur Zerstörung Rußlands, das der Bauernsohn Wlassow innig liebte, führen würden. Nur wenige Tage hatte er gezögert, bevor er das deutsche Angebot annahm: Um Rußland vor dem Bolschewismus und Stalin zu retten, würde er sich sogar mit dem Teufel verbünden – so seine spätere Aussage.

Solange Siege zu feiern waren, hatte man General Andrej Wlassow in Berlin fast vergessen. Nur ab und zu holte man ihn hervor, um mit seinem Namen Propaganda gegen die Sowjets zu machen.
Dann aber wendete sich das Blatt. Als sich die Rote Armee den Grenzen Deutschlands näherte, erinnerte man sich in Berlin auch an Wlassow und seine Freunde. Am 16. September 1944 traf sich in Berlin Reichsführer-SS Heinrich Himmler mit dem General und bot ihm die Gründung einer russischen antibolschewistischen Armee sowie eines offiziellen Organs für die Befreiung Rußlands vor dem Bolschewismus an.

Wlassow nahm an.
Am Samstag, dem 14. November 1944, fand in der Rudolf-Galerie auf dem Prager Hradschin die Gründungsversammlung des „Komitees zur Befreiung der Völker Rußlands (KONR)" statt. Unter großem Beifall wurde Andrej Andrejewitsch Wlassow zum Vorsitzenden gewählt. In dem einstimmig angenommenen Manifest hieß es, daß sich das Komitee zum Ziel gesetzt habe: den Sturz der Tyrannei Stalins, Befreiung der Völker Rußlands vom bolschewistischen System und Wiederherstellung der Rechte, die die Völker Rußlands sich in der Volksrevolution vor 1917 erobert hatten, sowie die Errichtung einer neuen, freien, nationalen Staatlichkeit ohne Bolschewismus und Ausbeuter.
Noch im November 1944 wurde im Ausbildungslager Münsingen in Württemberg die 1. Division der Russischen Befreiungsarmee mit Kommandant General Bunjatschenko aufgestellt. Anfang Januar 1945 folgte im Ausbildungslager Heuberg die 2. Division mit Oberst Zwerjew an der Spitze. An die 40 000 Soldaten waren bereit, an dem Kampf gegen die Rote Armee teilzunehmen.

Wlassows Plan, entweder zur Ukrainischen Aufstandsarmee, die in der Ukraine hinter der Frontlinie ihren Kampf gegen die Sowjets führte, durchzubrechen oder sich mit den Kosakenkorps, russischen Einheiten auf dem Balkan und dem jugoslawischen Tschetnik-Führer Draža Michailovič in Serbien zu vereinigen, konnte nicht mehr verwirklicht werden. Mitte April 1945 wurde die 1. Wlassow-Division in das Protektorat Böhmen und Mähren verlegt. Sie zählte damals an die 20 000 Mann.
Am 16. April 1945 traf sich Wlassow mit dem tschechischen General Klecanda, den nur wenige Tage später Karl Hermann Frank als Mitglied der „Gemischten tschechischen Delegation" als Unterhändler zu den Amerikanern schickte, um über die Möglichkeit zu verhandeln, zusammen mit den tschechischen demokratischen Widerstandsgruppen das Protektorat so lange zu halten, bis die Amerikaner Prag eingenommen

hätten. Aber – was allerdings in Moskau bis heute verschwiegen wird – auch die Sowjets suchten Kontakte zu Wlassow.
Am 16. April 1945 wurde bei Dobris in Mittelböhmen die Gruppe „Uragan" unter dem Kommando von Major Pjoter S. Saweljew ausgesetzt. Sie sollte vor allem nachrichtendienstliche Aufträge erfüllen. Erst Jahre später gab Saweljew zu, daß er auch zu Wlassows Offizieren Verbindung hatte. Der Kontaktmann des Majors war Mitglied der Gruppe „Uragan", Michail Rogowenko. Dieser, so Saweljew, „besuchte zweimal den Stab der Wlassow-Division und verhandelte mit dem Chef des Stabes". Oberstleutnant Nikolaj P. Nikolajew, Chef des Stabes, traf sich dann „zweimal in der Nähe von Burg Karlstein mit mir...".
Bei dieser Begegnung wurde konkret über die Hilfe der Wlassow-Soldaten für den tschechischen Widerstand gesprochen, wobei Nikolajew dem Major der Roten Armee zu verstehen gab, daß die 1. Wlassow-Division sich – wenn nötig – gegen die Deutschen stellen würde.
Die Initiative zum Einsatz der 1. Wlassow-Division in den Kämpfen um Prag kam – trotz mehrerer vorheriger Gespräche zwischen den russischen Offizieren und tschechischen Widerstandskämpfern in einigen Städten in der Umgebung von Prag – vom Tschechischen Nationalrat. Am Sonntag, dem 6. Mai, für die Aufständischen einer der kritischsten Tage, wandte sich der Rundfunk um 5.50 Uhr direkt an die Wlassow-Truppen: „Wir glauben, daß ihr Offiziere und Soldaten der Wlassow-Armee in der letzten Etappe des Kampfes, als russische Menschen und sowjetische Staatsbürger, die Verteidigung Prags unterstützt."
Der Sender bat auch sowjetische Piloten, die Prag anfliegen sollten, die Wlassow-Einheiten nicht anzugreifen.
Aus Süden und Südwesten drangen am 6. Mai 1945 gegen Mittag erste Einheiten der Wlassow-Truppen in Prag ein. In den Stadtteilen Smichow, Weinberge, Straschnitz, Pankratz, Rusin nahmen sie sofort an der Seite der tschechischen Aufständischen Stellung. Da sie mit Panzern und Geschützen anrückten, gelang es ihnen rasch, die Deutschen aus Gebieten,

die jene in den letzten Stunden durch schnellen Einsatz besetzt hatten, wieder zu verdrängen.
Das Eingreifen der Wlassow-Truppen in die Kämpfe rief im Tschechischen Nationalrat eine ernste Krise hervor. Josef Smrkovský und die anderen kommunistischen Mitglieder des Rates lehnten zuerst jegliche Verhandlungen mit dem Kommandanten der 1. Wlassow-Division, General Bunjatschenko, sowie seinem Bevollmächtigten, Hauptmann Antonow, strikt ab. Mit Verrätern der Sowjetunion und Stalins verhandele man nicht, argumentierten sie.
Angesichts der immer kritischer werdenden Lage der Aufständischen drängten aber die nichtkommunistischen Mitglieder des Rates, die Hilfe der Wlassow-Russen doch anzunehmen. Und als von immer mehr Stadtteilen Meldungen über den Einsatz neuer, nach Prag anrückender deutscher Einheiten eintrafen, ließ schließlich auch der Widerstand der Kommunisten nach. Trotzdem setzten sie durch, daß der Rundfunk eine Erklärung des Rates verbreitete, daß „die Aktion General Wlassows gegen die deutschen Truppen die eigene Angelegenheit seiner Einheiten ist und daß der Tschechische Nationalrat mit ihnen keine politischen Vereinbarungen hat".
General Bunjatschenko war verbittert. Trotz der Unstimmigkeiten mit dem Rat setzten die Soldaten der 1. Division ihren Kampf fort. Die militärische Lage der Aufständischen hatte sich erheblich verschlechtert. Wlassow-Truppen wehrten die Einheiten der Waffen-SS ab, die westlich der Moldau vordrangen, und verhinderten so deren Vereinigung mit der deutschen Besatzung der Stadtteile Dejwitz und Hradschan. Die östlich der Moldau angreifenden Teile der Division „Wallenstein" eroberten zwar einige Stadtteile, doch trug auch hier der Einsatz der Wlassow-Einheiten ebenso wie in anderen Stadtteilen dazu bei, daß der Angriff schließlich doch aufgehalten werden konnte.
Die eigentliche Gefahr nahte aus dem Norden. Die Waffen-SS brachte sich in den Besitz einer Moldau-Brücke und bildete einen Brückenkopf auf dem südlichen Ufer. Am Abend waren

die deutschen Einheiten schon bis ins Zentrum der Stadt auf den Platz der Republik vorgedrungen.
So wurde der Vormarsch der SS mit brutalsten Mitteln erzwungen. SS-Männer trieben tschechische Frauen und Kinder vor den die Barrikaden der Aufständischen angreifenden Panzern her. Im Stadtteil Pankratz wurden Frauen, Greise und Kinder mißhandelt, gefoltert und schließlich erschossen. Am Bahnhof Prag-Mitte, dem früheren Masaryk-Bahnhof, wurden unbewaffnete Zivilisten niedergemetzelt...
Im Stab des Kommandanten der 1. Division, General Bunjatschenko, verhandelten zu dieser Stunde zwei kommunistische Vertreter des Nationalrates – Václav David und Josef Knap – über den weiteren Einsatz der russischen Soldaten. Nach langer Diskussion endeten die Gespräche ergebnislos. Am Abend zogen sich die Wlassow-Truppen aus Prag zurück. Sie hinterließen 300 Tote und Verwundete. Die Kampfmoral auf den Barrikaden sank...

Was macht die Rote Armee? Wo sind die Amerikaner? Diese Fragen waren berechtigt.
Am 6. Mai 1945 morgens stellen sowjetische Patrouillen der rechts bis zur Mulde und links bis zur Spree zum Angriff bereitgestellten 1. Ukrainischen Front fest, daß die deutschen Truppen westlich von Meißen ihre Verteidigungsstellungen verlassen und sich in südlicher Richtung absetzen. Darauf gibt der Befehlshaber der 1. Ukrainischen Front, Marschall Iwan Konew, den Befehl, daß die Hauptstoßgruppierung, die bereits ihre Ausgangspositionen bezogen hat, zum Angriff übergehen soll. Der Angriff beginnt am 6. Mai um 14.00 Uhr. Sowjetische Truppen stoßen 23 Kilometer vor. Nur auf dem linken Flügel der Angriffsgruppierung vor Dresden leisten deutsche Einheiten energischen Widerstand, so daß der Einbruch hier kaum vier Kilometer beträgt.
Noch am selben Tag wird festgestellt, daß sich auch am linken Flügel der 1. Ukrainischen Front, der bis in die Kreise Bautzen und Guttau reicht, die deutschen Truppen absetzen. Aber erst am Morgen des 7. Mai geht auch der linke Flügel der

1. Ukrainischen Front zum Angriff über. Gleichzeitig unternehmen auch die Armeen der 2. Ukrainischen Front einen Vorstoß aus dem Gebiet südlich der mährischen Landeshauptstadt Brünn in Richtung Prag.
Die Truppen der Heeresgruppe „Mitte" leisten entschiedenen Widerstand. Trotzdem gelingt es vielen Einheiten der 1. Ukrainischen Front, die deutschen Linien zu überrennen und an manchen Stellen bis zu 60 Kilometer in südlicher Richtung vorzudringen.
Gegen Abend des 8. Mai erreichen sowjetische Truppen die Linie entlang der Freiberger Mulde, ostwärts von Chemnitz, die südlichen Hänge des Erzgebirges, nördlich von Chomotau über Brüx, Teplitz-Schönau und weiter entlang der nördlichen und südlichen Hänge des Riesengebirges. Weiter im Osten erreichen sowjetische Truppen die Linie Schönberg-Olmütz – das Gebiet nördlich von Brünn-Znaim.
Von der tschechoslowakischen Hauptstadt Prag, wo der Aufstand unter dem konzentrierten Angriff deutscher Einheiten am 7. Mai 1945 jede Stunde zusammenbrechen kann, sind sie noch einige Dutzend Kilometer entfernt. In Prag wissen nur wenige Eingeweihte, darunter der in einer Villa am Ostrand der Stadt einquartierte Bevollmächtigte des sowjetischen Geheimdienstes NKWD, der mit einem Sender ausgestattet ist, wo genau sich zu dieser Zeit die Rote Armee befindet. Der Tschechische Nationalrat ist über den Vormarsch der sowjetischen Truppen nicht informiert.
Und noch etwas irritiert die Führer des Aufstandes. Radio Moskau hat – im Gegensatz etwa zur britischen BBC – über den Ausbruch des Aufstandes in der tschechoslowakischen Hauptstadt noch nicht berichtet, obwohl er bereits drei Tage andauert...
Und die Amerikaner?
Am Sonntag, dem 6. Mai 1945, besetzen die Soldaten General Pattons Pilsen. Sie rücken noch einige Dutzend Kilometer in Richtung Osten vor, dann erhalten sie aber den Befehl, den Vormarsch sofort zu stoppen. Nur knapp 80 Kilometer trennt sie von Prag, wo erbittert gekämpft wird. George S. Patton

würde gerne vorrücken: „Wir hätten zur Moldau marschieren und die Russen zur Hölle schicken sollen, wenn es ihnen nicht gepaßt hätte", meinte er später. Aber der Befehl General Eisenhowers war unmißverständlich: Keinen Schritt weiter! Die Abmachungen mit der Roten Armee über die zu besetzenden Gebiete werden von den Amerikanern strikt eingehalten. Trotzdem scheint es Patton möglich, den Befehl seines Oberkommandierenden Generals zu umgehen. Wenn sich der Tschechische Nationalrat in einem Hilferuf ausdrücklich dafür einsetzt, daß amerikanische Truppen nach Prag vorrücken, würde er dazu den Befehl auf eigenes Risiko geben.

Einige amerikanische Offiziere werden zu Verhandlungen mit dem Tschechischen Nationalrat nach Prag entsandt. Kurz nach 17.00 Uhr am 7. Mai 1945 informiert der Sender der Aufständischen, daß sich eine kleine Kolonne amerikanischer Panzer der Hauptstadt nähert.

In den Abendstunden treffen die Amerikaner tatsächlich in Prag ein. Die Offiziere, unter ihnen die Hauptleute Russel Junath Hill und R.H. Pratt, lassen sich umfassend über die Lage informieren. Dann sprechen sie mit den Führern des Nationalrates. Sie schlagen vor, daß der Rat sich offiziell an General Patton in Pilsen wenden und ihm vorschlagen solle, mit seinen Truppen in Prag einzurücken.

Keiner der Gesprächsteilnehmer ahnt, daß sich in diesem Augenblick viel mehr entscheidet, als nur das Schicksal der Hauptstadt. Es gibt kein zuverlässiges Dokument über die Verhandlungen. Ein Bericht darüber stammt vom stellvertretenden Vorsitzenden des Tschechischen Nationalrates, dem Kommunisten Josef Smrkovský. Allerdings wurde er erst 20 Jahre später und dann aus dem Gedächtnis niedergeschrieben. Smrkovský lehnte seinerzeit die Entsendung einer Delegation des Nationalrates zu General Patton nach Pilsen entschieden ab. Im Mai 1965 begründete er diese starre Haltung damit, daß es unbedingt die Rote Armee hätte sein müssen, die Prag befreien sollte, denn es ging nicht nur um den militärischen Aspekt, sondern – und dies war viel wichtiger – um die politischen Folgen der Besetzung Prags. Bei seiner Ablehnung von amerikanischer Hilfe ging Smrkovský ein kalkuliertes Risiko in der Annahme ein, die Aufständischen würden auch ohne amerikanische Hilfe lange genug durchhalten können. Dies war nicht einmal eine so ungerechtfertigte Annahme. Denn am selben Tag – am 7. Mai – hatte das deutsche Oberkommando der Wehrmacht bereits einen Waffenstillstand abgeschlossen, der am 8. Mai um Mitternacht in Kraft treten sollte.

Der zweite Bericht über die Verhandlungen der Amerikaner und Mitglieder des Tschechischen Nationalrates stammt von einem Mitglied der amerikanischen Gruppe an das Geheimdienstbüro für strategische Dienste (OSS). Auch er wurde ziemlich spät niedergeschrieben, am 28. Juni 1945. Auch dieser Bericht, der vielen wichtigen Punkten ausweicht oder sie nicht erwähnt – so etwa, wie die Bitte um Hilfe formuliert und an wen sie gerichtet werden sollte –, gibt keinen zuverlässigen Einblick in das Geschehen in Prag am Abend des 7. Mai.

Daß amerikanische Truppen nicht direkt in die Ereignisse in Prag eingegriffen haben, hatte einen wichtigen Einfluß auf die weitere Entwicklung der Kämpfe. Amerikanische Offiziere besuchten an dem Tag nicht nur Vertreter des Tschechischen Nationalrates. Auch der Kommandant der in Prag stationierten und kämpfenden Einheiten der deutschen Wehrmacht, General der Infanterie Rudolf Toussaint, empfing in der Kommandantur in Prag-Dejwitz einige amerikanische Offiziere. Sie informierten ihn über die Unterschrift der Kapitulationsurkunde von Reims und legten ihm nahe, so bald wie möglich mit den Aufständischen über einen Waffenstillstand zu verhandeln.

Zur gleichen Zeit weilte im Hauptquartier der Heeresgruppe „Mitte" in Bad Velichovka eine Abordnung der US-Armee. Sie wurde von Oberstleutnant Meyer-Dertring vom Oberkommando der Wehrmacht begleitet. Auch hier ging es bei den Verhandlungen um die Durchführung der Kapitulation und um einen geordneten Rückzug der deutschen Einheiten in Richtung Westen, zur amerikanischen Demarkationslinie.

Oberstleutnant Josef Rožek, Kommandant der tschechischen Polizeieinheiten, die sich am Aufstand beteiligten, gab nur einige Stunden, nachdem die amerikanischen Offiziere im Tschechischen Nationalrat Gespräche über die Lage in Prag führten, an seine Einheiten den Befehl zur Waffenruhe aus: „Der Befehlshaber der kämpfenden Truppen in Böhmen und Mähren nahm am 8. Mai 1945 um 1.30 Uhr aus der Hand des amerikanischen Befehlshabers der Panzerabteilung, die zu diesem Zweck geschickt worden war, die Kapitulationsbedingungen und zugleich die Verpflichtung zur Waffenruhe an, die bis zum 9. Mai 1945 um 0.01 Uhr gilt. Von dieser Zeit an gelten dann die Kapitulationsbedingungen. Ich befehle deshalb, alle Kampfhandlungen von seiten der uniformierten Polizei sofort einzustellen und nur zur Selbstverteidigung von der Waffe Gebrauch zu machen."

Noch aber schweigen die Waffen nicht. Einige Einheiten der Waffen-SS leisteten den Aufrufen zur Feuereinstellung keine Folge. Im Gebäude des Tschechischen Nationalrates in der Bartolomeusstraße wurde zäh um die Bedingungen der Kapitulation verhandelt. Von deutscher Seite nahmen – mit Zustimmung des Staatsministers Frank – General Toussaint und sein Vertreter, General Briesen, an den Gesprächen teil. Den Tschechischen Nationalrat vertrat dessen gesamte Führung. Nicht aber die Militärs, General Kutlvašr, Hauptmann Nechanský oder Oberstleutnant Bürger, hatten das Sagen. Der Wortführer war wieder Josef Smrkovský.

Kurz nach 10.00 Uhr begann das Tauziehen um den Text der Kapitulationsurkunde. Erst sechs Stunden später hatte man sich endlich auf einen Text, den beide Seiten zu unterzeichnen gewillt waren, geeinigt. Zwei Punkte der aus insgesamt neun Punkten und einem Nachtrag zum Protokoll bestehenden Abmachung schienen für die deutsche Seite die wichtigsten zu sein: Im Punkt 1 wurde vereinbart, daß alle deutschen Truppen, einschließlich der Einheiten der Waffen-SS, die Stadt und ihre Umgebung verlassen dürften. Der Abzug sollte bereits um 18.00 Uhr am Dienstag, dem 8. Mai 1945, beginnen. Im Punkt 3 wurde festgehalten: „Deutsche Frauen und Kinder, soweit sie mit den Einheiten nicht aus Prag abziehen..., stehen unter dem Schutz des Internationalen Roten Kreuzes, das sie betreuen und ihren Abtransport besorgen wird." Der Rundfunk der Aufständischen forderte die tschechische Bevölkerung auf, den Abzug der deutschen Truppen nicht zu behindern und ihnen nicht zu verwehren, „sich Durchlässe durch die Barrikaden zu schaffen".

Nach mehr als sechs Jahren deutscher Besatzung begann der Abzug in Richtung Westen. Kurz nach Mitternacht verließ seinen Amtssitz, das Czernin-Palais – begleitet von einer Einheit der Division der Waffen-SS „Das Reich" –, der deutsche Staatsminister im Protektorat Böhmen und Mähren, Karl Hermann Frank...

Montag, 7. Mai 1945, Kartenraum des Alliierten Hauptquartiers in Reims. Der Tag hat erst begonnen. Genau um 2.41 Uhr unterzeichnet Generaloberst Alfred Jodl die bedingungslose Kapitulation der deutschen Wehrmacht. Nach ihm unterschreiben General Smith für den Obersten Alliierten Befehlshaber, General Susloparow für das Sowjetische Oberkommando und als Zeuge General Sevez von der französischen Armee. Aber die Tinte ist noch nicht trocken, als General Eisenhower eine dringliche Botschaft vom Chef des sowjetischen Generalstabes, General Antonow, erhält, wonach diese Kapitulation nur vorläufig ist. Die Sowjets bestehen darauf, daß noch eine endgültige folgen muß, die in ihrem sowjetischen Hauptquartier in Berlin-Karlshorst zu unterzeichnen ist. Dieser sowjetische Versuch, noch in allerletzter Minute das Kriegsende hinauszuzögern, ist nie zufriedenstellend geklärt worden. Einer der besten Kenner der amerikanisch-sowjetischen Beziehungen während der Kriegszeit, der aus der Tschechoslowakei stammende Historiker Vojtech Mastny, nimmt an, daß die Situation in Böhmen einen Anhaltspunkt zur Auflösung dieses Rätsels bietet:

Während die Russen die Anerkennung der Gültigkeit der deutschen Kapitulation verzögerten, schickten sie ihre Truppen auf dem schnellsten Weg von Berlin nach Prag. Doch selt-

samerweise versuchten sie die ganze Zeit nicht, die Tschechen, geschweige denn die Amerikaner, über diesen Versuch zur Rettung eines bedrängten Verbündeten zu informieren. Die wahrscheinlichen Gründe für das bewußte Stillschweigen waren die Ungewißheit über die in Prag so unerwartet hervorgetretenen Führer der Aufständischen, über deren Personen die Russen nur wenig wußten, und die Unsicherheit, ob die Amerikaner nicht doch noch zur Befreiung Prags anrücken würden. Moskau verbat sogar den Abwurf amerikanischer Waffen für die Aufständischen.
Als die Sowjets davon unterrichtet wurden, daß auf einem Flugplatz in Süditalien amerikanische Transportflugzeuge zum Start bereit stehen, hatten sie mit der Begründung, daß alliierte Flugzeuge die Ausübung ihrer Kampftätigkeit im Raum Prag beeinträchtigen würden, die Waffenlieferung sogar untersagt.
Was für die Sowjets im böhmisch-mährischen Raum unmittelbar auf dem Spiel stand, war die Verhinderung der Flucht starker deutscher Verbände wie auch der Wlassow-Einheiten in westliche Kriegsgefangenschaft sowie die Vereitelung der Konsolidierung einer verdächtigen Führung in Prag, die möglicherweise die Autorität der von sowjetischer Zustimmung getragenen Beneš-Regierung anfechten konnte. Die Nachricht vom Anrücken der Sowjets hätte den Rückzug des Feindes beschleunigt und damit die Überlebenschancen der Aufständischen verbessert.
Umgekehrt, wenn die sowjetische Aktion geheim blieb, konnten die Deutschen lange genug bleiben, um mit den Aufständischen fertig zu werden und Stalin aus einer möglichen Verlegenheit zu befreien. Daher die Manöver mit dem deutschen Waffenstillstand zur Verzögerung der effektiven Einstellung der Feinseligkeiten. Bei Licht betrachtet, waren also die Motive für den sowjetischen Marsch nach Prag gar nicht so edler Natur, wie es damals schien. Sie erinnern in der Tat an jene, die im Sommer 1944 das Schicksal Warschaus besiegelt haben.

Nacht vom 8. auf den 9. Mai 1945. Die deutschen Truppen verlassen die Stadt. Nur vereinzelt sind noch Schüsse zu hören. Einige wenige Einheiten der Waffen-SS, die die Kapitulation ablehnen, kämpfen weiter.
Prag ist praktisch in tschechischer Hand. Um 1.10 Uhr am Mittwochmorgen, dem 9. Mai 1945, meldet der Prager Rundfunk: „Prag hat durchgehalten und den Sieg errungen!"
Inzwischen nähert sich von Norden die Rote Armee. Wenige Minuten nach 4.00 Uhr erreicht der erste sowjetische Panzer die Grenze der Stadt – ein Panzer des 1. Panzerbataillons der 63. Panzergardebrigade mit der Nummer 23 unter dem Kommando des Leutnants Gontscharenko.
Um 7.18 Uhr folgt eine neue Rundfunkmeldung. „Die glorreiche Rote Armee zieht in das freie Prag ein!"
Kurz danach besucht der ranghöchste sowjetische Offizier, Oberstleutnant Sajzew, den Tschechischen Nationalrat. Sein stellvertretender Vorsitzender, Jozef Smrkovský, begrüßt ihn: „Das tschechische Volk begrüßt seine Brüder, die Rotarmisten, und wird ihnen auf jede Weise die Liebe und Dankbarkeit erweisen, die es für die glorreiche Rote Armee fühlt." Josef Smrkovský hat Tränen in den Augen, als er den Oberstleutnant umarmt.
Am späten Nachmittag des 9. Mai 1945 sperrten die amerikanischen Truppen plötzlich die Demarkationslinie, die zwischen ihnen und den heranrückenden sowjetischen Streitkräften westlich von Prag vereinbart worden war. Die sich nach Westen zurückziehenden deutschen Truppeneinheiten sollten ihren Rückzug anhalten und sich in sowjetische Gefangenschaft begeben. So blieben auf dem linken Ufer des Flusses Moldau einige tausend deutsche Soldaten zurück. Im Gebiet der Orte Milín und Čimelice entstand ein ungefähr 20 Kilometer langes Gebiet, in dem sich zahlreiche deutsche Truppeneinheiten ansammelten: Infanterie, Artillerie, Panzer, Reste der SS-Divisionen „Wiking", „Wallenstein" und „Das Reich" sowie weitere Einheiten aller möglichen Waffengattungen der Heeresgruppe „Mitte". Im nördlichen Teil dieses Gebietes, bei dem Ort Milín, wurden binnen weniger Stun-

den Schützengräben ausgehoben und Artilleriestellungen gebaut, Panzer nahmen Kampfstellung ein. Schon in der Nacht zum 10. Mai 1945 kam es zu ersten Schießereien mit bewaffneten tschechischen Partisanengruppen. Inzwischen wurden die deutschen Stellungen umzingelt. Von Westen rückten amerikanische Truppen, von Norden und Osten Soldaten der Roten Armee in das Gebiet von Milín ein.
Am Donnerstag, dem 10. Mai 1945, kam es in den Abendstunden zu ersten Verhandlungen zwischen den Offizieren der amerikanischen Armee und der Roten Armee einerseits und dem Befehlshaber der deutschen Truppen, Generalleutnant der Waffen-SS Graf von Pückler-Burhaus, andererseits. Dieser bot den Alliierten die Kapitulation der eingekesselten deutschen Soldaten an, falls ihnen der Abmarsch in die amerikanische Gefangenschaft gestattet würde. Das Angebot des deutschen Generals Graf Pückler-Burhaus wurde abgelehnt. Darauf bekräftigte der General, daß sich seine Truppeneinheiten nicht kampflos ergeben würden.
Die Entscheidung fiel in der Nacht vom 11. auf den 12. Mai 1945. Die Rote Armee zog in dem Gebiet Milín-Čimelice zahlreiche Truppen zusammen. Einheiten der 1. Ukrainischen Front unter dem Kommando von Marschall Konjew, der 2. Ukrainischen Front des Marschall Malinowski und Truppen der 4. Ukrainischen Front unter Armeegeneral Jeremenko. Graf von Pückler erkannte die Aussichtslosigkeit des Kampfes. Er unterschrieb die Kapitulation und nahm sich einige Minuten nach der Unterzeichnung das Leben.
Während sich bei Milín ein Teil der deutschen Einheiten den Kapitulationsbedingungen unterworfen und begonnen hatte, Waffen an die Rote Armee abzugeben, kam es bei Čimelice zu einer dramatischen Entwicklung: Die hier gut eingegrabenen und in befestigter Stellung befindlichen deutschen Soldaten lehnten die bedingungslose Kapitulation strikt ab. Es kam zum Kampf. Er dauerte aber nur wenige Stunden. Mit Hilfe von starken Artillerieeinheiten und Raketenwerfern und nach einem Panzerangriff wurde der Kessel bei Čimelice praktisch aufgerieben.

Am frühen Morgen des 14. Mai 1945 wurden die Kampfhandlungen in Südböhmen beendet. Die letzten versprengten deutschen Einheiten gerieten in sowjetische Gefangenschaft. Wie viele Soldaten in dem letzten Gefecht den Tod fanden, wie viele wegen Verletzung der Kapitulationsbestimmungen von den Sowjets erschossen, wie viele gefangengenommen wurden – das alles ist bis heute aus den zugänglichen sowjetischen und tschechoslowakischen Dokumenten nicht ersichtlich. In einer dreibändigen Geschichte der „Befreiung der Tschechoslowakei durch die Rote Armee in den Jahren 1944-1945" wird dazu nur ausgesagt: „Der Zweite Weltkrieg in Europa ging in der Tschechoslowakei zu Ende."

Am 9. Mai 1945 erscheint die Tageszeitung "České Slovo" mit einem Beitrag, der den Titel trägt „Die Russen im befreiten Prag". Der erste Satz spricht für sich: „Die glorreiche Rote Armee traf im befreiten Prag ein..." Am selben Tag um 13.24 Uhr sendet der Prager Rundfunk den Text zweier vom Tschechischen Nationalrat abgeschickten Telegramme. An Präsident Dr. Edvard Beneš und an die tschechoslowakische Regierung in Kaschau.

Und wieder ist der Text eindeutig (an Beneš): „Der Tschechische Nationalrat, der Vertreter der Bevölkerung, die durch ihren Aufstand Prag befreit und die Macht der deutschen Streitkräfte gebrochen hat, erlaubt sich, Ihnen zu melden: ...Die Bevölkerung sieht Ihrer Heimkehr mit freudiger Erregung entgegen..." An die Regierung: „Durch den revolutionären Aufstand des tschechischen Volkes in Prag und im ganzen Land ist die Befreiung unserer Länder von den deutschen Okkupanten erzielt worden..."

Und die Sowjets? Erst gegen Mittag machen sie sich auch nach außen hin bemerkbar. Nach 15.00 Uhr wird auf der Prager Burg feierlich die Flagge der Sowjetunion gehißt. Erst um 21.00 Uhr überträgt der Rundfunk eine Reportage, in der es wörtlich heißt: „In diesem Augenblick wird Prag von der Roten Armee befreit..."

Schon am nächsten Tag trifft die tschechoslowakische Regie-

rung in Prag ein. Nur wenige Stunden vorher – am Vormittag – schickt der Tschechische Nationalrat ein Dankestelegramm an Stalin. Hier wird zum erstenmal die Tatsache, daß die Rote Armee in das bereits „befreite Prag" einzog, abgeschwächt. „Im Namen der gesamten tschechischen Nation, die sich erhob, um die grausame Tyrannei der deutschen Faschisten abzuschütteln, grüßen wir Sie herzlich an dem Tage, an dem die siegreiche Rote Armee in unsere Stadt einzog und so die Befreiung Prags vollendet hat." Die Botschaft an Stalin war vom Vorsitzenden des Rates, Pražák, und dem stellvertretenden Vorsitzenden, Josef Smrkovský, unterzeichnet, die noch in den Grüßen an Beneš und die tschechoslowakische Regierung der Roten Armee nicht einmal die „Vollendung der Befreiung Prags" zugestanden hatten...
Die Akzente verschoben sich immer deutlicher: In weniger als 24 Stunden, in denen die Kämpfe abklangen, wurde die Legende aufgebaut, daß die tschechoslowakische Hauptstadt von der Roten Armee „befreit" worden sei. Als Smrkovský am Flughafen von Prag die Regierungsmitglieder begrüßt, sagt er bereits: „Mit Hilfe der Roten Armee, die Prag nach einem legendären Marsch erreichte, war der letzte Widerstand der faschistischen Horden gebrochen... Wir danken nochmals der glorreichen Roten Armee..."
Die Sowjets feiern an diesem 9. Mai 1945 den Sieg im „Großen patriotischen Krieg", bejubeln den Genius des Generalissimus Josef Wissarionowitsch Stalin.
Erst um 16.45 Uhr sendet der Moskauer Rundfunk Stalins Tagesbefehl Nummer 368: „In einem schnellen Nachtmanöver haben die Truppen der 1. Ukrainischen Front mit Panzereinheiten und Infanterie den feindlichen Widerstand gebrochen und heute, am 9. Mai um 4.00 Uhr, die Hauptstadt unseres Verbündeten, der Tschechoslowakei, die Stadt Prag, von den deutschen Eindringlingen befreit..." Es folgt der Befehl, 24 Salven aus 324 Geschützen abzufeuern. Am selben Abend überträgt der sowjetische Rundfunk eine Siegesrede Stalins. Darin erwähnt er weder die Tschechoslowakei noch Prag...

An der Legende über die Befreiung Prags wurde eifrig weitergesponnen. Am 11. Mai 1945 war sie dann perfekt. An diesem Tag übermittelte die tschechoslowakische Regierung Stalin ihren Dank, daß er persönlich seinen Streitkräften den Befehl gab, der kämpfenden Stadt zu Hilfe zu eilen: „Die tschechoslowakische Regierung spricht Ihnen ihren innigsten Dank aus für Ihren großzügigen Entschluß, die tapferen Soldaten der 1. Ukrainischen Front der kämpfenden Stadt Prag zur Hilfe zu entsenden." Weiter: „Die Sowjetstreitkräfte haben nicht nur Prag befreit, sondern diese schöne historische Stadt vor der Zerstörung durch die deutschen Vandalen bewahrt." Dem Kommandanten der 1. Ukrainischen Front, dem Sowjetmarschall Iwan Konew, dankte Ministerpräsident Zdeněk Fierlinger, daß er „der kämpfenden Bevölkerung Prags zu Hilfe kam und durch einen entschlossenen und schnellen Vormarsch die Befreiung und Rettung der Stadt entschied...".
Am selben Tag, an dem Ministerpräsident Fierlinger Stalin und Konew für die Befreiung dankte, wurde auch das Schicksal des Tschechischen Nationalrates besiegelt. Die Sowjets, die von Anfang an seinen Mitgliedern – sogar den Kommunisten – nicht getraut und sie verdächtigt hatten, mit den Westalliierten konspiriert zu haben, drängten auf seine Auflösung. Und als der Rat am 11. Mai offiziell die Macht an die zurückgekehrte Regierung übergab, wurde er aufgelöst. Viele der Mitglieder haben diese Entscheidung empört aufgenommen. Deutlich sprach einer der Führer der Widerstandsgruppe „R 3", Professor Josef Grňa, seinen Unwillen aus. „Ich habe damals verstanden, daß der heimatliche Widerstand dadurch völlig von einem direkten Einfluß auf den Lauf der Staatsgeschäfte ausgeschaltet worden ist", schrieb er in seinem Buch, das erst zur Zeit des tschechoslowakischen Demokratisierungsprozesses, des „Prager Frühlings" 1968, in Brünn erscheinen durfte.

Josef Wissarionowitsch Stalin konnte zufrieden sein. Den Wettlauf nach Prag hatte die Rote Armee gewonnen! Was es für die Sowjetunion bedeutete, sagte 1946 während eines

Treffens hoher sowjetischer Offiziere der Mann, dessen Einheiten in Prag als erste einmarschiert waren, Marschall Konew: „Der Erfolg der Prager Operation bestand weitgehend in unserer Fähigkeit, Aktionen durchzuführen, um unsere Verbündeten am Betreten Prags zu hindern. Die Situation war tatsächlich so, daß sie als erste hätten dort sein können... Die Befreiung Prags wurde von politischen und strategischen Interessen diktiert... Wir haben unsere Aufgabe erfüllt; wie man sehen kann, hat das positive Ergebnisse gezeitigt bei der Stärkung unserer Freundschaft mit dem tschechoslowakischen Volk und in der Herstellung einer günstigen Situation im Nachkriegseuropa."
Stalin selbst hatte – so Nikita Chruschtschow in seinen Erinnerungen – im engeren Kreise seiner Mitarbeiter zugegeben, daß die Rote Armee Prag nur durch die „Großzügigkeit" General Eisenhowers besetzen konnte.

Die Rache der Sieger war schrecklich. Vergessen waren die Abmachungen der Kapitulation, die der Tschechische Nationalrat und General Toussaint am 8. Mai unterzeichnet hatten. Die Deutschen wurden in Prag praktisch zu Freiwild erklärt. Der am 11. Mai 1945 erlassene Aufruf der tschechoslowakischen Regierung, in dem die „sofortige Bestrafung" der Nazis gefordert wurde, hatte die Hysterie keineswegs gedämpft – im Gegenteil. Von dem versprochenen und garantierten Schutz deutscher Frauen und Kinder durch das Internationale Rote Kreuz konnte nicht mehr die Rede sein.
Und nicht nur in Prag, auch in vielen anderen Orten der Tschechoslowakei – so in Aussig, Brünn oder Prerau – nahm man blutige Rache für die sechs Jahre deutscher Besatzung. Rache an Unschuldigen.
Der sudetendeutsche Sozialdemokrat Wenzel Jaksch weiß zu berichten, daß es nicht an tschechischen Stimmen fehlte, die diesen Terror und die Unmenschlichkeit offen verurteilten. Dabei zitiert er ein Sprachrohr „des anständigen Tschechentums", die katholische Zeitschrift „Obzory", in der die Vorgänge in Prag geschildert werden: „Wir haben am 9. Mai 1945

einzelne Menschen in den Straßen von Prag lebendig verbrannt. Wir haben andere an einem Fluß an den Straßenlaternen aufgehängt. Wir haben andere zu Tode geprügelt, die ausgesucht waren, um die Barrikaden wegzuräumen... Sogar im Juni wurden deutsche Frauen in den Straßen von Prag bei dem Transport von einem Gefangenenlager in andere durch Schüsse der Revolutionären Garde getötet..."

Am 3. Juli 1945 stellte die tschechoslowakische Regierung den Botschaftern der Vereinigten Staaten von Amerika, Großbritanniens und der Sowjetunion in Prag eine Note zu. In ihr ersuchte sie um die Aufnahme des Vertreibungsprogramms der Prager Regierung in die Tagesordnung der vorgesehenen Gipfelkonferenz der drei siegreichen Großmächte. Die Konferenz fand vom 17. Juli 1945 an in der alten preußischen Residenzstadt Potsdam statt. J.W. Stalin, US-Präsident Truman und der britische Premierminister Attlee stimmten auf ihr dem „Bevölkerungstransfer" nicht nur aus der Tschechoslowakei, sondern auch aus Ungarn und Polen zu.
Die Prager Regierung hatte auf diesen Beschluß allerdings gar nicht mehr gewartet. Die Vertreibung der Deutschen aus dem Land war nämlich bereits Jahre vor Kriegsende vor allem durch den tschechoslowakischen Präsidenten im Londoner Exil, Dr. Edvard Beneš, vorbereitet worden. Der „Transfer" – wie Beneš die Vertreibung der Deutschen aus der Tschechoslowakei in den ersten Jahren des Zweiten Weltkrieges beschönigend nannte – war vom tschechoslowakischen Exilpräsidenten bereits im Jahr 1941 in Erwägung gezogen worden. In der amerikanischen Zeitschrift FOREIGN AFFAIRS veröffentlichte er einen Beitrag. In ihm sprach er sich für die Umsiedlung als Lösungsmöglichkeit für das Minoritätenproblem aus. Als sich danach der Direktor des Jüdischen wissenschaftlichen Instituts in New York um eine Klarstellung für die jüdische Minderheit in der Tschechoslowakei bemühte, erhielt er die Antwort, daß es sich bei den Überlegungen des Präsidenten ausdrücklich nur um die Austreibung der Sudetendeutschen handle.

Beneš war klar, daß er seinen Plan der Vertreibung nicht ohne die Zustimmung der Großmächte durchführen konnte. Zwei Jahre nachdem er zum erstenmal den Gedanken der Vertreibung veröffentlicht hatte, wurde Edvard Beneš am 12. Mai 1943 in Washington vom Präsidenten der Vereinigten Staaten, Franklin D. Roosevelt, empfangen. Auch bei dieser Begegnung ging es um die Vertreibung der Deutschen aus der Tschechoslowakei. Präsident Beneš holte sich dazu Roosevelts Zustimmung mit einem Trick. Er erklärte ihm, daß die sowjetische Führung bereits mit dem „Transfer" einverstanden sei. In Wahrheit teilte der sowjetische Botschafter bei der tschechoslowakischen Exilregierung in London, Alexander Bogomolow, erst 25 Tage nach der Begegnung Beneš' mit Roosevelt mit, daß Moskau dem „Transfer" der Sudetendeutschen zustimmen werde. Mit Roosevelt war damals übrigens ebensowenig wie mit Bogomolow über die genaue Zahl der aus der Tschechoslowakei zu vertreibenden Deutschen gesprochen worden.
Bemerkenswert ist allerdings, daß die Forderung nach der Vertreibung der Deutschen aus der Tschechoslowakei nicht in das Programm der ersten tschechoslowakischen Regierung aufgenommen worden war, die sich auf dem Gebiet der Tschechoslowakei konstituiert hatte. Dies war nämlich im Machtbereich der sowjetischen Streitkräfte in der ostslowakischen Stadt Kaschau am 5. April 1945 geschehen. Im sogenannten Kaschauer Regierungsprogramm hieß es lediglich: „Diejenigen Deutschen und Madjaren, welche wegen eines Verbrechens gegen die Republik und gegen das tschechische und das slowakische Volk vor Gericht gestellt und verurteilt werden, werden... aus der Republik für immer ausgewiesen... Die Deutschen und Madjaren, welche in das Gebiet der Tschechoslowakei... seit 1938 eingewandert sind, werden sofort aus der Republik ausgewiesen..."
Beneš dachte aber ganz anders. In der Zentralzeitung für das Erste Tschechoslowakische Armeekorps in der Sowjetunion erschien eine Woche nach Veröffentlichung des Kaschauer Regierungsprogramms, am 11. April 1945, folgende Meldung:

„Der Präsident der Republik, Dr. Beneš, empfing in seiner zeitweiligen Residenz in Kaschau die Sonderberichterstatter unserer Armeepresse und übergab ihnen folgende Botschaft an die Soldaten... 'Vor Euch steht noch ein weiteres gemeinschaftliches Ziel: die sogenannten sudetendeutschen faschistischen Deutschen zu vertreiben und uns für immer von diesem reaktionären Übel zu befreien...'"
Selbstverständlich blieben solche oder ähnliche von führenden Politikern des Landes geäußerte Ansichten nicht ohne Folgen. Als die Rote Armee in die von Deutschen besiedelten Gebiete der Tschechoslowakei einrückte, kam es an vielen Stellen zu Ausschreitungen gegen die deutsche Bevölkerung. Erlasse des Präsidenten ordneten für alle Sudetendeutschen die Enteignung ihres gesamten Vermögens und die Zwangsarbeit an. Sie mußten besondere Kennzeichen sichtbar tragen – nach dem Vorbild des von dem nationalsozialistischen Regime einst eingeführten Judensterns.
Außerdem erhielten die Deutschen in der Tschechoslowakei nur minimale Lebensmittelrationen und wurden zum großen Teil in Lager eingewiesen. Die Lager wurden je nach Laune als „Internierungs-, Arbeits- und Abschublager" oder auch ganz offen als „Konzentrationslager" bezeichnet. In ihnen wurden an den wehrlosen Menschen Grausamkeiten verübt, an deren Folgen Tausende starben. „Revolutionäre Garden" – eine inoffizielle Miliz – organisierten zahlreiche „wilde Vertreibungen". Am berüchtigsten wurde die allgemein als Todesmarsch bezeichnete Austreibung der Deutschen aus der mährischen Landeshauptstadt Brünn. Über 20 000 Menschen wurden am 30. Mai 1945 zusammengetrieben und zur Grenze nach Österreich in Bewegung gesetzt. Als die Grenzwachen den Übertritt nach Österreich nicht gestatteten, wurden sie überwiegend auf einem offenen Feld nahe der Grenze oder in Getreidesilos untergebracht. Hunger, Krankheiten und eine ausbrechende Typhusepidemie rafften Hunderte von Menschen dahin. In den Monaten Juni und Juli 1945 erreichten die wilden Austreibungen ihren Höhepunkt.
Vom 17. Juli 1945 an tagte im Schloß Cäcilienhof in Potsdam

die Gipfelkonferenz der drei Hauptsiegermächte. Sie befaßte sich auch mit dem Antrag der tschechoslowakischen Regierung auf Einwilligung in die Vertreibung der Deutschen aus der Tschechoslowakei. Der sowjetische Diktator Stalin, der amerikanische Präsident Truman und der britische Premierminister Attlee erteilten ihre Zustimmung und hielten in Artikel XIII ihres Schlußprotokolls von Potsdam fest: „Die drei Regierungen haben die Frage unter allen Gesichtspunkten beraten und erkennen an, daß die Überführung der deutschen Bevölkerung oder Bestandteile derselben, die in Polen, der Tschechoslowakei und Ungarn zurückgeblieben sind, nach Deutschland durchgeführt werden muß. Sie stimmen darin überein, daß jede derartige Überführung, die stattfinden wird, in ordnungsgemäßer und humaner Weise erfolgen soll..."

Die Umsiedlung so großer Bevölkerungsmassen sollte in Abstimmung mit dem zur Regierung Deutschlands eingesetzten Alliierten Kontrollrat erfolgen. Doch dieser legte einen Plan zur Umsiedlung erst am 20. November 1945 vor. Danach sollte von den zweieinhalb Millionen Deutschen, die sich vermutlich noch in der Tschechoslowakei und im Sudetenland befanden, die amerikanische Besatzungszone 1 750 000 Menschen aufnehmen.

Im Januar 1946 begann dann die zweite, die „organisierte" Austreibung. In die ersten Transporte wurden vorwiegend die bereits in den Lagern befindlichen Personen aufgenommen. Der erste Transport traf am 25. Januar 1946 aus Budweis im Grenzübergangslager Furth im Wald ein. Bis zum 24. Februar 1946 wurden täglich vier Züge mit 4 800 Personen abgeschoben. Jeder Person war nur ein Gepäck von 30 Kilogramm zugestanden. Aber selbst diese geringe Habe wurde meistens willkürlich auf nur 25 Kilogramm beschränkt. Unter diesen Bedingungen konnten nicht einmal die notwendigsten Kleidungsstücke und Haushaltsgegenstände mitgenommen werden. Lauter lebensnotwendige Dinge, die zu jenem Zeitpunkt in Deutschland nicht zu beschaffen waren. Die Vereinbarungen sahen vor, daß ganze Familien zusammen ausgewiesen werden sollten. Trotz dieser Bestimmung befanden sich in

vielen Transporten Familien, deren arbeitsfähige Mitglieder in der Tschechoslowakei zurückgehalten wurden.
Im ganzen Jahr 1946 sind nach Angaben des Bayerischen Staatskommissars für das Flüchtlingswesen 1 111 Eisenbahnzüge mit fast 1,2 Millionen Ausgewiesenen aus der Tschechoslowakei in die amerikanische Besatzungszone Deutschlands eingelaufen. Davon gingen 661 Transporte nach Bayern, die anderen nach Hessen und Württemberg-Baden.
Am 10. Juni 1946 setzte die Ausweisung der Deutschen aus der Tschechoslowakei in die sowjetische Besatzungszone Deutschlands ein. Sie hielt in unverminderter Stärke bis zum 18. Oktober an. Völlig zuverlässige zahlenmäßige Nachweise liegen bis heute nicht vor. Vom 10. bis 21. Juni 1946 trafen täglich zwei Züge, von da an bis zum 30. Juni täglich drei Züge aus der Tschechoslowakei in der sowjetischen Besatzungszone ein. Nach tschechischen Angaben wurden bis Ende Oktober 1946 ungefähr 750 000 Sudetendeutsche in die sowjetische Zone Deutschlands abgeschoben.
Ende Oktober 1946 gab der tschechoslowakische Innenminister, der Kommunist Václav Nosek, in der Verfassungsgebenden Nationalversammlung in Prag bekannt, daß die Abschiebung der Deutschen abgeschlossen sei. Von den zum Zeitpunkt der Potsdamer Konferenz in der Tschechoslowakei lebenden Deutschen seien 2 165 000 nach Deutschland überführt worden, davon 1 415 000 in die amerikanische Besatzungszone.
Über die Zahl der Sudetendeutschen, die in der Zeit vom 9. Mai 1945 bis zum offiziellen Abschluß der Aussiedlungsaktion im August 1946 ums Leben kamen, sind nie offizielle Angaben gemacht worden. Den Tod fanden viele Deutsche, die in 1 215 Internierungslagern, 846 Arbeits- und Straflagern sowie den 215 Gefängnissen eingepfercht worden waren. Andere waren in den ersten Wochen nach dem Einmarsch der Roten Armee in Böhmen und Mähren, in den Wochen vom Mai bis zum Juli 1945, umgebracht worden. Da der tatsächliche Stand der deutschen Bevölkerung in Böhmen, Mähren und der Slowakei unter Berücksichtigung der Kriegsverluste auf

3 391 000 Personen angesetzt werden kann, ergibt sich nach statistischen Angaben eine Differenz von 225 600 Deutschen, deren Schicksal nicht geklärt ist. Diese Zahl also dürfte annähernd die Zahl der direkten und indirekten Opfer der Vergeltungs- und Vertreibungspolitik der tschechoslowakischen Regierung wiedergeben. Nach neuesten Angaben kann nicht ausgeschlossen werden, daß die Zahl der Opfer sogar 275 000 Menschen erreichte.
Das Brutale und Böse in den Menschen hat Orgien gefeiert. Das Gute wurde Opfer der Revolution...

Kommunistische Massenversammlung auf dem Wenzelsplatz in Prag, auf der Klement Gottwald den Rücktritt der demokratischen Minister im Februar 1948 fordert.

SS-Obergruppenführer Reinhard Heydrich bei einer Ansprache auf der Prager Burg. Rechts sein Gegenspieler im Protektorat SS-Gruppenführer Karl Hermann Frank.

Die Haarnadelkurve in Prag, wo am 27. Mai 1942 das Attentat auf Reinhard Heydrich verübt wurde. Rechts der von den Attentätern beschädigte Wagen Heydrichs.

Reichsführer Heinrich Himmler in Prag. Ganz rechts: Der stellvertretende Reichsprotektor in Böhmen und Mähren, SS-Obergruppenführer Reinhard Heydrich, links Karl Hermann Frank.

Gedenktafel in der Krypta der Karl-Borromäus-Kirche in Prag, wo die Attentäter auf Reinhard Heydrich und fünf weitere Fallschirmagenten am 18. Juni 1942 gefallen sind oder Selbstmord verübten.

Klement Gottwald gab am 25. Februar 1948 auf dem Altstädter Ring in Prag die Bildung seiner neuen, von den Kommunisten beherrschten Regierung bekannt. Die KP übernahm die Macht in der Tschechoslowakei.

Außenminister Jan Masaryk starb in der Nacht vom 9. auf den 10. März 1948 nach dem Sturz aus dem Fenster seiner Wohnung im Prager Czernin Palais. Die offizielle Version, daß es sich um einen Selbstmord handelte, wird von Kennern nicht als glaubwürdig anerkannt.

V.

Der Putsch

Die Gemeinsamkeiten der drei Großmächte, die im Krieg gegen Hitler-Deutschland entstanden, wurden immer dürftiger. Die Vereinigten Staaten, Großbritannien und auch Frankreich, das in den „Klub der Mächtigen" 1945 aufgenommen wurde, sahen bestürzt, daß sich die Methoden der Sowjetunion in ihrem Hegemonialbereich nicht von denen, die Stalin schon vor dem Krieg bei der Liquidierung der wirklichen oder auch angeblichen Feinde des Kommunismus benutzte, unterschieden. Solange Moskau seine Pläne in Albanien oder Bulgarien verwirklichte, schien dies geographisch noch weit entfernt von der Interessensphäre des Westens. Aber als dann die Kommunisten in Polen und Ungarn die bürgerlich-demokratische Opposition brutal ausschalteten, begann sich der Westen Gedanken über die weitere Entwicklung in Europa zu machen. Hinzu kam, daß bei den Verhandlungen der Westmächte mit den Sowjets über die Zukunft Deutschlands und damit Europas jeder Vorschlag des Westens von Moskau mit einem kalten „Nein" beantwortet wurde. Auf der vierten Sitzung der Außenministerkonferenz der vier Großmächte, die vom 10. März bis zum 24. April 1947 in Moskau stattfand, lehnte die Sowjetunion die vom Westen vorgeschlagene Föderalisierung Deutschlands entschieden ab. Die Konferenz ging zu Ende, ohne daß man sich über die Zukunft Deutschlands geeinigt hatte. Der Konfrontationskurs der Sowjets hatte ein so großes Ausmaß angenommen, daß man im Westen an ein gemeinsames Vorgehen der Siegermächte kaum noch glaubte.

Diese neue Situation hatte ihren Einfluß auch auf die innenpolitische Szene zahlreicher westeuropäischer Länder. In Frankreich und in Italien beteiligten sich die kommunistischen Parteien, die als Repräsentanten der sowjetischen Politik und Ideologie angesehen wurden, nach dem Krieg an der Regierungsverantwortung. Jetzt, wo die Sowjetunion sich immer öfter im krassen Widerspruch zum Westen befand, verlor auch die Einbeziehung der Kommunisten in die Regierungen ihre natürliche Grundlage. Der italienische Ministerpräsident de Gasperi entließ im Mai 1947 die kommunistischen Regie-

rungsvertreter; kurz danach mußten die Kommunisten die Regierung in Paris verlassen.
Am 5. Juni 1947 forderte der amerikanische Außenminister George C. Marshall sein Land auf, ein Wirtschaftsprogramm vorzubereiten, das den verwüsteten europäischen Ländern beim Wiederaufbau ihrer Produktionskapazitäten helfen und sie beschleunigt in die Lage versetzen sollte, als gleichberechtigte Partner wieder am Welthandel teilzunehmen. Zur Mitarbeit an der Verwirklichung des Marshall-Plans wurden auch die Sowjetunion und die Staaten Mittel- und Osteuropas eingeladen. Die Sowjets nahmen zwar an einer der Sitzungen des Ausschusses für Europäische Wirtschaftliche Zusammenarbeit (CEEC) teil, erklärten dann aber den Marshall-Plan als einen Eingriff in die Souveränität der europäischen Länder und lehnten jede Mitarbeit ab.
Die Diskussion um die Möglichkeiten und die Verwirklichung des Marshall-Plans wurde zu einer politischen Schlüsselfrage, bei der sich zeigen sollte, wie unabhängig die Tschechoslowakei über ihre Außen- und Wirtschaftspolitik entscheiden durfte und wie groß der Einfluß der Sowjets in Prag war.
Am 4. Juli 1947 beriet die tschechoslowakische Regierung über die Annahme des Marshall-Plans. Nach gründlicher Diskussion wurde einstimmig – also auch mit den Stimmen der kommunistischen Minister – beschlossen, den Plan anzunehmen.
Der Beschluß der Regierung wurde am nächsten Tag in der gesamten tschechoslowakischen Presse begrüßt. Die Tschechoslowakei, ein Industriestaat, sollte mit Hilfe des Marshall-Plans wieder ihre führende Rolle auf diesem Gebiet in Europa erlangen.
Eine andere Meldung, die am 5. Juli 1947 ebenfalls veröffentlicht wurde, verdutzte allerdings die Einwohner der Tschechoslowakei. Der Ministerpräsident Klement Gottwald, Außenminister Jan Masaryk und Justizminister Prokop Drtina waren zu Beratungen mit der sowjetischen Regierung nach Moskau geflogen. Darüber, was in Moskau genau geschehen ist, fehlen bis heute genaue Angaben. Sicher ist, daß Klement

Gottwald in der Nacht zum 7. Juli zu einem Gespräch unter vier Augen zu Josef Stalin auf seine Datscha gefahren ist. Als er zurückkam, teilte er den beiden anderen Mitgliedern der Delegation, Masaryk und Drtina, mit, daß die Tschechoslowakei auf ausdrücklichen Wunsch Stalins ihre Teilnahme am Marshall-Plan zurückziehen müsse. Der Marshall-Plan sei nach Meinung Stalins gegen die Interessen der Sowjets gerichtet, und die Tschechoslowakei habe sich – nach sowjetischer Auffassung – mit dem Vertrag vom 12. Dezember 1943 verpflichtet, nichts gegen die Sowjetunion zu unternehmen. Telefonisch wurde Prag von Gottwald über die Stellungnahme der Sowjets unterrichtet. Die tschechoslowakische Regierung trat zu einer neuen Sitzung zusammen, um sich noch einmal mit dem Beschluß über den Marshall-Plan zu beschäftigen. Das Ergebnis: Wiederum einstimmig wurde jetzt beschlossen, die Teilnahme am Marshall-Plan zurückzunehmen. Von seinen Freunden nach der Rückkehr am Flughafen über die Moskau-Reise befragt, charakterisierte Jan Masaryk sarkastisch die Lage: „Nach Moskau fuhr ich als tschechoslowakischer Außenminister, zurückgekommen bin ich als Stalinsknecht."

Am 22. September 1947 wurde in dem polnischen Städtchen Szklarska Poreba, dem ehemaligen schlesischen Schreiberhau, eine Konferenz der Vertreter der kommunistischen Parteien der Sowjetunion, Polens, Bulgariens, Rumäniens, Ungarns, Jugoslawiens, der Tschechoslowakei, Frankreichs und Italiens eröffnet. Als nach fünf Tagen die Konferenz am 27. September 1947 endete, hatten sich die Parteien auf die Gründung eines Informationsbüros der kommunistischen und Arbeiterparteien geeinigt. Die Initiative dazu kam von J.W. Stalin, der mit Hilfe der Kominform die „Bruderparteien" stärker an die sowjetische kommunistische Partei binden wollte.
Auf der Tagung wurde auch heftige Kritik an der Politik der tschechoslowakischen Kommunisten geübt. Rudolf Slánský, der Generalsekretär der KPTsch, mußte sich vor allem von den sowjetischen Vertretern A. Schdanow und G. Malenkow und

den Jugoslawen Kardejl und Djilas Beschuldigungen gefallen lassen, nach denen die tschechoslowakischen Kommunisten nicht imstande wären, die Macht im Staate zu gewinnen. Dieser Kritik stimmten alle Teilnehmer – auch Luigi Longo, 1977 Vorsitzender der „eurokommunistischen" italienischen Kommunisten – eifrig zu. Dabei wurde sogar angedeutet, daß es nötig sein könnte, die Führung der tschechoslowakischen Kommunisten auszuwechseln und durch neue, tüchtigere Leute, als es Gottwald und Slánský seien, zu ersetzen.
Nach der Rückkehr Slánskýs aus Szklarska Poreba beschäftigte sich das Präsidium der tschechoslowakischen Kommunisten in Geheimsitzungen ausführlich mit der Kritik an ihrer Politik und Strategie. Für Gottwald und Slánský ging es dabei nicht nur um eine Lösung der Frage, wie schnell die Macht ergriffen werden kann, sondern auch um das eigene Überleben. Aus langjähriger Erfahrung wußten sie, daß Stalin bei einem ungünstigen Ausgang des Machtkampfes in Prag nicht zögern würde, sie fallenzulassen. Die Beschlüsse, die in Prag im Herbst 1947 angenommen wurden, waren schwerwiegend und für die nächste Zukunft der Tschechoslowakei von größter Wichtigkeit. Gottwald nannte als Ziel seiner Partei, im Sommer, spätestens aber im Herbst 1948 die Macht vollständig zu gewinnen. Um dieses Ziel zu erreichen, wurden geheime Kommissionen und Abteilungen des Sekretariats des Zentralkomitees gegründet. Eine dieser Kommissionen beschäftigte sich mit den Möglichkeiten der Beeinflussung von Armee und Polizei. Eine andere sollte einen Plan zur Aufstellung und Bewaffnung einer kommunistischen „Volksmiliz" ausarbeiten. In weiteren Kommissionen ging es um die Gewinnung der Mehrheit in den Massenorganisationen, um eine gut funktionierende Propagandakampagne gegen die bürgerlich-demokratischen Parteien. Eine der wichtigsten Aufgaben erhielt die Geheimabteilung für die nichtkommunistischen Parteien. Diese hatte die Aufgabe, in jeder der politischen Parteien und ihren Führungen zuverlässige Personen zu finden, die bereit wären, sich bei der kommenden Machtprobe an die Seite der Kommunisten zu stellen, die Parteien von innen her-

aus zu zerlegen und vertrauliche Informationen über die Vorgänge und Pläne dieser Parteien der KPTsch zu liefern. Kommunisten in den Sicherheitsorganen bekamen die Anweisung, mit Hilfe von Fälschungen und Verleumdungen demokratische Politiker zu diffamieren und sie – nach Vorbildern aus Rumänien, Bulgarien und Ungarn – als „Verräter" und prowestliche „Agenten" zu entlarven. Kommunistische Offiziere in der Armee sollten geheime Bereitschaftspläne ausarbeiten, nach denen Militäreinheiten unter Führung zuverlässiger Kommunisten zur Besetzung wichtiger strategischer Punkte in Prag und anderen großen Städten des Landes eingesetzt werden könnten. Die Rollen waren verteilt. Der Kampf um die Tschechoslowakei konnte beginnen!

Die Generalprobe für den kommenden Machtkampf sollte in der Slowakei stattfinden. Der überragende Sieg der Demokratischen Partei, die in den Wahlen im Mai 1946 mehr als 62 Prozent der Stimmen erhalten hatte, war den Kommunisten schon lange ein Dorn im Auge. Noch vor der Gründungskonferenz der Kominform in Szklarska Poreba hatte das Präsidium der KPTsch beschlossen, die Macht der Demokratischen Partei zu brechen.

Die Kommunisten wählten dazu zwei Methoden: die der Verleumdung und Diskriminierung führender Politiker der Demokraten und die „Mobilisierung" der Massenorganisationen, wie der Gewerkschaften, des Partisanen-, Bauern- und Jugendverbandes, die unter kommunistischer Kontrolle standen. Seit Frühjahr 1947 arbeitete im Prager Innenministerium eine spezielle Gruppe des Staatssicherheitsdienstes unter Leitung von Major Pokorný und Major Čilík an der Herstellung von gefälschten Dokumenten, die beweisen sollten, daß führende Politiker der Demokratischen Partei entweder Verbindungen zu ehemaligen hohen Persönlichkeiten des „Slowakischen Staates", die in der Emigration im Westen lebten, hätten oder eine Verschwörung gegen die Tschechoslowakische Republik vorbereiteten. Dabei ging man, um breite Schichten des Volkes zu schockieren, sogar so weit, angebliche Vorbe-

reitungen zur „Ermordung von Präsident Dr. Beneš" zu enthüllen.
Die gefälschten Dokumente, die mit Wissen der Prager Parteiführung von führenden slowakischen Kommunisten wie Husák und Šmidke zur „Enthüllung" vorbereitet wurden, erreichten die erhoffte Wirkung. Vergeblich versuchten die beschuldigten Funktionäre zu beweisen, daß sie Opfer einer Provokation waren. Zahlreiche führende Demokraten, so zwei der Generalsekretäre der Partei, Offiziere und Journalisten wurden wegen „staatsfeindlicher Umtriebe" verhaftet. Es waren einige 100 Personen. Allein in drei mittelslowakischen Bezirken wurden 380 Mitglieder der Demokratischen Partei verhaftet und 237 den Gerichten übergeben.
Gegen die stark angeschlagene Demokratische Partei wurde anschließend eine politische Aktion gestartet. Am 20. Oktober 1947 verlangten mehr als tausend „Delegierte" der slowakischen Bauern eine sofortige Bodenreform und das Ausscheiden aller „Feinde" des Volkes aus verantwortlichen Stellungen im Staat. Zehn Tage später tagte in Preßburg ein „Kongreß" der Delegierten der Betriebsräte aus der ganzen Slowakei. Auch hier wurden Resolutionen verabschiedet, die die Durchsetzung der kommunistischen Vorschläge zur „Lösung" der politischen Krise in der Slowakei verlangten. Da in der slowakischen Nationalen Front, dem Ergebnis der Wahlen entsprechend, die Kommunisten in der Minderheit waren, wurde nun die Forderung aufgestellt, daß nicht nur politische Parteien, sondern auch alle wichtigen „Massenorganisationen" in der Nationalen Front vertreten sein sollten. Der Vorschlag wurde sowohl von den slowakischen Demokraten als auch von den tschechischen bürgerlichen Parteien abgelehnt. Die Nationale Front sollte – wie im April 1945 in Kaschau beschlossen – eine Dachorganisation ausschließlich der politischen Parteien bleiben.
Nun erfolgte der nächste Schritt der slowakischen Kommunisten. Gustáv Husák teilte mit, daß er als Vorsitzender des Kollegiums der Bevollmächtigten den Rücktritt des gesamten Kollegiums einreichen werde. Die kommunistischen Bevoll-

mächtigten legten ihre Ämter sofort nieder, die Bevollmächtigten der Demokratischen Partei betrachteten sich allerdings weiter in Funktion, da Husáks Erklärung ohne ihr Wissen abgegeben wurde.
Die slowakische Krise wurde zu einer Machtprobe zwischen Kommunisten und Demokraten hochgespielt. Und die Kommunisten benutzten alle Mittel, die ihnen zu Gebote standen, um ihre Pläne durchzusetzen. Am 5. November 1947 riefen die slowakischen Gewerkschaften zur Unterstützung der kommunistischen Forderungen einen einstündigen Generalstreik aus. Am 8. November kam Klement Gottwald nach Preßburg, um Verhandlungen für die Bereinigung der Krise zu führen. Aber seine Mission wurde zum Mißerfolg. Die Demokraten – unterstützt von den tschechischen Nationalsozialisten und der Tschechoslowakischen Volkspartei – lehnten seine Vorschläge zur „Erweiterung" der Nationalen Front um slowakische Massenorganisationen sowie die Neuverteilung der Funktionen im Kollegium der Bevollmächtigten entschieden ab.
Die Verhandlungen wurden jetzt von Preßburg nach Prag verlegt. Die gesamttschechoslowakische Nationale Front sollte einen Ausweg aus der von den Kommunisten provozierten und immer noch genährten Krise finden.
Und wieder wurde mit Streiks und „Massenaktionen" der Bauern und Partisanen, die nach Waffen riefen, gedroht. Die Demokraten kapitulierten. Die Demokratische Partei verlor die absolute Mehrheit im Kollegium, wo ihr statt neun jetzt nur sechs Ressorts zugebilligt wurden. Besonders hart betroffen wurde vor allem der katholische Flügel der Partei, den die Kommunisten damals als den gefährlicheren betrachteten. Neu waren im Kollegium die kleine Freiheitspartei und die Partei der Arbeit, die den Sozialdemokraten nahestand. Die Kommunisten stellten neben dem Vorsitzenden, wiederum Gustáv Husák, vier Bevollmächtigte. Damit waren die Wahlergebnisse vom Mai 1946 in der Slowakei grundsätzlich verkehrt worden. Die Slowakei wurde als potentieller politischer Faktor ausgeschaltet. Eine Entscheidung, die für den Kampf

um die Macht in der Tschechoslowakei, auf die sich die Kommunisten mit aller Vehemenz vorbereiteten, von größter Wichtigkeit war.

Die Siegeseuphorie der Kommunisten nach ihrem politischen Sieg in der Slowakei dauerte nur eine kurze Zeit. Für den 14. bis 16. November 1947 wurde nach Brünn der XXI. Parteitag der tschechoslowakischen Sozialdemokraten einberufen. Schon lange vor dem Kongreß kam es in der Partei zu erbitterten Machtkämpfen zwischen dem linken Flügel, der vom Parteivorsitzenden Zdeněk Fierlinger geführt wurde, und der rechten Gruppe, deren bedeutendster Repräsentant der Minister für Ernährung, Václav Majer, war.
Die aus den Mai-Wahlen 1946 als kleinste politische Partei hervorgegangene Sozialdemokratie hatte für die weitere Entwicklung des Landes eine entscheidende Bedeutung als „Zünglein an der Waage". Es war darum nicht gleichgültig, wer diese Partei führen und wer ihre weitere politische Orientierung bestimmen würde.
Noch kurz vor dem Parteitag hofften die Kommunisten, daß es gelingen werde, Zdeněk Fierlinger als Vorsitzenden der Sozialdemokratie zu bestätigen. Die Hoffnungen, die sie auf Fierlinger gesetzt hatten, waren nicht unbegründet. Nach der diplomatischen Anerkennung der Sowjetunion durch Prag wurde Zdeněk Fierlinger zum ersten tschechoslowakischen Gesandten nach Moskau ernannt. Auf Drängen Gottwalds wurde Fierlinger von Beneš am 4. April 1945 Ministerpräsident der tschechoslowakischen Regierung, die in Kaschau gebildet wurde und das Kaschauer Regierungsprogramm verkündete. In der engsten Umgebung Fierlingers waren immer Leute, die als Agenten der Sowjets bekannt waren. Auch zur sowjetischen Botschaft in Prag pflegte er enge Verbindungen. Einer seiner Mitarbeiter im Sekretariat des Büros des Ministerpräsidenten in Prag, Jiří Skrovný, der heute in der Bundesrepublik Deutschland lebt, berichtet, daß eine von Fierlingers Sekretärinnen Agentin des sowjetischen Nachrichtendienstes war. Regelmäßig jede Woche am Donnerstag um 16.00 Uhr, so

Skrovný, kam der sowjetische Botschafter zu Fierlinger in das Büro des Ministerpräsidenten in Prag, wo er mit ihm unter vier Augen „konferierte".

Schon die Art und Weise, wie sich Fierlinger der Führung der tschechoslowakischen Sozialdemokratie bemächtigte, beweist ein taktisch durchdachtes Vorgehen. Er bezichtigte vor allem die im Londoner Exil lebenden führenden Sozialdemokraten der Mitschuld an der politischen Niederlage des Landes in den Jahren 1938/1939 und sprach ihnen das Recht ab, die Partei weiter zu repräsentieren. Um diese Politiker, die eine enge Zusammenarbeit mit den Kommunisten ablehnten, auszuschalten, hat Zdeněk Fierlinger Verbündete unter der jüngeren Parteigarnitur gesucht, die meistens erst in den letzten zwei Kriegsjahren und oft auf direkte Anweisung der Kommunisten den Weg in die Sozialdemokratie fanden. Es war hauptsächlich eine Gruppe jüngerer Parteifunktionäre, die in der Zeit des Protektorats Böhmen und Mähren in den sogenannten Ämtern für Sozialfürsorge in Prag arbeiteten, wovon einige durch die Zusammenarbeit mit deutschen Behörden teilweise kompromittiert waren. Diesen „Schönheitsfehler" in ihrer Vergangenheit nutzten die Kommunisten, die sie mit der Drohung einer eventuellen „Entlarvung" erpreßten, voll aus. Zu diesen Parteifunktionären gehörten enge Mitarbeiter Fierlingers, von denen viele noch heute führende Funktionen in der Tschechoslowakei innehaben.

Vor dem sozialdemokratischen Parteitag entfaltete Fierlinger eine rege Aktivität. Ab Mitte Oktober kam es auch zu zahlreichen Gesprächen Fierlingers mit Gottwald, mit dem Generalsekretär der KPTsch, Rudolf Slánský, und dem Politbüromitglied der KP, Václav Kopecký. Auch Sorin kam öfter als üblich zu Fierlinger. „Bei diesen Treffen wurde die Regie für Brünn ausgearbeitet", erklärte Skrovný.

Auch von kommunistischer Seite wurden die konspirativen Gespräche mit linken Sozialdemokraten und vor allem mit Zdeněk Fierlinger bestätigt. Der Leiter der Abteilung für nichtkommunistische Parteien, Oto Hromádko, erinnert sich, daß den Linken und den Kommunisten nur eine Hoffnung blieb, wie man Fierlinger doch als Vorsitzenden durchsetzen könnte: Durch die Kandidatur eines ausgesprochen rechten Sozialdemokraten, der nicht die Stimmen der Mehrheit der Delegierten bekommen würde. Aber auch diese Rechnung ging nicht auf. Als Gegenkandidat Fierlingers sollte der Vertreter der Mitte, der Industrieminister Bohumil Laušman, nominiert werden.

Laušman bat um Bedenkzeit. Noch bevor er sich entschieden hatte, erschienen bei ihm zwei Emissäre Moskaus, die ihn zu überreden suchten, nicht gegen Fierlinger zu kandidieren. „Gerade diese zwei Interventionen zugunsten Zdeněk Fierlingers haben in mir die ersten Befürchtungen geweckt, ob die Sowjetunion und das Kominformbüro nicht irgendwelche unredlichen Ziele mit der Selbständigkeit der Sozialdemokratie verfolgen", schreibt später Bohumil Laušman im westlichen Exil.

Die Stimmung auf dem Parteitag in Brünn war gereizt. Die Linken – ihrer Niederlage nahe – versuchten es mit Obstruktionen. Aber die Wahl des Parteivorsitzenden ging erwartungsgemäß aus. Für Laušman stimmten 283, für Fierlinger 182 Delegierte des Parteitages. Eine Gruppe von 18 Parlamentsabgeordneten, an ihrer Spitze Fierlinger, gab noch auf dem Parteitag eine Erklärung ab, deren Text mit dem Generalsekretär der KP, Rudolf Slánský, schon einige Tage vorher ausgearbeitet worden war. Sie gaben bekannt, daß sie sich als Fraktion betrachten und bei Abstimmungen im Parlament nicht nach der Parteidisziplin, sondern nach ihrem „Gewissen" abstimmen würden.

Die Weichen waren gestellt. Die Befehle ausgegeben. Die Kommunisten – auch durch die Ergebnisse des Parteitages der Sozialdemokraten gewarnt – mußten, vom Belgrader Kominformbüro gedrängt, zum Angriff übergehen.

Kurz nach der Niederlage der Linken in der Sozialdemokratischen Partei am 27. November 1947 tagte in Prag das Zentralkomitee der Kommunistischen Partei der Tschechoslowakei. Eine Tagung, die von kommunistischen Historikern als die

wichtigste und bedeutendste zwischen Mai 1945 und Februar 1948 gewertet wird.
Die kommunistische Parteiführung wußte, daß ihre Hoffnung auf die Gewinnung von 51 Prozent der Stimmen in den Parlamentswahlen im Mai 1948 kaum in Erfüllung gehen konnte. Die Zahl der Mitglieder der Partei blieb zwar konstant oder stieg sogar leicht, die Sympathien in breiten Bevölkerungsschichten verringerten sich jedoch.
In seinem Referat auf der Tagung des Zentralkomitees schlug Klement Gottwald eine Lösung vor, um den Kommunisten die führende Rolle im politischen Spektrum der Tschechoslowakei zu sichern: Die Kommunisten sollten in den kommenden Parlamentswahlen mit einer Kandidatenliste antreten, in der Repräsentanten aller politischen Gruppierungen des Landes vertreten sein würden. Die „Reaktionäre" sollten völlig isoliert und damit der Eindruck erweckt werden, daß alle, die es „gut mit der Zukunft der Republik" meinten, sich unter die Führung der kommunistischen Partei stellen würden. In allen politischen Parteien sollten Persönlichkeiten gefunden werden, die gewillt wären, auf einer solchen Liste zu kandidieren und später auch die „Mitverantwortung" in der Regierung zu tragen.
Die Kommunisten waren sich voll bewußt, daß ihr Vorschlag schwere innenpolitische Konsequenzen haben würde. Gottwald und seine Genossen erwarteten nicht, daß sich die Führungen der anderen politischen Parteien mit dem Vorschlag für eine einheitliche Kandidatenliste zufriedengeben würden. Auch das Wahlgesetz hätte neu formuliert und vom Parlament gebilligt werden müssen, die Verfassung entsprechende Artikel über einheitliche Listen enthalten und der Staatspräsident dazu seine Zustimmung geben müssen.
Das alles – Gottwald wußte dies ganz genau – war nicht möglich, ohne daß eine politische Krise, in der sich die politische Zukunft des Landes entscheiden würde, ausbrach. Da die Wahlen für den Mai 1948 angesetzt waren, rechnete Gottwald, daß es zu diesem Zeitpunkt im Laufe der Diskussionen um das neue Wahlgesetz zur Krise kommen könnte.

Dafür sollte die kommunistische Partei gerüstet sein. Darum galt es, sich mit größter Energie auf die kommende Auseinandersetzung vorzubereiten. Vor allem in den wichtigsten Organen des Staates.
Angaben über die Besetzung von Führungspositionen durch Kommunisten in den wichtigsten Ministerien beweisen, daß die Partei dieses Ziel konsequent verfolgte. So waren 33 Prozent der höchsten Offiziere im Verteidigungsministerium Kommunisten. Im Innenministerium, dem die Polizei und der Staatssicherheitsdienst unterstellt waren, waren es sogar 44 Prozent, im Informationsministerium 45 Prozent aller führenden Beamten. Systematisch wurde die Polizei vergrößert und mit Mitgliedern der KPTsch durchsetzt. Im Jahre 1938 zählten Polizei, Gendarmerie und Organe des Innenministeriums 26 300 Personen. Die dem kommunistischen Innenminister, Václav Nosek, im Jahre 1947 unterstellten Kräfte erreichten die Stärke von 43 600 Mann, obwohl der Staat um 20 Prozent weniger Einwohner hatte und sein Territorium durch das „freiwillige" Abtreten der Karpato-Ukraine an die Sowjetunion um 12 600 Quadratkilometer verringert hatte! Auch die Westmächte lieferten den Kommunisten Argumente für ihre Behauptung, die Tschechoslowakei gehöre ins sowjetische Lager.
Mit Genugtuung hebt bis heute die offizielle Prager Geschichtsschreibung hervor, daß die Vereinigten Staaten wie später auch die Weltbank durch die Ablehnung eines Kredites an die Tschechoslowakei zu erkennen gegeben hätten, daß sie mit der kommunistischen These von der Zugehörigkeit der Tschechoslowakei zur sowjetischen Interessenszone übereinstimmten. In der Tat rief die amerikanische Haltung damals bei den bürgerlichen Politikern Unsicherheit hervor.
Wie Jahre später aus den Akten des US-Botschafters in Prag, Laurence Steinhardt, die Professor Dr. W. Ullmann von der Universität in Syracuse analysiert hat, hervorgeht, waren die Vereinigten Staaten auf einen nahenden Machtkampf um die Tschechoslowakei und in der Tschechoslowakei überhaupt nicht vorbereitet. In drei Memoranden berichtete Botschafter

Steinhardt immer nur von der zu erwartenden Niederlage der Kommunisten in den Parlamentswahlen vom Mai 1948. Daß die Kommunisten – wie die Entwicklung seit spätestens Sommer 1947 andeutete – sich auf eine Machtübernahme vorbereiteten, darüber ist in den Berichten amerikanischer Diplomaten aus Prag nichts zu finden. Und ähnlich reagierten auch die Botschafter Großbritanniens und Frankreichs. Es scheint, daß nur eine westliche Dienststelle über die Pläne der Sowjets und der tschechoslowakischen Kommunisten mehr wußte: der amerikanische Geheimdienst CIA und sein Leiter in Prag, Oberst Charles Katek, der als der bestinformierte Ausländer in der tschechoslowakischen Hauptstadt bezeichnet wurde.

Die Zeit drängt. Das Jahr 1948 beginnt für die kommunistische Partei der Tschechoslowakei nicht sehr glücklich. Eine geheime Analyse der Wählersympathien zeigt, daß nur 28 Prozent die Kommunisten wählen wollen. Zehn Prozent weniger als vor zwei Jahren. Die Kommunisten bereiten sich darum mit noch größerer Energie auf die kommende Machtprobe vor. Im Mai ist es soweit, berichten sie nach Moskau und dem Kominformbüro nach Belgrad. Es kam aber früher.

Am 8. Februar 1948 entließ Innenminister und Parteipräsidiumsmitglied der KP, Václav Nosek, acht hohe nichtkommunistische Polizeioffiziere und ersetzte sie durch Mitglieder seiner Partei. Eine Maßnahme, die es den Kommunisten ermöglichen sollte, bei dem erwarteten politischen Kampf in Prag die Polizei fest unter Kontrolle zu haben. Die bürgerlich-demokratischen Parteien protestierten. Sie forderten die Rücknahme von Noseks Anweisung. Die Kommunisten ahnten sofort, daß sich bei der Auseinandersetzung um Nosek eine Möglichkeit bieten könnte, den Schwarzen Peter den Bürgerlichen zuzuschieben. Und die Politiker der nichtkommunistischen politischen Parteien sowie Staatspräsident Dr. Edvard Beneš gingen den Kommunisten in die Falle. Der Kampf um die Entscheidung konnte nun zwei Monate früher als geplant ausgetragen werden. Der Kampf begann.

Jeder wußte, daß der Sturm nahte. Die Kommunisten erlitten bei der Abstimmung in der Regierung die ersten Niederlagen. Mit 15 gegen elf Stimmen wurde der Vorschlag des Sozialdemokraten Václav Majer zur Erhöhung der Gehälter staatlicher und öffentlicher Angestellter, den Gottwald und die von den Kommunisten beherrschten Einheitsgewerkschaften entschieden ablehnten, angenommen. Auch die mit gleicher Stimmenmehrheit verabschiedete Bestimmung, daß in der nächsten Regierungssitzung der kommunistische Innenminister, Václav Nosek, einen Bericht über die Situation in der Polizei und die Rücknahme der Ernennung kommunistischer Polizeioffiziere in Prag vorzulegen hatte, signalisierte der KP, daß ihre bisherige Vorherrschaft gebrochen war.
Die Kommunisten entschlossen sich zur Gegenoffensive. Sie verlangten, daß die Verstaatlichung der Industrie weiter vorangetrieben würde. Alle Betriebe mit mehr als 50 Angestellten sollten demnach verstaatlicht und der gesamte Außenhandel und der innerstaatliche Großhandel unter Staatskontrolle gestellt werden. Die Bodenreform sollte überprüft werden, wobei auch der Bodenbesitz der Kirchen ohne Entschädigung beschlagnahmt werden konnte. Mit Demagogie und Haß wollte man die „Massen" mobilisieren. Die Einheitsgewerkschaften beriefen auf Vorschlag des Parteipräsidiums der Kommunisten für den 22. Februar 1948 einen gesamtstaatlichen Betriebsrätekongreß nach Prag ein. Nicht mehr in Sitzungen der Regierung und der Nationalen Front, sondern auf „Kongressen", die unter kommunistischer Regie durchgeführt wurden, wollte man über die wichtigsten Probleme des Landes entscheiden.
Für Dienstag, den 17. Februar 1948, 11.00 Uhr, war die 134. Sitzung der tschechoslowakischen Regierung einberufen worden. Gleich nach ihrer Eröffnung meldete sich der stellvertretende Ministerpräsident und Vorsitzende der Nationalsozialisten, Dr. Petr Zenkl, zu Wort. Zenkl wollte wissen, ob an der Sitzung auch Innenminister Václav Nosek teilnimmt, um über die Situation der Polizei zu berichten. Nosek, so Gottwald, sei immer noch krank. Minister Václav Kopecký,

der den Innenminister während seiner Krankheit vertrete, sei über Details nicht informiert. Gottwald schlug vor, die nächste Sitzung der Regierung abzuwarten.
Damit gaben sich die Minister der Nationalsozialisten, der Tschechoslowakischen Volkspartei und der slowakischen Demokratischen Partei nicht zufrieden, und so mußte Gottwald schon nach 55 Minuten die Sitzung auf den Nachmittag vertagen.
Vom Sitzungssaal begab sich Ministerpräsident Gottwald sofort zu Dr. Edvard Beneš. Er informierte das Staatsoberhaupt – wie es später hieß – über die „Obstruktionen der Minister der bürgerlichen Parteien" und vermutete, daß einige Nationalsozialisten auf die Auflösung der Regierung spekulierten und die Bildung eines Kabinetts aus unpolitischen Fachministern planten.
Beneš wies diese Vermutung entschieden zurück. Er werde einer neuen Regierung nur dann zustimmen, wenn in ihr Vertreter aller in der Nationalen Front zusammengeschlossenen politischen Parteien vertreten seien. Eine „Beamtenregierung" komme für ihn nicht in Frage.
Mit dieser Zusicherung des Staatspräsidenten kehrte Gottwald in das Regierungsgebäude zurück, wo er um 15.00 Uhr erneut die Sitzung der Regierung eröffnete. Ergebnislos mußte er sie aber nach knapp einer Stunde abbrechen. Ein scheinbar unbedeutender Prozedurstreit, aber eine Gelegenheit, auf die die Kommunisten seit Tagen gewartet hatten. Jetzt brauchten sie nicht mehr bis zum Kongreß der Delegierten der Betriebsräte zu warten, auf dem sie den Konflikt mit den demokratischen Kräften provozieren wollten.
Als die Regierungssitzung kurz vor 16.00 Uhr abgebrochen wurde, trat bei Gottwald sofort das Parteipräsidium der KPTsch zusammen, um über die entstandene Situation zu beraten. Es beschloß, die Partei in Alarmzustand zu versetzen. Noch in der Nacht wurden Kuriere des Zentralkomitees zu den Kreis- und den wichtigen Bezirksausschüssen der KP mit Instruktionen über die Mobilmachung der Partei entsandt. Gleichzeitig wurde eine „Erklärung an die Nation" verab-

schiedet, die über den von Kommunisten beherrschten Rundfunk und in Sonderflugblättern verbreitet wurde. Darin hieß es, die Repräsentanten einiger Regierungsparteien versuchten mit „antidemokratischen und verfassungswidrigen Methoden" eine nichtparlamentarische Beamtenregierung zu bilden, deren Absicht es wäre, die Macht den „Händen des arbeitenden Volkes zu entreißen" und „antidemokratische Wahlen vorzubereiten". Und in einigen Fabriken bildeten sich die ersten kommunistischen Bereitschaftsgruppen, die „Faust der Arbeiterklasse".

Noch war nichts entschieden. Noch war die Regierung Gottwald – und auch ihre bürgerlichen Minister – im Amt. Die gespannte Atmosphäre ließ niemanden im Zweifel: Die Entscheidung würde nicht mehr lange auf sich warten lassen. Am Mittwoch, dem 18. Februar 1948, vormittags, empfing Dr. Beneš die führenden Vertreter der Nationalsozialisten, Dr. Petr Zenkl und Dr. Hubert Ripka, den Außenhandelsminister und klügsten Kopf der Partei, deren Mitglied auch Beneš von 1922 bis zu seiner Wahl zum Präsidenten im Dezember 1935 gewesen war.

Das Gespräch dauerte einige Stunden. Der Staatspräsident, noch kaum von einem leichten Schlaganfall genesen, riet Zenkl und Ripka, die Regierungskrise, wenn sie sich für eine solche entschieden hätten, noch vor dem Kongreß der Betriebsräte zu bereinigen. Jetzt gehe es um Fragen der Sicherheit, die von jedem verstanden würden, meinte er. Später könnten die bürgerlichen Minister in Verdacht geraten, daß sie die Krise wegen der Ablehnung der „sozialen Forderungen der Arbeiterklasse" provoziert hätten. Er, Beneš, sei bereit, vorzeitige Parlamentswahlen auszuschreiben.

Aber auch die Kommunisten waren aktiv. Klement Gottwald lud die Führung der Sozialdemokratie mit Laušman an der Spitze zu einem Gespräch ein. Dabei unterbreitete er den etwas überraschten Sozialdemokraten den Vorschlag, eine Regierung aus Kommunisten und Sozialdemokraten zu bilden, die im Parlament mit einer Stimme die absolute Mehrheit besaß. Gleichzeitig schlug er eine „sozialistische Kampfgenossenschaft" gegen die Reaktion vor. Laušman, vom rechtsorientierten Generalsekretär der Partei und dem sozialdemokratischen stellvertretenden Ministerpräsidenten begleitet, lehnte jedoch beide Vorschläge ab. Nach seiner Auffassung sei noch die Zeit, die entstandenen Kontroversen in der Nationalen Front auszuräumen.

Aber es blieb nicht mehr viel Zeit. Zwei Meldungen, die der Prager Rundfunk am Donnerstag, dem 19. Februar 1948, verbreitete, bewiesen, daß die tschechoslowakische Krise auch bei den Großmächten ein außerordentliches Echo gefunden hatte.

Der Botschafter der Vereinigten Staaten in Prag, Laurence Steinhardt, der sich in den Staaten aufhielt, entschloß sich, nicht wie geplant mit dem Schiff nach Europa zurückzukehren. Er traf mit einem Flugzeug in Prag ein. Kurz nach der Ankunft des amerikanischen Diplomaten landete auf dem Flughafen Prag-Ruzyně eine sowjetische Sondermaschine. Der stellvertretende sowjetische Außenminister, Valerian Sorin, kam in die tschechoslowakische Hauptstadt, um – wie es offiziell hieß – die Lieferungen sowjetischen Getreides zu kontrollieren.

Ein besseres Zeichen für den Ernst der Lage konnte es kaum geben.

Freitag, 20. Februar 1948.

Sitzungssaal der Regierung. In einigen Minuten, um 10.00 Uhr, soll die Sitzung beginnen. Aus gesundheitlichen Gründen hat sich Außenminister Jan Masaryk entschuldigt. Anwesend sind schon alle kommunistischen Minister, auch Innenminister Václav Nosek. Am 17. Februar, nur einige Stunden nach der geplatzten Regierungssitzung, an der er wegen „hohen Fiebers" nicht teilnehmen konnte, saß er bei Klement Gottwald und besprach mit ihm und dem Generalsekretär der Partei, Rudolf Slánský, die „Mobilisierung" der Kommunisten im Staatssicherheitsdienst und in der Polizei. Verteidigungsminister General Ludvík Svoboda ist ebenfalls anwesend und alle Vertreter der Sozialdemokraten. Im Vorzimmer sind Dutzende in- und ausländischer Journalisten versammelt. Alle erwarten einen Zusammenstoß der Kommunisten mit den Demokraten. Die Zeit läuft.

Um 10.15 Uhr sind die Minister der bürgerlich-demokratischen Parteien immer noch nicht erschienen. Gottwald erklärt, daß er den Grund für ihre Abwesenheit ermitteln läßt, und bittet die Anwesenden, sich zur Verfügung zu halten.

In Gottwalds Büro trifft inzwischen ein Brief von Petr Zenkl ein. Der stellvertretende Ministerpräsident möchte wissen, ob Innenminister Nosek auf der Regierungssitzung – so wie beschlossen – bekanntgeben wird, daß er die Ernennung der Prager kommunistischen Polizeioffiziere rückgängig gemacht habe. Während Zenkl noch in einem kollegialen Ton schreibt und Gottwald duzt, ist die Antwort des Ministerpräsidenten kühl und ausweichend.

Um die Mittagszeit kommen zwölf Minister der demokratischen Parteien im Arbeitsraum des stellvertretenden Ministerpräsidenten und Vorsitzenden der Tschechoslowakischen Volkspartei, Dr. Jan Šrámek, zusammen. Hier beschließen sie, dem Staatspräsidenten ihren Rücktritt anzubieten. Ihrer Ansicht nach sollte Beneš das Parlament auflösen und Neuwahlen ausschreiben. Sie sind überzeugt, daß diese Wahlen nie mit einem Sieg der Kommunisten enden könnten.

Die Entscheidung der zwölf Minister teilt Dr. Zenkl dem Staatspräsidenten telefonisch mit. Beneš, offenbar nur wenig überrascht, ist befriedigt. „Jetzt nur nicht ausrutschen", ist seine Reaktion.

In den Parteizentralen der demokratischen Parteien werden Briefe mit den Rücktrittserklärungen geschrieben, in der Hoffnung, daß die Krise parlamentarisch zu lösen ist. Den Kommunisten, die sofort ihre Chance erkannt haben, schwebt allerdings eine andere Form der Lösung der Krise vor. Noch am Nachmittag besucht Gottwald mit Innenminister Nosek, Verteidigungsminister General Svoboda und den Leitern der Nachrichtendienste des Innenministeriums, Oberst Janda, und des Verteidigungsministeriums, Oberst Reicin, den

Staatspräsidenten. Sie berichten über angeblich enttarnte westliche Agenten und Spione, die von den Nationalsozialisten unterstützt werden. Gottwald und Nosek empfehlen gleichzeitig dem Präsidenten, die Demission der Minister anzunehmen. Beneš, noch sichtlich vom Bericht Svobodas, Reicins und Jandas erschüttert, weicht einer Antwort aus. Dennoch sind Gottwald und Nosek zufrieden. Die erste Phase der psychischen Einschüchterung des Staatsoberhauptes scheint gelaufen. Das Werben um die Sozialdemokraten wird fortgesetzt. Im Auftrag des Parteipräsidiums der Kommunisten trifft sich der Vorsitzende der Einheitsgewerkschaften, Antonín Zápotocký, mit dem Vorsitzenden der Sozialdemokraten, Laušman, um ihm ein weiteres Angebot Gottwalds vorzulegen.

Es geht wieder um die Bildung einer Regierung. Die Sozialdemokraten würden zwei Fünftel aller Ressorts, insgesamt neun, erhalten. Laušman, unsicher, wie die Krise, die sich noch im Anfangsstadium befindet, ausgehen wird, lehnt das Angebot ab mit dem Argument, darüber habe die Parteiführung zu entscheiden.

Auch die Abteilung des Zentralkomitees der KP für nichtkommunistische Parteien wird aktiv. Sofort werden bestehende Kontakte mit der Opposition in den bürgerlich-demokratischen Parteien intensiviert. Der stellvertretende Parlamentsvorsitzende, Alois Petr, und der Abgeordnete Josef Plojhar von der Tschechoslowakischen Volkspartei sagen Gottwald zu, daß sie bereit seien, mit Kommunisten in die Regierung einzutreten. Der Abgeordnete der slowakischen Demokraten, Ján Ševčík, telefoniert mit Václav Kopecký. Seine Frau sei auf dem Weg von Preßburg nach Prag, um den Kommunisten ein Verzeichnis von Mitgliedern seiner Partei zu übergeben, die ebenfalls gewillt seien, mit den Kommunisten zusammenzuarbeiten. Bei den Nationalsozialisten sind die zur Kollaboration entschlossenen Politiker noch zahlreicher.

Gottwald kann zufrieden sein. Schon am ersten Tag der Krise hat er so viele Mitläufer, daß er die Mehrheit im Parlament – sollte das Parlament überhaupt abstimmen – gesichert

sieht. Damit gibt sich die kommunistische Parteiführung allerdings nicht zufrieden, Abstimmungen, Beschlüsse – das alles ist für Kommunisten zu unsicher. Was wirklich zählt, sind Gewehre, Panzer, Überfallkommandos.
Die seit Monaten unter kommunistischen Offizieren stehenden Einsatzgrenzabteilungen der Polizei und ausgesuchte Einheiten des Einsatzbataillons „Slowakei" werden in den späten Abendstunden des 20. Februar 1948 in die nächste Umgebung Prags verlegt. Sie werden in den Städten Kolin, Beneschau, Böhmisch-Brod und Brandys und in Polizeikasernen der Prager Stadtteile Ruzyně, Vršovice und Bubeneč stationiert. Gleichzeitig werden Polizeistreifen zu Wohnungen der demissionierten Minister beordert, wodurch sie praktisch zu Gefangenen im eigenen Land werden. Polizeieinheiten besetzen alle wichtigen Gebäude in Prag sowie sämtliche Brücken, Postämter und den Rundfunk.
An alles ist gedacht am ersten Tag der Regierungskrise, dem 20. Februar 1948.

Samstag, 21. Februar 1948.
Die kommunistische Organisation funktioniert perfekt. Kaum 24 Stunden, nachdem die Minister der bürgerlich-demokratischen Parteien ihren Rücktritt bekanntgegeben haben, wird Dr. Beneš mit Resolutionen, Aufforderungen und Bittschriften aus dem ganzen Land bombardiert. Der Staatspräsident wird aufgefordert, die Demission zu akzeptieren.
Es bleibt aber nicht nur bei Resolutionen. Aus Prager Betrieben werden „Delegationen der Arbeiter" entsandt, um ihre Wünsche vorzutragen.
Um 10.00 Uhr organisieren die Kommunisten auf dem historischen Prager Altstädter Ring eine Manifestation der Prager Bevölkerung. Rund 80 000 Menschen kommen, um Gottwald zu applaudieren, als er Dr. Beneš auffordert, die „Reaktionäre" sofort zu entlassen.
Die Masse jubelt! Schreit! Ruft nach der Macht für die Kommunisten. Der Psychoterror beginnt. In einigen Städten werden erste Aktionsausschüsse gebildet, zu deren Gründung die

Kommunisten aufgerufen hatten. Unter Führung kommunistischer Funktionäre sollen in ihnen Kollaborateure aus anderen Parteien, Karrieristen, die nach Macht und Position streben, Polizisten und Armeeoffiziere die „Säuberungen" des öffentlichen Lebens einleiten und praktisch die Staatsgewalt ausüben. In die kommunistische Parteizentrale gelangen Berichte von Gründungen solcher Ausschüsse aus Königgrätz, Jungbunzlau, Laun, Blansko, Falkenau. Um den bürgerlichen Parteien die Möglichkeit zu nehmen, ihre Vorstellungen über die Lösung der Krise zu erläutern, wird ihre Presse mundtot gemacht. In den Papierfabriken in Nord- und Südböhmen, von denen die Druckereien Rotationspapier beziehen, beschließen die „Arbeiter", kein Papier an die Redaktionen der Zentralorgane der Tschechoslowakischen Volkspartei, „Lidová Demokracie", und der Nationalsozialisten, „Svobodné Slovo", zu liefern. Kommunistische Eisenbahner lehnen es ab, diese Zeitungen zu befördern.
Die Nationalsozialisten, die Tschechoslowakische Volkspartei und die slowakischen Demokraten werden so zum Schweigen verurteilt. Hingegen stehen den Kommunisten alle Propagandamittel zur Verfügung: Rundfunk, Presse, Telefonnetz, Druckereien.
Die Einsatzgruppen der Polizei haben ihre Standorte bezogen. Prag steht praktisch unter Kontrolle der kommunistischen Partei. Jetzt gilt es, verläßliche Armee-Einheiten zu mobilisieren. Sollte Beneš nicht nachgeben, würden sie die Rolle der „Ordnungshüter" übernehmen.
Die KPTsch sendet Kuriere und Instrukteure in die wichtigsten Garnisonen des Landes.
In der Panzerbrigade in Saatz wird eine Einheit aus zuverlässigen Kommunisten gebildet, die auf Befehl aus Prag in Aktion treten soll. Nach einem internen Plan sollen alle „unzuverlässigen" Offiziere interniert und ausgeschaltet werden.
In Milovice stehen Truppeneinheiten bereit, den Marsch nach Prag anzutreten. In Olmütz wird ein Infanterieregiment in Bereitschaftszustand versetzt. Auch in der mährischen Landeshauptstadt Brünn gelingt es einem kommunistischen Funktio-

när, eine Gruppe von Generälen, so den Kommandeur des 3. Wehrkreiskommandos, seinen Stabschef, den Kommandeur eines Panzerkorps, zwei Divisionskommandeure sowie den Chef der Luftwaffe für die Pläne der KPTsch zu gewinnen. Auch in der Slowakei sind in zahlreichen Städten Armee-Einheiten unter Führung kommunistischer Offiziere in Alarmzustand versetzt worden.
Und die nichtkommunistischen Parteien? Der Vorsitzende der Nationalsozialisten, Petr Zenkl, fährt zu kleineren Versammlungen nach Mähren, Hubert Ripka in das Riesengebirge. Der alte, kränkliche Dr. Jan Šrámek ruht sich aus und wartet auf die Ereignisse der kommenden Woche.
„Wir vertrauen auf die Verfassung und Demokratie", ist seine Erklärung. Die Kommunisten hingegen vertrauen nur auf die eigene Kraft und handeln danach.

Sonntag, 22. Februar 1948.
Der Tag steht ganz im Zeichen des Kongresses der Betriebsräte. Fast 8 000 „Delegierte" haben Sonderzüge nach Prag gebracht. Nur etwa 500 sind Nationalsozialisten, 200 Mitglieder der Volkspartei, 400 Sozialdemokraten.
Die Tagung findet in einer Atmosphäre der Angst statt, der Angst der anwesenden Nichtkommunisten, die sich kaum zu Wort melden. Sie werden überschrieen und nicht als Redner zugelassen. Nur sieben wagen es, gegen die vom Gewerkschaftsvorsitzenden Zápotocký vorgetragenen Resolutionen zur Unterstützung der Forderungen von Klement Gottwald zu stimmen. Die „Reaktion" soll zittern. Für Dienstag, den 24. Februar wird vom Kongreß ein einstündiger Generalstreik ausgerufen.
Und in der Villa Gottwalds in Prag-Dejvice tagt ununterbrochen das Präsidium der Partei. Staatspräsident Beneš fährt in seine Residenz außerhalb Prags, nach Lány.
An diesem Tag bleibt es aber nicht nur bei Kongressen, Manifestationen und Erklärungen. Das kommunistische Parteisekretariat beschließt offiziell die Bildung der bewaffneten Truppe der Partei – der Volksmiliz! Ein zentraler Stab wird

unmittelbar bei der Parteiführung gebildet. Kommandant der Volksmiliz wird Josef Pavel, sein Stellvertreter der Arzt Dr. František Kriegel, gleich Pavel ein bewährter Frontkämpfer des spanischen Bürgerkrieges. Politischer Kommissar: Josef Smrkovský, der ehemalige stellvertretende Vorsitzende des Tschechischen Nationalrats, der im Mai 1945 den Einmarsch amerikanischer Truppen in die tschechoslowakische Hauptstadt verhindert hatte.

Aus Waffenfabriken in Brünn, Adamov, Wsetin und Vlašim, aus Armeelagern werden Gewehre und Maschinenpistolen mit Munition nach Prag und in andere Industriezentren gebracht und an zuverlässige kommunistische Arbeiter verteilt. Einige Milizeinheiten werden zur Verstärkung der kommunistisch infiltrierten Polizei beordert und patrouillieren in den Straßen Prags, vor Ministerien und Parteizentralen und den Redaktionen nichtkommunistischer Parteien.
Es bleibt aber nicht nur bei bewaffneter Demonstration der Stärke der Kommunisten. Jetzt gilt es, die Gegner auch physisch auszuschalten. Der Vertrauensmann der Partei im Staatssicherheitsdienst, Jindřich Veselý, erhält die Anweisung, daß die erste Verhaftungswelle beginnen kann.
In der Nacht dringen Beamte des Staatssicherheitsdienstes in die Wohnung von Stabskapitän Miroslav Teichman und des Stabskapitäns Miroslav Němeček ein. Die Fahndung nach dem Polizeioffizier Bláha wird ausgelöst. Für immer verschwinden nicht nur in Prag, sondern auch in anderen Städten des Landes zahlreiche Funktionäre der Nationalsozialisten und der Volkspartei.
Der Terror wütet. Noch sind die Kommunisten offiziell nicht an der Macht. Noch hat der Staatspräsident die Demission der zwölf Minister nicht angenommen. Die ersten Toten säumen schon den Weg, auf dem man zum Sozialismus marschieren will!

Montag, 23. Februar 1948.
In Prag tagt der Vorstand des Einheitsverbandes der tschechi-

schen Landwirte. Man berät über den von den Kommunisten einberufenen Kongreß der Delegierten der Landwirtschaftskommissionen. Die Mehrheit des Vorstandes lehnt in der Aussprache den Kongreß als kommunistische Agitation ab.
Zur Abstimmung kommt es nicht mehr. In den Saal stürmt eine Gruppe des Staatssicherheitsdienstes. Der stellvertretende Vorsitzende und Abgeordnete der Tschechoslowakischen Volkspartei, Rostislav Sochorec, wird „verhaftet". Vor den Augen der fassungslosen Vorstandsmitglieder wird Sochorec blutig geschlagen und abgeschleppt.
Nach zwei Wochen ist Sochorec wieder ein „freier Mann". Unter Anteilnahme Tausender Landwirte wird er in seinem mährischen Heimatdorf zu Grabe getragen. Der Sarg darf nicht geöffnet werden. Den Familienangehörigen soll der Anblick des zu Tode geprügelten Opfers erspart bleiben.
Das Zentralorgan der sowjetischen Kommunisten, die Moskauer „Prawda", veröffentlicht in ihrer Ausgabe vom 22. Februar 1948 einen Beitrag, in dem sie die Ablehnung der Forderungen der tschechoslowakischen Kommunisten als einen Angriff auf die Sowjetunion bezeichnet. Die Folgen des „Freundschafts- und Beistandspaktes" vom Dezember 1943 machen sich bemerkbar.
Beneš und führende Politiker der bürgerlichen Parteien werden informiert, daß sich in der Tschechoslowakei eine Delegation hoher Offiziere der Sowjetarmee unter der Leitung von Generaloberst D.D. Lejluschenko, dem angeblichen „Befreier" von Prag im Mai 1945, befindet. Was allerdings geheim bleibt, ist, daß seit Wochen Offiziere des sowjetischen Geheimdienstes NKWD in der Tschechoslowakei als „Berater" der kommunistischen Beamten des Staatssicherheitsdienstes tätig sind. Sie leiten die ersten Verhaftungsaktionen, ohne selbst in der Öffentlichkeit zu erscheinen. Auch der sowjetische Beauftragte im Belgrader Kominformbüro Judin wird durch den Bevollmächtigten der tschechoslowakischen Kommunisten ständig über die Vorgänge in Prag informiert und erteilt Ratschläge, wie man weiter in der „Offensive gegen die Reaktion" verfahren soll. Sogar Stalin telefoniert einige Male

mit Gottwald und Slánský und läßt sich über die Situation im Land berichten. Er rät zu Härte und Entschlossenheit bei Verhandlungen mit Beneš.

Die Kommunisten sind sich ihres Sieges schon fast gewiß. Noch drei „harte Nüsse" müssen „geknackt" werden:

Der Staatspräsident muß die Demission der bürgerlichen Minister annehmen und die Ernennungsurkunden der neuen Regierungsmitglieder unterzeichnen.

Die Sozialdemokratie muß ihre Einwilligung zum Eintritt in die neuformierte Regierung der „erneuerten Nationalen Front" geben.

Die Sitzung des Parlaments, die für den 24. Februar einberufen ist, muß um einige Tage verschoben werden.

Problemlos scheint die Verlegung der Plenarsitzung der Nationalversammlung. Die Kommunisten benutzen dazu einen ihrer Mitläufer aus den bürgerlichen Parteien. Auf der Tagung des Parlamentspräsidiums schlägt er die Vertagung der für Dienstag, den 24. Februar angesetzten Plenarsitzung vor. Die Kommunistin Hodinová-Spurná unterstützt sofort diesen Vorschlag. Der Präsident des Parlaments, der Nationalsozialist Jožka David, ist unentschlossen. Er ruft Beneš an und bittet ihn um Rat.

Jetzt begeht Beneš den ersten großen Fehler. Obwohl die Verfassung die Einmischung des Staatspräsidenten in Angelegenheiten des Parlaments verbietet, empfiehlt er David, die Nationalversammlung in diesen unruhigen Tagen nicht einzuberufen. David, der die Verantwortung jetzt auf Beneš abschieben kann, entspricht sichtlich erleichtert dem vorgebrachten Antrag.

Schwieriger sind die Verhandlungen Gottwalds mit dem Vorsitzenden der Sozialdemokratie. Gottwald, der die Zusicherung der Quislinge der bürgerlichen Parteien hat, in seine neue Regierung auch ohne Billigung der Präsidien dieser Parteien einzutreten, ist nicht mehr so großzügig. Die Sozialdemokratie soll nicht mehr neun, sondern nur fünf Ministerposten in seiner neuen Regierung erhalten. Laušman, immer noch unsicher über den Ausgang der Krise, weicht einer de-

finitiven Antwort wiederum aus. Er gibt Gottwald die Zusicherung, daß seine Partei sich dem Willen des Staatspräsidenten zur Lösung der Krise beugen wird.
Dies bedeutet für die Kommunisten, daß Beneš unter verstärkten Druck gesetzt werden muß. Wieder fährt Gottwald mit Innenminister Nosek auf die Burg und fordert Beneš auf, unverzüglich den Rücktritt der zwölf Minister anzunehmen. Der Vorsitzende der KP erklärt, daß er die Zustimmung führender Persönlichkeiten der bürgerlichen Parteien habe, in die neue Regierung einzutreten. Nosek schildert wieder die kritische Situation im Land. Jede Minute könne es zu einem Blutvergießen kommen, wenn der Staatspräsident weiter auf seinem Standpunkt beharre und den Rücktritt nicht annehme.
Beneš, der stark deprimiert ist, rafft sich noch einmal zum Widerstand auf. Er wird die Demission und die Ernennung neuer Minister nur dann akzeptieren, wenn die Regierungsneubildung mit den Gremien aller bisherigen Parteien besprochen und ausgehandelt wird.
Gottwald lehnt jede Verhandlung mit den Nationalsozialisten, slowakischen Demokraten und der Tschechoslowakischen Volkspartei ab. „Mit Feinden des Staates und der arbeitenden Klasse verhandeln wir nicht", erklärt er dem schockierten Beneš. Dann verläßt er empört die Burg.
Am Nachmittag schreibt Gottwald Briefe an die schon Monate vorher zur Mitarbeit angeworbenen Kollaborateure in den bürgerlichen Parteien: an die Nationalsozialisten Šlechta und Neumann, die Mitglieder der Volkspartei Plojhar und Petr und den slowakischen Demokraten Ján Ševčík. Er bittet sie, ihm bis 18.00 Uhr offiziell mitzuteilen, ob sie gewillt sind, in seine neue Regierung einzutreten. Josef Plojhar, der bei der Abteilung für nichtkommunistische Parteien des Zentralkomitees der KP als „Agent C" geführt wird, besucht einige Stunden später Gottwald in seiner Villa in Dejvice und stellt sich ganz zur Verfügung. Auch Petr, Neumann, Šlechta und Ševčík haben sich schriftlich verpflichtet, in die Regierung Gottwald einzutreten. Jetzt soll ein neuer Schlag geführt werden – vielleicht der entscheidende. Am Abend des 23. Februar 1948 fin-

det im „Großen Saal" des Gemeindehauses von Prag die Gründungssitzung des Zentralen Aktionsausschusses der erneuerten Nationalen Front statt.

Alle sind da: Klement Gottwald, Antonín Zápotocký, der Vorsitzende der Einheitsgewerkschaft, die Quislinge der bürgerlichen Parteien, Verteidigungsminister Ludvík Svoboda, der bekanntgibt, daß die Armee mit dem Volk gehe, Evžen Erban und Zdeněk Fierlinger, die Linken der Sozialdemokratie. Die Sitzung geht mit einem Aufruf an das Volk, an „ehrliche" Funktionäre aller Parteien zu Ende.

Im ganzen Land sollen Aktionsausschüsse gebildet werden, die sofort mit der Säuberung des öffentlichen Lebens beginnen. Alle, die sich mit den „Reaktionären" solidarisch erklären, sollen aus Ämtern, Fabriken, Instituten, Kasernen, Ministerien, Schulen, Organisationen entfernt werden. Wenn sie nicht freiwillig gehen, werden sie mit Gewalt „verjagt". Die große Säuberung beginnt.

Dienstag, 24. Februar 1948.

Die Berichte aus der Slowakei sind für Klement Gottwald erfreulich. Dr. Gustáv Husák, der Vorsitzende des Rates der Bevollmächtigten der slowakischen Landesregierung, erweist sich als tatkräftiger Kommunist und guter Schüler Stalins. Ohne den Ausgang der Krise in Prag abzuwarten, hat er die Bevollmächtigten der Demokratischen Partei, die ihren Rücktritt überhaupt nicht erklärt hatten, aus ihren Ämtern entlassen.

Und während die Kommunisten in Großbetrieben den einstündigen Generalstreik vorbereiten, besetzen Einheiten der kommunistischen Volksmiliz jene Ministerien, die bisher von Ministern der bürgerlichen Parteien verwaltet wurden.

Noch hat Beneš die Rücktrittsdokumente nicht unterzeichnet – aber die Ministerien sind schon fest in den Händen der Kommunisten.

Auch die Quislinge bleiben nicht tatenlos. Nach Anweisungen des kommunistischen Zentralsekretariats besetzen Alois Petr und Josef Plojhar das Gebäude der Parteileitung der Volkspartei. Dann eilt Plojhar mit dem mährischen Landesabgeordneten Dr. Dionysius Polanský auf den Karlsplatz und übernimmt im Namen des „Aktionsausschusses" der Tschechoslowakischen Volkspartei die Redaktion der Tageszeitung „Lidová Demokracie". Das Erscheinen der Wochenblätter „Vývoj" und „Obzory", die für ihre klare antikommunistische Tendenz bekannt sind, wird von Plojhar verboten.

Das Innenministerium veröffentlicht eine Anweisung, nach der die Druckerei der Nationalsozialisten „Melantrich" verstaatlicht wird. Aus der Redaktion des Zentralorgans der Nationalsozialisten „Svobodné Slovo" werden 15 Redakteure, darunter der Chefredakteur des Blattes, verjagt.

Um 12.00 Uhr beginnt der einstündige Generalstreik – ein Warnstreik nach Aussage der Kommunisten. Und er wird ein „Erfolg". Bewaffnete Mitglieder der kommunistischen Volksmiliz gehen durch Werkshallen und vertreiben jeden von seinem Arbeitsplatz. Stolz können sie melden, daß es nur in drei großen Industriebetrieben Böhmens und Mährens „Streikbrecher" gegeben hat: in den Škoda-Werken elf von 20 000, in den Chemischen Betrieben in Brüx sechs von 8 000 und in den Vereinigten Stahlwerken in Kladno elf von 24 000. In allen übrigen Großbetrieben war der Generalstreik total!

Pausenlos tagt das Parteipräsidium der Kommunisten in der Villa Gottwalds.

Am Abend des 24. Februar 1948 wird beschlossen, daß am nächsten Tag um jeden Preis die Krise beendet sein muß. Moskau drängt. Das Kominformbüro drängt. Während der Tagung geht die Nachricht ein, daß der linke Flügel der Sozialdemokratie mit Hilfe von jugendlichen Schlägergruppen die Sekretariate der Partei in Prag besetzt hat und Laušman jetzt endlich zur Mitarbeit mit Gottwald bereit ist. Nur ein Hindernis gibt es noch: den Staatspräsidenten Dr. Edvard Beneš! Man beschließt, Beneš das Messer an den Hals zu setzen. Entweder unterschreibt er den Rücktritt und die Ernennung der neuen Minister oder er wird – was man allerdings vermeiden will – isoliert.

Es wird beschlossen, für Mittwoch 16.00 Uhr auf dem Altstädter Ring wieder eine Großkundgebung einzuberufen. Sie soll – wie alle Prager „Massenaktionen" – vom Kreissekretär von Groß-Prag, Antonín Novotný, organisiert werden.

Mittwoch, 25. Februar 1948.
Der Tag der Entscheidung. Einige Minister der Nationalsozialisten bitten Beneš um ein Gespräch. Aber der Staatspräsident lehnt ab. Vor ihm liegt der Brief Gottwalds mit der neuen Ministerliste. Noch zögert er. Seine Mitarbeiter bringen aber immer neue Schreckensnachrichten. Im ganzen Land übernehmen die Kommunisten mit Hilfe der Polizei, der Volksmiliz und der Aktionsausschüsse die Macht. Am Mittag läßt Beneš Gottwald mitteilen, daß er ihn um 16.00 Uhr auf dem Hradschin erwartet.
Gottwald triumphiert. Als er den Arbeitsraum des Staatspräsidenten betritt, sieht er einen bleichen, kranken Mann vor sich. Mit der von Dr. Edvard Beneš unterzeichneten Ministerliste fährt Klement Gottwald auf den Altstädter Ring. Tausende jubelnde und johlende Kommunisten begrüßen den Sieger. Es ist 17.00 Uhr, als Gottwald bekanntgibt, daß „der Herr Präsident alle meine Vorschläge, so wie ich sie vortrug, angenommen hat". Die Entscheidung sei ihm nicht leichtgefallen. Trotzdem habe er die Notwendigkeit einer solchen Maßnahme erkannt, „weil er sah, daß es der Wunsch, der Wille und die Stimme des Volkes war".
Zur selben Zeit warten nur einige 100 Meter vom Hradschin entfernt in einer Privatwohnung die soeben entlassenen Minister der bürgerlichen Parteien auf einen Anruf von der Burg. Sie nehmen an, daß sie der Staatspräsident – so wie in allen demokratischen Staaten üblich – zur Abschiedsaudienz empfängt.
Der Anruf kommt nicht. Beneš traut sich nicht, den Ministern, denen er noch vor einigen Tagen zum Rücktritt riet und eigene Festigkeit versprach, in die Augen zu sehen. Er weiß, daß er versagt hat – als Mensch und als Politiker.

Wenn 30 Jahre nach den Februar-Ereignissen des Jahres 1948 die Entwicklung in der Tschechoslowakei und die Voraussetzungen der Machtübernahme der Kommunisten analysiert werden, sind die Gründe für die Niederlage der demokratischen Kräfte hauptsächlich in vier Faktoren zu suchen:

Die demokratischen Parteien, die seit Anfang Februar 1948 die Auseinandersetzung mit den Kommunisten erwarteten und indirekt auch suchten, waren für den bevorstehenden Machtkampf praktisch völlig unvorbereitet. Sie haben auch, nachdem ihre Minister dem Staatspräsidenten am 20. Februar 1948 den Rücktritt mitteilten, praktisch keine Maßnahmen getroffen, die den Aktivitäten der Kommunisten entgegentreten oder sie hätten eindämmen können. Die Kommunisten wußten, daß der Kampf um die Macht vor allem in der Hauptstadt entschieden werde. Darauf hatten sie ihre Aktionen konzentriert. Dagegen waren führende Repräsentanten der demokratischen Parteien in den entscheidenden Tagen oft nicht in Prag.

Ein weiterer schicksalhafter Fehler der bürgerlichen Parteien war, daß der Rücktritt ihrer Minister nicht wenigstens mit einem Teil der Sozialdemokratie abgesprochen war. So reichten ihren Rücktritt nur zwölf von 26 Regierungsmitgliedern ein. Mit Recht konnte darum Gottwald bei seinen Gesprächen mit Beneš argumentieren, daß die Regierung – da es sich um eine Minderheit handelte – auch nach dem Rücktritt beschlußfähig sei und damit im Amt verbleiben könne. Das änderte sich auch nicht, als am 24. Februar 1948, als sich der Sieg der Kommunisten schon abzeichnete, auch der Vertreter des rechten Flügels der Sozialdemokratie, Ernährungsminister Václav Majer, dem Präsidenten seinen Rücktritt anbot.

Versagt hatte Staatspräsident Dr. Edvard Beneš. Er war es, der die Minister der bürgerlich-demokratischen Parteien von Anfang des Jahres 1948 an zur Aktion gegen die Kommunisten aufforderte. Als dann die Minister, seinen indirekten Rat befolgend, ihren Rücktritt beschlossen, sah er sich überrumpelt und überrascht. Er hielt nicht sein den Demokraten gegebenes Wort, daß er ihre Demission niemals akzeptieren werde, wenn dies eine neue Regierung Gottwald bedeute. Später beklagte

sich Beneš, daß er von Stalin, dem er voll vertraute, verraten worden wäre. Die demokratischen Parteien beschuldigte er – diesmal allerdings berechtigt –, daß sie den Machtkampf mit den Kommunisten ohne richtige Vorbereitung auslösten. Da Beneš, nachdem er am 25. Februar 1945 den Rücktritt angenommen und die Ernennungsurkunden der neuen, von Gottwald bestellten Regierungsmitglieder unterschrieben hatte, weiter im Amt des Staatspräsidenten verblieb, hat er weitgehend die kommunistische Machtübernahme in den Augen der Bevölkerung und des Auslandes legalisiert.
Eine schwere historische Verantwortung für die Niederlage der Demokratie in der Tschechoslowakei trägt die Sozialdemokratische Partei. Die Sozialdemokraten waren das Zünglein an der Waage. Gottwald und die Kommunisten wußten von Anfang an, daß sie ihren Staatsstreich nur mit Hilfe oder wenigstens Billigung der Sozialdemokraten durchführen konnten. Darum haben sie schon seit 1945 in der Partei einen starken linken Flügel aufgebaut. Die Mitte, die durch den Vorsitzenden Laušman repräsentiert wurde, war und blieb völlig unentschlossen. Dabei konnte man davon ausgehen, daß sie das Spiel und die Taktik, den Einsatz, um den es ging – Demokratie oder Diktatur –, durchschaute. Die Rechten um Václav Majer und den Generalsekretär der Partei, Blažej Vilím, waren einerseits relativ schwach, sich andererseits aber über ihre Ziele und Möglichkeiten nicht einig und im klaren. So konnten die Kommunisten die Sozialdemokratie bis auf kleinere Gruppen praktisch ganz für ihre Ziele einsetzen.
Die internationale Entwicklung war seit der Konferenz in Teheran im Herbst 1943 für die Tschechoslowakei ungünstig. Trotz des Widerspruchs Churchills hatte der amerikanische Präsident F.D. Roosevelt das Land Stalin und der Sowjetunion als Gebiet ihrer Hegemonialsphäre überlassen. Die amerikanische Außenpolitik rechnete nicht ernsthaft mit der Möglichkeit, daß die Tschechoslowakei zum Einflußgebiet der westlichen Demokratien werden könnte. Schon die Tatsache, daß in den Akten des amerikanischen State Departments nur ein einziges Memorandum zweier relativ unbedeutender Beamter

der Mitteleuropaabteilung, James Riddleburger und Francis Williamson, vorliegt, das auf die Wichtigkeit der Tschechoslowakei für die weitere Entwicklung in Mitteleuropa hinweist, beweist Desinteresse und Unkenntnis der amerikanischen Diplomatie über Vorgänge in diesem Teil der Welt.
Dagegen haben die Sowjets spätestens seit Sommer 1947 – als Stalin die Tschechoslowakei zur Rücknahme ihrer Bereitschaft zwang, an dem Marshall-Plan teilzunehmen – die Übernahme der Macht in der Tschechoslowakei durch die kommunistische Partei und damit die definitive Eingliederung des Landes in ihren Machtbereich systematisch mit Hilfe der jugoslawischen und polnischen Kommunisten vorangetrieben. Die Tätigkeit des Kominformbüros im Herbst und in den ersten Wochen des Jahres 1948 war überwiegend auf die Vorbereitung und Durchführung der Machtübernahme durch die Kommunisten ausgerichtet. Dabei rechneten die Sowjets sogar mit der Möglichkeit eines militärischen Eingriffs in der Tschechoslowakei.

Die tschechoslowakischen Kommunisten haben seit den Ereignissen im Februar 1948 die These verbreitet, daß ihre Machtübernahme im Einklang mit den gültigen Gesetzen und der Verfassung stand. Sie versuchten mit allen Mitteln den Behauptungen, daß in Prag ein Staatsstreich, ein politischer Putsch, durchgeführt wurde, immer entgegenzutreten. Dabei beriefen sie sich auf zwei „Beweise":

1. Staatspräsident Dr. Beneš entließ und berief neue Minister, so wie es von der Verfassung bestimmt war. Nach der Ernennung der neuen Regierung blieb Beneš im Amt.
2. Die Nationalversammlung, das Parlament, das am 10. März zusammentrat, hat der neuen Regierung ihr Vertrauen ausgesprochen. Für das Vertrauen der Regierung Gottwalds stimmten 216 von 300 anwesenden Abgeordneten.

Diese Verfälschung der Februar-Ereignisse hat auch bei einigen Autoren im Westen mehr oder weniger Zustimmung gefunden, was Unkenntnis des tatsächlichen Verlaufs der Regierungskrise beweist. Am 27. Juli 1977 verbreitete die Deutsche

Presse-Agentur (dpa) eine Meldung über das Ableben des kommunistischen Mitläufers aus in der Nationalsozialistischen Partei, Dr. Alois Neumann. Neumann „ermöglichte mit seiner Bereitschaft zur Zusammenarbeit mit den Kommunisten im Februar 1948 dem damaligen Staatspräsidenten Beneš, die Regierungskrise verfassungsmäßig zu lösen", hieß es da.

Als im Prager Frühling 1968 die Archive des Zentralkomitees der KPTsch wenigstens teilweise zugänglich wurden, mußten sogar tschechoslowakische kommunistische Historiker eingestehen, daß es sich in Prag im Februar 1948 um einen Staatsstreich gehandelt hatte. Die kommunistische Machtergreifung vollzog sich nicht durch legale Mittel, sondern wurde durch innere und äußere Kräfte, die die Gesetzgebung des Landes mißachteten, verursacht. Sogar das gegenwärtige Prager Husák-Regime konnte, nachdem es im April 1969 mit Hilfe sowjetischer Okkupationstruppen an die Macht gekommen war, die Theorie vom legalen und verfassungsmäßigen Verlauf der Ereignisse aufgrund der veröffentlichten Dokumente nicht aufrechterhalten.

Darum wurde eine neue Version der Geschehnisse entwikkelt. Nach ihr haben die Kommunisten gleichzeitig mit legalen sowie „außerparlamentarischen" Mitteln die Regierung und die Macht an sich gerissen: Eine Revision der früheren kommunistischen Behauptung, die bemerkenswert ist, da sie auch einige Argumente übernimmt, die eindeutig die Verfassungswidrigkeit der Kommunisten und ihres Vorgehens demonstrieren.

Die Aktionen der kommunistischen Parteiführung, von Moskau und dem Kominformbüro unterstützt und weitgehend auch inspiriert, haben die tschechoslowakische Staatsordnung, die deutlich demokratische Elemente beinhaltete, im Februar 1948 durch totalitäre Maßnahmen zerstört und verletzt:

1. Die bewaffnete kommunistische Volksmiliz – der Verfassung nach illegal – hatte Befugnisse der Polizei und Armee übernommen.

2. Unter Mißachtung der gültigen Gesetze und Bestimmungen wurden Verhaftungen, Hausdurchsuchungen und Morde verübt.
3. Die von der kommunistischen Partei gegründeten und geführten Aktionsausschüsse haben die staatsadministrative Macht übernommen und ausgeführt. Sie haben gewählte oder ernannte Funktionäre, Beauftragte oder Angestellte des Staates widerrechtlich ihres Amtes enthoben und neue ohne Zustimmung der verfassungsmäßigen Organe eingesetzt.
4. Das Wahlergebnis der Parlamentswahlen vom 26. Mai 1946 wurde umfunktioniert und für ungültig erklärt. Dies ging so weit, daß in der Slowakei, wo in allen Bezirken die Demokratische Partei eine absolute Mehrheit besaß, die Bezirksnationalausschüsse und teilweise auch die Ortsnationalausschüsse aufgelöst und durch ernannte Bezirksverwaltungskommissionen ersetzt wurden.
   Abgesehen davon wurde die Demission der zwölf Minister durch den Staatspräsidenten unter schärfstem Druck der kommunistischen Vertreter durchgesetzt, wobei keineswegs von einer freien Entscheidung Beneš' gesprochen werden kann.

In einem haben die Kommunisten allerdings recht. Der Staatsstreich in Prag wurde so perfekt durchgeführt, daß er als Lehrbeispiel für kommunistische Parteien der westlichen Demokratien dienen kann und als solches auch ausgegeben wird. Abgesehen von „nur" einigen Dutzend Toten, deren Existenz oft auch erst nach Jahren bekannt wurde, ist der Putsch in Prag ohne Blutvergießen und in einem scheinbar „demokratischen" Stil durchgeführt worden. Ein Putsch, der Schule machen sollte. Ein Staatsstreich, der beweisen sollte, daß die Kommunisten auch ohne blutbefleckte Hände die Macht übernehmen und ausüben können.

Die neue Regierung: Von 24 Ministern sind elf Kommunisten, drei Sozialdemokraten, zwei Vertreter der Tschechoslowakischen Volkspartei, zwei Nationalsozialisten, ein Minister ist slowakischer Demokrat, ein anderer gehört der kleinen Slowakischen Partei der Freiheit an. Auch die Einheitsgewerkschaften haben zwei Ressorts erhalten. Der kommunistische Gewerkschaftsvorsitzende Antonín Zápotocký ist stellvertretender Ministerpräsident geworden, sein Generalsekretär, der linksorientierte Sozialdemokrat Evžen Erban, Minister. Ohne einer Partei anzugehören, waren in der neuen Gottwald-Regierung der Außenminister und Sohn des Gründers der Tschechoslowakischen Republik, Tomáš Masaryk, Jan Masaryk, und der Verteidigungsminister, General Ludvík Svoboda.

Am Freitag, dem 27. Februar 1948, empfing der Staatspräsident die Regierung. Die Minister legten den Amtseid ab.

Gottwald hielt eine kurze Ansprache, in der er Beneš für seine „Besonnenheit" dankte. Beneš antwortete noch kürzer. Jeder konnte seine Worte über Demokratie auslegen, Freiheit, Zukunft, wie es ihm beliebte. In „diplomatischen" Formulierungen war der frühere langjährige Außenminister Beneš immer noch sehr gewandt.

Am Nachmittag empfing Beneš eine Abordnung der Armeekommandeure. Es war eine Tradition geworden: Nachdem eine neue Regierung ihr Amt übernommen hatte, sprach immer der Staatspräsident als oberster Befehlshaber der Armee kurz mit ihren höchsten Repräsentanten. Diesmal sollte es eine Geste sein. Die Kommunisten – so meinte Beneš – sollten wissen, daß er sich noch immer als Staatsoberhaupt fühlte.

Dann ließ er seine Koffer packen. In den Abendstunden des 27. Februar verließ Dr. Edvard Beneš mit seiner Familie und den engsten Mitarbeitern den Prager Hradschin. Dorthin sollte er nicht mehr zurückkehren.

Am Mittwoch, den 10. März 1948 wollte Klement Gottwald der Nationalversammlung sein neues Regierungsprogramm vorlegen. Es sollte ein Tag des kommunistischen Triumphes werden. Das Parlament, zur Kapitulation gezwungen, sollte sich nun öffentlich mit der kommunistischen Machtübernahme identifizieren.

Und doch ging nicht alles nach der vorbereiteten Regie. In den frühen Morgenstunden wurde auf dem Innenhof des Ministeriums für auswärtige Angelegenheiten, im Czernin-Palais, die Leiche des Ministers Jan Masaryk gefunden, unter einem offenstehenden Fenster seiner Wohnung in der zweiten Etage des Palastes.

War es Selbstmord, Mord, ein unglücklicher Zufall?

Fragen, die bis heute nicht beantwortet werden konnten. Die Kommunisten verbreiteten schon einige Stunden nach dem Bekanntwerden des Todes die Version, daß Jan Masaryk von seinen ehemaligen Freunden im Westen zum Selbstmord getrieben worden wäre. Diese hätten ihm angeblich nicht verziehen, daß er in die Regierung Gottwald eingetreten sei. Damit habe er die demokratischen und humanistischen Ideale seines Vaters verraten.

Die Entscheidung Jan Masaryks vom Februar, seine Demission nicht einzureichen und in der neuen Regierung das Amt des Ministers für auswärtige Angelegenheiten weiterzuführen, ist tatsächlich eine bisher ungeklärte Episode der Februar-Ereignisse des Jahres 1948. Jan Masaryk hat niemals verheimlicht, daß er den Kommunismus wie jeden Totalitarismus tief verabscheute. Und doch hatte er, als es zur Krise kam, mehrmals öffentlich erklärt, daß er „mit dem Volk" gehen wolle. Die Kommunisten legten dieses Bekenntnis Masaryks in ihrem Sinne aus: Er wollte mit der „Reaktion" nicht zu tun haben.

Verschiedentlich wird die Entscheidung Masaryks auch so ausgelegt, daß er nicht von der Seite des bedrängten Staatspräsidenten weichen wollte. Beneš, einer der engsten Mitarbeiter seines Vaters, soll ihn demnach an das Versprechen erinnert haben, das Jan kurz vor dem Tod Tomáš Masaryks abgelegt hatte: Beneš niemals zu verlassen.

Die Verwandten und zahlreiche engste Freunde Masaryks sind aber überzeugt, daß er entweder in die Emigration flüchten wollte oder sich zu Hause als gefährlicher Opponent betätigen könnte. Darum sei er von einem Sonderkommando des Staatssicherheitsdienstes – auf direkten Befehl Moskaus – aus dem Fenster gestürzt worden.

Mehr als 20 Jahre nach seinem Tod, 1969, wurde von der Prager Staatsanwaltschaft eine neue Version verbreitet. Um Gerüchten über seine Ermordung entgegenzutreten, wurde ein „unglücklicher Zufall" konstruiert. Jan Masaryk, der angeblich sehr oft Schlafstörungen hatte, soll sich auf den Fensterrahmen gesetzt und dabei das Gleichgewicht verloren haben. Die Folge: Sturz in die Tiefe und Tod. Mit Jan Masaryk verlor die tschechoslowakische politische Szene den letzten und vielleicht auch ihren tragischsten demokratischen Repräsentanten.

Diskussionslos wurde in der Nationalversammlung und im zentralen Aktionsausschuß die von den Kommunisten ausgearbeitete neue „volksdemokratische" Verfassung angenommen. Am dritten Jahrestag der Befreiung der Tschechoslowakei, am 9. Mai 1948, wurde sie – selbstverständlich einstimmig – im Parlament angenommen. In Kraft treten konnte sie allerdings noch nicht. Beneš, der seit dem 27. Februar in seiner Villa in Sezimovo Ústí wohnte, lehnte die Unterschrift ab.

Jetzt, als der Kampf verloren war, hatte Beneš noch die Kraft gefunden, Gottwald mit dem Text der Verfassung ohne seine Unterschrift nach Prag zurückzuschicken. Und er ging sogar zu einem – wenn auch wenig erfolgreichen – Angriff über. Er teilte dem Ministerpräsidenten mit, daß er abtreten werde. Gottwald lehnte ab. Zuerst müsse die Macht der neuen Regierung im In- und Ausland gefestigt werden.

Beneš gab wieder einmal nach. Er blieb weiter Staatsoberhaupt. Über seiner privaten Villa in Sezimovo Ústí wehte die Standarte des Staatspräsidenten. Das Gartentor zwischen seinem Grundstück und dem seines Nachbarn, Zdeněk Fierlinger, wurde allerdings verriegelt. Von Fierlinger, dem Verräter, wie er sagte, wolle er nichts mehr sehen und hören.

Nun wurde auch der Sozialdemokratie die Rechnung präsentiert. Schon am 11. März 1948 mußte Bohumil Laušman sein Amt als Vorsitzender der Sozialdemokratischen Partei wieder an Zdeněk Fierlinger abgeben. Der Generalsekretär Blažej Vilím wurde in einen „Genesungsurlaub" geschickt. Vojta

Erban, ein Vertrauensmann der Kommunisten, übernahm sein Amt.
Am 17. April 1948 wurde den Mitgliedern der Sozialdemokratischen Partei mitgeteilt, daß die Partei sich jetzt mit der Kommunistischen Partei der Tschechoslowakei vereinigen werde. Die „Arbeiterklasse" würde von nun an durch ihre Vorhut, die Kommunisten, repräsentiert werden.
So fand am 27. Juni 1948 in Prag der „Vereinigungsparteitag" statt. In das Zentralkomitee der KP wurden 14 Vertreter des linken Flügels der Sozialdemokratie aufgenommen, u.a. Fierlinger, Erban, John, Jiří Hájek, Jankovcová. Damit löste sich die älteste und traditionsbewußte Partei der tschechischen und slowakischen Arbeiter nach 70 Jahren auf. Totengräber waren die eigenen Genossen: die Fierlinger-Gruppe und die Linken.

Sorge um einen Wahlsieg der Kommunisten bestand nicht mehr. Die einheitliche Kandidatenliste der Nationalen Front, wie von Gottwald im Herbst 1947 bereits vorgeschlagen, garantierte, daß die Kommunisten in ihrer herrschenden Position bestätigt werden würden. Trotzdem sind die Ergebnisse der Wahlen, die am 30. Mai 1948 stattfanden, nicht uninteressant. Für Kandidaten der Nationalen Front stimmten 87,12 Prozent der Wähler. Weiße Stimmzettel gaben 9,32 Prozent der Wähler ab, und ungültig waren 3,56 Prozent der Stimmen. In absoluten Zahlen ausgedrückt, wird das Wahlergebnis noch bemerkenswerter: Für die „Einheitsliste" stimmten 6 424 734 Wähler, weiße Stimmzettel gaben 774 032 Wähler ab, ungültig waren 220 487 Stimmen. Zu den Wahlen erschienen 503 570 Wähler nicht. So gesehen haben es trotz des kommunistischen Terrors im ganzen Land fast 1,5 Millionen wahlberechtigte Tschechen und Slowaken abgelehnt, für die Kandidaten der „erneuerten" Nationalen Front zu stimmen.
Am 2. Juni 1948 unterschrieb Dr. Edvard Beneš seine Abdikation als Staatspräsident der Tschechoslowakischen Republik. Fünf Tage haben die Kommunisten diese Tatsache der Bevölkerung verheimlicht. Erst am 7. Juni gab man den Rücktritt

von Beneš bekannt. Als „einziger Kandidat für das Amt des Staatspräsidenten" wurde der Vorsitzende der Kommunistischen Partei der Tschechoslowakei, Klement Gottwald, vorgeschlagen, und am 14. Juni 1948 wurde auf der Prager Burg Klement Gottwald einstimmig zum Staatspräsidenten gewählt. Der erste Kommunist, der tschechoslowakisches Staatsoberhaupt wurde. Im historischen Veitsdom auf dem Hradschin zelebrierte der Prager Erzbischof Dr. Josef Beran das feierliche Tedeum. Im Dom waren neben Gottwald die Regierung, Abgeordnete und Diplomaten versammelt. Aber der Konflikt mit der Kirche war schon vorprogrammiert.

Am 3. September 1948 stirbt Dr. Edvard Beneš einsam und verlassen in seiner Villa in Sezimovo Ústí.
Es scheint, daß der tote Expräsident den Kommunisten gefährlicher werden kann, als er es noch in Amt und Würden war. Schon als Anfang Juli 1948 in Prag das Sport- und Turnfest der Sokol-Organisation veranstaltet wurde – man mußte es zulassen, da sich an ihm starke Gruppen von ausländischen Gästen beteiligen wollten –, haben Tausende Teilnehmer den Namen Beneš gerufen. Eine Manifestation des Widerstandes, bei welcher Beneš als Symbol der Demokratie hervorgehoben wurde.
So entschieden sich die Kommunisten nun für eine Flucht nach vorn. Sie ordneten jetzt für Dr. Beneš ein Staatsbegräbnis in Prag an. Gleichzeitig werden die Polizei, Armee und die bewaffnete kommunistische Volksmiliz in Alarmbereitschaft versetzt. Am 8. September 1948 zieht der Trauerzug durch die Prager Innenstadt. Tausende säumen den Weg des Sarges. Sie sind aus der ganzen Republik gekommen. Und fast jeder weiß, daß es bei dieser Trauerfeier um mehr geht als um die letzte Ehre für einen toten Politiker, der den höchsten Einsatz seines Lebens verspielt hatte – die Demokratie.
Aber Gottwald und seine Partei hatten vorgesorgt. Den Weg säumen nicht nur Menschen in dunklen Anzügen, die hier und da die Fäuste ballen. Ein Polizist, zwei Mitglieder der Volksmiliz, ein Soldat, bewaffnet mit Maschinenpistolen, stehen in re-

gelmäßigen Abständen zwischen den Trauernden in allen Straßen, durch die der in die Staatsflagge gehüllte Sarg gefahren wird. Wer würde es wagen, gegen die Volksdemokratie zu rebellieren?

VI.

Der Blutrausch

Am 24. Februar 1948 – die Regierungskrise in Prag war noch nicht endgültig entschieden – gab der kommunistische Innenminister Václav Nosek die Anweisung, daß die Republik niemand, auch nicht mit gültigem Reisepaß, verlassen durfte. Der kleine Grenzverkehr zwischen Westdeutschland und Österreich wurde sofort eingestellt.

Trotz der Sicherheitsmaßnahmen an der Staatsgrenze konnten in den ersten Tagen nach dem 25. Februar 1948 zahlreiche führende Politiker das Land verlassen. Minister und Abgeordnete der Nationalsozialisten, der Tschechischen Volkspartei, der slowakischen Demokraten, aber auch des rechten Flügels der Sozialdemokratie. Unter ihnen die Vorsitzenden der Nationalsozialisten, Dr. Petr Zenkl, und der slowakischen Demokraten, Dr. Jozef Lettrich.
Nicht nur Politiker verließen das Land. Auch Hochschulprofessoren, Schriftsteller und Journalisten, Studenten, zahlreiche Arbeiter. Nicht allen gelang die Flucht.

Zwei wurden beim Fluchtversuch festgenommen...
Es war in den frühen Morgenstunden des 20. März 1948.

Horni Ročov – ein Dorf zwischen Louny und Rakovník in Mittelböhmen. Hier, auf einer Lichtung zwischen den Wäldern, sollte es geschehen.
Seit einigen Stunden warteten drei Männer ungeduldig auf das Flugzeug. Die Nacht war kalt gewesen, aber jetzt schien die Sonne und gab ein wenig Wärme.
Dann hörten sie das noch weit entfernte Brummen der Flugzeugmotoren.
Am westlichen Horizont tauchte ein dunkler Punkt auf. Näherte sich. Ein kleines zweimotoriges Sportflugzeug. Gerade als der Pilot zum Landen auf der Wiese ansetzen wollte, hatte er die Gruppe gesehen. Sie näherte sich der Lichtung. Der Pilot zog das Flugzeug wieder hoch. Einer der drei Männer, die auf die Landung warteten, lief tiefer in den Wald hinein, verschwand im Gebüsch. Die zwei anderen blieben am

Waldrand und warteten... Die Polizeistreife, durch die Gruppe der Landarbeiter vom nahen Staatsgut alarmiert, fand sie hier noch einige Stunden später. Sie hätten fliehen können, so wie der dritte, der auch von dem Flugzeug ins Ausland gebracht werden sollte. Aber sie blieben. Müde und abgehetzt.

Der stellvertretende Ministerpräsident, Monsignore Dr. Jan Šrámek, ein 78jähriger alter Mann, wurde zum Verhör geführt. Zusammen mit ihm einer seiner engsten Mitarbeiter, der ehemalige Minister für das Postwesen, der katholische Geistliche František Hála.

Sie wurden bis zu ihrem Tode interniert. Ohne Gerichtsurteil, ohne ein Strafverfahren, gegen die Bestimmungen des Gesetzes. Der dritte konnte etwas später doch fliehen. Es war der ehemalige Minister, Dr. Hubert Ripka...

Noch bevor Dr. Beneš die neue Regierung Gottwald ernannte, schlug der von Kommunisten geleitete Staatssicherheitsdienst zu.

Dutzende von Funktionären der bürgerlich-demokratischen Parteien verschwanden in diesen Februartagen, um nicht mehr aufzutauchen.

20 Jahre später – 1968 – hat die tschechoslowakische Bevölkerung wenigstens etwas über ihr Schicksal erfahren. In Prag fand ein Prozeß gegen sieben hohe Offiziere des Staatssicherheitsdienstes, die für zahlreiche ungesetzliche Verhaftungen verantwortlich waren, statt. Das, war sie aussagten, war erschütternd: Wir warfen sie in die Hochöfen von Kladno. Oft lebendig. Wir fuhren mit ihnen in die Wälder Mittelböhmens, wo sie erschossen wurden.

Sie verschwanden, erschossen, in vergessenen Gegenden der Slowakei...

Der Staatsapparat, Schulen, Redaktionen und Großbetriebe mußten „gesäubert" werden. Und die politischen Parteien. Über deren weitere Existenz waren sich die Kommunisten uneinig. Noch auf der Tagung der Bezirkssekretäre der KP am 15. April 1948 erklärte der Generalsekretär der KPTsch, Rudolf Slánský, daß „eine Einheitspartei des werktätigen Vol-

kes im Rahmen der Kommunistischen Partei zu schaffen" ist. Aber Moskau gab zu diesem Plan kein „grünes Licht". Wenn die politischen Parteien in der Tschechoslowakei abgeschafft würden, wäre die Tschechoslowakei nicht mehr das „Modell" der „demokratischen Machtübernahme" für den Westen.
Man hatte im Gegenteil ein Interesse an der Existenz dieser Parteien, die unter der Führung der bewährten Kollaborateure weiter bestehenbleiben sollten, allerdings unter strenger Kontrolle der Kommunisten und der Nationalen Front. Und so wurden die Tschechoslowakische Volkspartei, die Nationalsozialisten, die slowakischen Demokraten, die den Namen „Partei der Erneuerung" annahmen, zu einem Schattendasein verurteilt.
Schon nach den Februar-Ereignissen sank die Mitgliederzahl dieser Parteien fast um die Hälfte. So bei der Volkspartei auf etwa 230 000, bei den Nationalsozialisten auf 200 000. Nach einigen Monaten blieb von diesen Parteien nur noch ein Torso. Zahlreiche Mitglieder wurden wegen ihrer „reaktionären Ansichten" ausgeschlossen; andere verließen die Partei freiwillig. Nach 20 Jahren – im Januar 1968 – hatte die Tschechoslowakische Volkspartei noch knapp 19 000 Mitglieder, die Tschechischen Sozialisten kaum 8 000 Mitglieder.
Eine Parteienfassade, die ohne Leben und Eigenständigkeit war.
Die amtlichen Angaben über die erste Säuberungswelle nach dem Februar 1948 geben, obwohl sie nicht das ganze Ausmaß der Säuberung erfassen, doch einen gewissen Überblick dieser Aktion, die durch den „Aufruf des Zentralen Aktionsausschusses der Nationalen Front zur Säuberung vom 14. März 1948" eingeleitet und legitimiert worden war: Die lokalen Aktionsausschüsse, die die Säuberungen leiteten, griffen in 28 000 Fällen ein.
Davon hatten knapp 5 000 Personen die Hoffnung nicht aufgegeben und legten gegen ihr Ausscheiden aus dem Arbeitsprozeß Berufung ein mit dem traurigen Erfolg, daß in 65 Fällen der Berufung stattgegeben wurde; in 135 Fällen wurden die Entschlüsse der zuständigen Aktionsausschüsse geändert,

und 4 682 Berufungen wurden abgewiesen. Vor allem Armee, Polizei, Justiz und Schulen waren von den Säuberungen betroffen. In den ersten Wochen nach dem 25. Februar wurden aus der Armee 454 Offiziere ausgeschlossen. Die von der KPTsch eingesetzten Säuberungskommissionen sammelten umfangreiches „Belastungsmaterial". Aufgrund der Überprüfung dieses Materials mußten in den folgenden zwölf Monaten weitere 2 965 Offiziere die Armee verlassen; unter ihnen befanden sich 57 Generäle (von insgesamt 169) und 209 Oberste. Nach den Säuberungen begannen die Massenverhaftungen. Am 16. Oktober 1948 wurde das Gesetz 231 veröffentlicht – ein Gesetz, das strengste Bestrafung aller Personen, die sich gegen den kommunistischen Staat vergingen, ermöglichte. Zur Ausübung dieses Gesetzes wurden Sondertribunale der Volksgerichte geschaffen, die praktisch unbeschränkt und nach eigenem Ermessen Urteile fällen durften. Nach diesem Gesetz 231 wurden in den ersten fünf Jahren nach den Februar-Ereignissen von 1948 rund 100 000 Personen verurteilt, davon mehr als 40 000 Personen zu Gefängnisstrafen mit mehr als zehn Jahren Haft.

Kurz darauf, am 25. Oktober 1948, wurde das Gesetz Nummer 247 veröffentlicht. Es bestimmte die Gründung von Arbeitslagern, in die Bürger von einer aus drei Mitgliedern des zuständigen Bezirksnationalausschusses bestehenden Kommission eingewiesen werden konnten. Die Lager unterstanden einer speziellen Abteilung des Innenministeriums, die in ihnen ohne Eingriffe von außen das Leben der Gefangenen „gestalten" konnte.

Bis heute ist nicht exakt festzustellen, wie viele Personen in den Arbeitslagern nach Folterungen durch das Wachpersonal, durch Hunger, nichtbehandelte Krankheiten oder auch durch Selbstmord aus Verzweiflung gestorben sind. Nach Angaben einer Kommission der Internationalen Arbeitsorganisation (ILO) der UNO vom 27. Mai 1953 waren in den Arbeitslagern rund 200 000 Tschechen und Slowaken inhaftiert. Während im Februar und März 1948 unbequeme politische Gegner der Kommunisten von den Organen des Staatssicherheitsdienstes ohne Prozeß und ohne großes Aufsehen als „Klassenfeinde" liquidiert wurden, begann im Sommer die erste Welle der politischen Prozesse. Auch ihre Zahl läßt sich nicht genau ermitteln. Viele Prozesse galten als geheim oder wurden von den Provinzbehörden überhaupt nicht gemeldet, so daß sie zentral nicht erfaßt werden konnten. Der tschechische Kulturhistoriker Dr. Antonín Kratochvíl, der bisher die umfassendste Untersuchung über die kommunistische Gesetzlosigkeit nach dem Februar-Putsch 1948 veröffentlicht hat, stellte fest, daß vom 7. September bis zum 8. Oktober 1948, also innerhalb eines Monats, das Zentralorgan der KP, „Rudé Právo", und die Tageszeitung der mährischen Parteileitung der KP, „Rovnost", über 43 politische Prozesse berichtet hatten. Verurteilt wurden demnach 276 Personen, davon zwei zum Tode. Unter den Verurteilten befanden sich zahlreiche Armee- und Polizeioffiziere, Lehrer, Geistliche und Frauen.

Die Gerichte arbeiteten ohne Unterbrechung, Hunderte, Tausende wurden verurteilt, kamen in Gefängnisse, Arbeitslager, wurden hingerichtet.

Denn der kommunistische Staat kennt keine Gesetze und keine Gnade, wenn es um seine Gegner geht.

Eine von ihnen war Professorin der Karls-Universität in Prag, Ružena Vacková.

Im Krieg hatte sie sich aktiv an dem Kampf für die Freiheit ihres Volkes beteiligt. Sie kam ins Konzentrationslager. Mit ihr die ganze Familie. Bruder, Vater, Mutter, Schwester... Nach 1945 trat sie in die Tschechoslowakische Volkspartei ein. Sie wurde eine engagierte Kämpferin für die Freiheit und Demokratie. Ihr Kampf galt der Diktatur. Jetzt der roten wie früher der braunen.

Als die Kommunisten im Februar 1948 an die Macht kamen, war sie eine der ersten, die die Universität verlassen mußten. Zwei Jahre später wurde sie verhaftet. In einem Schauprozeß ist Ružena Vacková zu 16 Jahren Gefängnis verurteilt worden. Aber auch im Gefängnis hat man sie seelisch nicht gebrochen. Sie half ihren Mithäftlingen, wo sie nur konnte. Den inhaftierten Ordensschwestern, tschechischen und deutschen Frauen.

15 Jahre lang wurde sie hinter Gitter gehalten. Im Prager Frühling wurde sie rehabilitiert. Aber bald kam wieder die Diktatur zu Wort. Als am 10. Januar 1977 in Prag die Charta 77, das Dokument der tschechischen und slowakischen Bürgerrechtskämpfer, veröffentlicht wurde, war unter den ersten 247 Signaturen auch die der 77jährigen Universitätsprofessorin und engagierte Katholikin Ružena Vacková.

Als dies im Westen bekannt wurde, schrieb eine ihrer ehemaligen deutschen Mithäftlinge, Frau M.H. aus München. Es war am 10. Februar 1977.

„Ich kannte Frau Professor Dr. Ružena Vacková und war mit ihr zusammen von Mai 1960 bis Ende 1962 zuerst auf Block A und dann auf Block D im Arbeitslager von Pardubitz eingesperrt. Auf Block A waren wir mit Mörderinnen und Rezidivistinnen zusammen, und den Heiligabend 1960 haben Frau Ružena, Frau A. und ich eine Weile gemeinsam verbracht, wobei Frau Ružena die Mitternachtsmette auf lateinisch las. Frau A. hat zu diesem Zweck einen kleinen Weihnachtsbaum aus Korallen angefertigt, wir waren in der Perlen- und Korallenabteilung für Gablonz tätig... Um zu erreichen, mit jemandem von den zuständigen Stellen (Gerichten – Staatsanwälten) sprechen zu können, trat sie mehrmals in den Hungerstreik. Allerdings ohne Erfolg..."

Von Oktober 1948 bis Ende 1952 verhängte der Staatsgerichtshof 233 Todesurteile, von denen 178 vollstreckt wurden. Die Zahl der Todesurteile war so hoch, daß das Justizministerium 1951 Verzögerungen in den Prozessen folgendermaßen begründete: „Eine Aburteilung all dieser Fälle ist nicht früher möglich, weil die Todesurteile sich sonst in einem kurzen Zeitabschnitt allzusehr häufen würden."

In den Gefängnissen war das Hinrichtungsverfahren modernisiert worden. Sogar der Generalsekretär der KP, Rudolf Slánský, wurde eingeladen, um sich vorab über den Hinrichtungsmechanismus informieren zu lassen. Sein Kommentar: „Hier werden wir unsere Klassenfeinde liquidieren."

Um ein Exempel zu statuieren, damit niemand auf die Idee kam, gegen die Partei der „Arbeiterklasse" zu opponieren, entschied das Parteipräsidium der KP, daß ein großes Verschwörerzentrum aufgedeckt und verurteilt werden sollte.
Die „Verschwörer" hatte man sorgfältig ausgewählt. Führerin sollte eine Frau sein, Dr. Milada Horáková, ehemalige Parlamentsabgeordnete der Nationalsozialisten. Im Zweiten Weltkrieg war sie aktiv im Widerstand gegen die Okkupation tätig gewesen. Nach 1945 hatte sie im Parlament und in zahlreichen öffentlichen Veranstaltungen die Kommunisten und ihre Ideologie scharf angegriffen.
Am 31. Mai 1950 wurde der Prozeß gegen die staatsfeindliche „Schädlingsverschwörung" mit Angehörigen der Nationalsozialisten, Sozialdemokraten, Trotzkisten, Mitgliedern der Volkspartei sowie Parteilosen eröffnet.
Die Angeklagten waren eine bunt zusammengewürfelte Gruppe, die sich vor ihrer Verhaftung meistens gar nicht kannte. Zum erstenmal trafen sich viele von ihnen im Gefängnis. Die Beamten des Staatssicherheitsdienstes „überzeugten" sie aber durch Folterungen, daß sie schon lange gemeinsam eine Verschwörung gegen den volksdemokratischen Staat geplant hätten.
Dr. Milada Horáková und drei weitere Mitangeklagte, unter ihnen der Schriftsteller Záviš Kalandra, wurden zum Tode verurteilt. Neun weitere erhielten hohe Freiheitsstrafen. Albert Einstein und Bertrand Russell forderten die Prager Regierung auf, das politische Todesurteil gegen eine Frau aufzuheben.
Ihr Protest wurde von Tausenden Menschen aus allen Erdteilen unterstützt. Prag aber hat auf diese Proteste nicht einmal geantwortet.

Der politische Feind war ausgeschaltet. Die Gefahr konnte nur noch von einer Seite kommen: vom ideologischen Gegner – von den Kirchen. Vor allem der katholischen, der zahlenmäßig stärksten und am besten organisierten Kirche in der Tschechoslowakei.
Schon drei Tage nach Bildung der Regierung Gottwald wur-

den am 25. Februar 1948 die auflagenstärksten katholischen Zeitschriften verboten, einige Monate später die übrigen Druckerzeugnisse. Die kirchlichen und religiösen Vereinigungen wurden aufgelöst. Den kleinen Rest katholischer Schulen, der nach 1945 unter kirchlicher Kontrolle verblieben war, übernahm der Staat. Die Aufsicht über die Priesterseminare ging von den Diözesen auf das Schulministerium über, das nur noch zwei theologische Fakultäten in der gesamten Tschechoslowakei gestattete. Die Zahl der Studenten war auf jährlich 20 beschränkt. Im Sommer 1948 wurde der diplomatische Vertreter des Vatikans aus der Tschechoslowakei ausgewiesen, zwei Jahre später, am 16. März 1950, wurden auch die Sekretäre der Päpstlichen Nuntiatur in Prag aufgefordert, das Land zu verlassen.

Am 25. Oktober 1948 wurde das Amt für Kirchenfragen bei der Regierung gegründet. Sein Vorsitzender wurde Minister Dr. Alexej Čepička, der Schwiegersohn Gottwalds. Ein Rechtsanwalt aus dem mährischen Kremsier. Im Krieg hatte er sich an jüdischem Eigentum bereichert, aber dies ist längst vergessen. Jetzt ist er treuer Funktionär der Partei, der das Vertrauen Moskaus und Stalins hat. Auch in Preßburg, der slowakischen Landeshauptstadt, wurde ein Kirchenamt für die Slowakei gegründet. Vorsitzender wurde Dr. Gustáv Husák. Ein Kommunist, der gegenüber der Kirche tiefe Komplexe empfindet. Sein Vater war Küster der katholischen Dorfkirche in Dúbravka. Der dortige Pfarrer hat das Studium des kleinen Gustáv, eines intelligenten, aufgeweckten Jungen, finanziert. Aber der Jurastudent Husák fand bald den Weg zu den Kommunisten und wurde ihr führender Funktionär. Jetzt hat er die Kirche in seiner Gewalt...

Provokationen!

Das war der Weg, den Alexej Čepička und Gustáv Husák gegenüber der Kirche einschlugen.

Sie provozierten, um einen Grund zu finden, gegen die Kirche vorgehen zu können und sie zu isolieren.

Anfang 1949 verlangte das staatliche Kirchenamt, daß in den

katholischen Kirchen zum ersten Jahrestag des kommunistischen Putsches Dankgottesdienste abgehalten werden. Und die katholischen Bischöfe sollten an die Regierung ein Glückwunschtelegramm senden.
Den Bischöfen war klar, daß die Kommunisten die Konfrontation suchten. Man versuchte ihr auszuweichen, aber Prinzipien der Kirche sollten niemals verraten werden.
Für den 22. und 23. März 1949 wurde in der Hohen Tatra die Bischofskonferenz einberufen. Geleitet wurde sie vom Prager Erzbischof Dr. Josef Beran.
Der Hauptpunkt der Beratungen war rein kirchlichen Charakters. Es sollte geklärt werden, ob katholischen Geistlichen der Gottesdienst auch nach griechisch-orthodoxem Ritual gestattet werden kann. Erst vor kurzem sind mehrere griechisch-orthodoxe Priester verhaftet worden, und ihre Pfarrämter blieben unbesetzt. Es handelte sich daher mehr um einen „Aushilfsdienst" der römisch-katholischen Geistlichen.
Nur am Rande sollten sich die Bischöfe mit der gegenwärtigen kirchenpolitischen Lage in der Tschechoslowakei beschäftigen.
Es war an einem warmen Frühlingstag. Die Heizung war voll eingestellt. Erzbischof Beran wollte die Tür zum Balkon öffnen, als er durch ein Loch im Türrahmen ein Kabel sah, das in den Raum führte und unter dem Teppich verschwand. Der Erzbischof schlug den Teppichrand um. Darunter sah er ein weiteres Kabel versteckt, das zu einer hinter einem Heizkörper befestigten Abhöreinrichtung führte.
Die Bischofskonferenz wurde nach dieser Entdeckung sofort unterbrochen. In einem Schreiben an den Innenminister Václav Nosek verlangte Beran eine gründliche Untersuchung des Falles und die Bestrafung der Verantwortlichen.
Innenminister Nosek blieb aber eine Antwort schuldig. Fünf Wochen ließ er nichts von sich hören. Darauf schrieb Erzbischof Beran am 29. April 1949 an Staatspräsident Klement Gottwald.
Er machte darauf aufmerksam, daß weitere Verhandlungen mit der Regierung unter diesen Umständen wohl kaum mög-

lich seien. „Die Herausgabe der Loyalitätserklärung wurde durch diesen Zwischenfall hinfällig", bemerkte Erzbischof Dr. Beran.

Nationaltheater in Prag.
10. Juni 1949.
Die Regierung hat hier mit dem Regime kollaborierende Katholiken zu der Gründungsversammlung der „Katholischen Aktion" eingeladen. Auch 70 katholische Geistliche sind nach Prag gekommen. Nach Erpressungen, Versprechungen, Drohungen...
Im Nationaltheater war auch der Gesundheitsminister, der stellvertretende Vorsitzende der Tschechoslowakischen Volkspartei, Josef Plojhar. Er war es, der den Beamten des staatlichen Kirchenamtes seine Ratschläge gab, wie man diese „Aktion" organisieren und vor der Öffentlichkeit propagieren sollte.
Man ging nach der altbewährten Methode vor. Angreifen, Verräter ausfindig machen, spalten. Die Gegner mundtot machen, die Verräter mit Amt und Würde belohnen und zu Werkzeugen der eigenen Politik machen. Auch die „Katholische Aktion" wurde so zu einem Instrument der Kommunisten. Und Josef Plojhar ihr geschätzter und hilfsbereiter Quisling.
Jetzt dauerte es nicht mehr lange, bis man die Kirche völlig zum Schweigen brachte.
Die Klöster wurden bei einer Nacht- und Nebelaktion überfallen. Mönche und Nonnen verschleppt, viele in „Zivilberufe" eingereiht. Andere verschwanden in Gefängnissen und Lagern.
Bischöfe und Erzbischöfe wurden als „Verräter des Staates" angeprangert. Isoliert, in Haft genommen.
Im Winter 1950 findet der größte Schauprozeß gegen katholische kirchliche Würdenträger statt. Der Olmützer Weihbischof Dr. Stanislav Zela, im Krieg Häftling eines Konzentrationslagers, wird wegen angeblicher Spionage zu 25 Jahren Gefängnis verurteilt, Dr. Jan Opasek, Benediktinerabt von Prag-Břevnov, soll lebenslänglich ins Gefängnis, der Theo-

loge und Schriftsteller Antonín Mandl für 25 Jahre. Die Urteile sind hart und hoch.
Nicht alle überleben die Qualen, die Folter, die Mißhandlungen, denen sie ausgesetzt werden.
Einer der besten Kenner des Neuen Testaments, der Brünner Universitätsprofessor Josef Koutný, wurde im Gefängnis des Staatssicherheitsdienstes so mißhandelt, daß Toufar an den Folgen der brutalen Verhöre noch vor Prozeßbeginn starb. Pfarrer Josef Toufar aus dem mährischen Dorf Čihošt konnte sich auch nicht vor Gericht „verantworten". Der bis heute unbestrafte Staatssicherheitsbeamte Ladislav Mácha hat ihn im berüchtigten Gefängnis Valdice so „verhört", daß Toufar im Krankenhaus des Innenministeriums starb.
Vladimír Sís, der bekannte Journalist und Redakteur des Zentralorgans der Tschechoslowakischen Volkspartei „Lidová Demokracie", wurde vor das „Volkstribunal" auf einer Tragbahre gebracht. Er wurde zu 25 Jahren Gefängnis verurteilt, starb aber in Leopoldov an den Folgen der schweren, unmenschlichen Haftbedingungen.

Im Dezember 1951 glaubte der Staat, daß er zum weiteren Schlag gegen die Kirche ausholen kann.
Es wurde die Organisation der katholischen Friedenspriester gegründet.
Ihr Vorsitzender: Josef Plojhar.
Einige Monate später gab es in Böhmen und Mähren keinen amtierenden katholischen Erzbischof oder Bischof mehr. Josef Plojhar in einem Gespräch über die Lage der Kirche: „Es gibt keinen Bischof mehr. Derjenige, der vom Staat in Kirchenfragen konsultiert wird... bin ich!"

Einige Tage später hat er auch den Vorsitz der Tschechoslowakischen Volkspartei übernommen.
Alois Petr ist tot.
Sein Nachfolger wird drei Tage vor dem Heiligen Abend des Jahres 1951 Josef Plojhar.

Am 28. Juni 1948, vier Monate nach dem Putsch in Prag und unter dem Eindruck des Bruchs zwischen Stalin und dem Kominformbüro mit Titos Jugoslawien, erklärte auf einer Parteipräsidiumssitzung der Chefideologe der Partei, Václav Kopecký: „Auch unter uns sitzen Spione und Agenten...!" Es schien, als ob die Entwicklung in den anderen ost- und mitteleuropäischen Volksdemokratien Kopecký recht geben sollte.
Im Juni 1948 wurde in Rumänien Lucretiu Patrascanu von allen seinen Staats- und Parteifunktionen abberufen, bald danach verhaftet und später hingerichtet.
Im selben Monat wurde auch der Generalsekretär der Polnischen Vereinigten Arbeiterpartei, Wladyslaw Gomulka, zum erstenmal kritisiert. Ende August 1948 wurde Gomulka abgesetzt, im November aus der Partei ausgeschlossen. Im September 1948 wurde in Albanien Koci Dschodsche seiner Funktion enthoben, vom 12. Mai bis zum 6. Juni 1949 stand er vor Gericht und wurde zum Tode verurteilt. Ab Januar begann man in der Kommunistischen Partei Bulgariens Traitscho Kostoff anzugreifen. Im Juni wurde er aus der Partei ausgestoßen, im Juli 1949 verhaftet, im Dezember 1949 zum Tode verurteilt. Schließlich wurde am 30. Mai 1949 der ungarische Außenminister, Lázsló Rajk, verhaftet.

Zwei Tage vor der offiziellen Verhaftung László Rajks in Budapest meldete sich beim Chef der Staatssicherheit beim Innenministerium der Tschechoslowakischen Republik... Jindřich Veselý, ein Besucher aus Budapest: Miklós Szücs, Oberst des ungarischen Staatssicherheitsdienstes.
Szücs hatte eine „Bitte". Bei Verhören in Budapest hatte man festgestellt, daß der Verbindungsmann zwischen dem „amerikanischen" Agenten Noel Field und dem Verräter Tibor Szönyi, dem ehemaligen Chef der wichtigen Kaderabteilung des Parteisekretariats, ein Dr. Gejza Pavlík sei. Szücs bat daher die tschechoslowakischen Genossen, Pavlík und seine Frau Charlotte zu verhaften und sie zur Gegenüberstellung mit den ungarischen Inhaftierten nach Budapest auszuliefern. Der Wunsch, so ein tschechoslowakisches Parteidokument

aus dem Jahr 1968, wurde erfüllt. „Nach einem Verhör in der Tschechoslowakei wurde das Ehepaar Pavlík nach Ungarn gebracht und der tschechoslowakischen Polizei erst nach mehrmaliger Urgenz am 30. Juni 1949 wieder überstellt.
Bei den Verhören wurden beide brutal mißhandelt. Sie wurden auch von sowjetischen Beratern verhört. Dr. Pavlík wurde zu Aussagen gezwungen..."
Die Pavlíks widerriefen in Prag ihre in Budapest gemachten Aussagen mit der Begründung, daß sie durch grausame Mißhandlungen dazu gezwungen worden seien. Dr. Gejza Pavlík protestierte dagegen, daß sie als tschechoslowakische Staatsbürger von ungarischen Sicherheitsorganen verhört worden wären, noch dazu in einer Angelegenheit, die nur die Tschechoslowakei betraf. Zugleich nannte das Ehepaar die Namen jener Tschechen und Slowaken, über die sie in Budapest verhört worden waren.
Die Liste der Frauen und Männer, die das Ehepaar Pavlík bezichtigen mußte, Agenten und Verräter zu sein, und die in Prag hohe Funktionen innehatten, war lang. Mehr als 60 Namen standen darauf. Darunter Václav Nosek, der amtierende Innenminister. Dr. Vladimír Clementis, Außenminister des Landes, sowie seine Stellvertreter Artur London und Vavro Hajdú. Außerdem Ludvík Frejka, der Wirtschaftschefberater des Vorsitzenden der Partei und Staatspräsidenten Klement Gottwald, Vilém Nový, der Chefredakteur des Parteiorgans „Rudé Právo". Eugen Loebl, der Erste Stellvertretende Außenhandelsminister, Richard Slánský, der Bruder des Generalsekretärs der Partei, Rudolf Slánský; Otto Šling, der Parteichef der mährischen Region Brünn, František Zupka, der slowakische Gewerkschaftsführer und viele andere.
Die tschechoslowakische Parteiführung ernannte eine Dreierkommission, die die Beschuldigungen überprüfen sollte. Aber die Kommissionsmitglieder Ladislav Kopřiva, Karel Šváb und Jindřich Veselý wurden nicht fündig. Verrat, Zusammenarbeit mit imperialistischen Agenten oder mit Tito-Jugoslawien konnte den Beschuldigten nicht bewiesen werden.

Am 3. September 1949 schaltete sich der Chef der ungarischen Kommunisten und Vertraute Josef W. Stalins, Mátyás Rákosi, persönlich in die Angelegenheit ein. Er schrieb einen langen Brief an Klement Gottwald. Rákosi war unzufrieden, daß man nicht gegen die tschechoslowakischen Persönlichkeiten, die bei den Verhören von Pavlík und den verhafteten ungarischen Kommunisten genannt worden waren, vorgehe und die Warnung aus Budapest auf die leichte Schulter nehme. „Du hast die Namen jener, welche bei uns von den Verhafteten als Spione der westlichen Imperialisten bezeichnet wurden oder diesem Spionagedienst Informationen gegeben haben...", beteuerte Rákosi.
Bemerkenswert ist der Schluß des Rákosi-Briefes: „Binnen zwei Wochen beginnen wir mit der Verhandlung gegen die erste Gruppe von Angeklagten im Rajk-Prozeß. Die Anklageschrift wird in einer Woche veröffentlicht. Im Zusammenhang damit ergeben sich Schwierigkeiten: Wenn wir in diese Gruppe Spione einreihen, die aus England nach Ungarn geschickt wurden, dann werden bei der Verhandlung dutzendweise auch tschechoslowakische Namen auftauchen, die auch Dir bekannt sind. Diese Personen sind ausnahmslos auf freiem Fuß. Für die tschechoslowakische Öffentlichkeit würde dieser Teil der Verhandlung völlig unerwartet kommen.
Es ist vorauszusehen, daß in diesem Fall der Kreis der genannten Personen scharf gegen die in der Verhandlung zur Sprache kommenden Dinge protestieren und damit in eine Front mit den Titoisten kommen würde, die natürlich keine Mühe scheuen werden, um die Glaubwürdigkeit der gegen sie vorgebrachten Anschuldigungen zu erschüttern."
Der Brief gibt über vieles Aufschluß.
Erstens ist es laut Rákosi Pflicht der tschechoslowakischen Kommunisten, die Verdächtigten, also noch nicht die Überführten, daran zu hindern, gegen die Anschuldigungen zu protestieren, weil sie dadurch Zweifel an der Rechtmäßigkeit des Prozesses wecken könnten. Darum ist es besser, sie zu verhaften, damit sie nicht protestieren können.
Zweitens ist das Schreiben eine verhüllte Drohung. Die tsche-

choslowakischen Kommunisten und ihre Führung könnten, wenn sie nicht das tun, was von ihnen verlangt wird, als Verbündete der Titoisten bezeichnet werden.
Die Wirkung dieses Briefes hat nicht lange auf sich warten lassen. Klement Gottwald und Rudolf Slánský begannen, um ihre Macht zu zittern. Sie wußten genau, daß die Initiative Rákosis nicht von ihm selbst ausging. Hinter jeder seiner Forderungen stand ein Mann, den alle Kommunistenführer des Ostens wie die Pest fürchteten: Josef W. Stalin! Jetzt war also Prag am Zug.
Auf Anweisung von Gottwald und Slánský fuhr Karel Šváb nach Budapest. Hier führte er am 7. und 8. September 1949 einige Gespräche mit dem ungarischen Parteichef Rákosi und dem Chef des sowjetischen Staatssicherheitsdienstes in Ungarn, General Belkin. Eine Woche später, am 16. September, sandten dann Klement Gottwald und Rudolf Slánský einen gemeinsamen Brief an den persönlichen Sekretär Stalins, Georgij Malenkow. Sie ersuchten ihn, sowjetische Berater, die mit dem Fall Rajk vertraut wären, in die Tschechoslowakei zu entsenden. Dem Ersuchen wurde am 23. September 1949 entsprochen. Nach Prag kamen zwei Experten des sowjetischen Staatssicherheitsdienstes KGB, General Lichatschew und Oberst Makarow.

Am selben Tag, an dem Klement Gottwald und Rudolf Slánský die Bitte um Entsendung sowjetischer Spezialisten zur Bekämpfung der Parteifeinde nach Moskau schickten, begann im Marmorsaal der Eisen- und Metallarbeitergewerkschaft in Budapest der Prozeß gegen die „titoistisch-trotzkistische Rajk-Clique". Oberstaatsanwalt Dr. Gyula Alapi erhob Anklage gegen die „Führer" der Verschwörung, den ehemaligen hohen Parteifunktionär, früheren Innenminister und späteren Außenminister, László Rajk, den früheren Chef der kommunistischen Jugendorganisation, András Szalai, den ehemaligen Leiter der Kaderabteilung des Zentralkomitees der ungarischen Kommunisten, Dr. Tibor Szönyi, den Ex-Chef des militärischen Geheimdienstes, Generalleutnant György Pálffy, den

stellvertretenden Direktor des ungarischen Rundfunks, Pál Justus, den jugoslawischen Diplomaten Lazar Brankov, den Regierungsbeamten Milan Ogyenovics sowie den Polizeioberst Bela Korondy.
Um was es im Prozeß ging, deutete bereits am ersten Tag der Verhandlung Oberstaatsanwalt Dr. Alapi an: „Es sind nicht allein Rajk und Konsorten, die hier auf der Anklagebank sitzen, sondern auch ihre ausländischen Auftraggeber, ihre imperialistischen Anstifter in Belgrad und Washington..."
In diesem Sinne legten auch die Angeklagten ein umfassendes Geständnis ab. Alle bekannten sich schuldig. Alle waren niemals „aufrichtige" Kommunisten.
Das Urteil ist hart. So wie es Josef W. Stalin verlangte. Wie es sich sein Statthalter in Budapest, Mátyás Rákosi, wünschte. Wie es die Angeklagten selbst herbeiriefen.

László Rajk, Dr. Tibor Szönyi, General György Pálffy, András Szalai und Bela Korondy wurden zum Tode verurteilt. Lazar Brankov und Pál Justus erhielten lebenslange Haftstrafen. Milan Ogyenovics mußte für neun Jahre ins Gefängnis.

Am 15. Oktober 1949 wurden die Todesurteile durch Erhängen vollstreckt.
Wenn in allen kommunistischen Parteien der Volksdemokratien Verräter, Spione, Zionisten, Nationalisten, Agenten, Titoisten saßen – war es dann nicht auch möglich, daß dies in der Tschechoslowakei ebenso ist? Und es war so!

Donnerstag, 24. November 1949.
Eugen Loebl erinnert sich: „Ich war zu Hause und hörte mit meinem Sohn Ivan Radio. Scheinbar ein ruhiger Abend. Und dann die Klingel. Ich ging in die Halle und öffnete die Tür. Der Mann, der davor stand, trug einen Ledermantel mit einem Gürtel. Nur Beamte des Staatssicherheitsdienstes waren so gekleidet. Der Mann zeigte mir seinen Ausweis. Innenministerium. Der Minister Václav Nosek möchte mich gerne sprechen, sagte er. Ich wollte später noch einige Akten aufarbeiten

und hatte keine Lust, jetzt, ausgerechnet am Abend, zu einem Gespräch zu fahren. Auch wenn es sich um den Innenminister handelte.
Ich schlug vor, daß ich den Innenminister anrufen könnte. Aber der Mann im Ledermantel winkte ab. Der Minister sei jetzt telefonisch nicht erreichbar. Er sei auf dem Weg nach Hause. Ich solle doch mitkommen.
Plötzlich wußte ich, daß es soweit war.
Ich ging zu Ivan, murmelte die übliche Ausrede. Daß ich nicht zu lange wegbleiben werde. Eine wichtige Besprechung. Und er solle nicht traurig sein. Die Mutter komme bald nach Hause, um das Abendessen zu machen.
Vor dem Haus in der kleinen Sackgasse, der Pětidomí im Prager Stadtteil Dejvice, stand ein schwarzer Wagen. Für die Nachbarn kein ungewöhnlicher Anblick. Oft fuhr ich noch abends ins Ministerium, zu Konferenzen, Besprechungen, Empfängen. Auf dem Fahrersitz saß ein Polizist. Ein anderer stand vorne neben dem Auto. Er öffnete den Schlag und forderte mich mit einer Bewegung auf, mich auf den Rücksitz zu setzen. Dann nahmen er und der Mann, der mich in der Wohnung abgeholt hatte, die Plätze an meiner Seite ein.
Zum Haus des Innenministers Václav Nosek fuhren wir nicht. Durch die halbdunklen Straßen Prags ging es über die Moldaubrücke stadtauswärts. Nach einigen Kilometern erreichten wir eine Straßensperre, die mit zwei bewaffneten Posten besetzt war. Einer der Männer, die mich begleiteten, zeigte den Wachtposten einen Brief, und wir rollten durch ein Tor, über einen Hof und zu einem weiteren Tor.
Wieder zeigte der Mann seinen Brief. Das Tor öffnete sich und schloß sich dann wie ein eiserner Vorhang hinter mir.
Ich stieg aus. Einer der Männer sagte: 'Herr stellvertretender Minister, im Namen der Republik, Sie sind verhaftet!'"
Eugen Loebl war nicht der einzige, der an diesem Tag vom Sonderkommando des Staatssicherheitsdienstes verhaftet wurde. Auch ein weiterer Mann, der auf der Liste aus Budapest als Parteifeind bezeichnet worden war, wurde in Haft genommen: Vilém Nový, Chefredakteur des Zentralorgans

der Kommunistischen Partei der Tschechoslowakei „Rudé Právo".

Der Anfang war gemacht. Der vom sowjetischen Staatssicherheitsdienst sorgfältig ausgearbeitete Plan zur Entlarvung und Liquidierung der Parteifeinde, Titoisten, Verräter und Zionisten inder Tschechoslowakei konnte in die Praxis umgesetzt werden. Köpfe sollten rollen...

Noch aber rollten die Köpfe nicht. Vorerst füllten sich die Zellen. Die endgültige Auswahl derer, die vor ein Tribunal gestellt werden sollten, war noch nicht getroffen...

Im Frühjahr 1950 begann das Kesseltreiben gegen die sogenannten slowakischen bürgerlichen Nationalisten in der kommunistischen Partei.

Das erste Opfer war der Nachfolger von Jan Masaryk im Amt des Außenministers Dr. Vladimír Clementis. Dr. Vladimír Clementis war von Beruf Rechtsanwalt. 1939 verließ er die slowakische Landeshauptstadt Preßburg und wurde Berufspolitiker. Vor einer drohenden Verhaftung floh er 1939 nach Paris. Dort erreichte ihn Ende August 1939 die Nachricht, daß Josef Stalin und Adolf Hitler einen Freundschaftspakt abgeschlossen hätten. Clementis, Kommunist aus Überzeugung, konnte dies nicht begreifen. In einem Zeitungsbeitrag verurteilte er den Schritt Moskaus. Das hätte er nicht tun sollen: Prompt wurde er aus der kommunistischen Partei ausgeschlossen.

Als sich im Juni 1940 die deutschen Truppen Paris näherten, floh Vladimír Clementis nach London. Trotz seines Parteiausschlusses fühlte er sich immer noch als Kommunist. Auch als er in den slowakischen Sendungen der BBC zu seinen Landsleuten über die Zukunft nach dem Sieg der Alliierten sprach.

Kurz vor Ende des Zweiten Weltkriegs wurde Vladimír Clementis wieder in die Partei aufgenommen und ins Außenministerium nach Prag geschickt. Er wurde Staatssekretär des damaligen Außenministers Jan Masaryk, des ersten tschechoslowakischen Präsidenten Tomáš Garrigue Masaryk.

Clementis glaubte, daß seine „Jugendsünde" aus Paris von der Partei längst vergessen war und man ihm, der sich so für

die Ideale des Kommunismus aufgeopfert hatte, verziehen hätte. Daß der alte Mann im Kreml, den er wegen des Paktes mit Hitler kritisiert hatte, niemals vergibt, daß er selbst in den Dossiers des sowjetischen Staatssicherheitsdienstes KGB für immer als unzuverlässiges und verdächtiges Parteimitglied geführt würde, kam ihm niemals in den Sinn.
Bald war aber Clementis nicht mehr der einzige, der beschuldigt wurde, sich antiparteilich benommen zu haben. Führende slowakische Kommunisten wie Karol Šmidke, Dr. Gustáv Husák, der noch vor einigen Monaten die Zerschlagung der slowakischen politischen und kirchlichen Führung leitete und Schauprozesse mit ihnen inszenierte, Laco Novomeský, Eduard Friš und andere wurden der Parteiabweichung bezichtigt.
Der Zusammenhang ist nun offensichtlich.
Am 24. September 1949 wurden in Budapest László Rajk und drei Mitangeklagte als Verräter, als Titoisten, zum Tode verurteilt. Ende September 1949 schreiben der Vorsitzende der Kommunistischen Partei der Tschechoslowakei, der tschechoslowakische Staatspräsident Klement Gottwald, und der Generalsekretär der Partei Rudolf Slánský einen Brief an Josef Stalin. Sie bitten den sowjetischen Diktator um Hilfe bei dem Kampf gegen tschechoslowakische Parteifeinde, die sich in die Führungsspitze der Regierung sowie der Partei „eingeschlichen" haben. Stalin ist großzügig. Selbstverständlich kann er den Wunsch der tschechoslowakischen Genossen nicht ablehnen.
Im Oktober 1949 kommen die ersten zwei sowjetischen „Berater" nach Prag, der General des sowjetischen Staatssicherheitsdienstes Lichatschew und Oberst Makarow. Sie werden mit ungewöhnlich großzügigen Vollmachten ausgestattet. Alle Parteifunktionäre, Minister und Offiziere des tschechoslowakischen Staatssicherheitsdienstes sind verpflichtet, den Anweisungen Lichatschews und Makarows nachzukommen. Ihr Wunsch ist für die Tschechen und Slowaken Befehl!
Kaum sechs Wochen später werden die ersten Verhaftungen unter den führenden Parteikadern vorgenommen. Als einer

der ersten verschwindet Eugen Loebl im Gefängnis. Andere sollen – so wie es sich Makarow und Lichatschew wünschen – folgen.
Und die Führungsspitze der Partei ist den Sowjets dankbar. Jetzt erst sieht sie, wie viele „Verbrecher" sich in die Reihen der „Avantgarde der Arbeiterklasse" eingeschlichen haben.
Am Mittwoch, den 7. Dezember 1949 findet in Prag eine Versammlung von Funktionären der Kommunistischen Partei der Tschechoslowakei statt. Das Hauptreferat hält Generalsekretär Rudolf Slánský. Er versucht, den überraschten Kommunisten aus allen Kreisen und Bezirken des Landes klarzumachen, um was es geht.
„Auch unsere Partei", ereifert sich der Generalsekretär, „wird nicht davon verschont, daß der Feind seine Leute bei uns einschleust und unter ihren Mitgliedern Agenten anwirbt... Wenn wir diese Umstände kennen, müssen wir um so wachsamer sein, um die Feinde in den eigenen Reihen, die die gefährlichsten sind, entlarven zu können."

Und man setzte alles daran, um die Feinde zu entlarven. Die sowjetischen Berater bekamen einen Stab von Helfern aus den Reihen des tschechoslowakischen Staatssicherheitsdienstes zugeteilt. Ein Sonderkommando sollte die Feinde in der Partei – so wie es sich Gottwald und Slánský wünschten – entlarven. Wer waren diese Männer?
Antonín Prchal: Nur etwas über 30 Jahre alt und schon machte er eine blendende Karriere. Er wurde zum Chef des Staatssicherheitsdienstes und zum Stellvertreter des Ministers für Sicherheit, Ladislav Kopřiva, ernannt. Zur Polizei war er bereits im Jahre 1945 gekommen. Seine Empfehlung: Er hatte sich nach dem Krieg verpflichtet, für die Sowjets zu arbeiten. Das öffnete ihm jetzt die Tür zur Macht im Ministerium für Sicherheit.
Bohumil Doubek: Als er 1945 Angestellter des Sekretariats des Zentralkomitees der kommunistischen Partei wurde, hatte keiner seiner damaligen Mitarbeiter wohl geahnt, daß er später eine Schlüsselfigur der politischen Schauprozesse werden

würde. Eher unauffällig hatte er seine Arbeit in der Wirtschaftsabteilung des Parteisekretariats ausgeübt, bis ihn nach dem kommunistischen Putsch im Februar 1948 der Chef der Evidenzabteilung, die sich um die „Reinheit" der Partei kümmerte, Karel Šváb, zur Tätigkeit im Staatssicherheitsdienst „abkommandierte". Eigentlich war Švábs Entscheidung eher eine „soziale Angelegenheit", als daß man Doubeks besondere Qualitäten als Kriminalist anerkannt hätte. Das im Staatssicherheitsdienst größere Gehalt sollte Doubek und seiner Familie einen höheren Standard sichern. Der stille, unauffällige Doubek brachte es im Laufe der Jahre zu einer ungeahnten Karriere. Er wurde Leiter der politischen Untersuchungsabteilung.

Vladimír Kohoutek: Einer der wenigen, der schon Polizeierfahrung hatte. Bereits vor dem Zweiten Weltkrieg diente er als Kommissar bei der politischen Polizei der bürgerlichen Tschechoslowakei. Als solcher leitete er einige Jahre lang die Abteilung, die sich mit der Beobachtung der Kommunisten in der mährischen Industriestadt Ostrau beschäftigte.

Im Zweiten Weltkrieg arbeitete Kohoutek eng mit der Gestapo zusammen. Das wußte man, aber als sich Kohoutek verpflichtete, den Anweisungen der Partei bedingungslos zu folgen, wurde er in den Staatssicherheitsdienst übernommen.

Diesmal hatte er die Aufgabe, Parteifeinde aufzuspüren, zu verhören und zu Geständnissen zu bringen.

Miroslav Pich-Tuma: vor dem Zweiten Weltkrieg Mitglied der kommunistischen Jugendbewegung. Später emigrierte er in die Sowjetunion, wo er eine Partisanenschule und eine Schule für politische Kommissare absolvierte. Gleichzeitig verpflichtete er sich dort zur dauerhaften Zusammenarbeit mit dem sowjetischen Staatssicherheitsdienst. Einige Monate vor dem Kriegsende wurde Pich-Tuma als Fallschirmagent in die Tschechoslowakei gesandt, wo er sich einer Partisaneneinheit anschloß, die durch ihre Grausamkeit gegenüber gefangenen deutschen Soldaten und angeblichen tschechischen „Kollaborateuren" bekannt wurde. Nach dem Krieg wurde er Angestellter des Staatssicherheitsdienstes und der Evidenzabteilung der Parteiführung unter Karel Šváb. Während des kommunistischen Putsches im Februar 1948 leitete er die Verhaftungen vieler politischer Gegner der Kommunisten. Im „Prager Frühling" 1968 wurde bekannt, daß Pich-Tuma persönlich einige der Verhafteten ermordet hatte. Andere wurden auf seine Anweisung lebendig in Säcken in die Hochöfen der Hüttenwerke in Kladno geworfen. Der Prozeß gegen ihn und seine Mitangeklagten wurde Anfang 1969 auf Anweisung der sowjetischen Okkupationsbehörden und der Husák-Führung der kommunistischen Partei eingestellt.

Prchal, Doubek, Pich-Tuma, Kohoutek – das waren einige der führenden Männer des Sonderkommandos, das nur eine einzige Aufgabe hatte: nach Anweisungen sowjetischer Berater die Parteifeinde zu entlarven, zu verhaften, zu verhören, für kommende Prozesse vorzubereiten...

Einige der Parteifeinde saßen bereits in den Zellen. Aber in Moskau war man mit der Arbeit Lichatschews und Makarows nicht sehr zufrieden. Stalin meinte, daß in Prag eigentlich alles zu langsam gehe. Das, was ihm seine Berater von dort berichteten, war seiner Meinung nach unbefriedigend. Neue Männer, die noch nicht verschlissen waren, sollten nun in Prag die Säuberungen vorantreiben. Mitte 1950 wurden General Lichatschew und Oberst Makarow in die Moskauer Zentrale des Staatssicherheitsdienstes KGB zurückgerufen. Ein neuer Mann wurde an die Spitze der Berater gestellt: Wladimir Bojarskij.

Und auch der „Chef" der Verschwörer war bereits nach einigen Wochen Aufenthalt in Prag von Bojarskij entdeckt worden. Sein Name: Otto Šling, Sekretär der kommunistischen Partei in der Region Brünn.

Warum gerade Šling? Die Antwort war einfach. Man brauchte jemanden, der nicht nur als Titoist bezeichnet werden konnte. Der auserwählte Leiter des angeblichen Verschwörerzentrums mußte nun auch noch eine andere Voraussetzung erfüllen. Er mußte Jude sein! Und Otto Šling, der mächtige und gefürchtetste Mann aus Brünn, war Jude...

Mit dem Haß gegen alles Jüdische wurde Josef Wissarionowitsch Stalin schon geboren. Schon damals in der kleinen georgischen Stadt Gori, in dem orthodoxen Seminar, als er noch seinen richtigen Namen Dschugaschwili trug, personifizierten Juden für ihn eine Gruppe, die für das Unheil Rußlands maßgeblich mitverantwortlich war.
Und auch als er nach der Macht griff und nach der Vernichtung seiner politischen und persönlichen Gegner, der mächtigste Mann der Sowjetunion wurde, hat Stalin dieser Haß nicht verlassen. Die alte, antisemitische Tradition Rußlands lebte in diesem Georgier weiter.
Nach dem Zweiten Weltkrieg hatte es nicht lange gedauert, und Stalin nahm den Kampf gegen die Juden und gegen den Weltzionismus, den er in dem jungen Staat Israel verkörpert sah, wieder auf.
Wenn die „Verschwörer" in Albanien und in Bulgarien noch als Nationalisten und Titoisten zum Tod am Galgen oder vor dem Hinrichtungskommando verdammt waren, so hatte Stalin befohlen, daß bereits in Budapest unter den Angeklagten auch Agenten und Verräter sein mußten, die im Dienste des Weltzionismus stünden. In Prag – wo die Hexenjagd einige Monate nach Budapest einsetzte – sollten dann die Zionisten nicht nur im „zweiten Glied" der entlarvten und angeklagten Verräter stehen. Dort sollten es hauptsächlich Zionisten sein, die sich verschworen hätten, um das Land aus der Familie der sozialistischen Bruderländer herauszureißen, das kapitalistische Gesellschaftssystem zu restaurieren und gegen die Sowjetunion und Generalissimus Josef W. Stalin zu konspirieren. Mit diesen Anweisungen kam Mitte 1950 Wladimir Bojarskij nach Prag. Und so wie es sich Moskau wünschte, begann er dort auch nach den „Feinden" zu suchen.
Mit der Verhaftung von Vladimír Clementis hatte er einen bürgerlichen Nationalisten getroffen. Mit Otto Šling sollte der jüdische „Verschwörer, der Mann im Dienst des Weltzionismus getroffen werden. Trotz der Brutalität der Verhöre – körperlich und geistig stand er am Rande des Zusammenbruchs – lehnte Otto Šling es ab, Namen von Komplizen zu nennen.

Doch der Staatssicherheitsdienst gab seine Versuche, ein Geständnis zu erzwingen, nicht auf.
Am Montag, den 4. Dezember 1950 bekam Šling in seiner Zelle unerwartet hohen „Besuch". Es erschienen der Minister für den Staatssicherheitsdienst, Ladislav Kopřiva, der inzwischen zum stellvertretenden Innenminister und Leiter des Staatssicherheitsdienstes avancierte Chef der Evidenzabteilung des Sekretariats des Zentralkomitees der Partei, Karel Šváb, sowie der sowjetische KGB-Experte Wladimir Bojarskij. Zuerst versuchten die drei, dem Häftling gut „zuzureden". Er solle doch alles zugeben. Er helfe der Partei am besten, wenn er alles sage und die Feinde, die noch nicht entlarvt sind, aufdecke. Auch sein Gewissen würde dadurch erleichtert.
Aber Šling blieb hartnäckig. Er habe nichts zu sagen. Er habe keine Komplizen, weil er sie nicht gebraucht hätte. Denn niemals habe er Spionage betrieben. Der Minister verlor die Nerven. Er brüllte und drohte. Er persönlich, so das Parteidokument aus den 60er Jahren, werde Šling alle Knochen im Leibe zerbrechen, wenn man nicht zu dem „gewünschten Ergebnis" gelangte.
Aus Šling war trotz der massiven Drohung nichts herauszubekommen. Das geheime Parteidokument stellt dann nüchtern fest: „Deshalb folgten weitere brutale Verhöre, bei denen Šling aufs grausamste geprügelt und gemartert wurde.
Er wurde mit Knüppeln geschlagen, geohrfeigt, in eine Zwangsjacke gesteckt, erhielt nur zweimal am Tag Brot und Wasser, durfte weder sitzen noch schlafen; obwohl in der Zelle grimmige Kälte herrschte (die Untersuchungsorgane trugen beim Verhör Wintermäntel), hatte er nur einen dünnen Anzug an und war barfuß. Am 9. Dezember 1950 sagte er zu seinem Zellengenossen, den der Sicherheitsdienst als Spitzel hineingesetzt hatte, er werde alles sagen, was der Staatssicherheitsdienst wünschte, und alles unterschreiben, aber vor Gericht werde er erklären, daß alles erfunden sei, und erzählen, wie man ihn behandelt habe.
Kurz darauf, nachdem Šling sechs Tage in der Dunkelzelle gesessen hatte, erklärte ihm Šváb, er werde damit nicht durch-

kommen und solle sich nicht einbilden, vor Gericht widerrufen zu können. Danach sagte Šling zu seinem Mithäftling, ihm sei nun klar geworden, daß er in Wirklichkeit am 6. Oktober, dem Tag seiner Verhaftung, gestorben sei..."

Die Zellen füllen sich mit immer neuen Häftlingen...
Im Frühjahr 1951 rollte die Verhaftungswelle auf vollen Touren. In Schloß Koloděje sowie im Gefängnis für politische Gefangene im Prager Vorort Rusin wurden täglich neue Gefangene eingeliefert. Männer, die noch vor wenigen Tagen der Elite der Regierung und der Kommunistischen Partei der Tschechoslowakei angehört hatten. Osvald Závodský, der lange Jahre den Staatssicherheitsdienst leitete... Ladislav Holdoš, ein Spanienkämpfer und engster Mitarbeiter von Dr. Gustáv Husák... Josef Smrkovský, der bei dem Putsch der Kommunisten im Februar 1948 maßgeblich an der Aufstellung der bewaffneten Volksmilizen beteiligt war...
Und – Karel Šváb, der Chef des Staatssicherheitsdienstes, der sich vor kurzem noch gerühmt hatte, große Verdienste um die Entlarvung der Parteifeinde zu haben.
Jahre später erinnert sich einer der ersten Häftlinge, Professor Eugen Loebl, an den „Besuch" von Karel Šváb in seiner Zelle: „Er brüllte mich an und verlangte, daß ich sofort alle meine Verbrechen gegen die Partei und den Sozialismus zugeben sollte. Als ich erwiderte, daß ich mir keiner Vergehen bewußt sei, schlug Šváb zu. Ich bekam von ihm einige Ohrfeigen, wurde von ihm beschimpft..."
Und jetzt ist Karel Šváb selber ein Opfer der Verfolgungsjagd geworden. Wird geschlagen, beschimpft, gefoltert.
Dr. Karel Kaplan, der einzige Mann im Westen, der die geheimsten Dokumente des kommunistischen Parteipräsidiums über die Prozesse der 50er Jahre in Prag einsehen konnte: „Karel Šváb gehörte im Gefängnis zu den am meisten mißhandeltsten Häftlingen!"

Viele der Verhafteten waren selbstverständlich Juden. Otto Šling war ein Jude... Artur London, Eugen Loebl, der stellver-

tretende Verteidigungsminister und Chef des militärischen Nachrichtendienstes General Bedřich Reicin, der Ökonom und Wirtschaftsberater Klement Gottwalds Ludvík Frejka... Sie alle waren jüdischer Abstammung.
Aber in den Augen der Moskauer Zentrale des Staatssicherheitsdienstes KGB und der tschechischen und slowakischen Antisemiten in den Verhörergruppen des Staatssicherheitsdienstes bekleideten sie alle eine viel zu niedrige Funktion. Das Haupt der Verschwörer und Feinde mußte noch höher zu suchen sein. Und man „schoß" sich langsam, aber behutsam auf „ihn" ein. Fast wie zufällig wurde sein Name genannt. Die Häftlinge wurden gefragt, ob sie wohl nicht von ihm Anweisungen für ihre schädliche Tätigkeit erhalten hätten. Die meisten waren zunächst überrascht, daß sein Name überhaupt fiel, denn er war neben Gottwald der mächtigste und einflußreichste Mann in der Partei. Als erster begriff der zerschundene Otto Šling, daß er seine ihm zugedachte Rolle als „Verschwörerhäuptling" ausgespielt hatte. Und er begriff, daß es den Beratern und den verhörenden Beamten darum ging, Aussagen zu erhalten, die ihn, den „Großen", belasten.
Und Šling sagte, was man zu hören wünschte. Ja, „er" war es, der alles leitete, organisierte. Sie, die Verhafteten, waren seine Figuren, die „er" in ihre Funktionen und Positionen eingeschleust hatte, um überall seine Leute zu haben. „Er" ist der Mann, der mit den Feinden des sozialistischen Staates und der Sowjetunion konspirierte und den Sturz der neuen Gesellschaftsordnung plante.
Sein Name: Rudolf Slánský!
Seine Funktion: Generalsekretär des Zentralkomitees der Kommunistischen Partei der Tschechoslowakei!

Klement Gottwald war entsetzt. Er konnte es nicht fassen, daß sein langjähriger Mitarbeiter Rudolf Slánský ein Parteifeind sein könnte.
Seit 1929 saß Slánský mit ihm im Politbüro der Kommunistischen Partei der Tschechoslowakei. Und jetzt, jetzt sollte er glauben, daß Slánský, Ruda, wie er ihn nannte, ein Verräter

sei? Trotzdem aber gab er seine Einwilligung, die Untersuchungen in Richtung Slánský fortzusetzen, um „die Enthüllung aller Fakten der geplanten Verschwörung" zu ermöglichen. Direkte Verhöre über Slánský sollten jedoch „begrenzt" bleiben.

Warum der Parteivorsitzende so doppelsinnig entschieden hatte, ist kein Geheimnis. Gottwald hatte einerseits ziemlich große Bedenken, als man Rudolf Slánský als möglichen Führer der Verschwörer präsentieren wollte. Er mußte wissen, daß die Beschuldigungen nicht der Wahrheit entsprachen, da Slánský praktisch alles, was er unternahm, zusammen mit ihm, Gottwald, geplant und durchgeführt oder ihn über seine Tätigkeit ausführlich informiert hatte.

Andererseits hatte Klement Gottwald eine panische Angst, daß Stalin auch ihn als Parteifeind betrachten könnte. Darum war er bereit, lieber seinen alten Parteifreund Slánský zu opfern, als sich vor ihn zu stellen und sich so der Gefahr auszusetzen, selber als Verschwörer angesehen zu werden.

Klement Gottwald nahm an, daß auch Stalin über die Beschuldigungen gegen Slánský genauestens informiert war. Daß er sich nicht irrte, sollte sich bald bestätigen. Am 20. Juli 1951 sandte der sowjetische Diktator Gottwald eine chiffrierte Nachricht, in der er den Empfang belastenden Materials über Rudolf Slánský und Bedřich Geminder bestätigte. Allerdings bezeichnete Stalin dieses Material als unzureichend für eine Anklage, denn die Aussagen seien „Denunziationen bekannter Verbrecher".

Und dann folgte eine Überraschung: Stalin teilte dem Vorsitzenden der tschechoslowakischen Kommunisten mit, daß im Kreml beschlossen worden sei, den Chefberater Wladimir Bojarskij wegen ungenügender Arbeitseinstellung nach Moskau zurückzuberufen.

Klement Gottwald schien erleichtert zu sein. Noch am gleichen Tag sandte er Stalin eine Antwort. Auch er habe vom ersten Moment an die gleichen Zweifel bezüglich der Aussagen „überführter Verbrecher" gehegt. Was aber den Genossen Bojarskij betreffe, würde er bitten, ihn doch in der Tschecho-

slowakei zu belassen. Er sei für die tschechoslowakischen Staatssicherheitsdienstoffiziere eine sehr wertvolle Hilfe, und seine Abberufung würde die Arbeit im Sicherheitssektor erheblich erschweren.
Wenn Klement Gottwald nun glaubte, daß damit die Angelegenheit Slánský erledigt sei, irrte er.

Montag, 30. Juli 1951.
Die amtliche tschechoslowakische Nachrichtenagentur ČTK verbreitet zwei Nachrichten, die am nächsten Tag auf der ersten Seite aller tschechischen und slowakischen Zeitungen veröffentlicht wurden:
„Prag, 30. Juli 1951 (ČTK)
Der Präsident der Republik, Klement Gottwald, gab Montag, den 30. Juli 1951 folgenden Beschluß bekannt:
Auf Antrag der Regierung der Tschechoslowakischen Republik verleihe ich dem Generalsekretär der Kommunistischen Partei der Tschechoslowakei, Rudolf Slánský, für seine ganz außerordentlichen Verdienste um den siegreichen Aufbau des Sozialismus den Orden des Sozialismus."
In der zweiten Meldung hieß es, daß der Präsident der Republik in Lány dem Generalsekretär der KPTsch, dem Abgeordneten Rudolf Slánský, die höchste tschechoslowakische Auszeichnung für Verdienste um den Aufbau des Sozialismus, den Orden des Sozialismus, verliehen habe. Nach der Ordensverleihung seien der Präsident der Republik und dessen Gemahlin Marta Gottwaldová mit... Rudolf Slánský in einem längeren Gespräch verweilt.
Am Donnerstag, den 6. September 1951 fand auf der Prager Burg eine Sitzung des Zentralkomitees der tschechoslowakischen Kommunisten statt, das wichtige personelle Veränderungen in der Parteispitze verabschiedete.
„Genosse Rudolf Slánský", hieß es im ersten Punkt der Entschließung, „bisher Generalsekretär der Partei, übernimmt eine andere verantwortliche Arbeit im Staat. Die Stelle des Generalsekretärs der Partei wird nicht neu besetzt. Pflichten, die aus dieser Funktion erwachsen, gehen auf den Vorsitzen-

den der Partei über..." Für die Menschen auf der Straße war diese Entscheidung unbegreiflich. Noch vor sieben Tagen hatte man Slánský als einen der verdienstvollsten Parteigenossen gefeiert. Jetzt war er abgesetzt worden.
Die einzige Frage, die die Menschen interessierte, war, was mit Rudolf Slánský jetzt wohl geschehen würde.

Die Antwort fanden sie zwei Tage später in den Zeitungen. Es waren nur zwei Sätze: „Auf Antrag des Ministerpräsidenten Antonín Zápotocký ernannte der Präsident der Republik, Klement Gottwald, Rudolf Slánský zum stellvertretenden Ministerpräsidenten. Am 8. September legte Rudolf Slánský vor dem Präsidenten der Republik den Eid ab." Für die sowjetischen Berater und die tschechoslowakischen Untersuchungsbeamten war die seit Juli 1951 geplante und in Etappen auch durchgeführte Entmachtung Rudolf Slánskýs nur die Bestätigung ihrer Konzeption, daß das Haupt der Verräter und Verschwörer in der Parteispitze sitzt. Jetzt galt es also – so wie schon vorher etwa im Fall Artur Londons –, auch noch andere Gefangene zu Geständnissen zu zwingen, daß sie ihre Tätigkeit in Übereinstimmung mit Rudolf Slánský durchgeführt hatten.
Allerdings war dies nicht ganz einfach. Viele der Verhafteten waren bis zu diesem Zeitpunkt gezwungen worden, anzugeben, daß sie den Sturz Slánskýs vorbereiteten. Jetzt sollte das Ziel der Verschwörung plötzlich der eigentliche Kopf der Gruppe sein. Karel Košťál, der stellvertretende Chef einer Untersuchungsgruppe, bekam von den sowjetischen Beratern die Aufgabe, einige Verhaftete davon zu „überzeugen", daß sie Slánský belasten sollten.
Kŏsťál hatte „Erfolg". Otto Šling erkannte, daß er jetzt nicht mehr als „Führer" der Verschwörer galt. So beugte er sich dem Willen Košťáls und belastete Slánský schwer. In gleicher Weise wurden auch einige andere Häftlinge von Košťál instruiert. Für diese radikale Wende, mit der die ursprüngliche Version auf den Kopf gestellt wurde, fand man eine simple Begründung. Die Verhafteten hätten anfangs auf Slánskýs Hilfe

vertraut und ihn darum nicht als Haupt der Verschwörung verraten wollen. Da sie aber die Ausweglosigkeit ihrer Bemühungen eingesehen hatten, hatten sie sich entschlossen, doch endlich mit der Wahrheit herauszurücken und Slánský zu belasten.
Der Kreis war also geschlossen. Jetzt galt es zuzuschlagen...

Sonntag, 11. November 1951.
Flughafen Prag-Rusin...
Die sowjetische Sondermaschine landete auf die Minute genau. Langsam rollte sie zum Nebengebäude des Flughafens, wo zwei schwarze Tatra-Limousinen auf den Gast aus Moskau warteten. Dann kam er die Treppe herunter, reichte dem Mann in der Uniform eines tschechoslowakischen Armeegenerals zu einem kurzen Gruß die Hand.
Dr. Alexej Čepička, Verteidigungsminister der Tschechoslowakischen Republik und Parteipräsidiumsmitglied, blickte den Mann aus Moskau ernst an. Er, der Schwiegersohn des Präsidenten und Parteivorsitzenden Klement Gottwald, war in alle Einzelheiten der Affäre eingeweiht und wußte, daß die Aktion sich ihrem Höhepunkt näherte.
Der hohe Gast aus Moskau, dessen Besuch in Prag nur wenigen Eingeweihten bekannt war, wollte direkt zur Burg fahren, um mit Gottwald zu sprechen.
Auch auf dem Hradschin hatte man Vorkehrungen getroffen, damit Unbefugte nicht merkten, daß ein Besucher aus Moskau in Prag weilte. Die Tatra-Wagen hielten vor dem Nebeneingang.
Zusammen mit Čepička führte man den Besucher sofort in das Amtszimmer des Staats- und Parteichefs. Wieder eine kurze, nicht sehr herzliche Begrüßung. Klement Gottwald wußte, was auf ihn zukommt.
Der alte Mann aus Moskau, Josef Wissarionowitsch Stalin, hatte also entschieden! Gottwald hatte sich nicht getäuscht.
„Es droht die Gefahr, daß Rudolf Slánský in den Westen flieht. Jetzt darf nicht mehr länger gezögert werden. Der Generalissimus wünscht, daß er festgenommen wird", sagte der Mann

aus Moskau. Der Präsident und Parteivorsitzende zögerte. Er konnte es nicht glauben, daß Slánský tatsächlich fliehen könnte, eine Flucht plante. Anastas Mikojan, Stalins Sonderbeauftragter, wurde nervös. Gottwald fragte nach Beweisen, die Slánskýs Absichten bestätigen könnten. Solche Beweise hatte Mikojan selbstverständlich nicht.
Er bat um eine Unterbrechung des Gesprächs. Er wollte sich von der sowjetischen Botschaft aus telefonisch mit Stalin persönlich in Verbindung setzen. Der Generalissimus solle selbst entscheiden, wie man gegen Slánský vorgehen soll.
Nach etwa einer halben Stunde kam Mikojan zurück.
Stalin war verärgert. Was soll diese Haltung Gottwalds eigentlich bedeuten? Will er sich etwa vor einen Parteifeind stellen? Er wünscht, daß Slánský verhaftet wird!
Gottwald wurde bleich. Er glaubte zwar nicht, daß Slánský, mit dem er seit einem Vierteljahrhundert die Partei leitete, ein Verräter sein könnte, aber Stalin würde andererseits sicher wissen, was er tut.
Ja, man werde Stalins Anweisung durchführen...
Für die Öffentlichkeit war Rudolf Slánský plötzlich verschwunden. Am 28. November 1951 erschien im Zentralorgan der tschechoslowakischen Kommunisten „Rudé Právo" eine kurze Mitteilung der amtlichen Presseagentur ČTK:
„Auf Antrag des Ministerpräsidenten und gemäß § 74 der Verfassung hat der Präsident der Republik Rudolf Slánský von der Mitgliedschaft in der Regierung suspendiert und ihn seiner Funktion als Stellvertreter des Ministerpräsidenten enthoben. Gleichzeitig hat Rudolf Slánský sein Abgeordnetenmandat niedergelegt. Da bei der Untersuchung gegen die staatsfeindlichen Verschwörergruppen bisher unbekannte Fakten zum Vorschein gekommen sind, die Rudolf Slánský der aktiven staatsfeindlichen Tätigkeit überführen, wurde über ihn die Untersuchungshaft verhängt."

In den ersten Tagen und Wochen leistete der prominenteste Häftling der angeblichen Verschwörer zähen Widerstand. So oft ihn die Untersuchungsorgane zwingen wollten, strafbare

Handlungen und feindliche Absichten zu gestehen, bekam er Tobsuchtsanfälle und schrie wie wahnsinnig: „Das ist nicht wahr! Das ist schrecklich!"

Die Anfälle wurden als Provokation aufgefaßt, und die sowjetischen Berater empfahlen, die Verhöre noch zu intensivieren und ohne Unterbrechung fortzusetzen. Um seinen Widerstand so schnell wie möglich zu brechen, setzte man Slánský einen „Mithäftling" in die Zelle – den Angehörigen des Staatssicherheitsdienstes Benda. Der hatte die Aufgabe, Slánský in der Zelle nie zur Ruhe kommen zu lassen, ihn ständig zu stören, zu beschimpfen, auf ihn einzuwirken, daß er so schnell wie möglich seine verbrecherischen Taten gestehe.

Die Berichte Bendas an seine Vorgesetzten blieben erhalten. In einem – datiert vom 26. Januar 1952 – heißt es, daß Rudolf Slánský nur drei Stunden geschlafen habe. Als er eingeschlafen sei, habe der Agent ihn unter dem Vorwand, daß der Wachhabende nach ihm gerufen habe, geweckt. Dann heißt es wörtlich: „Slánský erklärte, er sei so erschöpft, daß er Halluzinationen habe." Häufig erwähnte Benda auch, daß Slánský nach Verhören in höchster Erregung und dem Wahnsinn nahe gewesen sei.

Ende Januar 1952 hatte Rudolf Slánský zum erstenmal versucht, sich das Leben zu nehmen: Während des Verhörs bat er den Beamten, auf die Toilette gehen zu dürfen. Da der Mann allein war, wollte er einen Wächter rufen und verließ das Zimmer. Slánský schloß die Tür ab und brach den Schreibtisch auf, wo er eine Pistole vermutete. Aber er fand keine Waffe. Dann versuchte er, sich mit der Schnur der Alarmanlage am Fenster aufzuhängen. Unterdessen brachen die alarmierten Wächter die Tür auf. Der Gefängnisarzt Dr. Josef Sommer rettete Slánský mit künstlicher Beatmung und einigen Spritzen das Leben.

Die Verhöre Slánskýs wurden fortgesetzt. Von nun an wurde der Häftling nur noch mit gefesselten Händen verhört. Um den Kopf hatte er eine Kette, die an einem Stahlverschluß an der Wand festgemacht war, damit er sich nur wenige Schritte bewegen konnte.

„Angekettet wie ein Hund", nannten es die Untersuchungsbeamten. Und Dr. Josef Sommer – für die Rettung des Lebens des Häftlings Rudolf Slánský erhielt er einen Orden...

Der mißlungene Selbstmordversuch hatte Slánskýs Willen zum Widerstand gebrochen. Er begann das Spiel, das man mit ihm trieb, mitzumachen.
Noch versuchte Slánský, einige erfundene Beschuldigungen – etwa daß er im Winter 1944 in den slowakischen Bergen nach dem mißlungenen Aufstand den Parteifunktionär Jan Šverma ermordet hätte – abzuwehren.
Als man ihn im Protokoll als Juden bezeichnete, bekam er wieder einen Wutanfall. Er lehnte es ab, das Papier zu unterschreiben. Der Untersuchungsbeamte ging zu den sowjetischen Experten, um Rat zu holen. Man schlug eine Änderung vor. Statt als „Jude" wurde Slánský nun als „Tscheche jüdischer Abstammung" bezeichnet.
Der Häftling willigte ein...
Einmal bekam Slánský unerwarteten Besuch inseiner Zelle. DerNachfolger des Ministers für Staatssicherheit Ladislav Kopřiva, der naturalisierte Slowake und langjährige Agent des sowjetischen Staatssicherheitsdienstes, Karol Bacílek, kam, um auf Slánský einzureden. Über Slánskýs Reaktion auf Bacíleks Besuch liegt ebenfalls ein Bericht des „Mithäftlings" Benda vor, datiert vom 28. Mai 1952: „Slánský erzählte, er habe einen schweren Tag gehabt. Noch um 3.00 Uhr nachts eine Konfrontation, und um 8.00 Uhr abends sei der Minister für Sicherheit zu ihm gekommen. Er sagte, der Minister sei nur deshalb gekommen, weil man mit ihm nicht zufrieden sei, er habe ihn gescholten, es stehe nun sehr schlecht... Ihm sei übel, er sagte, er werde ohnmächtig, er benimmt sich wie ein Unzurechnungsfähiger..." Und Slánský unternimmt, als er für kurze Zeit in der Zelle allein blieb, einen zweiten Selbstmordversuch. Er schlägt seinen Kopf verzweifelt gegen den Heizkörper. Er verletzt sich zwar, aber der Wächter bemerkt, daß in der Zelle etwas Ungewöhnliches vor sich geht.
Slánský wird gefesselt...

Im Sommer 1952 können die sowjetischen Berater unter Leitung von Alexej Bestschasnow nach Moskau melden, daß alle Verbrecher geständig sind, ihre Taten zugegeben haben und bereit sind, alles öffentlich vor dem Gerichtstribunal zu bezeugen.
Bestschasnow, seine Stellvertreter Jessikow und Galkin sowie die KGB-Offiziere Gromow, Morosow und Tschernow legten eine Liste von vierzehn Verhafteten vor, die zur Führung der Verschwörerbande gehörten.
Und noch etwas enthielt der Bericht der sowjetischen Experten. Nach langer Überlegung und Prüfung verschiedener Vorschläge war auch die Bezeichnung der Gruppe, die sich vor Gericht verantworten sollte, gefunden worden: „Das staatsfeindliche Verschwörerzentrum unter der Führung Rudolf Slánskýs"... Alles war perfekt vorbereitet...
Der Prozeß konnte beginnen...

Dienstag, der 20. November 1952.
Großer Saal des Gerichtspalais in Prag-Pankratz. Das Schauspiel beginnt, die Akteure sind für ihren Auftritt vorbereitet.
Die Inszenierung war sorgfältig eingeübt worden. Alle Angeklagten haben ihre Aussagen auswendig gelernt. Tagelang wurden sie geprüft, wurden ihnen die Bewegungen der Hände, des Körpers beigebracht. Jede Pose wurde einstudiert. Die Pausen festgelegt, wenn sie sich nach den schon lange vorher durch die Beamten des Staatssicherheitsdienstes festgelegten Fragen des Richters und Anklägers die Antwort gut „überlegen" sollten.
Das Protokoll mit Rudolf Slánský hatte mehr als 700 Seiten. Aus ihm wurde dann das Frage-und-Antwort-Spiel zusammengesetzt, die Rollen verteilt.
Zuvor wurde das gesamte Szenarium dem Parteipräsidium vorgelegt. Klement Gottwald, Antonín Zápotocký, Viliam Široký und Alexej Čepička hatten konkrete Änderungsvorschläge. Man hatte sie berücksichtigt und die entsprechenden Passagen der Aussage geändert.
Etwa 14 Tage vor Prozeßbeginn wurden die Angeklagten

auch körperlich für ihren Auftritt vorbereitet. Zum Frühstück gab es Kakao oder Milch. Zum Mittagessen Fleisch, reichlich Obst und Gemüse. Ein kalorienreiches Abendessen. Und acht Stunden ungestörten Schlaf.
Drei Tage bevor sie in den Gerichtssaal geführt wurden, kam zu den Angeklagten wieder der Minister für Staatssicherheit Karol Bacílek in die Zelle. Nur einen der 14 hat er ausgelassen: Rudolf Slánský.
„Bacílek sagte mir", so Artur London, „daß er mit mir im Namen der Partei sprechen will. Du mußt das sagen, was in Deinem Protokoll steht, mahnte er mich. Du weißt nicht, was in der Welt vor sich geht... Wir brauchen den Prozeß. Du mußt Dich fügen, und die Partei wird zu Deinen Gunsten entscheiden... Diese Mahnung der Partei hat gewirkt. Auch bei Leuten, die wußten, daß alles Betrug ist, daß alles verloren ist. Aber man legte in die Partei noch eine letzte Hoffnung. Ich war lange Zeit entschlossen, bei Gericht zu sagen, daß alles nicht der Wahrheit entspricht. Aber man sagte mir vor dem Prozeß: Wir haben 20 Zeugen vorbereitet. Wenn Sie so etwas versuchen, schalten wir das Mikrophon aus. Man wird Sie nicht hören, die Zeugen werden Sie der Lüge überführen. Also versuchen Sie nicht, uns zu überlisten. Um ganz sicherzugehen, hielt man eine Generalprobe ab. Die Richter, die Ankläger, die Verteidiger und vor allem die Angeklagten spielten die ihnen zugedachten Rollen. Das Ganze wurde auf Tonband aufgenommen, man machte Verbesserungsvorschläge und tüftelte ein kompliziertes Signalsystem aus. In einem Nebenzimmer des Verhandlungssaales haben Offiziere des Staatssicherheitsdienstes das Verfahren in den Protokollen genau verfolgt. Durch ein Leuchtzeichen vor dem Vorsitzenden des Tribunals und des Hauptanklägers konnte man signalisieren, wenn der Angeklagte vom vorgeschriebenen Text abgewichen war, worauf die Verhandlung sofort hätte unterbrochen werden müssen."

Es war soweit!
Nun wußte jeder, mit wem man es zu tun hatte...

Rudolf Slánský, geboren am 31. Juli 1901... jüdischer Abstammung;
Bedřich Geminder, geboren am 19. November 1901... jüdischer Abstammung... ehemaliger Leiter der Internationalen Abteilung des Sekretariats des ZK der KPTsch;
Ludvík Frejka, geboren am 15. Januar 1904... jüdischer Abstammung... ehemaliger Leiter der Volkswirtschaftsabteilung der Kanzlei des Präsidenten der Tschechoslowakischen Republik;
Josef Frank, geboren am 15. Februar 1905... Tscheche... ehemaliger Stellvertreter des Generalsekretärs der KPTsch;
Vladimír Clementis, geboren am 20. September 1902... Slowake... ehemaliger Außenminister;
Bedřich Reicin, geboren am 29. September 1911... jüdischer Abstammung... ehemaliger stellvertretender Minister der nationalen Verteidigung;
Karel Šváb, geboren am 13. Mai 1904... Tscheche... ehemaliger stellvertretender Minister für nationale Sicherheit;
Artur London, geboren am 1. Februar 1915... jüdischer Abstammung... ehemaliger stellvertretender Außenminister;
Vavro Hajdú, geboren am 8. August 1913... jüdischer Abstammung... ehemaliger stellvertretender Außenminister;
Eugen Loebl, geboren am 14. Mai 1907... jüdischer Abstammung... ehemaliger stellvertretender Außenhandelsminister;
Rudolf Margolius, geboren am 31. August 1913... jüdischer Abstammung... ehemaliger stellvertretender Außenhandelsminister;
Otto Fischl, geboren am 17. August 1902... jüdischer Abstammung... ehemaliger stellvertretender Finanzminister;
Otto Šling, geboren am 24. August 1912... jüdischer Abstammung... ehemaliger Leitender Sekretär des Kreiskomitees der KPTsch in Brünn;
André Simone, geboren am 27. Mai 1895... jüdischer Abstammung... ehemaliger Redakteur der „Rudé Právo".

Auf sieben Tage war die Dauer des Prozesses angesetzt. Jeden Tag veröffentlichte die Presse nicht nur ausführliche Auszüge

der Verhöre und Zeugenaussagen, sondern sie brachte auch zahlreiche dem Prozeß gewidmete Leitartikel und Berichte. Die Bevölkerung des Landes sollte zum Haß gegen die Angeklagten aufgeputscht werden.
Die 14 Männer, die sich für ihre „Taten" verantworten mußten, wurden zu Unmenschen degradiert.

Am 26. November 1952 kommen die Angeklagten noch einmal zu Wort. Sie sollen ihre Schlußrede halten. Und auch jetzt, wo es um Leben und Tod geht, ist die Regie „vorzüglich".
Den Männern, die das Schauspiel vorbereitet und inszeniert hatten, ist kein einziger Fehler unterlaufen.
Noch einmal ruft der Vorsitzende, Dr. Jaroslav Novák, die Angeklagten auf.
Zu ihrem letzten öffentlichen Auftritt...
Rudolf Slánský: „Ich verdiene kein anderes Ende meines verbrecherischen Lebens als das, welches der Staatsanwalt beantragt..."
Ludvík Frejka: „Ich habe eine so schwere Schuld auf mich geladen, daß ich im voraus jedes Urteil des Gerichts als gerechte Strafe aus den Händen des arbeitenden Volkes der Tschechoslowakei annehme..."
Artur London: „Ich weiß, daß das Urteil gerecht sein wird..."
Bedřich Reicin: „Ich bin mir bewußt, daß ich für die Verbrechen, denen ich mich schuldig gemacht habe, die strengste Strafe verdiene..."
Otto Šling: „Ich werde mit Recht verachtet und verdiene die höchste, härteste Strafe..."
Vladimír Clementis: „Möge mein Fall als abschreckende Warnung dienen, zu welchem Ende, zu welchem furchtbaren Ende die mit Wankelmut und Treuebruch zur Partei und zur Sowjetunion verbundene... formelle Mitgliedschaft in der kommunistischen Partei führt... Daher kann auch der Ausspruch der Strafe, den das Gericht der Nation über meine Tätigkeit ergehen lassen wird, auch wenn er noch so hart wäre, nur eine gerechte Strafe sein..."

Die Beratung des Tribunals war kurz. Dann verkündete der Vorsitzende des Gerichtshofes, Dr. Jaroslav Novák, das Urteil: Rudolf Slánský, Bedřich Geminder, Ludvík Frejka, Josef Frank, Vladimír Clementis, Bedřich Reicin, Karel Šváb, Rudolf Margolius, Otto Fischl, Otto Šling, André Simone – verurteilt zum Tode!
Artur London, Vavro Hajdú und Eugen Loebl – verurteilt zu lebenslangem Freiheitsentzug!
Sämtliche Verurteilten nahmen das Urteil an und verzichteten auf Rechtsmittel. Die zum Tode Verurteilten reichten Gnadengesuche ein. Sie wurden alle abgelehnt!

Die Briefe der zum Tode Verurteilten sind bemerkenswerte Dokumente. Dokumente, die auch aussagen, wie ihre Schreiber selbst die Beschuldigungen und den Prozeß als solchen bewerteten.
Nur zwei der elf – André Simone und Otto Šling – beteuern ihre völlige Unschuld. Drei – Vladimír Clementis, Josef Frank und Bedřich Reicin – sehen sich unschuldig im Sinne der Anklage, fühlen sich aber der Partei gegenüber schuldig. Vier – Ludvík Frejka, Bedřich Geminder, Karel Šváb und Rudolf Margolius – bekennen sich im vollen Umfang schuldig und betrachten die Todesstrafe als verdient. Otto Fischl drückt sich zweideutig aus. Rudolf Slánský hinterließ keinen Brief.
Es war dunkel, als sie geweckt wurden.
Die ersten Stunden des Montags, des 3. Dezember 1952.
Scheinwerfer beleuchteten mit ihrem grellen Licht den Hof des Gefängnisses Prag-Pankratz.
Einzeln wurden sie an den Galgen geführt...
Drei von ihnen – so der Bericht über die Exekution – baten noch um ein letztes Wort.
„Herr Vorsitzender, ich wünsche der kommunistischen Partei, dem tschechoslowakischen Volk und dem Präsidenten der Republik viel Glück. Ich bin nie ein Spion gewesen!", das sagte Otto Šling.
Karel Šváb rief aus: „Es lebe die Sowjetunion, es lebe die Kommunistische Partei der Tschechoslowakei!"

Rudolf Slánský sprach einen einzigen Satz: „Ich habe, was mir gebührt!" Ein Satz, der viele Deutungen zuläßt...
Die anderen „sprachen kein Wort, und der ganze Akt der Vollstreckung verlief ohne Zwischenfälle und Störungen...".

Amtliche Mitteilung des Justizministeriums.
Prag, 3. Dezember (ČTK).
In der Strafsache gegen die Leitung des staatsfeindlichen Verschwörerzentrums mit Rudolf Slánský an der Spitze teilte der Staatsprokurator dem Staatsgericht in Prag im Sinne des § 176 StO mit, daß er auf eine Berufung gegen das Urteil des Staatsgerichtes vom 27. November 1952 dieses Jahres in der Strafsache Slánský und Genossen verzichtet.
Damit erhielt das Urteil des Staatsgerichtes vom 27. November 1952 gegen das staatsfeindliche Verschwörerzentrum, mit dem über Rudolf Slánský, Bedřich Geminder, Ludvík Frejka, Josef Frank, Vladimír Clementis, Bedřich Reicin, Karel Šváb, Rudolf Margolius, Otto Fischl, Otto Šling und André Simone die Todesstrafe verhängt wurde, Rechtskraft.
Das Urteil wurde am 3. Dezember an den Angeklagten vollstreckt.

Im Januar 1953 wurden die Hingerichteten eingeäschert.
Die Asche der Toten wurde in einen Papiersack geschüttet.
Drei Beamte des Staatssicherheitsdienstes sollten sie irgendwo außerhalb Prags verstreuen.
Sie fuhren Richtung Melnik.

Die Straße war eisglatt, der Fahrer hatte viel Mühe, den Wagen sicher zu führen.
Inmitten der Felder, nahe einer Friedhofsmauer, hielten sie.
Sie stiegen aus, schauten kurz auf die aufgeschreckten schwarzen Raben...
Dann nahm einer der Männer den Sack und schüttete die Asche auf die Straße.
Sie lachten...

Im August 1968 rollten die Panzer der Streitkräfte der Warschauer Paktstaaten in Prag ein. Nicht mit Blumen und jubelnden Volksmassen wurden die Invasoren empfangen, sondern feindselige Abneigung der Tschechen schlug ihnen entgegen.

1. Mai 1968 in Prag.
Von links: Josef Smrkovský, Vorsitzender der Nationalversammlung, Alexander Dubček, Erster Sekretär des Zentralkomitees der KP, Armeegeneral Ludvík Svoboda, Präsident der Republik. Hinter Smrkovský verdeckt: František Kriegel.

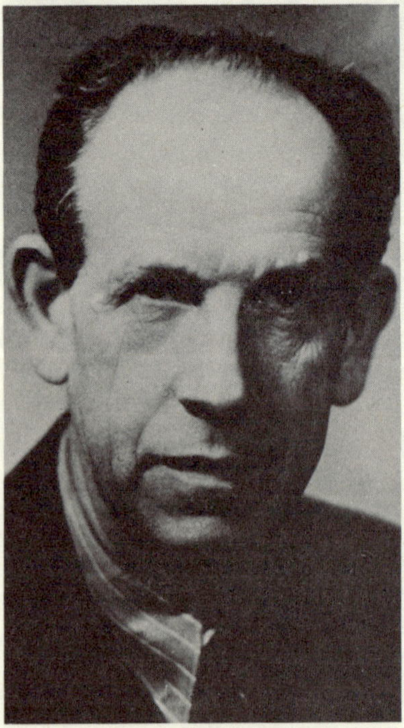

Antonín Zápotocký war nach 1945 Vorsitzender der Einheitsgewerkschaften. Ab Juli 1948 Ministerpräsident und seit 1953 vier Jahre lang Präsident der Republik.

Präsident Dr. Edvard Beneš – zweimal hatte er in der Schicksalstunde der Tschechoslowakei versagt: Im September 1938, als es um die Abtretung der tschechoslowakischen Grenzgebiete ging, und im Februar 1948, als die Kommunisten die Machtübernahme vorbereiteten.

21. August 1968 in Prag – Sowjetische Panzer besetzten die Stadt. Im Hintergrund das Denkmal mit dem sowjetischen Panzer, der am 9. Mai 1945 Prag erreichte.

Dr. Gustáv Husák wurde am 17. April 1969 zum Nachfolger Alexander Dubček als Parteichef gewählt, später wurde er auch Präsident der Republik. Er ist für die „Normalisierung" der ČSSR verantwortlich.

Miloš Jakeš – seit dem 17. Dezember 1987 Generalsekretär der tschechoslowakischen Kommunisten. Nach der Niederschlagung des „Prager Frühling" 1968 leitete er die Säuberungen der KPTsch.

VII.

Der Frühling

Montag, 30. Oktober 1967.
Spanischer Saal der Prager Burg.
Genau um 9.00 Uhr ertönte ein dumpfer Gong. Einige Sekunden später eröffnete der Erste Sekretär der Kommunistischen Partei der Tschechoslowakei und Staatspräsident Antonín Novotný die Sitzung des Zentralkomitees der KPTsch: „...über die Stellung und Aufgabe der Partei in der gegenwärtigen Etappe der Entwicklung unserer sozialistischen Gesellschaft spricht nun Genosse Jiří Hendrych..."
Die Stimme Novotnýs klang noch in dem gotischen Saal, als sich schon der kleine, rundliche ZK-Sekretär Jiří Hendrych, der zweite Mann in der KPTsch, hinter dem Rednerpult mit Hammer und Sichel in die geschulte Rednerpose stellte.
Es war ein 22 Seiten langes Dokument. Voller Phrasen, schon tausendmal gehörter Argumente und Zitate. Die Mitglieder des Zentralkomitees langweilten sich. Einige von ihnen hatten die Rede Hendrychs schon gelesen, viele andere wußten, daß im Grunde genommen trotzdem alles beim alten bleiben würde.
Als dann Genosse Hendrych die letzten Worte sprach und Genosse Novotný eine Pause verkündete, war immer noch alles beim alten. Die meisten gingen zum Buffet, nur einige blieben sitzen, um ihre Diskussionsbeiträge schnell noch einmal durchzulesen.

Die Sitzung wurde wieder eröffnet.
Die vorgetragenen Diskussionsbeiträge waren uninteressant, und man hatte von den Rednern auch nicht erwartet, daß sie neue Ideen verbreiten würden.

Ansprachen – Mittagessen – Pause – Fortsetzung der Diskussion.

Es schien, daß die Oktobersitzung des Zentralkomitees der tschechoslowakischen Kommunisten so verlaufen würde wie schon viele vorher.
Der Name des nächsten Diskussionsredners wurde aufgeru-

fen: „Als nächster spricht der Erste Sekretär der Kommunistischen Partei der Slowakei, Genosse Alexander Dubček."

Dies war am zweiten Tag der Plenarsitzung. Am 31. Oktober 1967.

Niemand hatte noch Lust, lange Reden anzuhören, man dachte schon an die Heimreise. Doch dann geschah etwas Ungewöhnliches.
Dubček war kein großer Redner. Bevor er sich selbst in die Materie, über die er sprach, hineinfand, stotterte er immer ein wenig und machte lange Pausen. Diesmal schien es etwas anders zu sein: „Das Material, das wir vorgelegt bekamen, ist nicht mit dem identisch, das wir im Präsidium verabschiedet haben!" erklärte Dubček, und die gelangweilten Mitglieder des Zentralkomitees horchten auf einmal interessiert auf. Das hörte sich doch wie eine Kritik des Ersten Parteisekretärs an...
Und es war eine Kritik. Eine harte Kritik, wie sie Antonín Novotný nicht gewöhnt war. Anhand konkreter Zahlen bewies Dubček, daß die Investitionspolitik gegenüber der Slowakei nicht korrekt sei. Überhaupt müsse man sagen, daß das Verhältnis des ersten Mannes im Staat und in der Partei zur Slowakei sehr schlecht sei.
Novotný sprang empört auf. Aus dem Saal hörte man einige zustimmende Zwischenrufe. Nach vielen, vielen Jahren schien es, als ob die Sitzung wirklich lebendig werden würde.
„Wenn Genosse Dubček das alles ernst meint, dann gut. Wir können doch einen Tschechischen Nationalrat haben. Und jeder Landesteil kann selbständig wirtschaften. Wir werden sehen, wer davon profitieren wird."
Novotný reagierte barsch und nervös. Seine Stimme wurde lauter. Ein Mann wie er war Kritik nicht gewöhnt. „Das alles erinnert mich an bürgerlichen Nationalismus!" meinte der Parteichef und wischte sich mit seinem weißen Taschentuch den Schweiß von der Stirn.
Aber schon meldete sich ein weiterer, nicht eingeplanter Diskussionsredner. Josef Špaček, der Kreissekretär aus Südmäh-

ren. Auch er kritisierte den Ersten Sekretär und legte dem Zentralkomitee Unterlagen vor, aus denen klar hervorging, daß die KPTsch in dem wichtigen südmährischen Kreis vor einer ernsten Krise stünde.
Es meldete sich der „alte Rebell" Vodsloň zu Wort. Und dann der nordmährische Sekretär Voleník. Und Smrkovský und Slavík. Und schon wurden auch die zwei Wörter ausgesprochen, die Novotný niemals hören wollte: Kumulation der Funktionen! Ämterhäufung!
Und wer kumuliert hier die Funktionen? Vor allem der Genosse Novotný. Er ist Erster Sekretär der Partei, Staatspräsident, Vorsitzender des Zentralkomitees der Nationalen Front...
Novotný sitzt bleich auf der Tribüne. Er versteht nicht, was passiert ist. Da erhebt sich ein Mann im Saal. Gerade hat man ihm eine sehr dringende Meldung übergeben. Es ist Innenminister Kudrna. Er geht zu Novotný und flüstert ihm etwas zu. Novotný sagt die Neuigkeit sofort dem neben ihm sitzenden Hendrych weiter: Ungefähr 2 000 Hochschüler ziehen auf die Burg. Sie sind schon in der Nerudastraße unterhalb des Hradschin!
Der Innenminister bekommt den Auftrag, alles zu unternehmen, um die Demonstranten nicht auf die Burg kommen zu lassen.

Die Sitzung muß zu einem Ende gebracht werden. Novotný drängt auf die Billigung der Thesen des Parteipräsidiums über die gegenwärtigen Parteiaufgaben. Er schlägt auch vor, daß die Plenarsitzung auf Dezember vertagt werden soll. Denn in einigen Stunden will er an der Spitze der tschechoslowakischen Delegationen zu den Feierlichkeiten zum 50. Jahrestag der Oktoberrevolution nach Moskau abreisen.
Und wieder meldet sich Alexander Dubček zu Wort: „Ich schlage eine Geheimabstimmung vor!"
Der Vorschlag wird abgelehnt. Trotzdem kam es aber zu einem in der Geschichte der KPTsch ungewöhnlichen Ereignis: 13 Mitglieder des Zentralkomitees stimmen gegen die

Weitergabe der diskutierten Thesen über die Parteipolitik an die Parteiorganisationen.
Die Internationale, die zum Abschluß jeder Sitzung des höchsten Parteigremiums im „Spanischen Saal" ertönt, klingt diesmal etwas bedrückt. Und als die Mitglieder des Zentralkomitees auf dem mit Steinplatten belegten Platz vor dem Veitsdom stehen, schallt der Lärm von der Nerudastraße bis hinauf zur Burg. Einen Ruf können sie ganz deutlich verstehen: „Mehr Licht!"
Im verlassenen „Spanischen Saal" der Prager Burg werden von Angestellten der Präsidentenkanzlei die Kristalleuchter gelöscht...
In der Nerudastraße ertönt wieder der Ruf: „Mehr Licht!"

Die Demonstration der Studenten kam für die tschechoslowakische Partei- und Staatsführung überraschend. Man wußte, daß die Hochschüler in ihrer überwältigenden Mehrheit die Parteimaßnahmen gegen die kritischen Schriftsteller scharf verurteilten. Auch die „Übernahme" der Wochenzeitung des Schriftstellerverbandes „Literarní noviny" vor wenigen Wochen durch das Kulturministerium und ihre Gleichschaltung stießen bei den Studenten auf Kritik.
Aber die eigentliche Ursache der Demonstration am 31. Oktober 1967 war eine andere: die schlechte Beleuchtung und Beheizung in der neuen Studentenstadt Strahov. Mit brennenden Kerzen und Fackeln marschierten die Hochschüler von Strahov und wollten über die Nerudastraße zur Prager Burg. Und jedem war es klar geworden, daß der Ruf der Studenten nach „Mehr Licht!" nicht nur mit der Stromversorgung zusammenhing. Er wurde auch als eine politische Losung angesehen. Und so begriffen ihn auch Antonín Novotný und sein Innenminister Kudrna. Auf dessen Anweisung hin wurde die Nerudastraße von Polizeieinheiten abgeriegelt. Unter den Polizeieinheiten befanden sich auch Schüler der Polizeischule von Prag, die einige Monate später eng mit den Studenten zusammenarbeiten sollten.

Am Abend des 31. Oktober war die Situation noch anders. Auf Befehl des Innenministers wurden die Studenten mit Knüppeln aus der Nerudastraße verdrängt. Die Studenten zogen sich in ihre Internate auf dem Strahov-Hügel zurück. Das war dem eifrigen Innenminister und den Leitern der Prager Polizei zu wenig.
Gegen Mitternacht wurden die Gebäude des Studentenstädtchens von starken Polizeieinheiten umstellt. Die Polizisten drangen in die Wohnräume ein und gingen rücksichtslos gegen die Studenten vor. Einige Dutzend von ihnen – Mädchen und Jungen – wurden verhaftet und stundenlang verhört. Der Eingriff der Polizei in der Nerudastraße und dann in dem Studentenstädtchen forderte an die hundert verletzte Studenten. Wenn aber jemand glaubte, daß damit die Unruhe in der Studentenschaft gebannt sei, der irrte sich. Die Studenten erreichten, daß eine Kommission eingesetzt werden mußte, die die Vorgänge untersuchen sollte.
Am 20. November 1967 fand im Auditorium maximum der philosophischen Fakultät eine Massenversammlung statt, an der auch der Rektor der Karlsuniversität, Professor Starý, und der Protektor, Professor Goldstücker, teilnahmen.
Starken Beifall bekam Professor Goldstücker, als er erklärte: „Das war eine nützliche Diskussion, eine Demonstration gegen die schädlichen Seiten unseres Lebens. Man hat die Initiative der Studenten als das zu sehen, was sie ist – eine Bemühung um die weitere Demokratisierung unserer Nation."

Antonín Novotný und seine Gefolgsleute waren anderer Meinung. Sie wußten sehr gut, daß ihr ganzes, mühsam aufgebautes Haus zusammenfallen würde, wenn jetzt nicht rechtzeitig eingegriffen werden würde. Der Erste Sekretär und seine Getreuen rüsteten sich für das Dezemberplenum des Zentralkomitees, von dem sie sich eine Beruhigung der Lage versprachen. Und dann, wenn wieder alles beim alten ist – dann wird man sehen, was man mit den Rebellen tun kann.
In Moskau verlief nicht alles so, wie es sich Novotný vorgestellt hatte. Vor allem verschob Leonid Breschnew politische

Gespräche mit dem tschechoslowakischen Parteichef. Der Grund war ganz prosaisch. Der sowjetische Botschafter in Prag, Tscherwonenko, hatte seinen Bericht über die innere Situation der ČSSR und der KPTsch noch nicht fertiggestellt, und so wollte sich Breschnew im voraus nicht binden.
Die Moskaureise brachte dem Parteichef nicht den erwünschten Erfolg. Novotný fühlte sich krank. Inzwischen arbeitete aber der Staatssicherheitsdienst.
Die politischen Gegner Novotnýs wurden auf Schritt und Tritt beobachtet. In ihren Wohnungen und Büros wurden – wenn dies nicht schon früher geschehen war – Abhöranlagen installiert. Der Chef der achten Abteilung des Zentralkomitees, Mamula, dem die Armee und die Polizei unterstellt waren, arbeitete auf Hochtouren.
Inzwischen hatte Botschafter Tscherwonenko seinen Bericht für Breschnew fertiggestellt. Darin bestätigte er die Krise in der Tschechoslowakei. In einem Privatgespräch analysierte er auch deren Ursache: „Man hat in den 50er Jahren zu wenige gehängt!" sagte er unter Anspielung auf die Schauprozesse in Prag.

Novotný selbst fühlt jetzt die Unterstützung des sowjetischen Emissärs in Prag. Er schickt eine Einladung an Breschnew nach Moskau. Breschnew kommt am 8. Dezember 1967.
In der offiziellen Meldung der Presseagentur heißt es, daß der sowjetische Parteichef vom Zentralkomitee der KPTsch eingeladen worden ist. Aber dies ist eine Lüge. Sogar einige Mitglieder des Präsidiums erfahren erst kurz vor seiner Ankunft, daß Breschnew in die tschechoslowakische Hauptstadt kommt.
Breschnew geht taktisch geschickt vor. Er lehnt es ab, an der Sitzung des Parteipräsidiums teilzunehmen. Er spricht aber mit den wichtigsten Parteipräsidiumsmitgliedern. Über seine Verhandlungen wird noch immer geschwiegen. Es scheint aber, daß er im Grunde genommen diesmal für Novotný plädiert. Denn der „Kronprinz" der Partei, Hendrych, sagte einige Tage später in einem Privatgespräch: „Der Besuch

Breschnews hatte einen Interventionscharakter für Novotný."
Aber sogar Breschnew geht es nicht um die Person Novotnýs. Hendrych stellt es so dar: „Die sowjetische Führung ist schwach. Sie fürchtet sich vor jeder Veränderung, denn in jeder Auflockerung sieht sie eine große Gefahr."
Und Breschnew selbst wird so charakterisiert: „Er ist kein sehr intelligenter Mensch".
Hendrych begründet seine Meinung damit, der sowjetische Parteichef sei für die Ideologie verantwortlich, und da werde alles immer schlechter.
Heute ist es klar, daß Breschnew die Bedeutung des innerpolitischen Streits in Prag unterschätzt hatte. Offensichtlich fehlte dem 61Jährigen, damals weniger als vier Jahre an der Macht, noch der nötige Scharfblick, um die Zusammenhänge zu erkennen.

Am 19. Dezember 1967 tritt das Zentralkomitee der KPTsch zu einer wichtigen Sitzung zusammen. Eröffnet wird sie vom Vorsitzenden der Nationalversammlung Bohuslav Laštovička.
Auf dem Programm der Sitzung stehen zwei Punkte:
Fragen der ökonomischen Entwicklung und die neue Organisation der Leitung und Zuständigkeiten in den Zentralorganen.
Zum ersten Punkt spricht Ministerpräsident Jozef Lenárt. Fast niemand hört ihm zu.
Zwei Minuten vor 12.00 Uhr tritt Antonín Novotný ans Rednerpult.
Da geschieht etwas Ungewöhnliches: Der Erste Sekretär übt Selbstkritik! „Ich möchte eine selbstkritische Haltung zu meinem Auftreten auf dem Oktoberplenum des Zentralkomitees einnehmen!"
Novotný entschuldigt sich bei Dubček und den Slowaken. Er habe sie nicht kränken und beleidigen wollen. Das entspräche doch überhaupt nicht seinen politischen Ansichten. Auch der vieldiskutierte Breschnew-Besuch findet eine etwas merkwürdige Erklärung. Alles sei bei einem routinemäßigen Telefongespräch zwischen Novotný und Breschnew zustande ge-

kommen. Viele Worte über Hilfe und Schutz, die die Sowjetunion den brüderlichen sozialistischen Ländern biete. Zum Schluß eine ernste Mahnung: „Darum Genossen, denken wir sorgfältig über jeden unserer weiteren Schritte nach, da auf dem Zentralkomitee eine große Verantwortung ruht."

Ein Mann steht auf, geht nicht einmal zum Rednerpult.

Wieder der immer unzufriedene Genosse Vodslon. Er ist empört: „Genossen, was denkt Ihr Euch überhaupt? Und wofür haltet Ihr uns? Ich frage mich – warum müssen wir von anderen Stellen und nicht vom Präsidium über die Kontroversen, die im Präsidium existieren, informiert werden? Es ist doch jedem, der die Entwicklung verfolgt hat, klar, daß es im Präsidium Kontroversen gibt. Ausländische Zeitungen haben darüber geschrieben – nur wir erfahren darüber die Wahrheit nicht!"

Der Vorsitzende, Genosse Laštovička, versucht, die Situation zu retten. Aber da meldet sich Ota Šik zu Wort.

Šik tritt mit einer niederschmetternden Kritik am Ersten Parteisekretär an. Dann schlägt Ota Šik die Bildung einer Kommission vor, die dem Zentralkomitee Vorschläge zur Überwindung der Krise in der Partei machen soll. Šik nennt auch die Namen derjenigen, denen er vertraut: Smrkovský, Kriegel, Slavík, Miková, Boruvka. Aber auch Indra, Bilak, Rigo, Piller. Er verlangt auch, daß Novotný sofort seinen Rücktritt einreicht.

Mit Begeisterung werden Šiks Vorschläge nicht angenommen. Die Mehrheit der Mitglieder des Zentralkomitees, im Grunde genommen alte Dogmatiker, hatten für Šik nicht viel übrig. Nur einige, vor allem Smrkovský, Špaček und Boruvka, stimmten ihm zu.

Die Diskussion hält mit unverminderter Härte den ganzen nächsten Tag an. In der Nacht vom 20. auf den 21. Dezember 1967 tagt das Parteipräsidium. Nach der Eröffnung der ZK-Sitzung am 21. Dezember durch Alexander Dubček verkündet Novotný: „Ich stelle dem Zentralkomitee meine Funktion als Erster Sekretär der Partei zur Verfügung!"

Dubček stellt den Antrag, die Sitzung auf den 3. Januar zu vertagen. Dann soll auch über den neuen Ersten Sekretär diskutiert werden. Einer ist damit nicht einverstanden: Josef Smrkovský.

„Ich habe das Gefühl, daß wir kritische Stunden in der Geschichte unserer Partei miterleben, wobei es auf lange Sicht um ihren Fortschritt oder um ihre Konservierung geht...", erklärt Smrkovský und kritisiert Novotný scharf. Er widersetzt sich auch der Auffassung Michal Chudíks, des slowakischen Freundes des in die Enge getriebenen Parteichefs, nach der die sowjetischen Genossen über die Entwicklung in der KPTsch mitentscheiden sollen. Und er verlangt, daß Novotný sofort seine Demission einreicht und daß das Zentralkomitee sofort seinen Nachfolger wählt.

Aber auch Smrkovský kommt mit seinem Vorschlag nicht durch. Die Konservativen – unter anderen Indra, Mestek und Němec – sind für weitere Verhandlungen erst im nächsten Jahr. Und eine von ihnen, die Zentralsekretärin der Nationalen Front, Besserová, sagt wörtlich: „Ihr wißt, daß Weihnachten vor der Türe steht, daß hier Genossinnen sind, die ihre Familien versorgen müssen und den Kopf voller Sorgen haben, wie sie das tun sollen. Ich glaube, daß wir auch das berücksichtigen müssen und daß wir die Tagung ruhig am 3. Januar fortsetzen können..."

Wieder wird stundenlang diskutiert. Dann schlägt der Rektor der Parteihochschule, Nový, eine Lösung vor: Die Tagung wird unterbrochen. Das Präsidium wird bevollmächtigt, mit Vertretern der Kreisorganisationen einen Vorschlag zur Person des neuen Ersten Sekretärs auszuarbeiten. Die Tagung soll Anfang Januar 1968 fortgesetzt werden.

Der Vorschlag wird einstimmig angenommen.

Es begann die kritischste Phase des Kampfes gegen Novotný. Der Parteichef, dem nur eine einzige Woche Frist blieb, seine Stellung zu retten, unternahm alles, um diese Zeit wirksam zu nutzen. Seine engsten Mitarbeiter fuhren von Stadt zu Stadt, von Fabrik zu Fabrik.

Die Partei und der Sozialismus sind in Gefahr! Das war der Grundtenor ihrer Gespräche mit den Parteifunktionären. Viele von ihnen verdankten ihre Posten gerade Novotný. Und sie versprachen jetzt, ihren Chef, dem Gefahr drohte, voll zu unterstützen.

Es blieb nicht nur bei diesen Reisen. Auch in den zwei mächtigsten Stützen der Staatsmacht herrschte Unruhe. Gerade an dem Tag, an dem im „Spanischen Saal" die Sitzung des Zentralkomitees eröffnet wurde, am 19. Dezember 1967, kam im Verteidigungsministerium die Parteiorganisation zusammen. Den Bericht zur Lage in der Partei trug der Sekretär des Hauptausschusses der KPTsch im Verteidigungsministerium, General Šejná, vor. Der Partei drohe eine ernste Gefahr. Im Präsidium wurde eine feindliche Fraktion aufgedeckt.

Šejná spricht überzeugend. Die anwesenden hohen Offiziere wissen, daß Šejna nicht nur das Vertrauen des Verteidigungsministers Lomský und des Chefs des Generalstabes General Rytíř hat, sondern daß er auch enge Kontakte zu Novotný und seinem Sohn unterhält. In gewissen Situationen kann die Armee nicht neutral bleiben, sondern muß ihre Rolle spielen – behauptet Šejna und wird darin von der überwältigenden Mehrheit der Offiziere unterstützt. Den größten Befürworter fand Šejna in dem stellvertretenden Verteidigungsminister und Chef der Panzertruppe, General Janko. Der beruft für den 2. Januar 1968 eine Konferenz höherer Offiziere nach Prag ein.

Nicht nur in den höchsten Kreisen der Armee herrscht eine zunehmende Aktivität und Nervosität der Novotný-Freunde. Im Sekretariat des Zentralkomitees ist der eifrigste der Leiter der achten Abteilung (Armee und Sicherheit) Miroslav Mamula. Er ist die graue Eminenz des Staatssicherheitsdienstes. Mit seinen engsten Mitarbeitern bereitet er Gegenmaßnahmen gegen die Kritiker Novotnýs vor. Es wird eine Liste von „Staats- und Parteifeinden" zusammengestellt. Auf ihr befinden sich 1 032 Namen. Unter ihnen Dubček und Smrkovský, Šik und Vodslon, außerdem die Generale Prchlík und Dzúr, Mitarbeiter des Sekretariats des Zentralkomitees, Parteilose, Journalisten, Gewerkschafter, Schriftsteller.

Die Verhaftungsbefehle sind ausgefüllt und unterschrieben. Sie tragen die Unterschrift des Innenministers Kudrna. Nur das Datum der Verhaftung soll nachträglich eingetragen werden...

Am 2. Januar 1968 treffen sich einige hohe Offiziere im Arbeitsraum General Jankos. Eines der behandelten Themen ist: Wie schnell kann die Panzerdivision aus Mladá – etwa 50 Kilometer östlich von Prag – in die Hauptstadt verlegt werden? Es wird auch über die Einberufung von Reservisten gesprochen.
Einige 1 000 Reservisten füllen schon in den nächsten Stunden die Kasernen. Niemand weiß, warum sie gerade jetzt zur „Übung" einberufen wurden.

Antonín Novotný ruft das Zentralkomitee für den 3. Januar 1968 zusammen.
Und wieder saßen sie da, im „Spanischen Saal" der Prager Burg. Nervös, unsicher, mit Hoffnungen, resignierend.
Und wieder sprach Novotný.
Und wieder stellte er seine Funktion zur Verfügung – wie viele Male schon.
Gut, nur daß der „Imperialismus" existiert! Das fand Verteidigungsminister Lomský.
„Der westdeutsche Revanchismus ist eine Gefahr – und darum ist jetzt keine günstige Zeit für Veränderungen in der Parteispitze!" Das war sein Argument.
Und der Chef des Generalstabes, General Rytíř, erklärte: „Der militärische Geheimdienst meldet eine erhöhte Gefahr für die Tschechoslowakei aus dem Ausland. Die Situation ist also kritisch und nicht geeignet für Verschiebungen an der Parteispitze, die die Partei schwächen könnten!"

Der erste Tag der historischen Sitzung geht zu Ende. Und noch weiß niemand, was eigentlich geschehen soll. Das Parteipräsidium schweigt, niemand kommt mit einem konkreten Vorschlag.

Für die Nacht ist eine Sitzung des Präsidiums einberufen. Fällt hier eine Entscheidung?

4. Januar 1968 – 9.08 Uhr.
Der zweite Tag der Sitzung des Zentralkomitees der Kommunistischen Partei der Tschechoslowakei wird von Oldřich Černík eröffnet. Černík teilt mit, worauf sich das Präsidium in seiner Nachtsitzung geeinigt hat: Die Teilung der Funktion des Ersten Sekretärs von der des Staatspräsidenten muß auf dieser Sitzung des Zentralkomitees geklärt werden!
Das Präsidium hat weiter den Genossen Novotný und eine Konsultativgruppe beauftragt, Vorschläge auszuarbeiten, die das Präsidium morgen – am 5. Januar – dem Zentralkomitee unterbreiten wird.
Also wieder eine Verschiebung um 24 Stunden!
Und die Konsultativgruppe tagt. Stundenlang.
Immer neue Namen werden in die Diskussion gebracht. Bejaht und verworfen!
Novotný will seine Kandidaten durchsetzen. Und er hat eine ganze Reihe von Leuten parat. Aber niemand erhält eine Mehrheit.
Es ist Černík, der den nächsten Kandidaten nennt: Alexander Dubček!
Novotný schweigt eine Weile. Dann – zur Überraschung vieler Mitglieder der Konsultativgruppe – ist er einverstanden. Und er hat auch seine guten Gründe dazu: Dubček ist Slowake, und Novotný glaubt, daß für einige tschechische Mitglieder des höchsten Parteigremiums diese Lösung zu radikal sein wird. Und dann weiß er auch, daß Dubček ein Mann des Kompromisses ist. Er ist kein Kämpfer. Vielleicht sogar ein manipulierbarer Mann. Kurz vorher hatte Hendrych über Dubček erklärt: „Dubček ist ein ehrlicher, aber auch ein unentschlossener Mann."
Alexander Dubček hatte sich am Anfang gewehrt. Ihm wurde sofort bewußt, welch eine große Aufgabe er auf sich nehmen würde. Er wollte nicht den Verdacht wecken, seine Kritik an Novotný auf dem Oktoberplenum sei ein Griff zur Macht ge-

wesen. Dann ließ er sich aber doch überzeugen. Er bestand aber auf kollektiver Führung und kollektiver Entscheidung. Die Konsultativgruppe hatte sich einstimmig geeinigt: Zum Kandidaten für die Funktion des Ersten Sekretärs des Zentralkomitees der KPTsch sollte Alexander Dubček nominiert werden!

Der Sitzungssaal des Verteidigungsministeriums ist in der dritten Etage des grauen Gebäudes im Prager Stadtteil Dejvice. Am 5. Januar 1968 trafen hier die höchsten Offiziere des Ministeriums zu einer wichtigen Besprechung zusammen, die der Parteisekretär des Ministeriums, General Šejna, einberufen hatte. Auf dem Programm stand nur ein einziger Punkt: die Situation der Kommunistischen Partei!

Šejná erklärte ganz offen, worum es ging: „Wir müssen dem Zentralkomitee zu verstehen geben, daß die Armee fest hinter dem Genossen Novotný steht!"

Der General legte den Entwurf eines Briefes an das Zentralkomitee vor. Und wieder wurde diskutiert. Viele wußten nichts Genaues über das, was wirklich vorging.

Dann kam es zur Abstimmung. Zufrieden gab Šejna das Ergebnis bekannt: Bei nur einer Gegenstimme ist der Brief angenommen worden!

Eine Delegation wurde zusammengestellt, die dem auf der nahen Prager Burg tagenden Zentralkomitee den Brief der Offiziere übergeben sollte. Es war kurz vor 11.00 Uhr.

Um 9.12 Uhr am 5. Januar 1968 war die Sitzung des Zentralkomitees durch Drahomír Kolder eröffnet worden. Als erster hatte sich Novotný zu Wort gemeldet: „...im Namen des Präsidiums und im Einverständnis mit der Konsultativgruppe und auch im Einklang mit meiner Meinung schlagen wir einstimmig vor, daß Genosse Dubček zum Ersten Sekretär gewählt wird..."

Kolder, der den Vorsitz führt, rühmt mit bewegter Stimme auch die Leistungen Novotnýs: „Mit der Arbeit des Genossen Novotný sind die Erfolge und Mißerfolge, die wir in den letzten Jahren gehabt haben, verbunden, aber es waren viel

mehr Erfolge!" Kolder beteuert, daß Novotný als Arbeiterpräsident weiter an der Spitze des Staates bleibt.
Aber die Diskussion ist noch nicht zu Ende. Noch 51 Mitglieder des Zentralkomitees wollen zu Wort kommen.
Endlich wird abgestimmt.
Es geschieht etwas, was fast für unmöglich gehalten wurde: Alexander Dubček wird einstimmig zum Ersten Sekretär des Zentralkomitees der Kommunistischen Partei der Tschechoslowakei gewählt.
Um 15.57 Uhr am 5. Januar 1968 wurde es still im „Spanischen Saal" der Prager Burg.

Erst vier Stunden später erfuhr die tschechoslowakische Bevölkerung, daß an der Spitze der Kommunistischen Partei ein neuer Mann stand.
„Alexander Dubček – wer ist das?" fragten sich die meisten. Es ist nicht übertrieben, wenn man sagt, daß fast keiner der Bewohner des Landes den neuen Parteichef auch nur dem Namen nach kannte. Darum verwundert es nicht, daß die Bevölkerung sich von der Umbesetzung der Parteispitze nicht viel Neues versprochen hatte. Wie oft war es in der Vergangenheit passiert, daß Funktionäre gehen mußten oder kamen – und doch hatte sich im Leben des Landes nicht viel verändert. Würde es diesmal anders sein? Niemand versprach sich viel davon. Auch wenn in den Zeitungen jetzt etwas öfter das Wort „Demokratisierung" erschien.
Versprechen kann man viel, aber erst müssen Taten folgen.

Hinter den Kulissen – und von der Bevölkerung weitgehend unbemerkt – entspann sich ein Machtkampf, der fast zwei Monate lang andauern sollte und erst Anfang März entschieden wurde. Am 5. März setzten die „Reformer" im Parteipräsidium einen Beschluß von größter Tragweite durch: Durch ein Dekret wurde die Pressezensur aufgehoben. Die Massenmedien waren plötzlich ohne Parteikontrolle und die „Aufpasser" im Innenministerium arbeitslos.
Dubček benötigte keine Schauprozesse, um seine Gegner

auszuschalten. Die Presse tat es für ihn. Zum erstenmal seit 1948 konnten die Ungesetzlichkeiten der letzten 20 Jahre ohne Angst vor Repressalien öffentlich angeprangert werden: Die Bevölkerung erfuhr von Todesurteilen und Scheinprozessen, von den Verbrechen und der Willkür des Staatssicherheitsdienstapparates. Das Volk war zuerst sprachlos, dann begeistert. Aber unter den Mächtigen des „Ancien régime" begann das große Zittern. Nicht ohne Grund: Als erster wurde der berüchtigte Innenminister Josef Kudrna abberufen. Ihm folgten der Generalstaatsanwalt Jan Bartuška und der Vorsitzende des regimehörigen Gewerkschaftsbundes Josef Pastyřík. Dann nahm der Vorsitzende des Slowakischen Nationalrates Michal Chudík seinen Hut, wenige Tage später der Chef des Kommunistischen Jugendverbandes Zavadil.

Unvermittelt sah sich auch Antonín Novotný, der sich bereits in Sicherheit geglaubt hatte, im Kreuzfeuer der Kritik.

Am 2. März wurde Novotný auch von dem staatlichen Tschechoslowakischen Rundfunk zum erstenmal offen kritisiert.

Dozent Šabata, ein Vertrauter des Parteipräsidiumsmitgliedes Špaček, verlangte die Demission Novotnýs aus dem Amt des Staatspräsidenten.

Novotný blieb vorerst gegenüber aller Kritik taub. Doch der Parteiführung wurde jetzt klar, daß Novotný nicht mehr länger das Amt des Staatspräsidenten ausüben dürfte, sonst würde das Ansehen der KPTsch in der Bevölkerung in Mitleidenschaft gezogen werden. Im Sekretariat des Zentralkomitees häuften sich Hunderte von Resolutionen. Hochschüler, Arbeiter, Schriftsteller, Genossenschaftsbauern, Bergarbeiter, Juristen – alle verlangten den Rücktritt Novotnýs.

Am ersten Frühjahrstag des Jahres 1968 tagte in Prag das Präsidium der KPTsch. Auf dem Programm stand das Rücktrittsgesuch des Genossen Novotný vom Amt des Präsidenten der Tschechoslowakischen Sozialistischen Republik.

Das Gesuch wurde angenommen.

Novotný fährt zurück auf die Burg und diktiert seinen letzten Erlaß als Staatspräsident. Er amnestiert den vor neun Monaten wegen Kontakten zum Westen zu fünf Jahren Gefängnis verurteilten Schriftsteller Jan Beneš.

Am 22. März 1968 schreibt Antonín Novotný seinen Rücktrittsbrief an den Vorsitzenden der Nationalversammlung Laštovička: „Werte Genossen Abgeordnete, ich gebe Ihnen bekannt, daß ich mich entschlossen habe, den Rücktritt von der Funktion des Präsidenten der Tschechoslowakischen Sozialistischen Republik einzureichen. Diese Entscheidung traf ich nach reiflicher Überlegung und bin dabei von der inneren Situation, die bei uns gegenwärtig herrscht, ausgegangen..."

Es ist 11.05 Uhr.

Am provisorischen Sitz der Nationalversammlung in Prag, auf dem Gorkij-Platz, trifft der Leiter der Kanzlei des Staatspräsidenten, Novák, ein. Er übergibt dem Vorsitzenden der Nationalversammlung Laštovička den Brief Novotnýs.

15 Minuten später wird die Demission Antonín Novotnýs einstimmig, ohne jede Diskussion gebilligt.

Fast zur selben Stunde werden in den tschechoslowakischen Gefängnissen die letzten 2 000 politischen Häftlinge auf freien Fuß gesetzt.

Die Reformer hatten nun eindeutig Oberwasser. Aber sie vermieden es tunlichst, den „großen Bruder" zu provozieren. Während die Studenten lautstark und auf Transparenten auf dem Wenzelsplatz und dem Altstädter Ring die Ernennung des „intellektuellen" ZK-Sekretärs Čestmír Císař – zu deutsch „Kaiser" – zum Präsidenten forderten (ihr Slogan: „Unser Präsident – unser Kaiser"), kürten die Parteioberen den greisen General Ludvík Svoboda, den ehemaligen Kommandeur des tschechoslowakischen Armeekorps in der Sowjetunion. Als Verteidigungsminister der letzten demokratischen Regierung in Prag hatte Svoboda im Februar 1948 eine undurchsichtige Rolle gespielt. Später wurde er degradiert, in den letzten Jahren in ein Archiv abgeschoben.

Aber all das war momentan vergessen. Im Vladislav-Saal des Hradschins wurde an einem strahlend schönen Tag Svoboda fast einstimmig zum Staatschef gewählt. Breschnew sandte wieder seine besten Glückwünsche. Für Tschechen und Slowaken schien alles eitel Sonnenschein. Am Horizont jedoch brauten sich bereits Sturmwolken zusammen.

Am 23. März – nur zwei Tage nach dem Rücktritt Novotnýs – trat in Dresden eine Gipfelkonferenz aller Parteichefs des Ostblocks (mit Ausnahme Nicolae Ceausescus) zusammen.
Erstmals wurde auch Alexander Dubček in dieses erlauchte Gremium aufgenommen. Allerdings hatte er daran wenig Freude. Die „Kollegen" waren mit dem Neuankömmling gar nicht zufrieden. Unvermittelt sah sich Dubček in die Rolle des Angeklagten gedrängt. „Spitzbart" Walter Ulbricht forderte ihn energisch auf, die Pressezensur wieder einzuführen, Breschnew sowie der einst als Liberaler angesehene polnische Parteichef Wladislaw Gomulka schlossen sich diesem Postulat an.
Professor Kurt Hager, ZK-Sekretär der ostdeutschen SED, der als Berater Ulbrichts fungierte, sprach erstmals das ominöse Wort „Konterrevolution" aus.
Dubček wehrte sich, so gut es ging. Die tschechoslowakischen Genossen, argumentierte er, strebten nichts anderes an, als weiter am Aufbau des Sozialismus zu arbeiten. Allerdings auf ihre eigene Art. Und als Gleiche unter Gleichen wollten sie die Freundschaft mit der Sowjetunion verstärken.
Am 4. Mai wurde Alexander Dubček nach Moskau zitiert. Diesmal ließ Breschnew, im Gegensatz zu Dresden, die Maske der Höflichkeit fallen. Er tobte. Der Genosse Hager, so meinte er, hätte recht gehabt. Die Konterrevolution greife in der ČSSR um sich. Die Partei müsse sofort ihre führende Rolle zurückerobern.
Neuerlich verteidigte Dubček den tschechoslowakischen Kommunismus. Seine Partei denke nicht daran, ihre Führungsrolle aufzugeben. Ganz im Gegenteil: Noch nie sei ihre Stellung innerhalb der Bevölkerung so stark gewesen.

In Prag hatten indessen Moskaus Parteigänger den Widerstand verstärkt.

Als Josef Smrkovský am 18. April zum Vorsitzenden der Nationalversammlung gewählt wurde, stimmten immerhin 68 Abgeordnete gegen ihn. Auch František Kriegel, der neue Vorsitzende der „Nationalen Front" (der Dachorganisation aller im Parlament zugelassenen Parteien und Institutionen), hatte es nicht leicht. Im Vorzimmer seines Büros in der Prager Mezibranskástraße saß noch immer Moskaus „Aufpasser" Miloslav Vacík. Jedes Wort, das im Haus gesprochen wurde, erfuhr sofort Moskaus „Prokonsul", Botschafter Stepan Tscherwonenko.

So wenig politisch versiert einige der Reformer auch waren, so wußten sie dennoch, daß eine Kraftprobe mit dem Moskauer Flügel unvermeidlich geworden war. Am 1. Juni war es soweit. Das ZK der KP beschloß, für den 9. September den XIV. außerordentlichen Parteitag einzuberufen, bei dem alle Spitzengremien neu bestellt werden sollten.
Damit hatte Dubček, ob er es wußte oder nicht (als ehrlicher Kommunist glaubte er wahrscheinlich noch immer, nichts Parteischädigendes getan zu haben), die Reizschwelle Moskaus überschritten. Am 15. Juli fand in Warschau ein weiteres Gipfeltreffen statt: diesmal bereits ohne Dubček (und Ceausescu).
Die linientreuen Genossen beschlossen, den Parteifreunden in Prag einen Brief zu schicken, in dem sie die Situation in der ČSSR – aus ihrer Sicht – skizzierten: Die Konterrevolution sei dort im Vormarsch. Der Primat der Partei bestünde praktisch nicht mehr.
Und dann folgte, kaum verschleiert, eine Drohung: Durch diese Entwicklung seien auch die Lebensinteressen der anderen sozialistischen Länder bedroht.
Dubček und Genossen leisteten Widerstand. Zwei Tage nach Eintreffen der Drohung aus Warschau antwortete das tschechoslowakische ZK. Die Prager Reformer wiesen auf die feierliche Deklaration der sowjetischen KP vom 30. Oktober 1956 hin, in der (unmittelbar von der Niederschlagung der ungarischen Revolution) allen Ostblockstaaten das Recht auf einen

eigenen Weg zum Sozialismus zugesprochen wurde. Und gleichzeitig sprachen die Tschechoslowaken den Bruderparteien das Recht ab, über sie zu Gericht zu sitzen. Künftig würde Prag mit den Bruderparteien nur noch bilateral verkehren.

In jenen Tagen erlebten auch die seit langem gleichgeschalteten politischen Parteien (neben der KP) einen neuen Frühling. Die Sozialistische Partei, die Anfang 1968 nur noch 9 000 Mitglieder hatte, und die katholisch orientierte Tschechoslowakische Volkspartei (18 000 Mitglieder) setzten als ersten Schritt die ihnen von der KP oktroyierten Führer Alois Neumann und den ehemaligen Kaplan Josef Plojhar ab. In Städten und Dörfern strömten neue Mitglieder in die Büros der beiden Parteien.
In Prag wurde ein Vorbereitungskomitee zur Neugründung der Sozialdemokratischen Partei (die im Juni 1948 mit der KP zwangsfusioniert worden war) gebildet, während ehemalige Polithäftlinge die „Vereinigung K 231" gründeten. Schließlich sammelten sich Intellektuelle im „Klub engagierter Nichtparteimitglieder".
Die bereits am 8. April vereidigte und bislang nicht sehr aktive Regierung unter dem „Realisten" Oldřich Černík gestattete Kirchen und Religionsgemeinschaften freie Glaubensausübung. Auch ein alter Wunsch der Slowaken – damals vertreten durch den stellvertretenden Ministerpräsidenten Gustáv Husák – ging in Erfüllung: Die ČSSR wurde in eine Föderation von zwei gleichberechtigten Volksgruppen (Tschechen und Slowaken) umgewandelt. Nationale Minderheiten – Polen, Ungarn, Ruthenen und, erstmals seit 1945, auch Deutsche – erhielten Sonderrechte.

Die Prager Reformer glaubten sich auf dem Höhepunkt ihrer Macht. Indes, die große Gegenoffensive hatte bereits begonnen. Insgeheim begann die sowjetische Botschaft die gemaßregelten Funktionäre und unzufriedenen Dogmatiker zu organisieren.

Die wöchentlichen „Kulturabende" des Botschafters Tscherwonenko wurden zum Treffpunkt der Anhänger Moskaus. Schon zu jenem Zeitpunkt wurden Möglichkeiten erörtert, den Demokratisierungsprozeß zu stoppen. Die Prager „Quislinge" meinten jedoch, ohne Hilfe der „ruhmreichen Sowjetarmee" würde dies nicht möglich sein.
Noch heute sind verschiedene Historiker uneins über den exakten Zeitpunkt, an dem sich der Kreml zur militärischen Intervention entschloß. Wahrscheinlich fielen die Würfel bereits Anfang Juni, nachdem eine Reihe von Reformern in dem bereits historisch gewordenen „Manifest der 2 000 Worte" noch mehr Freiheit und Selbstverwaltung beansprucht hatte.
Kein Wunder. Denn was im Manifest – vom Schriftsteller Ludvík Vaculík formuliert – gefordert wurde, war für die dogmatischen Kommunisten in Moskau, Ost-Berlin und Sofia etwas Unvorstellbares.
„Wenn zur Zeit von den gegenwärtigen zentralen politischen Organen nichts mehr zu erwarten ist, gilt es mehr in den Bezirken und Gemeinden zu erreichen. Fordern wir den Abgang der Leute, die ihre Macht mißbraucht, das öffentliche Eigentum geschädigt, ehrlos oder grausam gehandelt haben. Man muß Methoden ausfindig machen, um sie zum Abgang zu veranlassen, zum Beispiel öffentliche Kritik, Resolutionen, Demonstrationen, demonstrative Arbeitsbrigaden, Spendensammlung für ihren Abgang in den Ruhestand, Streik, Boykott ihrer Türen. Abzulehnen sind jedoch ungesetzliche, unanständige und grobe Methoden.
Beleben wir die Tätigkeit der Nationalen Front. Fordern wir öffentliche Sitzungen der Nationalausschüsse. Für Fragen, mit denen niemand etwas zu schaffen haben will, bilden wir eigene Bürgerausschüsse und -kommissionen.
Verwandeln wir die Bezirks- und Ortspresse, die meist zu einem amtlichen Sprachrohr degeneriert ist, in eine Tribüne aller positiven politischen Kräfte, fordern wir die Bildung von Redaktionsräten aus Vertretern der Nationalen Front oder gründen wir andere Zeitungen. Bilden wir Ausschüsse zur Verteidigung der Freiheit des Wortes. Organisieren wir bei

unseren Versammlungen einen eigenen Ordnungsdienst. Sollten wir Gerüchte hören, so laßt uns sie beglaubigen, entsenden wir Delegationen zu den zuständigen Stellen, veröffentlichen wir ihre Antworten, etwa durch Anschlag am Tor. Unterstützen wir die Sicherheitsorgane, wenn sie wirklich Straftaten verfolgen, unser Streben geht nicht dahin, Anarchie und einen Zustand allgemeiner Unsicherheit herbeizuführen. Vermeiden wir nachbarlichen Zank, ergehen wir uns nicht in politische Vermutungen. Entlarven wir die Spitzel! Große Beunruhigung geht in letzter Zeit von der Möglichkeit aus, daß ausländische Kräfte in unsere Entwicklung eingreifen könnten. Angesichts jeglicher Übermacht können wir einzig und allein anständig auf unserem Standpunkt beharren und mit niemandem Streit vom Zaun brechen. Unserer Regierung können wir versichern, daß wir notfalls mit der Waffe hinter ihr stehen werden, solange sie das tun wird, wofür wir unser Mandat geben werden, und unseren Verbündeten können wir versichern, daß wir unsere Bündnis-, Freundschafts- und Wirtschaftsverträge einhalten werden."

Moskau stand unter akutem Zeitdruck. Der große Schlag mußte vor dem 9. September erfolgen, dem Tag der Einberufung des XIV. außerordentlichen Parteitages.
Als bewährtes Mittel, eine Intervention vorzubereiten, erschienen die Sommermanöver des Warschauer Paktes. Schon Ende Mai war ein Vortrupp hoher sowjetischer Offiziere unter dem Kommando von General Michail Kaskow zu einer „Stabsübung" in der ČSSR eingetroffen. Sie blieben im Land, und in den folgenden Wochen überschritten die ersten sowjetischen „Manövereinheiten" die slowakische Grenze.
Die Bevölkerung war besorgt. Seit vielen Jahren hatte man keine Rotarmisten mehr im Land gesehen. Selbst der kommunistische Februarputsch 1948 war mit „bodenständigen" Kräften durchgeführt worden. Alexander Dubček versuchte zu beschwichtigen: Die Truppen des Warschauer Paktes würden „keinen Tag länger als absolut notwendig" in der ČSSR bleiben.

Und die Bevölkerung glaubte ihm. Sie wollte es einfach nicht wahrhaben, daß sich die wiedergewonnene Freiheit – zum Greifen nahe – letzten Endes als Fata Morgana entpuppen könnte.
Der Startschuß zum „Marsch auf Prag" wurde Anfang Juli 1968 von keinem Geringeren als dem Chef der politischen Hauptverwaltung der sowjetischen Streitkräfte, General Alexej Jepischew, gegeben. Die UdSSR, erklärte er, sei bereit, „verfolgten Kommunisten" in der ČSSR – so sie es wünschten – zur Hilfe zu kommen.
Das Moskauer Parteiorgan „Prawda" gab sofort politischen Feuerschutz. In der Tschechoslowakei wüte die Konterrevolution, wußte das Sprachrohr Leonid Breschnews aus Prag zu berichten. Und noch mehr: Aufrechte Kommunisten würden erbarmungslos in den Tod getrieben.

Die „Prawda" sagte, ohne es zu wollen, die Wahrheit: Der Mann, den man tatsächlich in den Tod getrieben hatte und dessen Geist in jenen Tagen die sowjetische Parteiführung über alle Maßen beunruhigte, war allerdings kein Kommunist, sondern vielmehr ein Opfer des Kommunismus gewesen: Der ehemalige tschechoslowakische Außenminister Jan Masaryk, Sohn des Gründers der Republik Toméš Garrigue Masaryk, der in der Nacht vom 9. auf den 10. März 1948 aus dem Fenster seines Büros im Palais Czernin auf dem Hradschin zu Tode gestürzt war. Oder aus dem Fenster gestoßen wurde.
Eine Erklärung der Prager Justizbehörden, man wolle den Tod Masaryks neu untersuchen, löste einen geharnischten Protest der sowjetischen Nachrichtenagentur TASS aus, in dem jegliche Mitschuld des sowjetischen Geheimdienstes am Tod des Außenministers bestritten wurde.
Neben dem „Fall Masaryk" beschäftigte im Frühsommer 1968 noch eine ganze Reihe von mysteriösen Selbstmorden und Todesfällen, deren Hintergründe bis heute nicht geklärt werden konnten, die tschechoslowakischen Medien.

Zu den Opfern zählten nicht nur schwer kompromittierte

Funktionäre der Ära Antonín Novotný, die mit Strafen zu rechnen hatten – so etwa der stellvertretende Vorsitzende des Obersten Gerichtshofes Breštovanský, der Major des Staatssicherheitsdienstes Karel Pokorný und der frühere Amtsarzt im Gefängnis für politische Häftlinge in Prag-Ruzyně, Josef Sommer –, sondern auch die Witwe des weltbekannten tschechischen Schriftstellers Karel Čapek, die Schauspielerin Olga Scheinpflugová.
Vor kurzem veröffentlichte ein in Kanada lebender ehemaliger Offizier des tschechoslowakischen Staatssicherheitsdienstes unter dem Pseudonym „Pavel Tichý" einen Artikel, in dem behauptet wird, Breštovanský und Konsorten seien von einer „Sondertruppe" des Prager Staatssicherheitsdienstes unter dem Kommando des sowjetischen Majors Solomonow liquidiert worden.
Wie der KGB-Major Solomonow „arbeitete", schildert Tichý konkret etwa am Fall einer der insgesamt 384 unter ungeklärten Umständen verstorbenen Personen, des stellvertretenden Vorsitzenden des Obersten Gerichtshofes Dr. Jozef Breštovanský. Solomonow besuchte – nach Tichýs Angaben – Breštovanský am 22. und 23. März 1968 in dessen Büro im Gerichtsgebäude Prag-Pankratz. Nach diesen Besuchen war der Jurist plötzlich verschwunden. Erst am 31. März 1968 wurde er in einem Wald in der Nähe des Dorfes Babice südlich von Prag erhängt aufgefunden. Bemerkenswert war schon die Tatsache, daß der Polizeihubschrauber, der an diesem Tag zur Fahndung nach dem Verschwundenen eingesetzt wurde, direkt zu der Stelle flog, wo sich der Tote befand. Im Polizeibericht wurde dann festgehalten, daß etwa 100 Meter vom Fundort der Leiche entfernt zwei ausgerissene Knöpfe von Breštovanskýs Mantel gefunden wurden. Die Schuhe des Toten waren trocken und sauber, obwohl es nach seinem Verschwinden einige Tage stark geregnet hatte. Und der Polizeiarzt Dr. Hladík stellte in seinem Obduktionsbericht fest, daß der rechte Arm des „Selbstmörders" gebrochen war, der ganze Körper Quetschungen aufwies und der Tote innere Verletzungen hatte.

Jedenfalls sei von den Reformern und Demokraten kein einziger „aufrechter Kommunist" in den Tod getrieben worden.

Alexander Dubček hatte in seinen Bemühungen den Regierungsapparat zu demokratisieren, bereits am 4. April den ehemaligen Spanienkämpfer und Häftling der Stalin-Ära, Josef Pavel, zum Innenminister bestimmt. Die Säuberung des Schlüsselressorts war jedoch in den Ansätzen steckengeblieben. Zum Chef des Staatssicherheitsdienstes STB avancierte der Slowake Oberst Viliam Šalgovič, der seit 1944 für den sowjetischen KGB arbeitete.
Nicht viel weiter ging die Säuberung im Verteidigungsministerium. Dubček hatte wohl den moskautreuen General Bohumír Lomský unter dem Druck der Öffentlichkeit abgesetzt, an dessen Stelle jedoch eine eher zwielichtige Persönlichkeit gesetzt: General Martin Dzúr, unmittelbar vor dem Zweiten Weltkrieg Mitglied der rechtsorientierten slowakischen „Hlinka-Garde", während des Krieges Soldat der slowakischen Nationalarmee und erst in sowjetischer Gefangenschaft „umgedreht".

Zur gleichen Zeit wurde in Moskau und den Hauptstädten der linientreuen Satellitenstaaten bereits eifrig an einem neuen „Feindbild" gebastelt. Schon bei der Gipfelkonferenz in Dresden am 23. März hatte der DDR-Funktionär Kurt Hager von einer Konterrevolution in der ČSSR gesprochen. Nun gingen der sowjetische Geheimdienst und seine tschechoslowakischen Agenten dazu über, das nötige Beweismaterial konterrevolutionärer Umtriebe in der ČSSR zu fabrizieren.
Bei Sokolov (ehemals Falkenau) in Nordböhmen wurden unter einer Straßenbrücke fünf Rucksäcke mit Waffen westlicher Provenienz gefunden. Und sofort wußten die gelenkten Informationsmedien in Moskau, Ost-Berlin, Warschau und Sofia zu vermelden, westliche Geheimdienste hätten das „Kriegsmaterial" in die ČSSR eingeschleust.
Allerdings hatte sich in das Schauspiel des KGB ein Regiefehler eingeschlichen: Unmittelbar vor der Entdeckung der „Ver-

schwörerwaffen" hatten Einheiten der Sowjetarmee im Rahmen einer Stabsübung an derselben Stelle kampiert. Und die Rucksäcke kamen aus einem „volkseigenen Betrieb" in der DDR.

All das konnte den Eifer der sowjetischen Presse nicht dämpfen. Kurz nach dem Waffenfund berichtete die „Prawda", US-Offiziere und westdeutsche „Revanchisten" hätten sich in der Nähe von Prag etabliert. Auch US-Panzer seien in diesem Gebiet gesehen worden. Als „unwiderlegbarer Beweis" wurden Photos der US-Tanks und ihrer Besatzungen veröffentlicht. Verschwiegen wurde jedoch, daß gerade damals bei Zbraslav, nur wenige Kilometer westlich von Prag, eine US-Filmgesellschaft einen Spielfilm über den Zweiten Weltkrieg drehte: „Die Brücke von Remagen".

Bei den auf den „Beweisphotos" abgebildeten US-Offizieren handelte es sich um amerikanische Schauspieler und einheimische Soldaten.

Dennoch schrieb das bulgarische Parteiorgan „Rabotnischeskoje Delo" im Zusammenhang mit den Waffenfunden und den „Amerikanern in Prag": „Die Ereignisse der letzten Tage beweisen, daß reaktionäre und konterrevolutionäre Kräfte in der Tschechoslowakei aktiv sind und sich für den entscheidenen Schlag vorbereiten."

Die Prager Reformer konnten nunmehr die drohenden Gewitterwolken nicht mehr übersehen. Am 22. Juli 1968 trat das Präsidium der KP zusammen, um einen „Schlichtungsvorschlag" der damals noch 100prozentig moskautreuen französischen KP zu erörtern, wonach eine internationale KP-Konferenz über die Ereignisse in der ČSSR diskutieren sollte. Die Mehrheit der Prager Funktionäre lehnten die Initiative ab: Es gäbe keinerlei Anlaß, die „tschechoslowakische Frage" auf internationaler Parteiebene zu überprüfen.

Drei Tage später trat das ZK zusammen. Offiziell wollte man sich nur mit den Vorbereitungen für den im September geplanten XIV. außerordentlichen Parteitag befassen. Ein Beschluß der Parteiführung am Rande löste jedoch in der Bevölkerung eine heftige Debatte aus: die Auflösung der „Abteilung für Staatsadministration", im Parteiapparat zuständig für die Kontrolle der Armee und der Exekutive. Der Abteilungsleiter, Generalleutnant Václav Prchlík, wurde zur Volksarmee zurückversetzt. Prchlík war kein Unbekannter. Kurz zuvor war er ins Schußfeld der Sowjets geraten, nachdem er bei einer Pressekonferenz (auch so etwas gab es damals in Prag) argumentiert hatte, die Streitkräfte des Warschauer Paktes sollten nicht ausschließlich von russischen Generälen befehligt werden. Auch Offiziere aus anderen Paktländern sollten zum Zug kommen.

Die mit der Auflösung einer ganzen Abteilung verschleierte Absetzung General Prchlíks war die erste wichtige Konzession Dubčeks gegenüber dem wachsenden sowjetischen Druck.

Nach dem Abgang Prchlíks schien Moskau vorerst geneigt, die „Konzilianz" der Prager Reformer zu honorieren.

Die sowjetische Parteiführung erklärte sich bereit, in die ČSSR zu kommen, um mit den heimischen Genossen zu konferieren. Als Tagungsort wurde Čierná (Schwarzau) am Oberlauf der Theiß, in unmittelbarer Nähe der Grenze zur Ukraine, gewählt.

Zum erstenmal in der Geschichte der Sowjetunion fuhren neun von 14 Vollmitgliedern des Politbüros, mit Leonid Breschnew an der Spitze, am 25. Juni ins Ausland, um mit „Abweichlern" auf deren Territorium und nicht auf heimatlichem Grund und Boden zu beraten. Dieser beispiellose Verzicht auf den „Heimvorteil", hätte nicht nur die Tschechoslowaken, sondern auch die übrige Welt vom Ernst der Lage überzeugen müssen. Die bedeutendsten Ostexperten des Westens irrten jedoch, als sie fast einstimmig vermuteten, der Kreml wäre nunmehr bereit, den Prager Genossen einen eigenen Weg zum Sozialismus zuzugestehen.

Zwischen dem 25. und dem 27. Juli kamen Breschnew und sein Team jeden Morgen in ihrem Sonderzug die wenigen Kilometer über die Grenze und fuhren jeweils am Abend zurück. Die streng geheimen Verhandlungen fanden in Breschnews

Salonwagen statt. Mehr als einmal mußte die Sitzung unterbrochen werden, da sich der eine oder andere Konferenzteilnehmer krank fühlte. Einmal war es Breschnew, ein andermal der greise General Ludvík Svoboda.

Unmittelbar vor der Konferenz hatte der für die Massenmedien zuständige ZK-Sekretär Čestmír Císař der Presse und dem Rundfunk nahegelegt, jegliche Polemik gegen die UdSSR einzustellen. Die „Prawda" konterte darauf mit verschärftem Beschuß. Am zweiten Tag der Konferenz von Čierná veröffentlichte das Parteiorgan einen Brief von 99 – angeblichen – Arbeitern der Prager Autofabrik „Auto Praga", in dem vor einer „Gefährdung des Sozialismus" in der ČSSR gewarnt wurde.
Bei „Auto-Praga" waren allerdings in jenen Tagen Betriebsferien. Als die Fabrik vier Tage später ihre Pforten wieder öffnete, distanzierten sich mehr als 3 000 der insgesamt 4 500 Arbeiter spontan von dem Schreiben an die „Prawda".
Inzwischen wartete die tschechoslowakische Öffentlichkeit mit wachsender Sorge auf die Ergebnisse der Konferenz von Čierná. Die Teilnehmer beschränkten sich jedoch auf ein nichtssagendes Kommuniqué, in dem von „offenen und verständnisvollen Gesprächen" die Rede war.

Die tschechoslowakische Tragödie nahm folgerichtig ihren Lauf. Am 3. August trafen die Führer aller Ostblockparteien (wieder mit Ausnahme des rumänischen Parteichefs Nicolae Ceausescu) in Preßburg ein, um mit der tschechoslowakischen KP-Prominenz zu konferieren. Bisher hatten sich die Prager Reformer geweigert, an einem derartigen „Konzil" teilzunehmen. Nach dem Warschauer Brief an die tschechoslowakische Parteiführung vom 15. Juli hatte Prag ausdrücklich erklärt, es sei nur zu bilateralen Gesprächen bereit. Nun aber war die tschechoslowakische Parteiführung weich geworden, ein Trend, der auch im gemeinsamen Kommuniqué nach der Konferenz in der slowakischen Hauptstadt seinen Niederschlag fand. In diesem Dokument war wohl von der

„ewigen Treue" der tschechoslowakischen Genossen zum Kommunismus und zur UdSSR die Rede, nicht mehr aber von einem eigenen Weg zum Sozialismus. Am selben Tag berichtete TASS von der Eröffnung der größten sowjetischen Manöver seit Ende des Zweiten Weltkriegs – von der Ostsee bis zu den Karpaten, mit dem Schwerpunkt im ukrainischen Grenzgebiet zur ČSSR.

Aber noch immer wollte die tschechoslowakische Bevölkerung nicht glauben, daß die Uhr der Reformer abgelaufen war. Sie wurde nämlich durch eine Reihe von pompösen Staatsbesuchen abgelenkt.

Als erster kam Marschall Josip Broz Tito am 9. August in goldbesetzter Marschalluniform nach Prag. In den Augen der Tschechen und Slowaken galt er immer als Held im Kampf gegen den absoluten Primat der Sowjetunion. An seine eher zweideutige Rolle bei der Niederschlagung des Ungarnaufstandes von 1956 – Tito hatte den in die Budapester jugoslawische Botschaft geflüchteten ungarischen Premierminister Imre Nagy (über Rumänien) den Henkern ausgeliefert – erinnerte sich niemand mehr.

Titos Fahrt vom Prager Flugplatz zum Hradschin wurde zu einem wahren Triumphzug. Der jugoslawische Parteichef nahm die Huldigungen der Tschechen erfreut entgegen. Er war jedoch mit leeren Händen gekommen. Und nicht nur das: Er riet Dubček, die Kontrolle der Partei über die Massenmedien sofort wieder herzustellen, die Selbständigkeit der nichtkommunistischen Parteien zu annulieren und die Tätigkeit der neuen politischen Klubs zu verbieten.

Wenige Tage später traf – diesmal uneingeladen – ein weiterer Parteichef des Ostblocks in der ČSSR ein: der spitzbärtige SED-Führer Walter Ulbricht. In Karlsbad forderte er seine Gastgeber zu unbedingter Linientreue auf.

Mitte August erreichte endlich eine Solidaritätsadresse die bedrängten Reformer: aus dem fernen China. Damit konnte die Prager Parteiführung keinen Staat machen. Inzwischen hatte sie sich damit abgefunden, alle Forderungen der Sowjet-

union zu erfüllen, um dadurch ein Minimum der hart erkämpften Selbständigkeit zu bewahren. Das müßte Moskau doch genügen, erklärte Dubček seinen Mitarbeitern.
Aber man hatte – wie erst Jahre später selbst Dubček einräumte – auch an drastische Maßnahmen gegen einige 1 000 Personen gedacht, die in nichtkommunistischen politischen Parteien und Organisationen wie KAN oder K 231 aktiv waren. Ministerpräsident Oldřich Černík bereitete einen Gesetzentwurf vor, nach dem politisch unzuverlässige Personen auf unbestimmte Zeit in Sammellagern interniert werden sollten. Eine Entscheidung, die an das Vorgehen der Kommunisten nach ihrer Machtergreifung im Februar 1948 erinnerte.

Am 20. August 1968 um 19.46 Uhr starb der „Sozialismus mit menschlichem Antlitz". Der genaue Zeitpunkt ist im Logbuch des Flughafens Prag-Ruzyně festgehalten, das später ins Ausland geschmuggelt wurde.
20 Minuten vor 8.00 Uhr erhielt der diensthabende Flugkontrolleur den Funkspruch einer sowjetischen Verkehrsmaschine der Fluggesellschaft Aeroflot. Der Kapitän der Maschine, angeblich von Warschau nach Paris unterwegs, ersuchte um Landeerlaubnis wegen eines „technischen Defekts".
Sechs Minuten später setzte das Flugzeug vom Typ Iljuschin 18 auf dem Rollfeld auf. Die Landung ging glatt vor sich, nur mit den Bremsen schien der Pilot Schwierigkeiten zu haben, denn die Maschine rollte über die gesamte, fast drei Kilometer lange Piste und kam außerhalb der Sichtweite des Kontrollturms zum Stehen. Dort blieb sie zehn Minuten lang, unbeachtet der Aufforderung des Kontrollturms, eine Landeposition einzunehmen. Erst um 19.56 Uhr setzte sie sich wieder in Bewegung und rollte nun auf das Hauptgebäude zu. Elf Passagiere stiegen aus. Was der Kontrollturm nicht wissen konnte: Etwa zwei Kilometer entfernt, an der Stelle, an der die Iljuschin gewendet hatte, lagen noch weitere 44 „Passagiere" versteckt im hohen Gras.
Schon vor der „Notlandung" der Aeroflot-Maschine hatte

man in Prag-Ruzyně ungewöhnlich regen Passagierverkehr bemerkt. Zwischen 17.00 und 18.00 Uhr waren etwa 50 unauffällig gekleidete „Reisende" in Bussen und Taxis eingetroffen. Bis 22.30 Uhr blieb alles ruhig. Um 22.34 Uhr brach dann die Hölle los.
Die schläfrigen Flugplatzangestellten vor der Abfertigungshalle und am Rande der Landebahn sahen sich unvermittelt bewaffnete Männern gegenüber, die sie in das Gebäude drängten. Der Chef der Sicherheitsstaffel auf dem Flugplatz, Ingenieur Josef Eliáš, den zuvor niemand bemerkt hatte, war plötzlich zur Stelle und wies den Fremden im Laufschritt den Weg in die Nervenzentrale des Flughafens. Zwei Minuten später sandten die Okkupanten den ersten Funkspruch aus. Der Kontakt zwischen Prag-Ruzyně und den nächsten sowjetischen Luftwaffenstützpunkten in Polen und der DDR war hergestellt.

Dienstag, 20. August 1968, 14.00 Uhr.
Das Präsidium der tschechoslowakischen Kommunisten unter dem Vorsitz des Ersten Sekretärs der Partei, Alexander Dubček, tritt zusammen. Wichtigster Punkt der Beratung: der Bericht der Sekretäre des Zentralkomitees Alois Indra und Drahomír Kolder über die innere Situation im Lande.
Der Bericht war mit Spannung erwartet worden, denn Indra und Kolder gehören dem konservativen Flügel der Partei an, der dem Demokratisierungsprozeß in der Tschechoslowakei kritisch gegenüberstand.
Es ist kurz nach 23.00 Uhr: Die Diskussion über den Bericht ist in vollem Gange, als Ministerpräsident Oldřich Černík ans Telefon gerufen wird. Nach einigen Minuten kommt er blaß in den Konferenzraum zurück.
Der am 14. Januar 1974 verstorbene ehemalige Vorsitzende der Nationalversammlung, Josef Smrkovský, hat die darauf folgenden Ereignisse einige Monate später beschrieben: „Nach zehn Minuten kam Černík völlig konsterniert zurück", berichtete Smrkovský. „Er sagte, man hätte ihm eben mitgeteilt, die Truppen von fünf Mitgliedstaaten des Warschauer

Paktes seien in die ČSSR einmarschiert. Bis 6.00 Uhr morgens werde das ganze Land besetzt sein."
Parteichef Alexander Dubček, seit Tagen am Rande eines Nervenzusammenbruchs, brach daraufhin in Tränen aus. Er riß aus seiner Mappe ein Schreiben des sowjetischen Parteichefs Leonid Breschnew vom 19. August, in dem sich dieser wohl über die angebliche Nichtbefolgung der Beschlüsse von Čierná und Preßburg beschwerte, aber keinerlei Sanktionen angedroht hatte.
Heute wissen wir genauer, was sich in den entscheidenden Tagen zwischen dem Gipfeltreffen von Preßburg und dem Einmarsch der sowjetischen Truppen in den Ostblockstaaten und besonders in der UdSSR ereignet hat. Am 6. August hatte die sowjetische Führungstroika – Parteichef Breschnew, Ministerpräsident Alexej Kossygin und Staatsoberhaupt Nikolaj Podgorny – Moskau verlassen, um sich kurzfristig von den Strapazen der letzten Wochen zu erholen. Besonders Breschnew hatte die Ruhe dringend nötig. In Čierná hatte er während der Konferenz (vom 25. bis 28. Juli) eine leichte Herzattacke erlitten. Die Ärzte verordneten ihm Urlaub auf der Krim.

In Abwesenheit der Partei- und Regierungsspitze blieb die Führung der Geschäfte in Moskau in den Händen des erbittertsten Feindes der Prager Reformer, des bulligen, kahlköpfigen – und mittlerweilse geschaßten – ukrainischen Parteichefs Pjotr Schelest, der sofort eine Verschärfung der Propagandakampagne gegen Dubček und Genossen anordnete. Am 17. August erhielt Schelest zwei Telegramme aus Prag, die ihn zu weiteren Aktionen anspornten. Der sowjetische Botschafter in der ČSSR, Stepan Tscherwonenko, und das Präsidiumsmitglied der KPTsch, Vasil Bilak, wiesen in getrennten Schreiben auf die „gefährliche Zuspitzung der Lage in der ČSSR" hin.
Schelest alarmierte sofort seine Kollegen Breschnew, Kossygin und Podgorny. Am 18. August kehrte der mit Medikamenten vollgepumpte Parteichef in die Hauptstadt der UdSSR zurück. Tags darauf trat das Politbüro zusammen. Es

gab nur einen Punkt auf der Tagesordnung: die Lage in der ČSSR. Stundenlang wurde debattiert, danach abgestimmt.
Erst im Frühjahr 1970 informierte der damalige sowjetische Gewerkschaftschef, das Politbüromitglied Alexander Schelepin, seinen tschechoslowakischen Amtskollegen Karel Poláček über den Verlauf und den Ausgang der Abstimmung.
Der Interventionsbeschluß fiel demnach mit einer knappen Mehrheit von sechs gegen fünf Stimmen aus. Für die Invasion hatten vorerst nur fünf Politbüromitglieder gestimmt: Nikolaj Podgorny, Pjotr Schelest, der damals aussichtsreichste Anwärter auf die Breschnew-Nachfolge, Andrej Kirilenko, Kyril Masurow und der alte Lette Arvid Pelsche. Dagegen sprachen sich Alexej Kossygin, der Ideologe Michail Suslow, Alexander Schelepin, Gennadyj Woronzow und Dimitrij Poljanski aus. Den Ausschlag gab schließlich die Stimme des Parteichefs Breschnew.
Von alldem hatten die Reformer in der Prager Parteiführung keine Ahnung. Und Dubček selbst wollte die Schreckensnachricht, die ihm Černík in der Nacht auf den 21. August überbrachte, anfänglich nicht wahrhaben. „Mein ganzes Leben lang habe ich für die Zusammenarbeit mit der Sowjetunion gearbeitet", versicherte er mit tränenerstickter Stimme. „Und jetzt tut sie mir so etwas an."
Als einzige behielten der zu allem entschlossene Josef Smrkovský und der gemütliche kleine Vorsitzende der Nationalen Front, František Kriegel, einen mehr oder weniger klaren Kopf. Sie forderten die sofortige Verurteilung der Invasion. Parteipräsidium, Regierung und Parlament müßten sich unverzüglich mit einem entsprechenden Aufruf an das Volk wenden.
Vier Präsidiumsmitglieder lehnten den Widerstandsappell ab: Oldřich Švestka, Chefredakteur des Parteiorgans „Rudé Právo", Vasil Bilak, Emil Rigo aus Kaschau und Ďrahomír Kolder. Auch Parteisekretär Alois Indra, der nicht Vollmitglied des Präsidiums war, schloß sich den Moskaufreunden an. Um 23.30 Uhr wurde abgestimmt: Mit sieben zu vier Stimmen wurde Smrkovskýs Aufruf angenommen.

Dennoch wurde der Appell nicht sofort ausgestrahlt. Kurz vor 2.00 Uhr am 21. August kündigte der tschechoslowakische Rundfunk eine „wichtige Meldung" über die Sitzung des Parteipräsidiums an. Bei der Verlesung des Appells verstummte jedoch der Sender nach wenigen Sekunden. Der Leiter der Hauptverwaltung des Postwesens, Karel Hofmann, hatte die Rundfunkstation eigenmächtig abschalten lassen.
Erst in den Morgenstunden gelang es loyalen Angestellten, gegen den Befehl Hofmanns den Sender wieder in Betrieb zu setzen und die Botschaft im vollen Wortlaut zu verlesen: „Gestern, am 20. August 1968, gegen 23.00 Uhr, überschritten die Truppen der Sowjetunion, der Volksrepublik Polen, der DDR, der Volksrepublik Ungarn und der Bulgarischen Volksrepublik die Grenzen der Tschechoslowakischen Sozialistischen Republik. Es geschah ohne Wissen des Präsidenten der Republik, des Vorsitzenden der Nationalversammlung, des Regierungsvorsitzenden, des Ersten Sekretärs des Zentralkomitees der KPTsch und ohne Wissen der Mitglieder dieser Organe...
Das Präsidium des Zentralkomitees der KPTsch betrachtet diesen Akt nicht nur als eine grobe Verletzung der Gepflogenheiten in den Beziehungen der Staaten des sozialistischen Lagers untereinander, sondern als eine Brüskierung der Grundlagen des internationalen Rechts..."
Die sowjetischen Nachrichtenmedien hatten keine Schwierigkeiten, ihre Version der Ereignisse zu verbreiten. Noch in der Nacht veröffentlichte die Nachrichtenagentur TASS eine kurze Stellungnahme zu den Ereignissen in der ČSSR: „TASS ist bevollmächtigt, zu erklären, daß sich Persönlichkeiten der Partei und des Staates in der Tschechoslowakischen Sozialistischen Republik an die Sowjetunion und die anderen verbündeten Staaten mit der Bitte gewandt haben, dem tschechoslowakischen Brudervolk dringend Hilfe, einschließlich Hilfe durch bewaffnete Kräfte, zu gewähren."
Der Aufruf der „Gruppe von Mitgliedern des Zentralkomitees der KPTsch, der Regierung und der Nationalversammlung der ČSSR" war voller Phrasen, Versprechungen und versteckten Drohungen, Hinweisen auf die Vergangenheit, aber auch der

uneingeschränkten Unterwerfung unter den Kreml: „Brüder der Tschechoslowakei, Arbeiter, Bauern, Vertreter der werktätigen Intelligenz, Männer und Frauen, Jugendliche! In einer Minute, in der die Geschicke des Landes entschieden werden; in einer Minute, die in unsere Geschichte und unsere weitere sozialistische und demokratische Entwicklung als Wendepunkt eingehen wird; in einer Minute, in der es für uns alle darum geht, die Werte, errungen durch unsere 20jährigen Bemühungen, durch unsere Opfer und durch unsere Arbeit, zu erhalten; in einer Minute, in der alles auf dem Spiel steht, wenden wir uns an alle ohne Unterschied der politischen, nationalen und religiösen Zugehörigkeit und der gesellschaftlichen Stellung, an alle, denen unsere sozialistische Heimat teuer und wirklich Heimat ist...

Heute steht alles auf dem Spiel, was unser werktätiges Volk in den letzten 20 Jahren geschaffen hat, alle Errungenschaften des Sozialismus sind in Frage gestellt. In Gefahr schwebt nicht nur unser Weg der sozialistischen Demokratie, den wir im Januar beschritten haben, sondern auch die Grundlage des Sozialismus, unsere Republik selbst.

In der Erkenntnis unserer hohen Verantwortung vor unserem Volk, erfüllt von echtem Patriotismus und von internationaler sozialistischer Solidarität und im Bewußtsein unserer internationalen Verpflichtungen haben wir die Initiative ergriffen, um alle patriotisch gesinnten Kräfte um unserer sozialistischen Zukunft und unseres Heimatlandes willen zusammenzuschließen. Die Gefahr eines Bruderkampfes, den die Reaktion vorbereitet hat, hat uns vor die Notwendigkeit gestellt, den historischen Beschluß zu fassen, die Sowjetunion und andere sozialistische Bruderländer um Hilfe anzugehen. Unsere Verbündeten haben uns diese Hilfe zur Verfügung gestellt, wie im Jahre 1945, als es um unser Leben oder unseren Tod ging. Wir fordern alle Bürger auf, den Einheiten unserer Verbündeten jede Unterstützung zu erweisen. Nach Beseitigung der Gefahr eines reaktionären Umsturzes werden die verbündeten Truppen das Territorium der Tschechoslowakei räumen...

Alle Ausländer, die sich zur Zeit auf dem Territorium der Tschechoslowakei befinden, können auch weiterhin unsere Gastfreundschaft in Anspruch nehmen, ihre Sicherheit und Unantastbarkeit ist völlig garantiert, wenn sie sich an unsere Gesetze halten...
Wir werden unseren fortschrittlichen nationalen Traditionen immer treu sein, die mit dem 50. Jahrestag der Entstehung der Republik, mit den Geboten des antifaschistischen Kampfes, mit den nationalen und demokratischen Werten, mit den Traditionen des slowakischen nationalen Aufstandes, des Prager Maiaufstandes von 1945 und mit dem revolutionären Aufruf vom Februar 1948 verbunden sind. Vorwärts, keinen Schritt zurück! Wie unseren Augapfel werden wir unsere brüderlichen Bande des Bündnisses und der Freundschaft mit der Sowjetunion, dem sowjetischen Volk, mit den Völkern aller Länder der sozialistischen Ländergemeinschaft sowie mit allen Kräften des Friedens, der Demokratie, des Fortschritts und des Sozialismus hüten. Das sind Werte, die unsere Unabhängigkeit, Selbständigkeit, nationale und staatliche Souveränität garantieren, ohne die wir wieder der Gefahr eines neuen München sowie denjenigen, die es im Jahre 1938 abgeschlossen hatten, gegenüberstehen würden..."

Gleichzeitig wurde ein Aufruf der Regierungen von Bulgarien, Ungarn, der DDR, Polen und der Sowjetunion an die „Bürger der Tschechoslowakischen Sozialistischen Republik" veröffentlicht. Man sprach von „brüderlicher Hilfe" und beteuerte, daß die einmarschierenden Truppen der fünf Staaten des Warschauer Paktes das Land bald wieder „verlassen" würden. Ein Versprechen, auf dessen Einlösung die Tschechen und Slowaken schon seit 20 Jahren warten...
„Unsere Brüder Tschechen und Slowaken! An Euch wenden sich die Regierungen der Volksrepublik Bulgarien, der Ungarischen Volksrepublik, der Deutschen Demokratischen Republik, der Volksrepublik Polen und der Union der Sozialistischen Sowjetrepubliken.
Im Einklang mit dem Hilferuf, den die dem Sozialismus treuen

führenden Partei- und Staatsfunktionäre der Tschechoslowakei an uns gerichtet hatten, gaben wir unseren Streitkräften die Weisung, der Arbeiterklasse und dem ganzen tschechoslowakischen Volk die erforderliche Unterstützung bei der Verteidigung seiner sozialistischen Errungenschaften zu erweisen, denen die immer hartnäckiger werdenden Anschläge der inneren und internationalen Reaktion drohen...
Heute sind Euch Klassenbrüder zur Hilfe gekommen. Sie sind zu Euch gekommen, nicht um sich in Eure inneren Angelegenheiten einzumischen, sondern um zusammen mit Euch die Konterrevolution abzuwehren, die Sache des Sozialismus in Schutz zu nehmen und die Gefahr für die Souveränität, die Unabhängigkeit und Sicherheit Eures Vaterlandes zu bannen. Die Truppen der verbündeten Bruderländer sind zu Euch gekommen, damit niemand Euch die in unserem gemeinsamen Kampf gegen den Faschismus errungene Freiheit rauben, damit niemand Euch am Vormarsch auf dem hellen Weg des Sozialismus hindern kann. Diese Truppen werden Euer Territorium verlassen, sobald die Gefahr für die Freiheit und Unabhängigkeit der Tschechoslowakei beseitigt ist..."

Bis heute wurden die Namen jener „Persönlichkeiten" nicht enthüllt, die angeblich die Truppen des Warschauer Paktes ins Land gerufen hatten.
Vorerst unterschrieben alle tschechoslowakischen Parlamentsabgeordneten eine Erklärung, in der sie sich von diesem ominösen Hilfeersuchen distanzierten. Auch jene Dogmatiker, die heute wieder am Ruder sind, wie Vasil Bilak, Alois Indra oder Karel Hofmann, versicherten immer wieder, sie hätten niemals „schriftlich" eine Intervention der Ostblocktruppen gefordert. Allerdings gab es Versuche, eine schriftliche Einladung nachträglich zu fabrizieren. So forderte der stellvertretende Sekretär der Nationalen Front (und Gewährsmann Moskaus) Miloslav Vacík am Morgen des 21. August die Führer der Sozialistischen Partei und der Tschechoslowakischen Volkspartei auf, eine derartige Petition zu unterschreiben. Diese lehnten jedoch empört ab.

Wir wissen inzwischen, daß die moskautreuen KP-Führer in Prag seit dem 17. August immer wieder im Büro des Ministers für Fernmeldewesens Karel Hofmann zusammengetroffen waren. An jenem Tag war auch ein eleganter grauhaariger Herr mit Diplomatenpaß (seine Identität ist bis heute nicht bekannt) auf dem Flugplatz Prag-Ruzyně angekommen, vom sowjetischen Botschaftsrat Iwan Udaltsow empfangen worden und hatte sich sofort in die Botschaft in Pod Kaštany begeben. Udaltsow galt damals als Leiter der KGB-Büros in Prag, und sein Gast war offensichtlich ein hoher Vorgesetzter.
Udaltsow und sein Besucher trafen kurz darauf mit dem stellvertretenden Innenminister und Chef des Staatssicherheitsdienstes, Oberst Viliam Šalgovič, zusammen.
Am frühen Abend des 20. August erhielten Šalgovič' Vertrauensmänner im Gebäude des Staatssicherheitsdienstes in der Prager Sadovastraße von ihren sowjetischen Kollegen die letzten Instruktionen. Am Ende der Sitzung fragten die sowjetischen Vertreter nach einem Freiwilligen, der die Aufgabe übernehmen sollte, Dubček zu verhaften. Nach einigem Zögern meldete sich Oberst Bohumír Molnár, jener Mann, der schon 1952 die Entführung des damaligen tschechoslowakischen Sozialdemokratenführers Bohumil Laušman aus Salzburg organisiert und durchgeführt hatte.
Inzwischen hatten die sowjetischen Kommandos den Prager Flugplatz besetzt, und damit war die Geheimhaltung gefallen. Unmittelbar nachdem Ministerpräsident Černík die Nachricht von der Invasion im Parteipräsidium erhalten hatte, sandte Dubček die einzelnen Minister in ihre Büros zurück. Etwa um 3.00 Uhr wurde Černík in seinem Amt, der sogenannten „Straka-Akademie", von sowjetischen Soldaten verhaftet. Als sich Dubček, der in der Zentrale am Moldaukai geblieben war, kurz darauf telefonisch nach Černík erkundigte, wurde ihm erklärt, daß der Regierungschef „verschwunden" sei.
Dem Parteichef blieb keine Zeit, sich darüber den Kopf zu zerbrechen. Um 3.30 Uhr drang Oberst Molnár mit seinen Leuten ins Parteihauptquartier ein, lief in den dritten Stock und nahm Dubček in dessen Büro gefangen. Nach einer kurzen

Auseinandersetzung – Molnár hatte die von den Sowjets konzipierte Verhaftungsformel vorsorglich auswendig gelernt – wurde der Parteichef in einen Nebenraum geführt, in dem sich bereits Josef Smrkovský, František Kriegel und einige andere Parteifunktionäre befanden.
Bis in die Nachmittagsstunden wurden die loyalen Parteiführer in der Zentrale festgehalten. Man verweigerte ihnen jede Auskunft über ihr Schicksal und servierte ihnen lediglich Kaffee und Sandwiches. Am Nachmittag befahl man den Gefangenen, sich zum Aufbruch fertigzumachen. Josef Smrkovský stand als erster auf und steckte drei Würfel Zucker, die neben einer leeren Kaffeetasse lagen, mit der Bemerkung in seine Rocktasche: „Ich kenne mich in Gefängnissen aus."
Um 18.00 Uhr brachte man die mit Handschellen gefesselten Gefangenen in einer von sowjetischen Panzerspähwagen eskortierten Autokolonne auf den Flugplatz. Nach wenigen Minuten wurden Dubček und Genossen in eine sowjetische Transportmaschine verfrachtet. Danach wurde die Gangway weggeschoben und die Türen des Flugzeugs geschlossen. Die Maschine wartete aber noch eine Viertelstunde auf dem Rollfeld. Dann startete sie in nordwestlicher Richtung.
Erster Zwischenstopp war Liegnitz in Schlesien, das Hauptquartier der sowjetischen Invasionstruppen unter Generaloberst Pawlowskij. Nach einigen Stunden ging die „Reise" nach Mukatschewo (bis 1939 Munkacs im tschechoslowakischen Karpato-Rußland, nahe der Sowjetunion) in der sowjetischen Karpato-Ukraine weiter.
Erst am 23. August trafen die tschechoslowakischen Parteiführer in Moskau ein. Dort erwartete sie eine Überraschung. Äußerst höflich eröffnete man ihnen, sie sollten an „Beratungen über das weitere Schicksal der Tschechoslowakei" teilnehmen.

Der Grund für die plötzliche „Regieänderung" war den Gefangenen, die plötzlich keine Gefangenen mehr sein sollten, völlig unklar, da man sie von der Außenwelt total abgekapselt hatte. Sie konnten nicht wissen, daß die entschlossene Hal-

tung ihrer Landsleute die Sowjets zu einem, wenn auch zeitlich begrenzten Kurswechsel gezwungen hatte.
Die ältere Generation hatte das alles schon einmal erlebt.
Am 15. März 1939 waren die Truppen Hitlers und seiner damaligen Mitläufer – Ungarn und Polen – über das Restgebiet der bereits im Vertrag von München im Herbst 1938 verstümmelten Tschechoslowakei hergefallen.
Am 21. August 1968 waren sie alle wieder dabei: Deutsche, Ungarn und Polen. Aber das Gros der Invasoren stellten diesmal die Russen. Vom Norden her marschierte die 1. sowjetische Gardepanzerarmee in Richtung Pilsen, die 20. Gardearmee direkt auf Prag zu. Vier polnische Divisionen drangen über das Riesen- und Isergebirge in Böhmen ein. Zwei ungarische und vier sowjetische Divisionen okkupierten die Slowakei. Eine Division der ostdeutschen Volksarmee überschritt im Elbetal die tschechische Grenze. Und sogar das ferne Bulgarien hatte es sich nicht nehmen lassen, Luftlandeeinheiten bei Prag abzusetzen.
Eigentlich sollte der Marsch der Invasoren auf Prag ein Spaziergang werden: von der Bevölkerung mit Blumen, Brot und Salz begrüßt, zum Dank für die Errettung vor der Konterrevolution. So zumindest hatte man es den Soldaten der fünf Nationen bei Lagebesprechungen am Vorabend der Invasion erklärt. Die Realität war anders: Zwar wurde nicht geschossen – nicht auf die Invasoren –, aber von Blumen und jubelnden Volksmassen konnte keine Rede sein. Dafür brandeten den jungen Soldaten der Ostblockarmeen Flüche in russischer Sprache entgegen (nicht umsonst hatten die Tschechen 20 Jahre lang in den Schulen Russisch als erste Fremdsprache lernen müssen). Und dann flogen auch die ersten Steine und vereinzelte Molotowcocktails.
Die Invasoren waren völlig überrascht. Die zum Teil unerfahrenen jungen Soldaten gerieten ins Schwanken. Und dann gaben ihre Offiziere den Schießbefehl.
Die ersten tschechischen Opfer der Invasion waren praktisch noch Kinder. Sie starben genau 92 Minuten nach dem Eintreffen der sowjetischen Panzer im Herzen von Prag. Die erste töd-

liche Salve wurde vom Turm des Sowjetpanzers 002 vor dem Gebäude des Zentralkomitees der KP abgefeuert. Ein 17jähriger Junge und ein gleichaltriges Mädchen verbluteten am Moldaukai. Augenzeuge war kein Geringerer als der Parlamentsvorsitzende Josef Smrkovský, der die Vorfälle als Gefangener von einem Fenster des ZK-Gebäudes aus verfolgte.
Es waren nicht die einzigen Opfer des 21. August 1968.
Auf dem Wenzelsplatz wurde ein 14jähriger Bub erschossen, als er Extraausgaben der Prager Zeitungen unter den Passanten verteilen wollte.
Tote gab es auch in Kaschau, in Reichenberg und Preßburg. Ihre genaue Zahl wurde nie bekannt. Wochen später behaupteten die Sowjets, es hätte überhaupt keine Zwischenfälle gegeben. Deshalb mußten die Gedenktafeln für die tschechischen und slowakischen „Augustgefallenen" entfernt werden.

Ein Journalist, der den Einmarsch der sowjetischen Armee in der nordböhmischen Stadt Reichenberg miterlebt hat, berichtet:
„Der Strom der Panzer und Lastwagen reißt nicht ab. Am schlimmsten sieht es auf dem Rathausplatz aus. Dort haben sich viele Bürger der Stadt eingefunden. Tränen, Schimpfworte, Fluchen und geballte Fäuste, das sind die einzigen Waffen, die die sogenannten Konterrevolutionäre zur Verfügung haben. Ein Junge läuft auf einen sich nähernden Panzer zu und legt sich auf das Pflaster direkt vor die Stahlketten. Er schreit: 'So, jetzt könnt ihr kommen, kommt, schlagt uns tot, besetzt uns – aber nur über unsere Leichen!' Der Panzer bleibt stehen, und niemand weiß, wann er sich weiterbewegen wird. Einige Männer ziehen mit Gewalt den sich verzweifelt wehrenden Jungen auf den Gehsteig. Vom Theater kommt eine Kolonne Panzerspähwagen herangerollt. Hinten haben sie Betten samt Bettzeug angeschnallt.
Wäre der Augenblick nicht so tragisch, müßte man lachen. Einige junge Leute sind auf das Baugerüst am Rathaus, das gerade renoviert wird, hinaufgeklettert und bewerfen die sowje-

tischen Fahrzeuge unter ihnen mit Holzlatten. Wieder biegt ein Panzer auf den Rathausplatz ein. Auf dem Turm des Panzers ist mit weißer Farbe die Nummer 314 aufgemalt. Die linke Kette rutscht auf dem Straßenbahngleis ab und verändert die Fahrtrichtung um 90 Grad. Mit einem dumpfen Schlag prallt er mit dem Geschütz auf wie mit einer Sturmramme gegen eine Hausmauer. Man hört das Einstürzen des Gemäuers, und dann ist der Panzer schon zur Hälfte unter den Steinen begraben. Stöhnen der verletzten Straßenpassanten und Heulen des leerlaufenden Motors. Hinter dem verunglückten Panzer stehen mit laufenden Motoren weitere Fahrzeuge, die weiter wollen. Ein junger Mann auf dem Baugerüst am Rathaus nützt diese Gelegenheit, beugt sich über das Geländer und wirft einen kleinen Holzbalken auf den Spähwagen, der direkt unter ihm hält. Der Balken trifft den Schützen, der sich hinter dem drehbaren Maschinengewehr duckt.
Das ist für den Sowjetsoldaten zuviel. Er reißt das Maschinengewehr hoch und drückt auf den Abzug. Ein Teil der Garbe erwischt den jungen Mann. Durchbohrt von den Kugeln fällt er tot vom Gerüst, direkt neben den Spähwagen. Aber der Sowjetsoldat schießt weiter.
Die Menschen werfen sich auf das Pflaster, um wenigstens ein bißchen Schutz zu finden. Jemand schreit und stöhnt. An der Rathaustreppe liegen die achtjährige Dadĕnka Škvárová und ihre 74jährige Großmutter Maria Vodáková aus Desná. Beide wurden tödlich getroffen. Die Hand der alten Frau hält noch das Händchen der Enkeltochter. Unweit von ihnen liegt in einer Blutlache mit einem tödlichen Lungendurchschuß der 44jährige Installateur Stanislav Veselý. An der Ecke des Hauptpostamtes – gut 150 Meter entfernt – schaut sich eben eine junge Frau um, die Krankenschwester Eva Livečková. Wie an jedem anderen Tag war sie auf dem Weg zur Arbeit ins Stadtkrankenhaus. Als die ersten Schüsse fallen, drückt sie sich unbewußt gegen die Hauswand. Und dann wirft sie etwas brutal zu Boden. Auch diese junge Frau wurde tödlich getroffen.

Vom nahen Krankenhaus kommen mit heulenden Sirenen drei Krankenwagen. Alle drei halten mitten zwischen den Panzern, dicht beisammen. Die Krankenträger machen die Bahren bereit. Die Nächststehenden bemühen sich um die Befreiung verschütteter Zivilpersonen. Panzer Nummer 314, der eigentlich die Verantwortung für dieses grauenvolle Geschehen trägt, gräbt sich unbeholfen aus den Mauertrümmern heraus, die ihn halb verschüttet haben.
Daß ihm dabei drei Krankenwagen im Wege stehen, scheint den sowjetischen Panzerfahrer nur wenig zu interessieren. Rückwärts fährt der Panzer aus den Trümmern und zerdrückt dabei einen Krankenwagen. Der weiße Wagen mit dem roten Kreuz verwandelt sich in einen Haufen Blech. Er ist eingeklemmt zwischen den beiden anderen, die auch schwer beschädigt wurden. Der Turm des Panzers öffnet sich und in der Öffnung zeigt sich ein Sowjetsoldat. Die Menschen schreien und drohen ihm mit den Fäusten. Daraufhin zieht der sowjetische Soldat seine Pistole und schießt in die Menschenversammlung.
Der Lärm der Panzer, die sich nun in der Nähe des Rathausplatzes stauen, ist unvorstellbar. Panzer Nummer 314 fährt endlich los, verjagt die Menschen und verschwindet in der Prager Straße. Auf dem Rathausturm erscheinen nun vier Männer, Reichenberger Bergsteiger. Zentimeter für Zentimeter erklimmen sie den Rathausturm. Das Turmdach wurde seit Jahrzehnten nicht mehr repariert. Jeder Zentimeter, den sie höher klettern, bedeutet eine tödliche Gefahr für sie. Der erste hat jetzt die Turmspitze erreicht. Fieberhaft arbeiten seine Hände. Plötzlich weht direkt unter dem roten Stern ein langer Streifen schwarzen Stoffs vom Rathausturm. Das schwarze Band der Trauerfahne flattert im Wind für die ersten Opfer der Invasion. Über dem Rathausplatz erscheint wie eine wütende Hummel ein sowjetischer Hubschrauber. Er fliegt dicht an den vier mutigen Bergsteigern auf dem Turm vorbei. Die Bergsteiger befestigen noch rings um den Turm ein Transparent mit der Aufschrift 'Wir wollen keine Okkupation!'
Die Bilanz der ersten Stunden dieser sowjetischen Okkupa-

tion ist für Reichenberg mehr als schmerzhaft. Neun Tote und 24 Verletzte, die ihren Verletzungen erlagen. Die Panzer rollen weiter in Richtung Prag und hinter sich lassen sie eine verwundete Stadt, die noch einige Stunden zuvor an die keimende Freiheit und an die Demokratie geglaubt hatte."

Aber auch die Sowjets hatten Verluste zu beklagen: Die zumeist jugendlichen Soldaten der Invasionsarmeen, aber auch einige Offiziere konnten die unerwartet feindselige Reaktion der Zivilbevölkerung vielfach psychologisch nicht verkraften. Wenige Minuten nachdem die beiden Jugendlichen vor dem Prager ZK-Gebäude getötet worden waren, verübte laut Augenzeugenberichten ein völlig entnervter junger sowjetischer Offizier in unmittelbarer Nähe des Vorfalls Selbstmord. Es gab offensichtlich Fälle von Befehlsverweigerung, wie sie die Rote Armee seit der Invasion von Ungarn zwölf Jahre zuvor nicht mehr gekannt hatte. Erst vor einigen Jahren wurden bei Bauarbeiten für eine neue Wohnsiedlung am Stadtrand von Brünn die Leichen von etwa 20 sowjetischen Soldaten gefunden: Sie waren füsiliert worden.

Sofern es überhaupt einen organisierten Widerstand gab, konzentrierte er sich nicht auf die bewaffnete Exekutive, sondern die Massenmedien. Zeitungen und Rundfunk waren die ersten Nutznießer des „Prager Frühlings" gewesen. Sie kämpften nun am entschlossensten, um diese Freiheit zu bewahren. In den Morgenstunden des 21. August versuchten die Sowjets die Sendungen des tschechoslowakischen Rundfunks, der seit 4.30 Uhr wieder zu hören war, zu sabotieren. Um 5.22 Uhr meldete sich ein „Sender Vltava" (Moldau). In ziemlich schlechtem Tschechisch wurde eine angebliche Erklärung der tschechoslowakischen Regierung, der Partei und des Parlaments verlesen, in der den Invasoren für ihre „brüderliche Hilfe" gedankt wurde.

Die Techniker des Prager Rundfunks brauchten nicht lange, um den Sender zu orten: Er befand sich in der Gegend von Magdeburg in der DDR.

Am frühen Vormittag traf der ehemalige Direktor des Prager

Rundfunks aus der Ära Novotný, Miloš Marko, in der Radiostation im Stadtteil Weinberge ein und versuchte Redakteure und Techniker zuerst mit Versprechungen und dann mit Drohungen dazu zu bewegen, den Betrieb sofort einzustellen. Die Angesprochenen machten mit ihm kurzen Prozeß: Er wurde in einem kleinen fensterlosen Studio eingesperrt. Für seinen Einsatz erhielt er zwei Jahre später einen Orden.

Inzwischen befand sich Radio Prag weiterhin auf Sendung:
- um 6.30 Uhr wurde ein Aufruf der Mitglieder des Präsidiums der Nationalversammlung Josef Zedník, Andrej Žiak und Alois Poledňák verlesen, in dem die Abgeordneten auf Grund eines Erlasses von Präsident Ludvík Svoboda zu einer Sondersitzung ins Parlament gerufen wurden;
- 20 Minuten später appellierte der Sender an die Jugend, Ruhe zu bewahren;
- um 7.00 Uhr wurden die ersten Forderungen verschiedener Parteiorganisationen nach sofortiger Einberufung des (ursprünglich für den 5. September angesetzten) XIV. außerordentlichen Parteitags bekanntgegeben.

Ab 7.25 Uhr wurden die Zuhörer „Ohrenzeugen" eines dramatischen Ereignisses. Die Stimmen der Ansager wurden von Maschinengewehrsalven und dem Rasseln von Panzerketten übertönt. Noch fünf Minuten lang sprachen die Ansager weiter. Dann schalteten sie ein Tonband mit der tschechoslowakischen Nationalhymne ein. Danach herrschte Stille...
Die Sowjets hatten das Gebäude gestürmt. Im selben Moment wurde ein Panzer vor dem Funkhaus von einem Molotowcocktail getroffen und brannte aus. Die Besatzung konnte sich retten. Andere Soldaten eröffneten jedoch das Feuer. Der 17jährige Zdeněk Příhoda brach im Kugelhagel tödlich getroffen zusammen.
Trotz der Besetzung des Funkhauses gingen die Sendungen des tschechoslowakischen Rundfunks weiter. Redakteure und Techniker sammelten sich in Landes- und Kreissendern. Wie bei einer Stafette gab ein unbesetzter Sender das Wort an

einen anderen weiter. In den frühen Vormittagsstunden gelangten auch die ersten Extraausgaben der Prager Tageszeitungen auf die Straße. Sie waren trotz der Einschüchterungsversuche einzelner Kollaborateure ausnahmslos, wenn auch mit Verspätung, erschienen. Und sie alle – vom Parteiorgan „Rudé Právo" bis zur Tageszeitung der Landwirte, „Zemědělské Noviny" – verurteilten klar und unmißverständlich die Invasion.
Gegen die insgesamt 750 000 Okkupationssoldaten hatte sich die tschechische und slowakische Bevölkerung eindrucksvoll durchgesetzt. Ein bis dahin in der modernen Geschichte nicht verzeichneter passiver Widerstand von Millionen schlug den Okkupanten entgegen. Dabei haben die Opfer der Aggression bei all ihrer Ohnmacht die einzige Waffe, die ihnen verblieb – das Wort –, meisterhaft zu benutzen gelernt.

Parolen, die wie Pilze aus der Erde schossen, wurden zu einem Alpdruck für die Besatzungstruppen. Sie erschienen überall, in allen Formen und Größen, an den Wänden, auf dem Pflaster, in den Fenstern, an Straßenbahnen und Denkmälern oder wurden als Spruchbänder und Plakate mitgeführt. In tschechischer und slowakischer Sprache ermahnten und warnten sie die Bevölkerung. Auf russisch, deutsch, polnisch, ungarisch und bulgarisch konfrontierten sie die ungeladenen Gäste mit der peinlichen Wahrheit, daß sie unerwünschte und illegale Invasoren waren.
Manche Plakate wurden sorgfältig gedruckt, andere mit Pinsel oder Feder hastig hingekritzelt. Nachts rissen sowjetische Soldaten sie herunter, aber im Morgengrauen erschienen neue. Es wurde befohlen, die Inschriften an den Wänden schwarz zu übermalen; aber dadurch wurden sie nur attraktiver und wirkungsvoller, weil sie durch die Übermalung hindurchschienen. Das große Denkmal des „guten Königs Wenzel" war Tag für Tag von solchen Parolen bedeckt. Manche zeigten Bilder von Parteichef Dubček, Präsident Svoboda oder Ministerpräsident Černík; andere warnten potentielle Kollaborateure.

Viele machten Anspielungen darauf, daß der Name des Präsidenten „Freiheit" bedeutet, oder schwuren, der Liberalisierung und der neuen „Nach-Januar-Entwicklung" die Treue zu halten. Daneben stand eine Liste von schwarzumrandeten Todesanzeigen mit den Worten: „Starben als Opfer der Besatzung" oder „Opferten ihr Leben im Kampf gegen die Invasoren".

Die Aussagen waren einfach, direkt, hart zuschlagend. Die Wirkung dieser Taktik blieb nicht aus. Je stärker die Moral und der Mut der Tschechen und Slowaken wurden, desto bedrückter wurden die Invasoren. Es fehlten ihnen bald die Worte in dem Sperrfeuer von Vorwürfen und raschem Witz, das ihnen entgegenschlug.

Hier einige Beispiele, die auch in der Übersetzung ihren Sinn nicht verlieren:

Wir haben fünf Brüder verloren, aber die ganze Welt gewonnen!

Lenin, wach auf! Breschnew ist verrückt geworden!

Meine Uhr ist seit 1945 in der UdSSR (Befreiung durch die Rote Armee), und jetzt ist auch mein Transistor da!

Endlich hat die UdSSR alle Imperialisten überholt!

Iwan, komm nach Hause, Natascha schläft mit Kolja! (Unterschrift:) Deine Mutter (in russischer Sprache)

Prag wird niemals Breschnewgrad werden!

Gewalt ist Faschismus! Besatzer haut ab! (in russischer Sprache)

1968 ist das UNESCO-Jahr der Menschenrechte; wir wollen sie haben!

Letzte Vorstellung des Zirkus Breschnew. Reizt seine Tiere nicht, und füttert sie auch nicht!

Der Film „Rote Herren" handelt nicht von Kossygin!

Spucke nicht in die Luft, du könntest ein russisches Flugzeug beschädigen!

Unsere Toten brauchen kein russisches Getreide!

Ich möchte einen gebundenen Lenin gegen einen gebundenen Breschnew tauschen!

Wir haben viele Kriege überlebt, diese Befreiung kann tödlich sein!
Verräter, denkt an die Vergeltung!
Proletarier aller Länder, vereinigt Euch, oder ich schieße! (eine Karikatur)
Nachricht an meine Mutter: Ich habe getötet! (in russischer Sprache)
Sozialismus: Ja! Besetzung: Nein!
DDT ist gegen Insekten, die ganze Welt ist gegen die Russen!
Abel und Kain waren auch Brüder!
Ein Volk, ein Reich, ein Ulbricht!
Die jetzige sowjetische Politik ist Verrat an Lenin!
Macht kehrt und geht nach Hause, Dubček ist unser Lenin! (in russischer Sprache)
Hitlers Nachfolger: Breschnew!
TASS stellt Goebbels in den Schatten!
Sperrt Eure Hunde und Katzen ein! (Anspielung auf die schlechte Versorgung der sowjetischen Truppen)
Die neuen Zehn Gebote:
Wir wissen nichts!
Wir haben nichts gesehen!
Wir haben nichts!
Wir geben nichts!
Wir können nicht!
Wir sagen nichts!
Wir verstehen nicht!
Wir hören nichts!
Wir helfen nicht!
Wir werden niemals vergessen!
Menü: Breschnewsuppe, „Kadarok" (ungarischer Gulasch), Nachtisch: die Kremlmauer mit Eiskaffee à la Stalin!
Appell an die sowjetischen Soldaten: Soldaten! Besatzer! Eure Panzer, Kanonen, Fahrzeuge sind keine Friedensgarantie. Ihr seid Aggressoren. Die Spuren Eurer Panzer haben die Flamme des Kommunismus ausgelöscht, Eure Kugeln haben unbewaffnete Menschen getötet! In wessen Namen? Im Namen des Marxismus-Leninismus? (in russischer Sprache)

Ein Rat für die Besatzungsbehörden:
Um die Besetzung zu vollenden, müßt Ihr folgendes tun: Jedem Einwohner einen Soldaten mit Bajonett beigeben und ihn nach jeder Stunde ablösen, damit er nicht unsere revisionistischen Ideen annimmt, die sein Bajonett abstumpfen könnten. Das bedeutet: Zieht 28 Millionen Soldaten ein, und erlaubt jedem eine ideologische Säuberung nach jeder dritten Wache!
Die Menschen blieben stehen, lasen, prägten sich das Gelesene ein und schrieben sogar manches ab. Alle Plakate enthielten direkt oder indirekt dieselbe kurze Botschaft: „Russen, geht nach Hause!"

Zu jenem Zeitpunkt hing die weitere Entwicklung von der Haltung des einzigen noch nicht verhafteten Spitzenpolitikers ab, des Staatspräsidenten Ludvík Svoboda. Schon um Mitternacht war der greise „Held der Sowjetunion" vom sowjetischen Botschafter Stepan Tscherwonenko über den Einmarsch informiert worden. Wie er darauf reagierte, ist nicht bekannt. Sicher ist jedoch, daß der „böhmische Hindenburg" telefonisch den Aufruf des Parteipräsidiums zum Widerstand und damit die Verurteilung der Invasion gebilligt hat. Und im Laufe des Tages, der genaue Zeitpunkt läßt sich nicht mehr feststellen, berief er schriftlich eine Plenarsitzung des Parlaments ein.
Womit die Versuche der Sowjets, schlagartig, aber mit dem Schein der Legalität, eine „revolutionäre Arbeiter- und Bauernregierung" zu bilden, gescheitert waren. Trotz der Verhaftung ihrer Führer arbeiteten die verfassungsmäßigen Organe weiter.
Gegen Mittag besuchten der ZK-Sekretär Alois Indra und der ehemalige tschechoslowakische Botschafter in Moskau Oldřich Parlovský den Staatspräsidenten auf dem Hradschin und wollten ihm weismachen, Ministerpräsident Oldřich Černík wäre demissioniert und hätte Indra zu seinem Nachfolger vorgeschlagen. Svoboda antwortete, er würde die Demission nur von Černík persönlich entgegennehmen.
Die Sowjets begannen nun einzulenken. Botschafter Tscher-

wonenko eilte neuerlich auf den Hradschin und schlug vor, Svoboda selbst solle provisorisch die Führung der Regierungsgeschäfte übernehmen. Der Präsident lehnte auch dieses Ansinnen als verfassungswidrig ab.
Von Tscherwonenko über die unerwartete Entwicklung informiert, entschied sich Moskau zu einem Kurswechsel. Da man wohl die Reformer hatte verhaften, nicht aber das Vakuum füllen können, verlegte man sich auf die erprobte Salamitaktik.
Die Sowjets waren unter Zeitdruck, denn am 22. August war in der Halle des großen Prager Maschinenwerks ČKD der XIV. außerordentliche Parteitag zusammengetreten. Die Delegierten, bereits einige Wochen zuvor in geheimen Wahlen rechtmäßig gekürt, mußten auf Schleichwegen in die Hauptstadt gelangen. Aber sie kamen. Und der Parteitag besaß das statutengemäß notwendige Quorum. Nach stundenlangen Debatten wurde ein neues ZK bestellt. Kein einziger Kollaborateur wurde in das höchste Parteigremium gewählt. Moskaufreunde wie Vasil Bilak, Alois Indra, Drahomír Kolder und Karel Hofmann verloren ihre ZK-Sitze.

Die Sowjets mußten nun dringend einen Verhandlungspartner finden. Am 23. August entschloß sich Präsident Svoboda, nach Moskau zu fliegen. In seiner Begleitung befanden sich neben seinem Kanzleichef Ladislav Novák, seinem Schwiegersohn Miloslav Klusák, dem Privatarzt und zwei Leibwächtern auch drei Minister: der stellvertretende Regierungschef Gustáv Husák, Verteidigungsminister Martin Dzúr und Justizminister Bohuslav Kučera (letzterer Mitglied der Sozialistischen Partei).
Auf Verlangen der Sowjets mußte Svoboda schließlich auch die „Dogmatiker" Bilak, Indra und František Piller mitnehmen.

Auf dem Moskauer Flughafen Wnukowo wurden Svoboda und seine Begleiter von der sowjetischen Führungstroika mit Leonid Breschnew an der Spitze wie geehrte Staatsgäste mit dem obligaten Bruderkuß begrüßt.

Bei den darauffolgenden Verhandlungen war vom herzlichen Empfang nichts mehr zu verspüren. Noch einmal versuchten die Sowjets, Svoboda umzustimmen. Aber der General blieb starr – nicht so sehr aus Verbundenheit zu Alexander Dubček, sondern weil er sich übergangen und zutiefst beleidigt fühlte. Demnach bestand er darauf, nur zusammen mit den inhaftierten Parteiführern zu verhandeln.
Widerwillig stimmten die Sowjets zu. Nur gegen die Anwesenheit František Kriegels, des Vorsitzenden der Nationalen Front, erhoben sie Einspruch. Er war bereits Ende Juli in Čierná mit Alexej Kossygin zusammengestoßen. Der sowjetische Ministerpräsident hatte ihn damals einen „galizischen Juden" genannt.
Das Gespräch zwischen der sowjetischen und der tschechoslowakischen Parteiführung am 23. August hat Josef Smrkovský später beschrieben: „Im Gebäude des sowjetischen ZK feierten wir ein trauriges Wiedersehen. Alle hohen sowjetischen Parteiführer waren anwesend. Sie gaben uns sogar die Hand. Leonid Breschnew begann: 'Etwas Schreckliches ist geschehen... Sie müssen zurückkehren und eine kommunistische Politik betreiben.'"
Nach einigen Stunden legten die Sowjets den Entwurf eines gemeinsamen Kommuniqués vor. Dubček und seine Freunde erhoben Einwände gegen einige Formulierungen.
Daraufhin meinte der ZK-Sekretär der KPdSU, Boris Ponomarew, zynisch: „Wenn Sie nicht jetzt unterschreiben, dann eben in einer Woche. Oder einem Monat."

Bei Dubček stellten sich zu jenem Zeitpunkt Herzbeschwerden ein. Er mußte mit einer Injektion fitgemacht werden. Dann unterzeichnete er. Nur František Kriegel, den man im letzten Moment aus der Versenkung hatte kommen lassen, weigerte sich. Worauf er von General Svoboda wie ein Rekrut abgekanzelt wurde. Aber trotzdem blieb Kriegel hart. Er war der einzige, der das Moskauer Diktat nicht unterzeichnete.

Am 27. August 1968 flogen Dubček und Genossen nach Prag zurück. Im letzten Augenblick wollten die Sowjets Kriegel zurückhalten. Dubček und Svoboda weigerten sich jedoch, ohne ihn zu fliegen. Worauf die Sowjets nachgaben. Allerdings mußte Kriegel alle seine Parteiämter zurückgeben.
Obwohl sich Dubček redlich bemühte, seinen Landsleuten das Moskauer Diktat einigermaßen schmackhaft zu machen, konnte er niemanden überzeugen. Der Text war unmißverständlich: Die sowjetischen Truppen sollten bis zur „Normalisierung" im Land bleiben. Die ČSSR verpflichtete sich, ein loyaler Bestandteil des sozialistischen Lagers zu bleiben und den Primat der KP nicht anzutasten.
Nachdem Dubček nach Prag zurückgekehrt war, gestatteten ihm die Besatzer, eine Rundfunkansprache an seine Landsleute zu richten. Zweimal mußte die Rede für längere Zeit unterbrochen werden: Der KP-Chef wurde von Weinkrämpfen erschüttert.
Einige 100 Kilometer von Prag entfernt, in der slowakischen Hauptstadt Preßburg, wo zur selben Zeit der Parteitag der slowakischen Kommunisten stattfand, erklärte der neue Erste Sekretär dieser Partei, Gustáv Husák: „Ich unterstütze die Politik Dubčeks. Wenn Dubček fällt, dann geh' auch ich."

Die Schonzeit, die Moskau den Prager Reformern nach ihrer Freilassung aus sowjetischer Haft eingeräumt hatte, war eher eine Galgenfrist: Sie war kurz bemessen.
Schon am 1. September 1968, also weniger als eine Woche nach der Rückkehr der tschechoslowakischen Führer nach Prag, mußte Innenminister Josef Pavel seinen Hut nehmen.
Zu seinem Nachfolger wurde der bislang in der Öffentlichkeit völlig unbekannte Vorsitzende des Pilsener Kreisausschusses, Josef Pelnář, ernannt. Er sollte sich als braver Erfüllungsgehilfe Moskaus entpuppen.
Damit hatte die Salamitaktik des Kremls ihr erstes Ziel erreicht. Das Schlüsselressort innerhalb der tschechoslowakischen Regierung – und damit die Kontrolle über die Exekutive – war wieder in linientreuen Händen.

Drei Tage später folgte der Rücktritt des stellvertretenden Ministerpräsidenten und Förderers des tschechoslowakischen Wirtschaftswunders, Professor Oto Šik. Von Belgrad aus, wo er sich seit Mitte August aufgehalten hatte, gab Šik bekannt, daß er unter den gegebenen Umständen sein Amt nicht weiter ausüben könne.

Im Rahmen der planmäßigen Gleichschaltungskampagne Moskaus wurde Parteichef Alexander Dubček gezwungen, die Beschlüsse des XIV. außerordentlichen Parteitags, der am 22. August trotz der Besetzung stattgefunden hatte, stillschweigend zu ignorieren (1970 wurde diese Versammlung beim XIV. „ordentlichen" Parteitag für „nicht existent" erklärt). Damit erhielt die alte Garde mehr oder weniger automatisch ihre Machtpositionen in der Partei zurück.

Als dann das ZK in seiner alten Zusammensetzung am 17. November zusammentrat, gab der junge Sekretär Zdeněk Mlynář seine Demission bekannt. In Zukunft wolle er sich nur noch wissenschaftlichen Arbeiten widmen. Im Juni 1977 emigrierte Mlynář nach Österreich.

Inzwischen hatte die Partei die Informationsmedien neuerlich an die Kandare genommen. An Stelle der im März 1968 abgeschafften Zensur trat ein „Amt für Presse und Information" mit demselben Aufgabenbereich. Zum Direktor ernannte man den ehemaligen Sozialdemokraten Jaroslav Havelka.

In den kritischen Tagen unmittelbar nach der Besetzung der ČSSR hatte sich vor allem der tschechoslowakische Rundfunk als Dorn im Fleisch der Invasoren erwiesen. Deshalb mußten nun die Direktoren von Hörfunk und Fernsehen, Zdeněk Hejzlar und Jiří Pelikán, entfernt werden. Noch ging man behutsam vor: Die beiden wurden als wohlbestallte Presseattachés nach Wien beziehungsweise Rom entsandt. Hejzlar setzte sich wenig später nach Schweden ab.

Pelikán, inzwischen Abgeordneter der italienischen Sozialisten im Europaparlament, lebt noch immer als Emigrant in Rom.

Danach kamen die Zeitungen an die Reihe. Das Organ des Journalistenverbandes, „Reportér", durfte wegen seiner kriti-

schen Berichterstattung über die Besatzer einen Monat lang nicht erscheinen. Die KP-Wochenschrift „Politika" wurde zuerst „vorübergehend", dann endgültig eingestellt. In anderen Zeitungen, wie dem Organ der Tschechoslowakischen Volkspartei, „Lidová Demokracie", kam die alte Quisling-Generation wieder ans Ruder.
Nun war die Zeit reif für den ersten persönlichen Angriff auf Noch-Parteichef Alexander Dubček und seine engsten Mitarbeiter. Die Eröffnungssalve feuerte ein „Aktionskomitee" der KP in der Kreisstadt Frýdek-Mistek ab. Dann versammelten sich etwa 500 geeichte Dogmatiker im Prager Gasthaus „Čechie" unter dem Vorsitz des ehemaligen Präsidiumskandidaten (und späteren Chefs der Prager KP-Stadtorganisation) Antonín Kapek und des ehemaligen Ministers Karel Mestek und verabschiedeten eine Resolution, in der neben der Absetzung der Reformer auch die strafrechtliche Verfolgung der „Konterrevolutionäre" gefordert wurde.

Nach den Pannen in den ersten Tagen nach der Invasion lief nun alles genau nach den Regieanweisungen Moskaus. Am 28. Oktober trat das Gesetz zur Umwandlung der ČSSR in einen tschechisch-slowakischen Bundesstaat in Kraft – eine Maßnahme, die noch das Siegel der Reformer trug. Nun aber wurde dieses Gesetz so umfunktioniert, daß es eine Handhabe zur Entmachtung des profiliertesten Reformers, des Parlamentspräsidenten Josef Smrkovský, bot. Und der Mann, der sich für diese Manipulation hergab, war der Exreformer Gustáv Husák, den Dubček zum Ersten Sekretär der slowakischen KP gemacht hatte.
Einige slowakische Parteifreunde hatten Dubček von Anfang an vor Husák gewarnt.
Schon in Moskau bei den Verhandlungen unmittelbar nach dem Einmarsch Ende August fiel Husák seinen Freunden in den Rücken. Während diese einigermaßen erträgliche Bedingungen für die ČSSR aushandeln wollten, traf der slowakische Parteichef geheim mit Leonid Breschnew und einigen sowjetischen Spitzenpolitikern zusammen. Bei dieser Gelegenheit

gab man ihm zu verstehen, daß man ihn als künftigen Parteichef ins Auge gefaßt hätte. Unter einer Bedingung: er müsse Moskau helfen, Dubček und dessen Anhänger zu stürzen.
Diese Bedingung konnte Husák nun teilweise erfüllen. Anläßlich der Umwandlung der ČSSR in eine Föderation reklamierte er das Amt des Präsidenten der Bundesversammlung für Slowaken. Der amtierende Vorsitzende Josef Smrkovský war jedoch Tscheche, und die alte Garde hatte nun einen Vorwand, um auf seiner Entfernung zu bestehen. Parlamentspräsident wurde Husáks Freund Peter Colotka.
Für Husák aber war der Weg frei zu noch bedeutenderen Aufgaben im Dienst des Kremls.
Zu Beginn des Jahres 1969 waren viereinhalb Monate verstrichen seit dem militärischen Gewaltstreich der Truppen der fünf Staaten des Warschauer Paktes gegen die Tschechoslowakei vom 21. August 1968. In Prag deutete alles darauf hin, daß die von den fremden Bajonetten gestützten Kollaborationspolitiker endgültig die Oberhand gewinnen würden. Die Okkupationsbehörden verbreiteten im ganzen Land die mit Hilfe kollaborierender tschechischer und slowakischer Journalisten in Dresden gedruckte Zeitschrift „Zprávy". Sie war sogar von dem damaligen amtierenden Justizminister der Tschechoslowakei für illegal erklärt worden. Aber niemand wagte, gegen das Hetzblatt einzuschreiten und seine Verbreitung zu unterbinden.

Die Spannung in der Bevölkerung, vor allem aber in der Jugend, erreichte in den Januar-Tagen des Jahres 1969 einen neuen Höhepunkt. Die Menschen spürten, daß sich die Neostalinisten zum letzten Angriff auf die wenigen noch verbliebenen Freiheiten des „Prager Frühlings" rüsteten. In dieser gespannten Atmosphäre verbreitete sich am Nachmittag des 16. Januar 1969 in Windeseile eine Nachricht, die ganz Prag erschütterte: In der Nähe des Nationalmuseums am Wenzelsplatz, dem belebtesten Platz der tschechoslowakischen Hauptstadt, hatte ein junger Mann sich selbst verbrannt.

In einer Passage hatte er sich mit Benzin übergossen und angezündet. Als lebende Fackel war er dann über den Platz gelaufen.
Einige Stunden später bestätigte der tschechoslowakische Rundfunk die Nachricht. Die lebende Fackel war der 21jährige Student Jan Palach von der philosophischen Fakultät der Prager Karlsuniversität gewesen. Er sei in eine Klinik eingeliefert worden; sein Zustand sei sehr ernst.
An der Stelle, an der Jan Palach zusammengebrochen war, wurde in einer schwarzen Aktenmappe ein handgeschriebener Brief von ihm gefunden. Darin erläuterte er seine in der Geschichte Mitteleuropas bis dahin noch nicht vorgekommene und deshalb Aufsehen und Entsetzen weckende Tat:
„Da sich unsere Völker am Rand der Hoffnungslosigkeit befinden, haben wir uns entschlossen, unseren Protest auszudrücken und das Volk dieses Landes auf diese Art aufzuwekken. Unsere Gruppe besteht aus Freiwilligen, die bereit sind, sich für unsere Sache selbst zu verbrennen. Ich habe die Ehre gehabt, mir die Nummer eins auszulosen. So habe ich das Recht bekommen, den ersten Brief zu schreiben und den Weg der Fackel Nummer eins anzutreten..."
Und dann folgten zwei Forderungen, die Jan Palach an die tschechoslowakische Staats- und Parteiführung stellte: „Die sofortige Aufhebung der Zensur und das Verbot der Zeitschrift 'Zprávy'. Wenn unsere Forderungen nicht binnen fünf Tagen – das heißt bis zum 21. Januar 1969 – erfüllt werden und wenn das Volk nicht mit genügender Unterstützung auftritt – das bedeutet mit einem unbegrenzten Streik –, werden neue Fackeln brennen!"
Am 19. Januar 1969 erlag Jan Palach, die „Fackel Nummer eins", seinen schweren Verbrennungen.

Fackel zwei mußte nicht sterben. Sie war ein junges Mädchen. Sein Name ist bis heute unbekannt. Jan Palach selbst beschwor es noch von seinem Sterbebett aus, die Tat, zu der es sich freiwillig entschlossen hatte, nicht zu vollbringen. Bevor Palach starb, erhielt er den Besuch seines Freundes Luboš

Holeček. Holeček war ein Funktionär der Prager Hochschulorganisation und ist übrigens sechs Jahre später unter ungeklärten Umständen bei einem Autounfall gestorben. Im Prager Fernsehen enthüllte Luboš Holeček, was sein im Sterben liegender Freund Jan Palach ihm gesagt hatte:
„Meine Tat hat ihren Zweck erfüllt... Aber es möge sie niemand wiederholen. Sie sollen es nicht mehr machen. Es ist besser so. Die Lebenden sollen sich zum Kampf rüsten..."

An der Stelle Palachs liegt jetzt auf dem Prager Friedhof Olšany eine unbekannte Frau begraben. Ihr Name wird mit Marie Jedlićková angegeben. Niemand in Prag hat sie gekannt, niemand hat Verwandte oder Bekannte von ihr am Grab gesehen. Aber das Seltsamste ist, daß auf ihrem Grab ständig Blumen sind und Kerzen brennen.
Denn auch nach der Umbettung Jan Palachs wird sein ehemaliges Grab von der Prager Bevölkerung geschmückt. Auch an der Stelle, wo er sich am 16. Januar 1969 verbrannte, finden sich ab und zu Blumen.
Als Ende November 1978 in Prag eine Delegation amerikanischer Senatoren weilte, führte sie ihr erster Weg zum Wenzelsplatz, wo sie einen Strauß roter Rosen niederlegten. Denn der Name Jan Palach gilt inzwischen in der ganzen Welt als Symbol des Widerstandes gegen totalitäre Unterdrückung. In vielen Städten der Erde sind Straßen und Plätze nach dem jungen tschechischen Studenten benannt. In London, Rom und der kanadischen Stadt Winnipeg sind ihm sogar Denkmäler errichtet worden. Nur in seiner Heimat darf der Name Jan Palach öffentlich nicht genannt werden.
Die Tat des tschechischen Philosophiestudenten ist in die neueste Geschichte eingegangen. Denn Jan Palach hat mit seiner Selbstopferung eine Form der Protestdemonstration gewählt, wie sie im politischen Kampf in Europa bis dahin unbekannt war. Vermutlich hat das Vorbild buddhistischer Mönche den Prager Studenten dazu angeregt. Vor allem aus Vietnam drangen damals immer wieder Meldungen über Selbstverbrennungen in die Welt.

Noch 1975, kurz nach der militärischen Eroberung Südvietnams durch die Kommunisten, haben sich im Mekongdelta zwölf buddhistische Nonnen und Mönche gemeinschaftlich verbrannt. Jan Palachs grausames Selbstopfer hat dann auch in Europa Nachahmung gefunden. Zunächst in der Tschechoslowakei selbst, wenn auch nicht mehr unter den Mitgliedern der Studentengruppe, der Jan Palach angehört hatte.
So berichtete die Tageszeitung „Zemědělské Noviny" Anfang Februar 1969, daß durchschnittlich alle drei Tage in der Tschechoslowakei ein Selbstmordversuch durch Verbrennung unternommen werde. Bekannt wurden die Fälle eines 20jährigen Arbeiters in der Industriestadt Kladno und eines Studenten in der mährischen Landeshauptstadt Brünn.
Zum 21. Jahrestag des kommunistischen Staatsstreiches in der Tschechoslowakei von 1948, am 25. Februar 1969, verbrannte sich an der gleichen Stelle wie Jan Palach auf dem Prager Wenzelsplatz der 19jährige Schüler Jan Zajíc. Er starb einige Stunden nach seinem Selbstmordversuch.
Jan Zajíc wurde das letzte namentlich bekannte Opfer durch Selbstverbrennung in der Tschechoslowakei. Aber schon einige Jahre später – Mitte 1973 – erreichten den Westen Informationen, denen zufolge es auch in den baltischen Sowjetrepubliken zu demonstrativen Selbstverbrennungen gekommen ist. Und zwar sollen es wie im Fall von Jan Palach junge Leute gewesen sein, die ihr Leben aus Protest gegen die Unterdrückung – vor allem des religiösen Lebens – opferten. So in der litauischen Stadt Kaunas und in Lettland.
Das Begräbnis des Studenten Jan Palach am 25. Januar 1969 wurde zur letzten großen Demonstration der Bevölkerung zugunsten der Ideen des „Prager Frühlings". Mehr als eine halbe Million Menschen folgte dem Sarg durch die Straßen der Hauptstadt zum Olšany-Friedhof in den Weinbergen (im Oktober 1973 wurde die Leiche exhumiert und eingeäschert). Die Sowjets und ihre Helfershelfer hatten gehofft, daß es beim Begräbnis zu antisowjetischen Ausschreitungen kommen würde, die als Vorwand für die endgültige Ausschaltung Dubčeks dienen sollten. An der würdigen Haltung der

trauernden Bevölkerung prallten jedoch alle Provokationsversuche ab.

Moskau und Husák mußten also auf eine neue Gelegenheit warten. Diese bot sich am 28. März 1969, als die Tschechoslowakei das Eishockeyspiel gegen die UdSSR mit 4 : 3 gewann. Tausende Menschen strömten daraufhin auf die Straßen, um den Sieg zu feiern, den sie auch als „Revanche" für den 21. August 1968 betrachteten. In Prag kam es zu einer größeren Menschenansammlung auf dem Wenzelsplatz, und plötzlich flogen Pflastersteine gegen die Schaufenster des „Aeroflot"-Büros.

Es nützte nichts, daß die Prager Behörden später eindeutig feststellen konnten, daß es sich um eine gezielte Provokation einer Gruppe moskautreuer Angehöriger des tschechischen Staatssicherheitsdienstes gehandelt hatte. Die Sowjets sprachen neuerlich von „Konterrevolution".

Am 31. März 1969 kam der grimmige sowjetische Verteidigungsminister Marschall Andrej Gretschko nach Prag und forderte ultimativ den Rücktritt der noch amtierenden Reformer. Die Situation, meinte er, sei noch explosiver als im August des Vorjahres.

Zwei Wochen später sickerte in Prag die Nachricht durch, daß eine Ablösung Dubčeks unmittelbar bevorstehe. Die Arbeiter riefen daraufhin zum Generalstreik auf, doch gelang es dem Parteichef noch einmal, die Bevölkerung zu beschwichtigen.

Am 17. April war es dann soweit. Bei einer Sitzung des ZK forderten die Dogmatiker Drahomír Kolder, Alois Indra, Vasil Bilak und Karel Hofmann formell die Amtsenthebung des Ersten Sekretärs. Dubček, konziliant wie immer, kam einer Kampfabstimmung zuvor, indem er seinen Posten freiwillig zur Verfügung stellte. Als Trostpflaster sollte er Vorsitzender des Parlaments werden. Dann aber schob man ihn als Botschafter nach Ankara ab (Dubček blieb bis Juni 1970 in der Türkei).

Zu seinem Nachfolger wurde gemäß den Instruktionen aus Moskau Gustáv Husák gewählt.

Die bereits begonnenen Säuberungen wurden nun mächtig forciert. Auch die letzten Reformer mußten das ZK verlassen, unter ihnen der Historiker Milan Hübl, der sich zehn Jahre zuvor tatkräftig für die Freilassung Husáks eingesetzt hatte.

Am 13. September 1975 veröffentlichte das Prager Parteiorgan „Rudé Právo" den Text eines Interviews, das Vasil Bilak dem mehr oder weniger unter Ausschluß der Öffentlichkeit dahinvegetierenden Organ der amerikanischen KP, „Daily World", gewährt hatte. Darin enthüllte Bilak, daß in den Nachwehen des „Prager Frühlings" insgesamt 461 751 Mitglieder – also etwa ein Drittel des Gesamtstandes – aus der KP ausgeschlossen worden waren, darunter Alexander Dubček, Josef Smrkovský, František Kriegel, Oldřich Černík und die ehemaligen ZK-Sekretäre Václav Slavík und Zdeněk Mlynář.
Dazu Mlynář in seinem Memoirenwerk „Nachtfrost": „Wenn mir jemand gesagt hätte, wie possenhaft meine Mitgliedschaft in dieser Partei enden würde, dann hätte er in mir einen Todfeind gehabt."

In dem „Daily World"-Interview gab Bilak auch unumwunden zu, daß etwa 30 Prozent der Ausgestoßenen gleichzeitig ihren Arbeitsplatz verloren hätten. Der tschechische Exilhistoriker Ivan Pfaff rechnete aus, daß seit der Machtergreifung Husáks insgesamt 280 000 Bürger der ČSSR ihrer Posten beraubt wurden: zusammen mit Familienmitgliedern wäre das mehr als eine Million Benachteiligter. Von den 125 000 Emigranten, die seit 1968 das Land verließen, ganz zu schweigen.
In erster Linie richtete sich die Säuberungskampagne gegen die Intellektuellen, in denen man die Triebfeder des „Prager Frühlings" sah. In den Jahren 1970 bis 1977 landeten nicht weniger als 385 Schriftsteller auf der „schwarzen Liste". Zwischen 1969 und 1971 wurden 32 von 38 Kulturzeitschriften eingestellt. Erstmals seit 1821 gab es in Prag keine Kulturzeitschrift.
13 Kulturverbände wurden aufgelöst und 21 wissenschaftliche Institute beziehungsweise Lehrstühle abgeschafft. Von

den Hochschulen wurden 900 Professoren und Dozenten sowie 6 000 Studenten entfernt.
Aus dem Journalistenverband wurde die Hälfte der Mitglieder ausgeschlossen. Aus dem Schriftstellerverband wurden sogar zwei Drittel eliminiert.
Drastisch gesäubert wurden auch die Gewerkschaften. Bis Ende 1970 waren 51 490 tschechische Arbeitervertreter auf diese oder jene Weise gefeuert worden. In der Slowakei waren es in derselben Zeitspanne 13 470.
Die Kollaborateure begnügten sich indessen nicht mit administrativen Maßnahmen. Seit dem Amtsantritt Husáks wurden mehr als 6 000 Personen wegen politischer Vergehen verhaftet und zumeist auch abgeurteilt.

Auf die harte Tour gelang es der alt-neuen Parteiführung, die ČSSR wieder zu einem festen Bestandteil der sowjetischen Hegemoniepolitik zu machen. Dennoch trügt die gegenwärtige Friedhofsstille: Seit der Veröffentlichung der „Charta 77" im Januar 1977 wurde diese Erklärung von mehr als 1 100 Personen unterzeichnet. Vor einiger Zeit schrieb der schwedische Publizist und Diplomat Alvar Alsterdal über die Lage im Ostblock: „Was man Liberalisierung nennt, bedeutet vorläufig nichts weiter, als daß der Kommunismus zuerst den Bürgern die Freiheit nimmt und dann dafür gelobt wird, wenn er sie ihnen teelöffelweise zurückgibt."
In der ČSSR konnte sich Husák bisher nicht einmal zu einer teelöffelweisen Liberalisierung entschließen.

Für die Masse der Tschechen und Slowaken bleibt der „Prager Frühling" somit ein unerfüllter Traum.
Und – trotz allem – eine Verheißung. So wie der Wahlspruch des 1415 auf dem Scheiterhaufen zu Konstanz verbrannten Prager Reformators Jan Hus im tschechoslowakischen Staatswappen: „Pravda vítězí" („Die Wahrheit wird siegen").

Wann sie siegen wird, hat Hus nicht gesagt.

Schlußbemerkung

Die „Schicksalsjahre an der Moldau" sind keine Geschichte der Tschechoslowakei. Das Buch soll dramatische Ereignisse im Leben der Republik widerspiegeln, die das Land und seine Bewohner geprägt haben. Dabei ging es vor allem darum, diese Ereignisse im historischen Kontext zu zeigen, objektiv, unvoreingenommen. Es sollten auch keine Schuldzuweisungen ausgesprochen werden – wenn es jemanden zu verurteilen gibt, dann die Träger und Verwirklicher der braunen und roten Diktatur, der nationalsozialistischen und kommunistischen Ideologie, die den Völkern im Herzen Europas zum tragischen Verhängnis wurden.

Ohne Rat und Hilfe zahlreicher Augenzeugen und Kenner der tschechoslowakischen Geschichte hätte das Buch nicht entstehen können. Mein Dank gehört dem im Mai 1988 verstorbenen Dr. Karel Kornell, der mir auch bei meinen früheren Arbeiten freundschaftlich Rat gab. Ich danke den Herren Otto Charvát, Vojtěch Deneš, Karel Kaplan, Dr. Antonín Kratochvíl, Dr. Otto Mandl, Koloman Murgaš, Zdeněk F. Šedivý, Jiří Skrovný, Emil Strankmüller, Karel Veselý und vielen, die, da sie in der Tschechoslowakei leben, nicht genannt werden können.

Von deutscher Seite will ich den Herren Dr. Walter Brand, Toni Herget, Hans Lindemann, Dr. Helmut König, Jürgen Rühle meinen Dank aussprechen.

Bei der Auswahl der Dokumente und historischen Texte sowie bei der Übersetzung aus dem Tschechischen war mir meine Tochter behilflich.

Die wichtigsten als Quelle benutzten Bücher und Zeitschriftenbeiträge werden im Literaturverzeichnis genannt.

Rudolf Ströbinger — Hage, Mai 1988

Namen, die Geschichte machten

Beneš, Edvard Dr. (1884 - 1948). Tschechoslowakischer Politiker. Tscheche. Studium in Prag, Paris, Dijon, Berlin, London. 1912 Dozent für Soziologie an der Technischen Hochschule Prag. 1915 Exil in Frankreich, engster Mitarbeiter von T.G. Masaryk, 1917 Generalsekretär des Tschechischen Nationalrates in Paris. 1918 - 1935 Außenminister der Tschechoslowakei (1921 - 1922 gleichzeitig Ministerpräsident). 1924 unterschrieb Beneš den Beistandspakt mit Frankreich, 1935 mit der Sowjetunion. Ab Dezember 1935 Präsident der Republik. Nach dem Münchner Abkommen Rücktritt (Oktober 1938), Exil in den USA. Nach Kriegsausbruch 1939 Präsident der Tschechoslowakei im Exil (London). 1943 Freundschaftsvertrag mit der Sowjetunion. 1945 Rückkehr nach Prag, 1946 als Präsident wiedergewählt. 25. Februar 1948 unterzeichnete er die Ministerliste der neuen Regierung des KP-Vorsitzenden Klement Gottwald (Machtübernahme der KP). Demission Juni 1948, gestorben September 1948.

Dubček, Alexander (1921 -). Tschechoslowakischer KP-Politiker. Slowake. Ab 1925 in der Sowjetunion, Mittelschule, Maschinenschlosserlehre. 1938 Rückkehr in die Slowakei. 1939 KP-Mitglied. Teilnahme am slowakischen Aufstand gegen die deutsche Wehrmacht 1944. 1945 - 1949 Arbeiter, 1949 KP-Funktionär. 1953 Parteisekretär Neusohl. 1955 - 1958 Studium an der KP-Hochschule in Moskau. 1960 Sekretär des ZK der KPTsch, 1963 Politbüromitglied, Erster Sekretär der KP der Slowakei. Januar 1968 Erster Sekretär der KPTsch. 21. August 1968 nach dem Einmarsch der Truppen der fünf Staaten des Warschauer Paktes in die ČSSR verhaftet, nach Moskau überführt. Ende August 1968 zurück nach Prag in früherer Funktion. April 1969 als Parteichef zurückgetreten. 1970 wegen „Rechtsabweichung" aus der KP ausgeschlossen. Forstmechaniker, 1981 Pensionär.

Frank, Karl Hermann (1898 - 1946). Sudetendeutscher Politiker. Buchhändler. Als österreichisch-ungarischer Soldat Teilnahme am Ersten Weltkrieg. 1933 Funktionär der Sudetendeutschen Heimatfront (SH), ab 1935 der Sudetendeutschen Partei (SdP), 1935 Abgeordneter im tschechoslowakischen Parlament, 1937 Stellvertreter des SdP-Parteivorsitzenden. 1938 (nach Münchner Abkommen) stellvertretender Gauleiter der NSDAP im Sudetenland. Ab März 1939 Staatssekretär beim Reichsprotektor Böhmen und Mähren, ab August 1943 deutscher Staatsminister für Böhmen und Mähren, SS-Gruppenführer. 1945 Flucht zur US-Armee, an die Tschechoslowakei ausgeliefert. Mai 1946 in Prag hingerichtet.

Frick, Wilhelm (1877 - 1946). Deutscher Politiker. Studium München, Göttingen, Berlin. Bis 1923 Beamter im Polizeipräsidium München. 1923 Beteiligung am Hitler-Putsch in München. Ab 1924 Mitglied des Reichstages für die NSDAP. 1930 - 1931 Innenminister von Thüringen. 1933 - 1943 Reichsinnenminister. 1943 - 1945 Reichsprotektor Böhmen und Mähren. 1946 im Prozeß gegen Hauptkriegsverbrecher in Nürnberg zum Tode verurteilt und hingerichtet.

Gottwald, Klement (1896 - 1953). Tschechoslowakischer KP-Politiker. Tscheche. Tischlerlehre. 1914 österreichisch-ungarischer Soldat. 1921 Eintritt in die KPTsch. 1925 Mitglied des ZK und des Politbüros der KP, verantwortlich für Agitation und Propaganda. 1929 Generalsekretär der KP. Abgeordneter des Parlaments. 1934 - 1936 führender Funktionär der Komintern in Moskau. 1939 - 1945 Exil in Moskau. 1945 stellvertretender Ministerpräsident. Vorsitzender der KP. Ab Mai 1946 Ministerpräsident. Februar 1948 Ministerpräsident der neuen KP-Mehrheitsregierung. Nach Rücktritt von Beneš am 14. Juni 1948 Präsident. März 1953 gestorben.

Hácha, Emil Dr. (1872 - 1945). Tschechoslowakischer Politiker. Tscheche. Jurist. 1916 Hofrat am Verwaltungsgerichtshof in Wien. 1918 Rückkehr nach Prag. 1925 Erster Präsident des

Obersten Verwaltungsgerichtes. Mitglied des Internationalen Gerichtshofes in Den Haag. Nach Rücktritt von Beneš im November 1938 zum Präsidenten gewählt. Im März 1939 in Berlin zur Zustimmung der Errichtung des Protektorats Böhmen und Mähren gezwungen. Staatspräsident des Protektorats. Mai 1945 verhaftet. Starb im Juni 1945.

Henlein, Konrad (1898 - 1945). Sudetendeutscher Politiker. Handelsakademie. 1916 Kriegsfreiwilliger. Bankbeamter, ab 1925 Turnlehrer. 1931 Verbandsturnwart des Deutschen Turnverbandes. Oktober 1933 Gründer der Sudetendeutschen Heimatfront (SH), ab 1935 Sudetendeutsche Partei (SdP). 1935 Mitglied des tschechoslowakischen Parlaments. Ab 1937 forderte er die Autonomie des Sudetenlandes, später den Anschluß an das Deutsche Reich. Nach Münchner Abkommen Oktober 1938 Reichskommissar im Sudetenland. Mai 1939 Gauleiter der NSDAP und Reichsstatthalter im Sudetenland. Mai 1945 Selbstmord in US-Gefangenschaft.

Heydrich, Reinhard (1904 - 1942). Marineoffizier. 1931 als Oberleutnant entlassen. Eintritt in die SS. 1932 Aufbau des SD (Staatssicherheitsdienst), des Nachrichtendienstes der SS. 1933 Leiter der bayerischen Politischen Polizei. 1934 Chef des Geheimen Staatspolizeiamtes in Berlin, ab 1936 Kontrolle des gesamten politischen Polizei- und Sicherheitsapparates des Dritten Reiches. 1939 Chef des Reichssicherheitshauptamtes, 1941 SS-Obergruppenführer. September 1941 bei Beibehaltung seiner Funktionen stellvertretender Reichsprotektor Böhmen und Mähren. Mai 1942 Attentat tschechoslowakischer Exilarmeeangehöriger in Prag. Juni 1942 an den Folgen des Attentats gestorben.

Husák, Gustáv Dr. (1913 -). Tschechoslowakischer KP-Politiker. Slowake. Studium Preßburg. 1933 Eintritt in die KP. Teilnahme am slowakischen Aufstand 1944. 1946 - 1950 Vorsitzender des Ausschusses der Bevollmächtigten (slowakische Landesregierung). 1949 - 1951 Mitglied des ZK der KPTsch.

1951 als „slowakischer Nationalist" verhaftet, bis 1960 inhaftiert. 1963 rehabilitiert. 1968 stellvertretender Ministerpräsident. 1968 - 1969 Erster Sekretär des ZK der slowakischen KP, Mitglied des Präsidiums der KPTsch. April 1969 nach Rücktritt von A. Dubček Erster Sekretär des ZK der KPTsch. 1975 zum Präsidenten gewählt. Dezember 1987 Rücktritt als Parteichef, weiterhin Präsident und Mitglied des Parteipräsidiums.

Masaryk, Jan (1886 - 1948). Tschechoslowakischer Politiker, Tscheche. Sohn des Präsidenten T.G. Masaryk. Studium in Prag, New York. Im Ersten Weltkrieg Soldat der österreichisch-ungarischen Armee. Nach der Gründung der Tschechoslowakei trat er in den diplomatischen Dienst ein. 1926 - 1939 Botschafter in London. Ab 1940 Außenminister der tschechoslowakischen Exilregierung in London. Nach kommunistischer Machtübernahme im Februar 1948 blieb er Außenminister. Am 10. März 1948, nach offiziellen Angaben, Selbstmord durch Sturz aus dem Fenster. Diese Behauptung – da Ursachen des Todes nicht gründlich aufgeklärt wurden – wird bezweifelt. Ein Mord wird nicht ausgeschlossen.

Masaryk, Tomáš Garrigue, Dr. (1850 - 1937). Tschechoslowakischer Politiker. Tscheche. Studium Wien. Universitätsprofessor in Wien und Prag. 1878 Heirat mit der Amerikanerin Charlotte Garrigue – Masaryk übernimmt den Namen Garrigue. 1891 - 1893 und 1907 - 1914 Abgeordneter des Wiener Reichsrates. Ab Dezember 1914 im Exil in Frankreich, Großbritannien, Rußland, den USA als führender Repräsentant der tschechischen und slowakischen Unabhängigkeitsbewegung. 1917 Präsident des Tschechischen Nationalrates in Paris. Nach Gründung der Tschechoslowakei am 28. Oktober 1918 am 14. November 1918 zum ersten Präsidenten der Tschechoslowakei gewählt. Wiederwahl 1920, 1927, 1934. Rücktritt Dezember 1935. Zahlreiche philosophische und politische Werke: Die tschechische Frage (1895), Grundlagen des Marxismus (1899). Das neue Europa (1922), Weltrevolution 1914 - 1918 (1922).

Neurath, Konstantin Freiherr von (1873 - 1956). Deutscher Politiker. Studium Tübingen, Berlin. 1901 Eintritt in Auswärtige Dienste. 1921 - 1930 Botschafter in Rom, 1930 - 1932 in London. 1932 Außenminister im Kabinett Papen. 1938 als Außenminister durch Joachim von Ribbentrop abgelöst. Präsident des geheimen Kabinettsrates, Reichsminister ohne Geschäftsbereich. März 1939 Reichsprotektor Böhmen und Mähren. Ab September 1941 auf „Genesungsurlaub". Sommer 1943 des Amtes offiziell entbunden. 1946 im Prozeß gegen Hauptkriegsverbrecher in Nürnberg zu 15 Jahren Gefängnis verurteilt. 1954 aus Gesundheitsgründen entlassen.

Novotný, Antonín (1904 - 1975). Tschechoslowakischer KP-Politiker. Tscheche. Schlosserlehre. 1921 Mitglied der KPTsch. Ab 1930 Parteifunktionär in Prag. Ab 1939 illegale Tätigkeit, 1941 verhaftet, bis Kriegsende KZ Mauthausen. Ab 1945 Parlamentsabgeordneter, Chef der KP-Organisation in Prag, 1946 Mitglied des ZK der KP, ab 1951 Mitglied des Politbüros. 1953 Erster Sekretär des ZK der KPTsch, ab 1957 Präsident. Januar 1968 Rücktritt als Parteichef, März 1968 als Präsident. Mai 1968 Stillegung der Parteimitgliedschaft. 1971 wieder ordentliches Parteimitglied.

Slánský, Rudolf (1901 - 1952). Tschechoslowakischer Politiker. Tscheche. Ab 1921 Mitglied der KP. 1924 Chefredakteur des Parteiorgans „Rudé Právo". 1929 Mitglied des Zentralkomitees und Politbüros der KP. 1935 Parlamentsabgeordneter. Ab 1939 Exil in Moskau. 1944 Beteiligung am Aufstand in der Slowakei. 1945 Generalsekretär der KPTsch, wurde 1951 abberufen und zum stellvertretenden Ministerpräsidenten ernannt. Am 27. November 1951 als angeblicher Anführer eines antistaatlichen verschwörerischen Zentrums verhaftet. Nach einem Schauprozeß im Dezember 1952 hingerichtet. Wurde 1963 rehabilitiert.

Svoboda, Ludvík (1895 - 1979). Armeegeneral. Tschechoslowakischer Politiker, Tscheche. Soldat der österreichisch-ungarischen Armee im Ersten Weltkrieg, desertiert in Rußland. Angehöriger der Tschechischen Legion. Nach Rückkehr in die Tschechoslowakei seit 1922 Offizier. Lehrer der Militärakademie. 1939 Exil in Polen und der Sowjetunion. 1941 Oberstleutnant, Kommandeur der tschechoslowakischen Armee-Einheit in der Sowjetunion. Träger des Lenin-Ordens, Held der Sowjetunion und der Tschechoslowakei. 1945 - 1950 Verteidigungsminister. 1950 degradiert, 1955 rehabilitiert, Kommandeur der Militärakademie „Klement Gottwald". 1959 Pensionierung, aktiv als Militärhistoriker. März 1968 zum Präsidenten der Republik gewählt. Mitglied des Parteipräsidiums der KP. 1975 Rücktritt als Präsident.

Tiso, Jozef Dr. Mgr. (1887 - 1947). Tschechoslowakischer Politiker. Slowake. Theologiestudium Wien. 1920 Priesterweihe. Ab 1925 Abgeordneter des Prager Parlaments für die Slowakische Volkspartei. 1927 - 1928 Minister für das Gesundheitswesen. Oktober 1938 Ministerpräsident der autonomen Slowakei. März 1939 proklamierte er den unabhängigen slowakischen Staat – später Republik. Oktober 1939 zum Staatspräsidenten gewählt. April 1945 Flucht aus Preßburg, Internierung durch US-Truppen. Ausgeliefert an die Tschechoslowakei, Prozeß in Preßburg, April 1947 hingerichtet.

Zápotocký, Antonín (1884 - 1957). Tschechoslowakischer KP-Politiker. Tscheche. 1921 Mitbegründer der KPTsch. 1922 - 1924 Zentralsekretär der KP. 1925 - 1938 Abgeordneter des Prager Parlaments für die KPTsch. 1925 - 1938 Mitglied des Politbüros der KP. 1929 - 1938 Sekretär der KP-Gewerkschaften. 1939 verhaftet, bis 1945 KZ Oranienburg. 1945 - 1950 Vorsitzender der tschechoslowakischen Einheitsgewerkschaften. 1945 - 1957 Mitglied des Politbüros der KP. 1948 - 1953 Ministerpräsident. 1953 - 1957 Präsident der Tschechoslowakei.

Literaturnachweise

Alexander, Manfred:
Deutsche Gesandschaftsberichte aus Prag, Teil I. 1918 - 1921, München-Wien 1983

Auský, Stanislav A.:
Vojska generála Vlasova v Čechách, Toronto 1980

Bartošek, Karel – Pichlík, Karel:
Hanebná role amerických okupantu v Čechách v roce 1945, Prag 1951

Bartošek, Karel:
Pražské povstaní 1945, Prag 1960

Beneš, Edvard:
Mnichovské dny, Prag 1968

Beneš, Edvard:
Paměti, Prag 1967

Bergh, Hendrik van:
Die rote Springflut, München 1958

Biman, Stanislav – Cílek, Roman:
Der Fall Grün, Berlin (Ost) 1980

Biman, Stanislav – Malíř, Jaroslav:
Kariéra učitele tělocviku, Aussig 1983

Blumenson, Martin:
The Patton Papers 1940 - 1945, Boston 1974

Brand, Walter:
Auf verlorenem Posten, München 1985

Brouček, Miroslav – Klimeš, Miroslav:
Dramatické dny února 1948, Prag 1973

Borovička, J:
Zehn Jahre tschechoslowakischer Politik, Prag 1929

Brandes, Detlef:
Die Tschechen unter deutschem Protektorat, Bände I und II, München 1969, 1975

Brod, Toman – Čejka, Eduard:
Na západní frontě, Prag 1965

Brügel, Johann W.:
Tschechen und Deutsche 1939 - 1946, München 1974

Burger, Hanuš:
Der Frühling war es Wert, Frankfurt-Berlin-Wien 1981

Bušek, Vratislav:
Poučení z únorového převratu, New York 1954

Butcher, Harry C.:
Drei Jahre mit Eisenhower, Bern 1946

Churchill, Winston S.:
Der Zweite Weltkrieg, Bern 1954

Cyz-Ziesche, Jan:
Kämpfe um die Befreiung der Lausitz während der großen Schlacht um Berlin 1945, Bautzen 1975

Dagan, A.:
Gespräche mit Jan Masaryk, Köln 1986

Deschner, Günther:
Reinhard Heydrich, Esslingen 1977

Disman, Miroslav:
Hovoří Praha, Prag 1975

Dolejší, Vojtěch:
Noviny a novináři, Prag 1963

Drejs, Jaroslav:
Za Heydrichem stín, Prag 1947

Ducháček, Ivo:
The Strategy of Communist Infiltration – The Case of Czechoslovakia, New Haven 1949

Feierabend, Ladislav:
Pod vládou Národní fronty, Washington 1968

Fierlinger, Zdeněk:
Ve službách ČSR, Prag 1947

Franke, Rudolf:
London und Prag 1919 - 1938, München 1981

Franzel, Emil:
Sudetendeutsche Geschichte, Augsburg 1958

Hamšík, Dušan – Pražák, Jiří:
Za Heydrichem stín, Prag 1963

Hejzlar, Zdeněk:
Reformkommunismus, Köln 1977

Hilf, Rudolf:
Deutsche und Tschechen, Opladen 1973

Hoensch, Jörg K.:
Geschichte Böhmens, München 1987

Hoensch, Jörg K.:
Geschichte der Tschechoslowakischen Republik 1918 - 1978, Stuttgart 1978

Hoffmann, Roland J.:
T.G. Masaryk und die tschechische Frage, München 1988

Holub, Ota:
Rovnice řešená zradou, Prag 1983

Holub, Ota:
Smrt ze zálohy, Prag 1978

Honzík, Miroslav – Mahler, Oldřich – Broft, Miroslav:
Zněl zrady zvon, Prag 1988

Hora, Ota:
Svědectví o puči, Toronto 1978

Hořice, Karel – Lukešová, Jiřina:
Květnový chorál, Prag 1981

Ivanov, Miroslav:
Nejen černé uniformy, Prag 1965

Jaksch, Wenzel:
Europas Weg nach Potsdam, Köln 1967

Jandáček, A.J.:
Život za železnou oponou, Chicago 1948

Kalvoda, Josef:
The Genesis of Czechoslovakia, New York 1986

Kaplan, Karel:
Das verhängnisvolle Bündnis, Wuppertal 1984

Kaplan, Karel:
Der kurze Marsch, München 1981

Karud, N.S.:
Das Wunder geschah im Advent, München 1974

Kern, Erich:
Generalfeldmarschall Schörner, Preußisch Oldendorf 1976

Kirsch, Botho:
Die Unruhe im Ostblock, Würzburg 1977

Kirsch, Botho:
Kalter Friede – Was nun?, Zürich 1977

Kogelfranz, Siegfried:
Das Erbe von Jalta, Hamburg 1985

Koller, Karl:
Der letzte Monat, Mannheim 1949

Kopecký, Václav:
ČSR a KSČ, Prag 1960

Korab, Alexander:
Die Entwicklung der kommunistischen Parteien in Ost-Mitteleuropa, Hamburg 1962

Korbel, Josef:
The Communist Subversion of Czechoslovakia 1938 - 1948, Princeton 1959

Kornell, Karel:
I am a Czech, Lewes 1986

Kovtun, Jiří:
Masarykuv triumf, Toronto 1987

Kozák, Jan:
How Parliament Can Play a Revolutionary Part in the Transition to Socialism and the Role of the Popular Masses, London 1961

Král, Václav:
Pravda o okupaci, Prag 1962

Kratochvíl, Antonín:
Básníci ve stínu šibenice, Rom 1976

Kratochvíl, Antonín:
Žaluji I - III, München – Haarlem 1973 - 1977

Křen, Jan:
Do emigrace, Prag 1963

Křen, Jan:
V emigraci, Prag 1969

Kuhn, Heinrich:
Der Kommunismus in der Tschechoslowakei, Köln 1965

Künstlinger, Rudolf:
Parteidiktatur oder demokratischer Sozialismus, Starnberg 1972

Kusín, V.V.:
The Slánský-Trial of 1952, Hokkaido 1979

Laštovička, Bohuslav:
V Londýně za války, Prag 1961

Procházka, Jaroslav:
Sestupme ke kořenum, Lošany 1947

Laušman, Bohumil:
Kdo byl vinen?, Wien 1953

Loebl, Eugen:
Die Aussage, Stuttgart 1978

London, Artur:
Ich gestehe, Hamburg 1970

Lüdde-Neurath, Walter:
Regierung Dönitz, Göttingen 1964

Lukešová, Jiřina:
Pravda o Květnovém povstání v Praze, Prag 1987

Luža, Radomir:
The Transfer of the Sudeten Germans, New York 1964

Mackenzie, Compton:
Dr. Beneš, Prag 1947

Masaryk, T.G.:
Die Weltrevolution, Berlin 1925

Mastný, Vojtěch:
Moskaus Weg zum kalten Krieg, München 1980

Moravec, František:
Master of spies, London 1975

Müller, Adolf:
Die Tschechoslowakei auf der Suche nach Sicherheit, Berlin 1977

Murawski, Erich:
Der deutsche Wehrmachtbericht 1939 - 1945, Boppard am Rhein 1962

Nikulin, L. – Gorbatow, A.:
Geköpfte Armee, Berlin 1965

Opat, Jaroslav:
Filozof a politik, Köln 1987

Pachman, Luděk:
Jetzt kann ich sprechen, Düsseldorf 1973

Pachman, Luděk:
Laßt die Hoffnung nicht sterben, Freiburg 1976

Pecháček, Jaroslav:
Masaryk – Beneš – Hrad, München 1985

Pelikán, Jiří:
Das unterdrückte Dossier, Wien-Frankfurt-Zürich 1970

Pelikán, Jiří:
Pervertierte Justiz, Wien-München-Zürich 1972

Peroutka, Ferdinand:
Byl Beneš vinen?, Perth Amboy 1973

Pitter, Přemysl:
Geistige Revolution im Herzen Europas, Zürich 1968

Plojhar, Josef:
Dva roky s lidem, Prag 1950

Plojhar, Josef:
Vítězný únor a Československá strana lidová, Prag 1958

Prinz, Friedrich:
Geschichte Böhmens 1848 - 1948, München 1988

Pustejovsky, Ottfried:
In Prag kein Fenstersturz, München 1968

Ripka, Hubert:
Czechoslovakia Enslaved, London 1950

Seibt, Ferdinand:
Deutsche und Tschechen, München 1974

Schulz, Joachim:
Die letzten 30 Tage, Stuttgart 1951

Schuschnigg, Kurt:
Im Kampf gegen Hitler, Wien-München 1988

Shirer, William L.:
Aufstieg und Fall des Dritten Reiches, München-Zürich 1963

Shirer, William L.:
Das Jahrzehnt des Unheils, Bern-München-Wien 1986

Slánská, Josefa:
Bericht über meinen Mann. Die Affäre Slánský, Wien-Frankfurt-Zürich 1969

Smelser, R.M.:
Das Sudetenproblem und das Dritte Reich 1933 - 1938, München 1980

Smith, Walter Bedell:
General Eisenhowers sechs große Entscheidungen, Bern 1956

Smutný, Jaromír:
Únorový převrat, London 1954

Šnejdárek, Antonín:
Druhá světová válka, Prag 1963

Speer, Alber:
Erinnerungen, Frankfurt-Berlin-Wien 1969

Špičák, Milan:
V armádě po únoru, Prag 1968

Steinert, Marlis G.:
Die letzten 23 Tage der Regierung Dönitz, Düsseldorf-Wien 1967

Steven, Stewart:
Sprengsatz, Stuttgart 1975

Strik-Strikfeld, Wilfried:
Gegen Stalin und Hitler, Mainz 1970

Ströbinger, Rudolf:
A-54 – Spion mit drei Gesichtern, München 1965

Ströbinger, Rudolf:
Anatomie eines Staatsstreiches, Zürich 1977

Ströbinger, Rudolf:
Das Attentat von Prag, Bergisch-Gladbach 1979

Ströbinger, Rudolf:
Der Mord am Generalsekretär, Stuttgart-Bonn 1983

Ströbinger, Rudolf:
Poker um Prag, Zürich 1985

Ströbinger, Rudolf – Meysels, Lucian O.:
Die geknebelte Freiheit, Serie in *Wochenpresse*, Wien 1978

Ströbinger, Vera:
Die Taktik der KPTsch gegenüber der Kirche in der Tschechoslowakei 1948 - 1949 (unveröffentlichtes Manuskript)

Svoboda, Ludvík:
Z Buzuluku do Prahy, Prag 1967

Taborský, Edvard:
Communism in Czechoslovakia 1948 - 1950, Princeton 1961

Thorwald, Jürgen:
Die große Flucht, Stuttgart 1964

Thunig-Nittner, Gerburg:
Die Tschechoslowakische Legion in Rußland, Wiesbaden 1970

Tigrid, Pavel:
Marx na Hradčanech, New York 1960

Veselý, Ludvík:
Dubček, München 1970

Vnuk, František:
Mat svoj stát – znamená život..., Cleveland 1987

Willars, Christian:
Die böhmische Zitadelle, Wien-München 1965

...: Das Jahr 1945 in der Tschechoslowakei, München 1971

...: Dějiny Československa v datech, Prag 1968

...: Die unheilige Allianz, Reinbek 1964

...: Dokumente zur Sudetendeutschen Frage 1916 - 1967, München 1967

...: Genossenschaft gleichberechtigter Völker, München 1956

...: Mnichov v dokumentech I. - II., Prag 1958

...: Pražské povstaní, Washington 1965

...: Před 20 lety 1945 - 1965, Pilsen 1965

...: Proces s vedením protistátního spikleneckého centra v čele s Rudolfem Slánským, Prag 1953

...: Osvobození Československa Rudou armádou 1944 - 1945, Prag 1965

...: Prag 1968 – Dokumente, Bern 1968

...: Únor a československé ozbrojené síly, Prag 1973

...: Za národní osvobození, za novou republiku 1938 - 1945, Prag 1985

...: Zpověd K.H. Franka, Prag 1946

...: Zpráva dokumentačni komise K 231, 1973 (ohne Ortsangabe)

...: Zum Jahrestag des siegreichen Februars, Prag 1973

Zeitschriftenhinweise

Dějiny a současnost, Prag

Der Spiegel, Hamburg

Deutsche Tagespost, Würzburg

Die Welt, Bonn

Die Zeit, Hamburg

Dnešek, Prag

Frankfurter Allgemeine Zeitung, Frankfurt/M.

Hlas revoluce, Prag

Historie a vojenství, Prag

Iswestija, Moskau

Le Monde, Paris

Lidová Demokracie, Prag

Lidové Noviny, Prag

Luxemburger Wort, Luxemburg

Mladá Fronta, Prag

Narodní Politika, München

Neue Zürcher Zeitung, Zürich

Obrana Lidu, Prag

Prawda, Moskau

Reportér, Prag

Rudé Právo, Prag

Signál, Prag

Slowakei, München

Sudetendeutsche Zeitung, München

Süddeutsche Zeitung, München

Studie, Rom

Svědectví, Paris

Svět v obrazech, Prag

The New York Herald Tribune, Paris

The Times, London

Trybuna Ludu, Warschau

Tvorba, Prag

Wochenpresse, Wien

Zeitbild, Bern

Monitordienst der BBC, London, Deutsche Welle, Köln und Radio Free Europe, München

Dokumente des Bundesarchivs Koblenz, Bundesarchiv - Militärarchiv Freiburg, Politisches Archiv des Auswärtigen Amtes Bonn, Statní ústřední archív, Prag.

Zeittafel

28.10.1918	In Prag wird das Gesetz über die „Gründung eines selbständigen tschechoslowakischen Staates" veröffentlicht.
14.11.1918	In Prag beschließt die Nationalversammlung eine „republikanische Form" für die Tschechoslowakei. Erster Präsident wird Tomáš Garrigue Masaryk.
21.12.1918	T.G. Masaryk kehrt aus dem Ausland nach Prag zurück.
04.03.1919	Demonstrationen deutscher Bevölkerung im Grenzgebiet gegen Einverleibung in die Tschechoslowakei. Dabei wurden 52 Deutsche und zwei Tschechen getötet.
10.09.1919	Friedensvertrag von Saint-Germain-en-Laye. Die Grenze der Tschechoslowakei wird definitiv festgelegt.
27.05.1920	T.G. Masaryk wird zum zweitenmal zum Präsidenten gewählt. 284 Stimmen. Der Gegenkandidat der deutschen bürgerlichen Parteien Professor A. Naegele erhält 61 Stimmen.
14.08.1920	Freundschaftsvertrag zwischen der Tschechoslowakei und dem Königreich Jugoslawien.
23.04.1921	Freundschaftsvertrag zwischen der Tschechoslowakei und Rumänien.
25.01.1924	Vertrag über Zusammenarbeit zwischen der Tschechoslowakei und Frankreich
12.10.1926	Ernennung der Regierung von Antonín Švehla. Zum erstenmal sind in der Regierung zwei deutsche Parteien vertreten: Bund der Landwirte mit Minister für öffentliche Arbeiten mit Dr. Spina, Deutsche christlich soziale Partei mit Minister der Justiz mit Dr. Mayr-Harting.
25.05.1927	Dritte Wahl T.G. Masaryks zum Präsidenten – 274 von 434 Stimmen. Für Masaryk stimmten die deutschen Regierungsparteien und die Deutsche Sozialdemokratische Arbeiterpartei.

07.03.1930	T.G. Masaryk 80 Jahre.
Februar 1933	Höhepunkt der Arbeitslosigkeit in der Tschechoslowakei. Die amtlichen Statistiken geben die Zahl der Arbeitslosen mit 920 000 an.
02.10.1933	Konrad Henlein ruft zur Gründung der „Sudetendeutschen Heimatfront" auf.
07.10.1933	Verbot der deutschen nationalistischen Parteien DNSAP und der Deutschnationalen Partei.
24.05.1934	T.G. Masaryk wird mit 327 Stimmen zum viertenmal zum Präsidenten gewählt.
30.04.1935	„Sudetendeutsche Heimatfront" wird auf „Sudetendeutsche Partei", in der Slowakei auf „Karpatendeutsche Partei" umbenannt.
16.05.1935	Unterzeichnung des Vertrages zwischen der Tschechoslowakei und der Sowjetunion. Nach Artikel 2 kommt die Sowjetunion der Tschechoslowakei zur Hilfe, wenn diese auch von Seite Frankreichs gewährt wird.
19.05.1935	Parlamentswahlen – Die Sudetendeutsche Partei (SdP) wird zweitgrößte Partei der Tschechoslowakei nach der tschechischen Republikanischen Partei – Agrarier. Die SdP erhält 15,2 Prozent aller Stimmen und 44 Mandate.
14.12.1935	Rücktritt T.G. Masaryks vom Amt des Präsidenten der Tschechoslowakischen Republik.
18.12.1935	Dr. Edvard Beneš – bisher Außenminister – wird mit 340 Stimmen – darunter auch der KP – zum Präsidenten gewählt. Der Gegenkandidat Prof. Němec erhält 24 Stimmen, 76 Stimmzettel – darunter die der Abgeordneten der SdP – sind leer.
12.-17.08.1936	Konrad Henlein besucht Berlin. Trifft mit Adolf Hitler, Rudolf Hess, Hermann Göring u.a. zusammen.
14.09.1937	T.G. Masaryk stirbt.
28.03.1938	Konrad Henlein und Karl Hermann Frank führen in Berlin Gespräche mit Adolf Hitler.
24.04.1938	Konrad Henlein verkündet in Karlsbad das Programm der Sudetendeutschen Partei mit Forderungen auf Autonomie.

20.05.1938	Die tschechoslowakische Regierung befiehlt Teilmobilisierung der Armee.
30.05.1938	Adolf Hitler erläßt eine neue Fassung des „Fall Grün" – Angriff der Wehrmacht gegen die Tschechoslowakei.
20.07.1938	Die britische Regierung schlägt Präsident Beneš die Entsendung eines „neutralen Beobachters" in die Tschechoslowakei vor. Er soll zwischen der Regierung und der SdP vermitteln. Vermittler wird Lord Runciman.
12.09.1938	Reichsparteitag der NSDAP in Nürnberg mit scharfen Angriffen Hitlers auf die Tschechoslowakei.
15.09.1938	Treffen zwischen Hitler und dem britischen Ministerpräsidenten Neville Chamberlain in Berchtesgaden.
19.09.1938	Britische und französische Regierung schlägt der Tschechoslowakei die Abtretung des Gebiets mit 50 Prozent deutscher Einwohner an Deutschland vor.
20.09.1938	Die Regierung in Prag lehnt den Vorschlag über Abtretung des Gebietes mit Hälfte der deutschen Bewohner ab.
22.09.1938	Ernennung einer neuen tschechoslowakischen Regierung. Ministerpräsident wird Armeegeneral Jan Syrový.
22.09.1938	Hitler trifft Chamberlain in Bad Godesberg.
23.09.1938	In Prag wird die Mobilisierung der Armee angeordnet.
29.09.1938	In München unterzeichnet Adolf Hitler, Benito Mussolini, Neville Chamberlain und Edouard Daladier das „Münchner Abkommen" über die Abtretung des tschechoslowakischen Grenzgebietes an das Deutsche Reich.
30.09.1938	Die tschechoslowakische Regierung akzeptiert das Abkommen von München.
05.10.1938	Dr. Edvard Beneš tritt als Präsident ab. Am 22.10. verläßt er die Tschechoslowakei.
02.11.1938	Der deutsche Außenminister Joachim von Ribbentrop und der italienische Außenminister Graf Ciano einigen sich in Wien über die neue tschechoslowakisch-ungarische Grenze.

30.11.1938	Dr. Emil Hácha wird zum Präsidenten der Tschechoslowakischen Republik gewählt.
14.03.1939	Das slowakische Parlament – sněm – erklärt die Slowakei zum selbständigen Slowakischen Staat.
15.03.1939	Dr. Emil Hácha unterschreibt in Berlin ein Dokument, nach dem er das Schicksal des tschechischen Volkes in die Hände Adolf Hitlers legt.
16.03.1939	Erlaß über die Schaffung des Protektorats Böhmen und Mähren.
16.03.1939	Dr. Edvard Beneš protestiert gegen die deutsche Okkupation der böhmischen Länder.
18.03.1939	Reichsprotektor wird Konstantin Freiherr von Neurath, Staatssekretär im Protektorat Böhmen und Mähren wird Karl Hermann Frank.
März 1939	Gründung der tschechischen Widerstandsorganisationen.
28.10.1939	Demonstrationen in Prag gegen die Okkupation.
17.11.1939	Alle tschechischen Hochschulen werden geschlossen, neun Studentenführer hingerichtet, über 1 200 in KZ überführt.
09.09.1940	In London konstituiert sich eine tschechoslowakische Regierung im Exil. Ministerpräsident Mons. Dr. Jan Šrámek.
27.09.1941	SS-Obergruppenführer Reinhard Heydrich wird zum stellvertretendem Reichsprotektor Böhmen und Mähren ernannt.
27.05.1942	In Prag wird auf Reinhard Heydrich ein Attentat verübt, acht Tage später stirbt er.
04.06.1942	SS-Obergruppenführer Kurt Daluege Nachfolger Heydrichs als stellvertretender Reichsprotektor.
10.06.1942	Das Dorf Lidice bei Kladno wird dem Erdboden gleichgemacht. 192 Männer werden erschossen, Frauen und Kinder ins KZ überführt.
18.06.1942	Die Heydrich-Attentäter und ihre Mitarbeiter fallen oder verüben Selbstmord.
24.06.1942	Das Dorf Ležáky wird dem Erdboden gleichgemacht. 32 Einwohner werden erschossen.

05.08.1942	Die britische Regierung widerruft die Unterschrift des Münchner Vertrags.
29.09.1942	Der französische Nationalausschuß unter General de Gaulle erklärt das Münchner Abkommen „vom Anfang an" als ungültig.
26.10.1942	Anerkennung der tschechoslowakischen Exilregierung in London durch die USA.
20.08.1943	Wilhelm Frick wird zum Reichsprotektor in Böhmen und Mähren ernannt. Karl Hermann Frank wird Staatsminister.
12.12.1943	In Moskau wird der tschechoslowakisch-sowjetische Freundschaftsvertrag unterzeichnet.
29.08.1944	In der Slowakei bricht ein Aufstand gegen deutsche Truppen aus.
26.09.1944	Die italienische Regierung erklärt das Abkommen von München „vom Anfang an" als ungültig.
27.10.1944	Deutsche Truppen besetzen Neusohl. Ende des Aufstandes in der Slowakei.
04.04.1945	In der slowakischen Stadt Kaschau ernennt Dr. Edvard Beneš die erste Regierung der Nationalen Front der Tschechen und Slowaken. Ministerpräsident wird Zdeněk Fierlinger (Sozialdemokrat).
05.04.1945	Billigung des von der KP im Moskauer Exil ausgearbeiteten „Kaschauer Programm" der Regierung.
05.05.1945	Aufstand in Prag und einigen anderen tschechischen Städten.
09.05.1945	Die Rote Armee rückt in Prag ein.
10.05.1945	Tschechoslowakische Regierung in Prag. Am 16.05. trifft Präsident Beneš in Prag ein.
03.08.1945	Dekret über die Aberkennung der tschechoslowakischen Staatsbürgerschaft für Deutsche und Ungarn.
26.05.1946	Wahlen zur Verfassungsgebenden Nationalversammlung. KP wird stärkste Partei.
19.06.1946	Dr. Edvard Beneš wird einstimmig zum Präsidenten gewählt.
02.07.1946	Klement Gottwald, Vorsitzender der KPTsch, wird zum Ministerpräsidenten ernannt.

24.10.1946	Innenminister Václav Nosek gibt offiziell dem Abschluß des „Transfers" der Deutschen aus der Tschechoslowakei bekannt. 2 165 135 Deutsche verlassen das Land – nach Nosek.
20.02.1948	Zwölf Minister der Tschechoslowakischen Nationalsozialistischen Partei, der Tschechoslowakischen Volkspartei und der slowakischen Demokratischen Partei reichen ihren Rücktritt ein.
25.02.1948	Präsident Dr. Edvard Beneš ernennt die neue Regierung Klement Gottwald. Kommunistische Machtübernahme in der Tschechoslowakei.
02.06.1948	Dr. Edvard Beneš tritt als Präsident zurück.
14.06.1948	Klement Gottwald wird zum Präsidenten gewählt.
27.06.1948	Zusammenschluß der Sozialdemokratie mit der KP.
03.09.1948	Dr. Edvard Beneš stirbt.
31.05.1950	Erster großer politischer Schauprozeß mit 13 Angeklagten. Vier Todesurteile – darunter die Abgeordnete Dr. Milada Horáková.
20.11.1952	Beginn des Prozesses mit dem „Staatsfeindlichen Zentrum unter Führung von Rudolf Slánský" – ehemaliger Generalsekretär der KP. Elf der 14 Angeklagten werden zum Tode verurteilt und hingerichtet.
14.03.1953	Klement Gottwald stirbt – neuer Präsident Antonín Zápotocký.
13.11.1957	Präsident Antonín Zápotocký stirbt.
19.11.1957	Antonín Novotný, Erster Sekretär des Zentralkomitees der KP, wird zum Präsidenten gewählt.
11.07.1960	Die Nationalversammlung billigt einstimmig die neue „sozialistische" Verfassung. Der Name der Tschechoslowakischen Republik wird in Tschechoslowakische Sozialistische Republik umgeändert.
18.02.1965	Bischof Dr. František Tomášek wird Apostolischer Administrator in Prag.
05.01.1968	Alexander Dubček wird zum Ersten Sekretär des Zentralkomitees der KP gewählt.

22.03.1968	Antonín Novotný tritt als Präsident der Republik zurück.
30.03.1968	Ludvík Svoboda wird mit 282 – von 288 – Stimmen zum Präsidenten gewählt.
21.08.1968	Einmarsch von über 500 000 Soldaten der fünf Staaten des Warschauer Paktes – Sowjetunion, DDR, Polen, Ungarn, Bulgarien – in die Tschechoslowakei.
17.04.1969	Dr. Gustáv Husák wird als Nachfolger von Alexander Dubček zum Ersten Sekretär des ZK der KPTsch gewählt.
29.05.1975	Gustáv Husák wird zum Präsidenten gewählt.
17.12.1987	Miloš Jakeš wird zum Generalsekretär des ZK der KPTsch gewählt.

Wahlergebnisse der Parlamentswahlen
– nur die drei stärksten deutschen Parteien –

1920	Prozent	Mandate
Deutsche Sozialdemokratische Arbeiterpartei	11,1	31
Bund der Landwirte	3,9	13
Deutsche christlich-soziale Partei	2,5	9

1935		
Sudetendeutsche Partei (SdP)	15,2	44
Deutsche Sozialdemokratische Arbeiterpartei	3,6	11
Deutsche christlich-soziale Partei	2,0	6

Wahlen zur Verfassungsgebenden Nationalversammlung am 26. Mai 1946

	Prozent	Mandate
Böhmische Länder		
Kommunistische Partei der Tschechoslowakei	40,17	93
Sozialdemokratie	15,58	37
Tschechoslowakische National-sozialistische Partei	23,66	55
Tschechoslowakische Volkspartei	20,24	46
Ungültig	0,35	
Slowakei		
Kommunistische Partei der Slowakei	30,37	21
Partei der Arbeit	3,11	2
Partei der Freiheit	3,73	3
Demokratische Partei	62,00	43
Ungültig	0,79	

Bevölkerung

	Böhmische Länder	*Slowakei*
1910	10 078 637	2 916 657
1920	9 999 521	2 996 336
1940	11 144 456	3 547 544
1950	8 978 854	3 485 530
1965	9 756 429	4 350 198

Nationalitäten in Prozenten

	Böhmische Länder		
	1910	**1930**	**1964**
tschechisch	63,4	68,4	93,9
slowakisch	----	0,2	3,3
deutsch	35	29,5	1,3
ukrainisch, russisch	0	0,2	0,2
polnisch	1,6	0,9	0,7
ungarisch	0	0,1	0,2
andere	0	0,5	0,4

	Slowakei		
slowakisch	57,9	67,7	85,5
tschechisch	----	3,7	1,1
deutsch	6,7	4,7	0,1
ukrainisch, russisch	3,3	2,9	0,8
polnisch	0,4	0,2	0,0
ungarisch	30,6	17,6	12,3
andere	1,1	3,2	0,2

Staatspräsidenten

Tomáš Garrigue Masaryk	1918-1935	
Edvard Beneš	1935-1938	
Emil Hácha	1938-1939	
Kriegszeit	1939-1945	
Edvard Beneš	1938-1945	(London -Exil)
Emil Hácha	1939-1945	Protektorat Böhmen und Mähren
Jozef Tiso	1939-1945	Präsident der Slowakischen Republik
Edvard Beneš	1945-1948	
Klement Gottwald	1948-1953	
Antonín Zápotocký	1953-1957	
Antonín Novotný	1957-1968	
Ludvík Svoboda	1968-1975	
Gustáv Husák	1975	

Bildnachweis

Die Fotos auf dem Bilderblock I, Seite I, Seite III oben, Seite IV; aus Bilderblock II, Seite I, Seite IV; aus Bilderblock III, Seite II unten, Seite III oben, Seite IV oben und unten, stammen von der DPA.

Die Fotos aus Bilderblock I, Seite II, Seite III unten; aus Bilderblock II, Seite II oben und unten, Seite III oben und unten, sind dem Bildarchiv Preußischer Kulturbesitz, Berlin, entnommen.

Die Fotos aus dem Bilderblock III, Seite I, Seite II oben, Seite III unten, wurden von F.W. Hulobovsky, Köln, zur Verfügung gestellt.